# JOHANNES CLAUBERG
# *METHODUS CARTESIANA* ET ONTOLOGIE

**À LA MÊME LIBRAIRIE**

CLAUBERG J., *Logique ancienne et nouvelle*, présentation, traduction et notes J. Lagrée et G. Coqui, 320 pages, 2007.

BIBLIOTHÈQUE D'HISTOIRE DE LA PHILOSOPHIE

NOUVELLE SÉRIE

Fondateur : HENRI GOUHIER Directeur : JEAN-FRANÇOIS COURTINE

---

# JOHANNES CLAUBERG
# *METHODUS CARTESIANA*
# ET ONTOLOGIE

par

**Massimiliano SAVINI**

*Ouvrage publié avec le concours*
*du Centre national du livre*
*et du Ministère Italien de l'Université et de la Recherche (MIUR)*
*dans le cadre du projet PRIN 2007-2009*

PARIS

LIBRAIRIE PHILOSOPHIQUE J. VRIN

6, place de la Sorbonne, V[e]

2011

*Imprimé en France*

ISSN 0249-7980
ISBN 978-2-7116-2373-0

*www.vrin.fr*

# ABRÉVIATIONS

## *Œuvres de Clauberg*

| | |
|---|---|
| *Opera Omnia Philosophica* | *Opera Omnia Philosophica. Ante quidem separatim, nunc vero conjunctim edita, multis partibus auctiora et emendatiora. Quibus accessere praeter Indicem locupletissimum, Opuscula quaedam Nova, nunquam antehac edita. … Cura Joh. Theod. Schalbruchii*, Amstelodami, ex typographia P. et I. Blaev, prostant apud Wolfang, Ianssonio-Waesbergios, Boom, Someren-Goethals, 1691, 2 vol. ; rééd. Hildesheim, Olms, 1968. |

## *Œuvres de Descartes*

| | |
|---|---|
| AT | *Œuvres de Descartes*, Ch. Adam et P. Tannery (éds.), nouvelle présentation B. Rochot et P. Costabel, Paris, Vrin, 1964-1974, 11 vol. Nous indiquerons, après le sigle AT, le numéro du volume en chiffres arabes, suivi du numéro de la page en chiffres arabes. |
| B | *Tutte le lettere*, G. Belgioioso (éd.) avec la collaboration de I. Agostini, F. Marrone, M. Savini et J.-R. Armogathe, Milan, Bompiani, 2005 (2e éd. revue et corrigée, 2009). Nous indiquerons, après le sigle B, le numéro de la lettre en chiffres arabes, suivi de l'indication de la page. |
| B Op I | *Opere (1637-1649)*, G. Belgioioso (éd.) avec la collaboration de I. Agostini, F. Marrone, M. Savini, Milan, Bompiani, 2009. |
| B Op II | *Opere postume (1650-2009)*, G. Belgioioso (éd.) avec la collaboration de I. Agostini, F. Marrone, M. Savini, Milan, Bompiani, 2009. |

*À Antonella*

# INTRODUCTION

*Descartes n'est pas un homme, c'est une méthode*
A. Foucher de Careil

*De Cartesio et Claubergio prorsus tecum sentio,*
*discipulum magistro clariorem esse*
Leibniz à Thomasius, 20/30 avril 1669

Ces dernières années, la pensée de Johannes Clauberg (Solingen, 1622-Duisburg, 1665) a fait l'objet d'une considération croissante, à l'intérieur des recherches sur le XVII^e siècle[1]. Les œuvres de Clauberg ont été envisagées par les spécialistes essentiellement selon trois perspectives et dans trois directions de recherche : l'histoire primitive de l'ontologie, l'histoire du cartésianisme (y compris celle de l'occasionalisme), l'histoire de l'herméneutique en tant que discipline spécifique[2]. S'il est possible de remarquer que la philosophie claubergienne a été abordée sous différents aspects, il nous faut toutefois constater que la position de Clauberg a souvent été présentée comme une sorte d'éclectisme entre la philosophie

1. Cela est témoigné non seulement par la réédition des *Opera Omnia Philosophica* (Amstelodami, ex typographia P. et I. Blaev, 1691), publiées en anastatique par Olms en 1968, mais encore par le nombre croissant d'études consacrées au philosophe de Solingen, parmi lesquelles on peut compter aussi les actes du colloque de Groningen qui a eu lieu en 1995 (Th. Verbeek (éd.), *Johannes Clauberg (1622-1665) and the Cartesian Philosophy in the Seventeenth Century*, Dordrecht-Boston-Londres, Kluwer, 1999) et la traduction française de la *Logica vetus et nova* (J. Clauberg, *Logique ancienne et nouvelle*, présentation, trad. fr. et notes par G. Coqui et J. Lagrée, Paris, Vrin, 2007).

2. Dans les chapitres I, III et V le lecteur trouvera dans les notes les renvois aux études consacrées à ces aspects de la pensée de Clauberg.

aristotélicienne et la philosophie cartésienne[1]. La conséquence de ce type d'approche a été que la pensée de Clauberg a été prise en considération plutôt pour la documentation qu'elle offrait sur certaines « perspectives » de la philosophie au milieu du XVII^e^ siècle qu'en raison d'une originalité propre et reconnue[2].

Dans le présent travail, nous nous proposons de reconstruire – à partir des *Elementa philosophiae sive ontosophia* (1647) – le développement de la pensée métaphysique de Clauberg dans son rapport avec la théorie de la méthode et la logique cartésienne : cela revient à montrer l'interaction du projet d'ontologie esquissé en 1647[3] avec la philosophie cartésienne – à laquelle le philosophe allemand adhère vers la fin des années 1640 – et, plus en particulier, avec la *methodus cartesiana* que Clauberg thématise dans la *Defensio cartesiana* (1652) et dans la *Logica vetus et nova* (1654 et 1658).

Méthode cartésienne et ontologie : un tel oxymore conceptuel apparaît doublement problématique. En effet, si, d'une part, la philosophie cartésienne semble contredire toute métaphysique fondée sur l'univocité du concept objectif d'étant, de l'autre le concept même de méthode a un statut problématique à l'intérieur de la philosophie de Descartes. Il faut alors que nous disions quelques mots sur ces deux « difficultés » pour pouvoir mieux situer ensuite notre propre travail.

## CARTÉSIANISME ET ONTOLOGIE

Les recherches qui, depuis les dernières décennies, ont porté sur le statut de la métaphysique cartésienne et sur ses rapports avec la tradition qui la précède, ont ouvert un questionnement sur l'appartenance de la

1. *Cf.* par exemple, les recherches de P. Brosch (*Die Ontologie des Johannes Clauberg*, dissertation, Greifswald, Hartmann, 1926), W. Weier (*Die Stellung des Johannes Clauberg in der Philosophie*, Thèse, Universität Mainz, 1960; « Cartesianischer Aristotelismus im 17. Jahrhundert », *Salzurger Jahrbuch für Philosophie*, 1970, XIV, p. 35-67), E. Viola (« Scolastica e cartesianesimo nel pensiero di J. Clauberg », *Rivista di filosofia neoscolastica*, 1975, 67, p. 247-266).

2. C'est d'ailleurs ce que remarquait Th. Verbeek il y a dix ans au tout début de la *Préface* aux actes du colloque de Groningue : « Johannes Clauberg [...] has always been recognized as an important figure [...] but surprisingly little has been done to assess his significance » (*Preface*, dans *Johannes Clauberg (1622-1665)*, *op. cit.*, p. VII).

3. Dans les *Elementa philosophiae sive ontosophia* : *cf.* à ce propos le chapitre I.

philosophie première de Descartes à la métaphysique [1]. Dans le cadre d'une enquête sur la constitution onto-théo-logique de la pensée cartésienne, J.-L. Marion a longuement analysé les occurrences du terme « metaphysica/ métaphysique » à l'intérieur du corpus cartésien, en concluant que le concept cartésien de *Philosophia prima* ne peut nullement être subsumé sous la métaphysique entendue comme science ayant pour objet l'*ens in quantum ens* [2]. La figure de l'*ego*, qui polarise et individualise la *cogitatio* en la performant en première personne, constitue l'horizon de la première connaissance rencontrée dans l'ordre cartésien des raisons et ainsi, s'il est vrai que l'ontologie (et l'ontologie claubergienne en particulier) prend son point de départ de l'*intelligibile seu cogitabile*, il faut observer [3] qu'entre le *cogito* et le *cogitabile* il existe un décalage qui fait toute la différence entre la philosophie de Descartes et celle de la *Schulmetaphysik* qui élabore, dans les mêmes années, les premières « ontologies ». Le concept neutre, indéterminé et univoque d'*ens prout ens* autour duquel se construit l'ontologie se trouve diamétralement opposé au *cogito* cartésien dont la primauté est fixée seulement en raison de l'ordre de l'évidence. Ainsi, il a été possible d'affirmer que, s'il y a une ontologie cartésienne, il s'agit d'une « ontologie de l'ordre » [4], selon laquelle l'universalité et la généralité sont déterminées par rapport à la *mens* et à l'ordre des connaissances qu'elle instaure. Comme l'ontologie [5], la philosophie première cartésienne s'occupe bien de toutes les choses, mais la totalité à laquelle elle renvoie n'est pas déterminée par rapport à l'étantité, mais par rapport à la *mens* et à l'ordre fixé par

1. *Cf.* surtout V. Carraud, « Descartes appartient-il à l'histoire de la métaphysique ? », dans O. Depré et D. Lories (éds.), *Lire Descartes aujourd'hui*, Louvain-Paris, Peeters, 1997, p. 153-171.

2. *Cf.* J.-L. Marion, *Sur le prisme métaphysique de Descartes*, Paris, PUF, 1986, p. 9-72.

3. *Cf.* à ce propos V. Carraud, « L'ontologie peut-elle être cartésienne ? », dans Th. Verbeek (éd.), *Johannes Clauberg (1622-1665)*, *op. cit.*, p. 13-38.

4. *Cf.* E. Martineau, « L'ontologie de l'ordre », *Les Études Philosophiques*, 1976, 4, p. 475-494. Dans un paragraphe intitulé « L'"ontologie" cartésienne » de son *Suarez et le système de la métaphysique* (Paris, PUF, 1990, p. 484-488), Jean-François Courtine proposait d'ailleurs de considérer les *Regulae* comme la métaphysique générale qui est présupposée par la métaphysique spéciale des *Meditationes*.

5. L'ontologie traite en effet de tous les étants car, ayant pour objet l'étant dans sa plus haute abstraction, elle est la science la plus universelle : « Est quaedam scientia, quae contemplatur ens *quatenus ens est*, hoc est, in quantum communem quandam intelligitur habere naturam vel naturae gradum, qui rebus corporeis et incorporeis, Deo et Creaturis, omnibusque adeo et singulis entibus suo modo inest » (J. Clauberg, *Metaphysica de ente*, I, § 1, *Opera Omnia Philosophica*, I, p. 283.

elle[1] : « Je n'y [dans la philosophie première] traite pas seulement de Dieu et de l'Âme, mais en général de toutes les premières choses qu'on peut connaître en philosophant par ordre »[2].

Si la philosophie cartésienne et l'ontologie appartiennent alors à deux horizons conceptuels différents, comment peut-on expliquer le fait qu'un des premiers cartésiens soit en même temps l'un des premiers et des plus importants ontologues ?

L'appartenance de Clauberg à la tradition de la métaphysique ontologisante et à celle de la philosophie première cartésienne semble impliquer une contradiction qu'il paraît difficile de surmonter[3]. La coexistence de ces deux perspectives se présente comme un fait qui nous a poussé à une lecture et à une reconstruction diachronique de la pensée claubergienne : si, en effet, on renonce à la voie « facile » qui porterait à postuler une incompréhension radicale de la distance entre ces deux perspectives, ou bien une palinodie de la part de Clauberg, il reste à comprendre tout d'abord pourquoi l'auteur des *Elementa philosophiae* a adhéré au cartésianisme et, ensuite, comment, et avec quelles conséquences pour son cartésianisme, il a pu garder ensemble l'ontologie et la métaphysique cartésienne. Ainsi, l'écart entre ces deux projets métaphysiques, loin d'être un obstacle pour la compréhension de la philosophie claubergienne, nous a porté à interroger à nouveaux frais le cartésianisme de Clauberg.

Le parcours du philosophe de Solingen représente à cet égard un document exceptionnel, car nous pouvons suivre le passage d'une pensée précartésienne (documentée par l'œuvre de 1647 et par les quelques disputes soutenues et publiées par Clauberg) à une pensée qui intègre la philosophie de Descartes dans un cadre systématique. Nous avons ainsi essayé de comprendre le *sens* du cartésianisme claubergien, c'est-à-dire pourquoi un auteur qui a une pensée originale et, à certains égards,

1. Une lecture de la philosophie cartésienne à partir de cet aspect qui lui est commun avec l'ontologie a été menée par V. Carraud lors du colloque qui s'est tenu à Bari du 15 au 18 mai 2008 sur « Nascita e trasformazioni dell'ontologia ».

2. Descartes à Mersenne, 11 novembre 1640, AT III 239 ; B 285, p. 1328.

3. Jean-Luc Marion (*Sur le prisme métaphysique de Descartes*, *op. cit.*, p. 92) et Vincent Carraud (« L'ontologie peut-elle être cartésienne ? », art. cit., p. 27) ont expliqué la conjonction chez Clauberg de l'ontologie et de la philosophie première cartésienne comme la découverte de la condition fondamentale (la *mens cogitans*) du contenu propre de l'ontologie (le *cogitabile*). Si cela n'est pas faux en principe, au moins en ce qui concerne la *Metaphysica de ente* de 1664, nous croyons que les résultats de nos recherches ont mis en évidence un cadre beaucoup plus complexe : *cf.* à ce propos les chapitres I et IV.

novatrice adhère ainsi au cartésianisme au point de devenir un des représentants apparemment les plus fidèles de Descartes. La rencontre avec le cartésianisme n'a pas comporté, de la part de Clauberg, un rejet de ses positions, mais elle s'inscrit dans le développement de sa propre philosophie. Le « problème » du cartésianisme claubergien revient alors à la question suivante : quelle exigence interne à l'ontologie de 1647 oriente Clauberg vers l'adhésion au cartésianisme ? Ou, autrement dit, pourquoi la philosophie de Descartes complète-t-elle de quelque manière une des premières ontologies ?

La « conversion » au cartésianisme de la part de Clauberg revêt d'autant plus d'importance qu'elle s'est produite dans les années qui ont précédé immédiatement la mort de Descartes : après 1650, les polémiques dans lesquelles l'auteur des *Meditationes* avait été directement impliqué devaient être prises en charge par les cartésiens et Clauberg fut celui qui, plus que tout autre, s'engagea dans la défense de la philosophie cartésienne. La *Defensio cartesiana* documente ainsi la prise en charge de la philosophie de Descartes de la part des cartésiens au moment où, ne pouvant plus intervenir et participer aux discussions, le philosophe français confiait *de facto* sa philosophie à l'interprétation de ses disciples. Cela est d'autant plus important que Clauberg, dans la *Defensio*, présente la première exposition systématique de la méthode cartésienne, qui avait été mise en question dans les polémiques qui s'étaient déclenchées à Utrecht et à Leyde[1]. Par cette opération, dont il est parfaitement conscient, Clauberg complète la philosophie cartésienne avec une théorie de la *methodus* que Descartes n'avait pas suffisamment explicitée. Cette méthode sera ensuite développée dans une logique qui se présente comme la première logique « cartésienne », la *Logica vetus et nova*. De 1647 à 1652, et puis à 1654, s'étale le parcours de Clauberg, de l'ontologie à la logique cartésienne que Descartes n'avait pas développée.

S'il est légitime alors de s'interroger sur le sens de cette adhésion au cartésianisme, il faut également essayer de comprendre *quel* cartésianisme est inauguré par Clauberg, c'est-à-dire quel est le résultat de cette opération interprétative qui arrive à développer une logique que Descartes n'avait pas écrite. L'importance d'une telle question ne peut être pleinement comprise si l'on ne tient pas compte du statut, que nous posons comme problématique, du concept de méthode chez Descartes.

1. *Cf.* à ce propos le chapitre II.

Il faut alors résumer en quelques mots la longue tradition interprétative concernant la lecture de la méthode de Descartes, car Clauberg se situe, en effet, à son origine.

## LE STATUT « PROBLÉMATIQUE » DE LA MÉTHODE CHEZ DESCARTES

Le problème de la méthode est sans aucun doute un des thèmes centraux pour la compréhension de la pensée de Descartes, et, en même temps, un de ceux qui ont été le plus débattus, et qui ont le moins suscité l'accord entre les commentateurs. La réflexion de Descartes au sujet de la méthode se montre extrêmement avare du point de vue théorique, et le traitement même de la méthode appartient plus aux *desiderata* qu'aux textes promis et rédigés par Descartes [1]. En réalité, l'absence d'une « théorie » de la méthode est un indice de l'originalité de la pensée cartésienne, qui est pourtant difficile à situer par rapport aux auteurs et aux différentes traditions qui sont au centre du débat méthodologique qui se développe tout au long du XVIe siècle [2].

Le *Discours de la méthode* et les *Regulae ad directionem ingenii* fournissent plusieurs éléments de la méthodologie cartésienne, mais aucun d'eux ne peut être considéré comme *le* texte qui fournit la théorie de la méthode de Descartes. Cependant, après la première reconstruction offerte par Clauberg, le choix du texte de référence de la théorie cartésienne de la méthode a été ce qui a différencié les diverses interprétations de la *methodus cartesiana*. Le retour au texte des *Regulae*, au détriment du *Discours*, est d'ailleurs l'itinéraire suivi par la plus grande partie des lecteurs de Descartes [3], qui ont repéré dans cette œuvre le vrai traité de la

1. Avant la publication du *Discours*, Mersenne avait soumis à Descartes des remarques sur le titre de l'ouvrage. Voici la réponse de Descartes : « Mais je n'ai su bien entendre ce que vous objectez touchant le titre ; car je ne mets pas *Traité de la Méthode*, mais *Discours de la Méthode*, ce qui est le même que *Préface ou Avis touchant la Méthode*, pour montrer que je n'ai pas dessein de l'enseigner, mais seulement d'en parler. Car comme on peut voir de ce que j'en dis, elle consiste plus en Pratique qu'en Théorie », Descartes à Mersenne, mars 1637, AT I 349 ; B 104, p. 364.

2. Voir, parmi les études générales sur ce sujet, N.W. Gilbert, *Renaissance Concept of Method*, New York-Londres, Columbia UP, 1960 ; C. Vasoli, *La dialettica e la retorica dell' umanesimo. « Invenzione » e « Metodo » nella cultura del XV e XVI secolo*, Milan, Feltrinelli, 1968 ; E. Garin, *L'éducation de l'homme moderne, 1400-1600*, Paris, Fayard, 1968.

3. *Cf.* B. Gibson, « The *Regulae* of Descartes », *Mind*, 1898, 7, p. 145-158 et 332-363 ; J. Sirven, *Les années d'apprentissage de Descartes*, Paris, Vrin, 1928 ; L. Beck, *The method of Descartes*, Oxford, Clarendon Press, 1952.

méthode. En cela, ils se sont écartés des interprètes et des commentateurs du XVIIe siècle, qui, à partir de Clauberg et du *Commentaire* du P. Poisson, ont privilégié l'œuvre de 1637[1].

Tout à fait significatif est, à cet égard, le témoignage d'Adrien Baillet, qui, dans sa *Vie de Monsieur Descartes*, indiquait quatre différentes positions parmi ceux qui prétendaient avoir découvert la logique de Descartes. Chacune de ces positions se distingue par la préférence accordée à l'un ou à l'autre texte : la première est celle qui considère le *Discours* comme *le* texte de référence de la méthode cartésienne ; la seconde (Baillet mentionne Daniel Lipstorp) estime que la *Géométrie* est la vraie logique de Descartes[2]; la troisième, représentée par Pierre Gassendi, affirme que la méthode de Descartes se trouve dans les *Meditationes* ; la quatrième, enfin, est celle qui prend les *Regulae* comme le traité de la méthode de Descartes[3]. Toutes ces options ne visaient pas seulement à indiquer le texte qui donnait la bonne perspective pour comprendre la *methodus cartesiana*, mais affirmaient implicitement, avec leur choix, qu'il y avait chez Descartes *une* méthode dont l'application sous-tendait les arguments et les thèses proposés dans ses œuvres. Ces lectures aboutissaient, ainsi, à fournir une reconstruction *a posteriori* de la théorie complète de la méthode appliquée par Descartes à partir des *Regulae* jusqu'aux *Passions de l'âme*, en passant par le *Discours*, les *Meditationes* et les *Principia*.

Une telle perspective, qui admet une théorie cohérente et unitaire de la méthode cartésienne, a été suivie, dans le siècle dernier, par des spécialistes importants de l'œuvre cartésienne, qui ont essayé d'établir les points principaux de la méthode de Descartes. Depuis les grandes synthèses de Francisque Bouiller[4] et d'Octave Hamelin[5], jusqu'au *Commentaire* de Gilson[6] et aux

1. Un cas exemplaire est celui du P. Nicolas Poisson, auteur d'un *Commentaire ou remarques sur la Méthode de M. Descartes* (Paris, chez la veuve de C. Thiboust et P. Esclassan, 1670). En reconstruisant la théorie de la méthode de Descartes à partir des quatre règles énoncées dans la deuxième partie du *Discours*, Poisson prétend fournir une sorte d'introduction à toutes les œuvres de Descartes. Au début du siècle dernier, Octave Hamelin affirmait encore que les *Regulae* sont un long commentaire du *Discours*. *Cf.* O. Hamelin, *Le système de Descartes*, Paris, Alcan, 1911, p. 49.

2. *Cf.* à ce propos l'*Appendice*, *infra*, p. 269-292.

3. *Cf.* A. Baillet, *La vie de Monsieur Descartes*, Paris, Horthemels, 1691, vol. I, p. 281-283.

4. F. Bouiller, *Histoire de la philosophie cartésienne*, Paris, Delagrave, 1868.

5. *Cf.* O. Hamelin, *Le système de Descartes*, *op. cit.*

6. R. Descartes, *Discours de la méthode*, texte et commentaire Ét. Gilson, Paris, Vrin, 1987⁶. Voici le commentaire de Gilson à propos des quatre préceptes de la méthode (AT VI, 18, l. 13 ; B Op I, p. 44) : « Les *Regulae* ne contiennent en définitive que les quatre préceptes du *Discours*, [...] ce qu'elles leur ajoutent ne consiste pas en préceptes supplémentaires, mais en

essais de Dijksterhuis[1], Beck[2], Laporte[3], et Gueroult[4], les historiens qui se sont occupés de la pensée de Descartes ont toujours consacré une partie spécifique de leurs ouvrages, souvent le début, à la théorie de la méthode cartésienne. Ainsi, ils ont toujours développé leur explication de la *methodus cartesiana* à partir de l'une ou de l'autre œuvre du philosophe, interprétant la méthode tantôt comme l'explicitation des procédés mathématiques, tantôt comme la mise en pratique des règles du *Discours*, ou encore comme l'ordre des raisons suivi par Descartes, etc.

Dès les années 1970[5], la multiplication des analyses lexicales et textuelles a mis en lumière la complexité du thème de la méthode chez Descartes, qui, désormais, ne peut plus être entièrement reconstruit à partir d'un seul ouvrage, ou bien thématisé à l'intérieur d'une synthèse systématique, comme l'avaient fait Clauberg et les premiers cartésiens[6]. L'attention de l'historiographie s'est de plus en plus concentrée sur les éléments relatifs à la pratique scientifique et à l'argumentation cartésienne, en prenant en considération aussi bien les œuvres scientifiques que la

règles pratiques destinées à faciliter leur application. La méthode a donc été dès le début, quant à l'essentiel, ce qu'elle devait toujours demeurer » (p. 196, n. 18).

1. E. Dijksterhuis, *The Mechanization of World Picture*, Oxford, Oxford UP, 1961.

2. L. Beck, *The method of Descartes*, *op. cit.* Le texte de Beck se présente comme un commentaire des *Regulae* qui sont présentées comme « the original and fundamental text of cartesian methodology » (p. 8). Dans le premier chapitre de son œuvre, Beck discute la *vexata quaestio* du rapport entre les *Regulae* et le *Discours*. Le problème est encore celui de décider quel est *le* texte de la méthode cartésienne.

3. J. Laporte, *Le rationalisme de Descartes*, Paris, PUF, 1945. Nous rappelons en passant que la monographie de Laporte s'ouvre par un chapitre intitulé « La méthode de la connaissance » (p. 1-42).

4. M. Gueroult, *Descartes selon l'ordre des raisons*, Paris, Aubier, 1968. Gueroult consacre plusieurs pages à la discussion du rapport entre les *Regulae* et les *Meditationes*. Dans ce contexte il oppose l'autosuffisance épistémique initiale des *Regulae* à la métaphysique des *Meditationes*, où Descartes met en question les fondements mêmes de la méthode. *Cf.* en particulier p. 30-32.

5. Pour un bilan historiographique relatif aux études cartésiennes dans les dernières décennies, *cf.* G. Belgioioso, « L'année Descartes 1996. Un bilan historiographique », dans J.-R. Armogathe, V. Carraud avec la collaboration de M. Devaux et M. Savini, *Bibliographie cartésienne (1960-1996)*, Lecce, Conte, 2003, p. 21-47.

6. Pierre Sylvain Régis publia, à la fin du XVII^e siècle, un *Cours de philosophie* qui représenta le premier cours complet de philosophie inspiré directement de la pensée de Descartes : *Cours entier de philosophie, ou systeme general selon les principes de M. Descartes, contenant la logique, la metaphysique, la physique, et la morale*, Amsterdam, aux dépens des Huguetan, 1691, 3 vol. Le premier livre de ce cours de philosophie cartésienne s'ouvrait justement par la logique.

correspondance, qui ne peuvent plus rester distinctes de la production proprement philosophique[1].

En ce qui concerne les *Regulae*, par exemple, l'importante édition critique établie par Giovanni Crapulli[2], ainsi que l'analyse génétique menée par Jean-Paul Weber[3] et la traduction avec commentaire par Jean-Luc Marion[4], ont démontré que ce n'est qu'avec beaucoup de circonspection que l'on peut considérer cet ensemble de textes comme le traité de la méthode que Descartes n'a pas voulu publier.

Un autre exemple clair de la façon dont l'étude de la méthode cartésienne a dû s'émanciper de lectures historiographiques trop rigides et schématiques est celui de la « restitution » du *Discours* aux *Essais*[5]. C'est sans nul doute le mérite d'une historiographie attentive à l'histoire matérielle du texte, que d'avoir réinscrit le *Discours* dans sa fonction d'introduction aux *Essais* pour laquelle Descartes l'avait conçu. À partir de cela, l'attention des chercheurs s'est posée ensuite sur les *Essais* et sur les principes méthodologiques agissant aussi bien à l'intérieur de l'argumentation que dans la pratique de la recherche scientifique cartésienne, comme, par exemple, le raisonnement par hypothèses[6], la construction de modèles

1. Sur la correspondance *cf.* en particulier J.-R. Armogathe, « La *Correspondance* de Descartes comme laboratoire intellectuel », dans J.-R. Armogathe, G. Belgioioso, C. Vinti (éds.), *La biografia intellettuale di Descartes attraverso la* Correspondance, Naples, Vivarium, 1998, p. 5-22 ; G. Belgioioso, « Introduzione », dans B p. IX-LV.

2. R. Descartes, *Regulae ad directionem ingenii*, texte critique G. Crapulli (éd.), avec version hollandaise du XVII^e siècle, La Haye, Nijhoff, 1966.

3. J.-P. Weber, *La constitution du texte des* Regulae, Paris, Sedes, 1964.

4. R. Descartes, *Règles utiles et claires pour la direction de l'esprit en la recherche de la vérité*, traduction selon le lexique cartésien et notes J.-L. Marion, avec notes mathématiques P. Costabel, La Haye, Nijhoff, 1977.

5. Le colloque à l'occasion du 350^e anniversaire de la publication du *Discours* et des *Essais* permit de réaffirmer avec force l'interdépendance réciproque entre le *Discours* et les *Essais*. Le *Discours*, en particulier, fut présenté dans la fonction d'introduction aux *Essais* que Descartes lui avait assigné. Voir à ce propos les actes du colloque : G. Belgioioso, G. Cimino, P. Costabel, G. Papuli (éds.), *Descartes : il Metodo e i Saggi*, Rome, Istituto della Enciclopedia Italiana, 1990, 2 vol.

6. *Cf.* entre autres, I. Dambska, « Sur certains principes méthodologiques dans les *Principia* de Descartes », *Revue de Métaphysique et de Morale*, 1957, p. 55-66 ; M. Martinet, « Science et hypothèses chez Descartes », *Archives internationales d'histoire des sciences*, 1974, 24, 95, p. 319-339 ; D. Garber, « Science and Certainty in Descartes », dans M.K. Hooker (éd.), *Descartes : Critical and Interpretive Essays*, Baltimore, Johns Hopkins UP, 1978, p. 114-151 ; E. Lojacono, « L'attitude scientifique de Descartes dans les *Principia* », dans J.-R. Armogathe, G. Belgioioso (éds.), *Descartes* : Principia Philosophiae *(1644-1994)*, Naples, Vivarium, 1996, p. 409-433 ; D. Garber, « Descartes on Knowledge and Certainty », dans *Descartes* : Principia Philosophiae *(1644-1994)*, *op. cit.*, p. 341-363.

explicatifs[1], le rôle des expériences[2], le rapport très particulier avec les artisans[3], auxquels Descartes demande « seulement » les « mains » dont il est dépourvu[4].

La considération et l'étude de la méthode se sont donc progressivement élargies jusqu'à revenir sur l'utilisation même des mots par Descartes. La terminologie cartésienne a été examinée dans toute sa complexité, et le « vocabulaire » de la méthode a été analysé et rapporté aux différents ouvrages. Des termes comme « analyse », « *mathesis* », « ordre », « idée », sont devenus l'objet de recherches[5] qui ont montré l'ampleur, et en même temps la spécificité, de leur signification. Enfin, la comparaison entre les *Regulae* et les *Meditationes* ou les *Principia* a conduit aussi à mettre en question l'unité du concept de *methodus* tel qu'il se déploie dans les textes de Descartes[6].

Plus qu'une théorie circonscrite et définie dans la pensée de Descartes, la méthode se configure alors comme une problématique ouverte, qui présente certainement, sur le plan diachronique, des évolutions et des écarts qui empêchent de la réduire dans une synthèse cohérente et unitaire. Cette

1. A. Gabbey, « Explanatory structures and Models in Descartes' Physics », dans *Descartes : il metodo e i saggi*, *op. cit.*, p. 273-286 ; P. Galison, « Descartes' Comparisons. From the Invisible to the Visible », *Isis*, 1984, 75, 2, p. 311-326 ; M. Savini, « *Comparatio vel ratiocinatio*. Statuto e funzione del concetto di comparatio/comparaison nel pensiero di R. Descartes », dans F. Marrone (éd.), *desCartes et desLettres Epistolari e filosofia nell'età cartesiana*, Florence, Le Monnier, 2008, p. 132-169.

2. *Cf.* Ch. Larmore, « Descartes' Empirical Epistemology », dans S. Gaukroger (éd.), *Descartes : Philosophy, Mathematics and Physics*, Brighton, Harvester Press, 1980, p. 6-22.

3. *Cf.* G. Belgioioso, « Descartes e gli artigiani », dans *La biografia intellettuale di René Descartes*, *op. cit.*, p. 113-165.

4. « Les trois arts, auxquels vous me mandez vous être exercé, sont justement ceux qui y peuvent le plus servir [pour couper les verres selon les indications de la *Dioptrique*] ; et pour moi, qui n'en ai jamais pratiqué aucun, non plus que j'étais venu au monde sans mains, je n'ai garde d'être si presomptueux que de prétendre vous enseigner aucune chose », Descartes à Debeaune, novembre-décembre 1638, AT II 452 ; B 195, p. 934.

5. *Cf.* E. Lojacono, « Su un *hapax* delle *Regulae* : "Analysis". Alcune osservazioni sul suo significato e sulle sue interpretazioni », dans M. Fattori (éd.), *Il vocabolario della* République des Lettres. *Terminologia filosofica e storia della filosofia. Problemi di metodo*, Florence, Olschki, 1998, p. 171-190 ; F. de Buzon, « La *mathesis* des *Principia* : remarques sur II, 64 », dans *Descartes : Principia philosophiae (1644-1994)*, *op. cit.*, p. 303-320 ; J.-R. Armogathe, « Contribution à la sémantèse d'ordre/*ordo* chez Descartes », dans M. Fattori (éd.), *Ordo. II° Colloquio del Lessico intellettuale europeo*, Rome, Edizioni dell'Ateneo, 1980, p. 279-328.

6. La distinction entre la *methodus* indiquée par Descartes dans les *Regulae* et celle pratiquée dans les *Meditationes* et dans les *Principia* est soutenue par Daniel Garber : « Descartes et la Méthode en 1637 », dans N. Grimaldi, J.-L. Marion (éds.), *Le Discours et sa méthode*, Paris, PUF, 1987, p. 65-87.

perspective est essentielle à l'égard de notre recherche, car ce n'est qu'en assumant le statut de la conception cartésienne de la méthode comme problématique qu'il sera possible de saisir l'importance de l'opération interprétative de Clauberg. Et ce n'est qu'en raison d'une telle problématique que l'on peut comprendre l'exigence de l'auteur de la *Defensio cartesiana* d'élaborer une interprétation de la méthode cartésienne et, en même temps, le sens de l'opération claubergienne qui, en fournissant une théorie complète et cohérente de la méthode, arrive à cacher ou effacer plusieurs éléments qui ne sont pas compatibles avec sa lecture.

L'exigence d'éclaircir la méthode de Descartes se manifesta assez tôt, dès les premières attaques à la méthode cartésienne, qui se prolongèrent pendant une décennie dans les Provinces-Unies à partir du début des années 1640. Ainsi, l'on peut certainement lire la *Defensio cartesiana* (et aussi la *Logica vetus et nova*) comme une réponse des cartésiens aux attaques de Schoock, Voetius, Revius et Lentulus, mais cela ne doit pas masquer le fait que, avec cette réponse, Clauberg proposait sa propre « interprétation » de la méthode cartésienne et que cela s'inscrivait dans son propre parcours philosophique. Notre but a donc été non seulement de reconstruire l'interprétation claubergienne de la *methodus cartesiana*, mais encore de montrer comment cette reconstruction se situe par rapport au développement de la réflexion de Clauberg et, en particulier, par rapport à l'*Ontosophia* de 1647.

De la publication d'une des premières « ontologies » jusqu'à la publication de la *Logica vetus et nova*, la pensée de Clauberg s'articule dans un parcours qui, comme nous chercherons à le montrer, se présente à la fois comme unitaire et original. Nous croyons également que l'intégration de la méthode cartésienne dans un projet « ontologique » et, aussi, l'intégration de l'ontologie dans une philosophie inspirée par Descartes, constituent une perspective privilégiée pour comprendre à la fois l'histoire primitive de l'ontologie et la première diffusion du cartésianisme. En suivant le fil rouge de cette double perspective, avec les écarts et les différences – mais aussi les incompréhensions – qu'elle comporte, la philosophie de Clauberg se développe entre 1647 et 1665. Nous essayerons alors de suivre le développement de la pensée claubergienne durant cette vingtaine d'années, en mettant en évidence les problèmes et les situations qui, à partir de la première métaphysique de 1647, portent à l'intégration de celle-ci avec la philosophie première de Descartes et au développement d'une logique herméneutique. Ainsi, notre étude compte cinq chapitres et un appendice : le premier chapitre est consacré à la « situation » problématique du projet ontologique de 1647 ; le deuxième a pour objet la reconstruction des critiques avancées contre la méthode cartésienne entre 1643 et

1651 (c'est-à-dire avant la *Defensio cartesiana*) ; le troisième porte sur les réponses de Clauberg (avec la *Defensio cartesiana*) et de Tobias Andreae (avec l'*Assertio methodi cartesianae*) qui proposent une reconstruction de la méthode cartésienne ; le quatrième traite de l'intégration de la philosophie première de Descartes et de l'ontologie dans le cadre métaphysique claubergien ; le cinquième, enfin, concerne la logique de Clauberg dans laquelle la méthode cartésienne se développe dans une herméneutique générale. L'appendice reconstruit l'interprétation de la méthode cartésienne à partir de la *Géométrie* et de son édition par Fr. van Schooten : le développement de cette interprétation permet de mieux comprendre les critiques de Revius et de Lentulus analysées dans le chapitre II.

Ainsi, ce que nous essayerons de montrer, c'est que la pensée de Clauberg ne peut pas être pleinement comprise si on l'approche en isolant à chaque fois son interaction avec une tradition particulière (le cartésianisme, l'ontologie, l'herméneutique ...). Si, en effet, elle a été capable d'intégrer au moins trois des développements majeurs de la philosophie de la première moitié du XVIIe siècle, c'est en raison non de son éclectisme, mais de son originalité.

*Remerciements*

Cet ouvrage s'inscrit dans le travail de recherche sur la *methodus cartesiana* entrepris dans le cadre de ma thèse de doctorat, *Les développements de la méthode cartésienne dans les Provinces-Unies (1643-1665)*, dirigée par M. Jean-Robert Armogathe et soutenue à l'École Pratique des Hautes Études le 13 avril 2002 (jury : MM. Olivier Boulnois, Jean-Robert Armogathe, Carlo Borghero, Vincent Carraud, Théo Verbeek). Je voudrais donc remercier mon directeur et les membres du jury pour leurs observations et leurs remarques.

J'ai également eu la possibilité de discuter les résultats de mes recherches avec Francesco Marrone, Ettore Lojacono, Marco Lamanna, et surtout Igor Agostini. Qu'ils en soient vivement remerciés ici. Je tiens particulièrement à remercier Mme Giulia Belgioioso à double titre : pour m'avoir offert la possibilité de travailler dans un cadre aussi stimulant et riche que celui du *Centro Interdipartimentale di Studi su Descartes e il Seicento* et pour avoir discuté avec moi ce texte de manière précise et ponctuelle.

Je tiens aussi à remercier MM. Vincent Carraud et J.-L. Marion qui m'ont poussé, avec une insistance amicale, à achever ce travail et M. Jean-François Courtine de l'avoir accueilli dans cette collection.

Plusieurs personnes, que je remercie également, m'ont aidé dans la préparation de la thèse et ensuite du livre : Michaël Devaux, Frédéric Gabriel, Cécile Le Lay, Anna Maria Savini, Julia Roger et particulièrement Mme Véronique Thiébot qui a eu la générosité de relire le manuscrit final.

Sans le soutien de ma femme Antonella, à laquelle ce livre est dédié, de mes enfants – Lorenzo, Stefano, Mariagrazia – et de mes parents Rossana et Donato, je n'aurais pu commencer ni achever ce travail.

J'ai bénéficié pour mes recherches des financements du Ministère Italien de l'Université et de la Recherche (MIUR) dans le cadre du projet PRIN : « Descartes e il paradigma cartesiano. Edizione delle opere e ricezione del pensiero in Europa nella seconda metà del XVII secolo » (Équipe de Lecce).

Pescara, décembre 2009

CHAPITRE PREMIER

# LES *ELEMENTA PHILOSOPHIAE SIVE ONTOSOPHIA* LA SITUATION MÉTAPHYSIQUE DE JOHANNES CLAUBERG EN 1647

En 1648, en rentrant dans les Provinces-Unies après un long voyage qui l'avait amené à Saumur, Paris et Londres, Johannes Clauberg avait découvert l'impression du texte des *Elementa philosophiae sive Ontosophia* qu'il avait rédigé en 1646, mais qu'il avait probablement commencé[1] à concevoir tandis qu'il était étudiant au *Gymnasium* de Brême (1639-1644). L'*Ontosophia*[2] avait été publiée en 1647 à Groningen par l'imprimeur Johann Nicolai, qui avait reçu le manuscrit des mains de Tobias Andreae[3], professeur de Clauberg à l'Université de Groningen entre 1644 et 1646.

1. Sur la base de la *Préface* à la troisième édition de la *Metaphysica de ente* (1664) il est possible de dater l'*Ontosophia* à 1646, quand Clauberg était à Groningue : « Duodevigesimus agitur annus, ex quo librum scripsi, quem Elementa Philosophiae vel Ontosophiam appellavi » (*Opera Omnia Philosophica*, I, p. 279). *Cf.* aussi Th. Verbeek, « Johannes Clauberg : a bio-bibliographical sketch », dans *Johannes Clauberg (1622-1665) and Cartesian Philosophy*, *op. cit.*, p. 184.

2. *Elementa Philosophiae Sive Ontosophia, Scientia prima, de iis quae Deo Creaturisque suo modo communiter attribuuntur, distincta partibus quatuor*, Groningen, Johannes Nicolai, 1647.

3. Tout en étant de quelques années plus jeune, Clauberg connut Tobias Andreae (1604-1676) au gymnase de Brême, en suivant les cours de Gerhard de Neufville (sur lui, voir *infra*, p. 24, n. 3). Andreae étudia aussi aux Universités de Marbourg, Cologne, Groningue et Leyde. Nommé professeur d'histoire et de grec à l'Université de Groningue (1635), il resta tout le reste de sa vie dans cette Université, où il assuma même la charge de *Rector* en 1659. Il fut l'un des premiers « cartésiens » et il échangea diverses lettres avec Descartes.

L'*Ontosophia* n'est cependant pas la première œuvre publiée par Clauberg, car des *Disputationes* qu'il avait soutenues à Groningen sous la présidence de Matthias Pasor[1] et de Tobias Andreae[2] avaient été imprimées en 1646. Si l'on excepte la *Disputatio theologico practica de conscientia* soutenue sous Pasor, les disputes soutenues sous Andreae (les *Tessarakas thesium philosophicarum*) concernent la distinction de la logique des autres disciplines avec lesquelles elle est habituellement confondue : il s'agit là d'un sujet qui, nous le verrons, sera largement repris par Clauberg dans l'*Ontosophia*. En outre, l'*Ontosophia*, comme nous venons de le dire, avait été rédigée en partie à Brême où Clauberg avait fréquenté le *Gymnasium* sous la conduite de Gerhard de Neufville (1590-1648), qui probablement lui parla le premier de la philosophie cartésienne[3]. Nous n'avons pas beaucoup d'informations à propos de la période passée à Brême[4], mais cela suffit pour considérer l'*Ontosophia* à la fois comme la première œuvre à laquelle Clauberg travailla et comme le centre de son intérêt du début à la fin des années 1640.

1. J. Clauberg, *Disputatio theologico practica de conscientia*, Groningae, Essiens, 1646.

2. J. Clauberg, *Tessarakas thesium philosophicarum, de logicae ab aliis disciplinis quibus cum vulgo confundi assolet distinctione*, Groningen, J. Nicolai, 1646. Par rapport à la date d'impression (1646) et non de rédaction, il faut remarquer que le *Tessarakas* propose l'identification entre science de l'étant en tant que tel et ontologie avant l'*Ontosophia* : « Deinde confundi solet Logica cum prima Philosophia seu scientia entis quatenus ens est (Ontologia) » (thèse VIII, p. II sans numération). L'adjectif *ontologica* revient aussi dans la thèse XI (même page). Ces occurrences du terme n'ont jamais été recensées par la littérature critique.

3. C'est ce qu'affirme A. Baillet (*Vie de M. Descartes*, Paris, Horthemels, 1691, t. II, p. 350) : « Il avait déjà reçu les premières teintures de la Philosophie nouvelle, c'est-à-dire, de la doctrine de M. Descartes à Brème sous le Sieur Gerard de Neuville ». Dans la lettre à Tobias Andreae qui ouvre l'édition de la *Logica Vetus et Nova* de 1658, Clauberg affirme qu'il était débiteur à Neufville pour son attitude ouverte à l'égard de la philosophie nouvelle. Gerhard de Neufville étudia au *Gymnasium* de Steinfurt pour ensuite poursuivre ses études à l'Université de Leyde, où en 1609 il obtint le grade de *Magister Philosophiae*. À partir de 1611 il devint *professor ordinarius* au *Gymnasium* de Brême, où il enseigna jusqu'à sa mort en 1648. Son ouvrage le plus important est la *Physiologia seu Physica Generalis de rerum naturalium, atque etiam substantiae corporeae, communi natura, primis principiis & causis communissimisque affectionibus* (Bremae, De Villiers, 1645). *Cf.* sur Neufville *Biographische Skizzen verstorbener bremischer Ärzte und Naturforscher*, Bremen, bei Johann Georg Heyse, 1844, p. 71-79.

4. La source principale de la vie de Clauberg est la *Vita Claubergii* écrite par Henricus Christianus Henninius et publiée en tête de l'édition des *Opera omnia philosophica* de 1691.

## L'*ONTOSOPHIA* DANS LA LIGNE DE TIMPLER ET DE COMENIUS

Tout en restant l'œuvre d'un jeune étudiant, le texte de 1647 constitue, effectivement, la première œuvre qui se présente, d'une manière articulée, comme une *ontologia*. L'emploi du terme *ontosophia*[1] doit être considéré comme synonymique par rapport à celui, bien plus connu, d'*ontologia*, qui sera utilisé dans les éditions successives[2]. De cette façon, Clauberg portait à terme la gestation d'une discipline qui s'était progressivement définie à partir de la fin du XVIe siècle et qui visait à distinguer le traitement de l'*ens prout ens*, pris dans sa plus haute généralité, de celui de l'étant par excellence, c'est-à-dire Dieu[3]. L'emploi du terme « ontologie » est attesté pour la première fois par Jacob Lorhard dans l'*Ogdoas scholastica* (1606)[4], qui

1. Pour distinguer la discipline envisagée par Clauberg de l'œuvre qu'il a publiée nous emploierons les termes *Ontosophia* et *ontosophia*, la majuscule indiquant l'œuvre claubergienne.

2. Les éditions postérieures de l'œuvre sont l'*Ontosophia nova* (Duisburg, Wyngaerden, 1660) et la *Metaphysica de ente* (Amsterdam, Elzevier, 1664). Sur l'équivalence des termes *ontosophia* et *ontologia*, *cf.* les *Prolegomena* à l'édition de 1664 : « Sicuti autem θεοσοφία vel θεολογία dicitur quae circa Deum occupata est scientia : ita haec, quae non circa hoc vel illud ens speciali nomine insignitum vel proprietate quadam ab aliis distinctum, sed circa ens in genere versatur, non incommode *Ontosophia* vel *Ontologia* dici posse videatur » (*Metaphysica de ente*, *Prolegomena*, § 4, *Opera Omnia Philosophica*, I, p. 281).

3. C'est bien sûr *L'être et l'essence* d'Étienne Gilson (1948) qui ouvre les recherches contemporaines sur le concept d'ontologie, pris dans le sens technique que le terme assume au XVIIe siècle. L'idée de distinguer une métaphysique générale d'une métaphysique spéciale se retrouve aussi chez certains auteurs du Moyen Âge (*cf.* A. Zimmermann, *Ontologie oder Metaphysik ? Die Diskussion uber den gegenstand der Metaphysik im 13. und 14. Jahrhundert*, Leiden, Brill, 1965), mais c'est surtout à partir du *De communibus omnium rerum naturalium principiis et affectionibus* (Romae, apud F. Zanettum et B. Tosium, 1576) de Benito Pereira (1535-1610) que l'on commence à distinguer une science qui traite proprement de l'étant dans sa généralité et abstraction d'une science qui s'occupe proprement de Dieu et des substances séparées. *Cf.* E. Vollrath, « Die Gliederung der Metaphysik in eine *Metaphysica generalis* und eine *Metaphysica Specialis* », *Zeitschrift für philosophische Forschung*, 1962, 16, p. 258-284 ; E. Rompe, *Die Trennung von Ontologie und Metaphysik. Der Ablösungsprozess und seine Motivierung bei Benedictus Pererius und anderen Denkern des 16. und 17. Jahrhunderts*, Phil. Diss., Rheinische Friedrich-Wilhelms-Universität, Bonn, 1968 ; J.-F. Courtine, *Suarez et le système de la métaphysique*, Paris, PUF, 1990, p. 449-453. *Cf.* aussi l'article de J. Ferrater Mora, « On the early history of "Ontology" », *Philosophy and phenomenological research*, XXIV, 1963-1964, p. 36-47.

4. J. Lorhard, *Ogdoas Scholastica, continens Diagraphen Typicam artium : Grammatices (Latinae, Graecae), Logices, Rhetorices, Astronomices, Ethices, Physices, Metaphysices, seu Ontologiae* (Sangalli, apud Georgium Straub, 1606).

présente 4 occurrences du terme et qui propose en forme de diagramme [1] les *theoremata* qui ouvrent les différents chapitres du *Metaphysicae Systema Methodicum* [2] de Clemens Timpler [3]. Le mot *ontologia* fut ensuite employé [4], entre autres, par Rudolph Göckel (Goclenius) [5], Johann Heinrich Alsted [6] et, avant de l'être par Clauberg, surtout par Abraham Calov [7] et Juan Caramuel y Lobkovitz [8]. C'est de ces deux derniers auteurs que Clauberg prend le terme *Ontosophia/Ontologia*, selon le témoignage que lui-même donne :

1. *Cf.* P. Øhrstrøm, S.L. Uckelman, H. Schärfe, « Historical and conceptual foundations of diagrammatical ontology », dans S. Polovina, R. Hill, U. Priss (éds.), *Conceptual Structures : Knowledge Architectures for Smart Applications*, Dordrecht, Springer, 2007, p. 374-386.

2. C. Timpler, *Metaphysicae Systema Methodicum*, Steinfurti, apud Th. Caesar, 1604.

3. Voir à cet égard M. Lamanna, « Sulla prima occorrenza del termine "Ontologia". Una nota bibliografica », *Quaestio*, 2006 (6), p. 557-570; *La nascita dell'*ontologia. *L'opera metafisica di Rudolph Göckel (1547-1628)*, Thèse de Doctorat, Université de Bari, XX$^{e}$ cycle, p. 96-97.

4. Pour une liste des occurrences du terme *ontologia/ontosophia* à partir de l'*Ogdoas* jusqu'à 1716 (année de la mort de Leibniz) *cf.* M. Devaux, *L'avancement de la métaphysique réelle selon G.W. Leibniz. Nomenclature et réalité de la métaphysique leibnizienne après l'*iter italicum, Thèse de Doctorat, Université Paris IV-Sorbonne, 2004, chapitre IV.

5. Le terme ὀντολογκή apparaît dans le *Lexicon* à l'intérieur de l'article *abstractio*, où il signifie « Philosophia de ente ». *Cf.* R. Goclenius, *Lexicon philosophicum, quo tanquam clave philosophiae fores aperiuntur*, Francofurti, typis viduae Matthiae Beckeri, impensis Petri Musculi et Ruperti Pistorij, 1613, p. 16.

6. Alsted – c'est lui-même qui le déclare – reprend le mot en grec de Goclenius. Il veut ainsi indiquer la métaphysique comme *sapientia quae considerat ens qua ens* : *cf.* J. H. Alsted, *Cursus philosophici encyclopaedia libris XXVII complectens universae philosophiae methodum, serie praeceptorum, regularum et commentariorum perpetua*, Herborn, Corvinus, 1620, p. 149. Le mot *ontologia* se trouve aussi dans l'encyclopédie de 1630, vol. II p. 573 : *Encyclopaedia septem tomis distincta*, Herbornae Nassoviorum, typis G. Corvini, 1630 (réimp. fac-similé W. Schmidt-Biggemann, Stuttgart-Bad Cannstatt, Fromann-Holzboog, 1989).

7. Calov utilise encore dans sa *Metaphysica divina* (Rostocki, 1636) le mot *ontologia* en grec, mais il est le premier auteur à thématiser ouvertement la nouvelle discipline : *cf.* à cet égard, E. Rompe, *Die Trennung von Ontologie*, *op. cit.*, p. 270-283.

8. Le terme *ontosophia* se trouve dans la *Rationalis et realis philosophia* (Lovanii, typis E. de Witte, 1642). Le texte de Caramuel Lobkovitz offre une exposition systématique du cadre général de la philosophie, et en particulier des rapports entre logique et métaphysique. À cet effet, il classe par ordre les neuf disciplines fondamentales : outre la métaphysique, il indique la *philosophia*, la *physica*, la *medicina*, l'*angelosophia*, l'*antroposophia*, l'*aperantologia* et la *theologia*. Le texte de Caramuel propose donc une fondation des disciplines philosophiques particulières à partir du rapport spéculaire entre logique et métaphysique. La distinction entre *rationalis* et *realis* (*cf.* le titre) se présente aussi à l'intérieur du texte, qui se divise en deux parties, la première étant la *Metaphysica*, la deuxième la *Logica*. Le terme *ontosophia* est employé pour indiquer la métaphysique elle-même par rapport à son objet : « Metaphysicae objectum est Ens, ideoque ὀντοσοφία dicitur ». La translittération latine se

> [Les savants] ont appelé la philosophie première, suprême, transnaturelle, la science divine, catholique, universelle, « Métaphysique ». Tout récemment, Caramuel Lobckovitz l'appela, de manière tout à fait appropriée, « Ontosophie » et Abraham Calov, lui aussi de façon très appropriée, l'appela après l'autre « Ontologie » [1].

L'*Ontosophia* s'inscrit ainsi dans le tout dernier développement de la *Schulmetaphysik* dans la première moitié du XVII^e^ siècle et, avant la publication de la *Defensio cartesiana* (1652), Clauberg fut connu principalement pour cet ouvrage [2], dans lequel il n'y a aucune référence, explicite ou implicite, à Descartes et à la philosophie cartésienne. Si l'on veut, d'autre part, reconstruire le développement de la pensée de Clauberg à partir des années de sa formation jusqu'à son adhésion au cartésianisme [3]

trouve tout suite après : « Supponitur [l'*ontosophia*] ab universis Artibus nullam supponens. Exorbitantiae gravi obnoxius, qui Theologiae, Physiologiae, aut Medicinae insudat, ni a Metaphysices eminenti notitia manuducatur. Non potest non esse doctissimus in omni scientia, qui exacte Ontosophiam percallet » (p. 65). Le titre complet de la section consacrée à la métaphysique est le suivant : « Metaphysica examinans ideas et proprietates Entium abstractorum ab aseitate et dependentia, infinitate et limite, spiritualitate, immaterialitate et corporeitate in genere ; et in particulari quiditatem entium materialium » (p. 65).

1. « Metaphysicam dixere [scil. les *sapientes*] primam, supremam, transnaturalem philosophiam, divinam, catholicam, universalem scientiam. Novissime Ontosophiam Caramuel Lobkowitz, Ontologiam post alio Abr. Calovius, aptissime uterque nominaverunt », J. Clauberg, *Ontosophia*, *Diacritica*, § 89, p. 278.

2. D'après le témoignage de Henninius, Clauberg fut assez connu grâce aussi à la circulation manuscrite de l'*Ontosophia* dont la publication était assez attendue : « Publicam ergo privatamque horum virorum institutionem suae diligentiae jungens, brevi ita profecit, ut celeberrimum sibi nomen inter istius Athenaei studiosos pararit, cumprimis a *Scientia*, ut vocatur, *Metaphysica*, qua vulgo suos etiam Magistros superare credebatur. Imo multi Philosophiae studiosi, ut facem illius praeluceret, ultro Eum invitarunt, quibus *Metaphysicae* ab ipso congestae *prima elementa* etiam describenda, ut minime erat invidus, concessit : quod futuri Professoris auspicium fuisse argumentis ipsis rerum abunde docemur » (H. Ch. Henninius, *Vita Claubergii*, *Opera Omnia Philosophica*, I, p. II).

3. En arrivant à Groningue en avril 1644, Clauberg se lia étroitement à Tobias Andreae, qui avait lui aussi fréquenté le *Gymnasium* de Brême, et il assista probablement au procès contre Schoock concernant la rédaction de l'*Admiranda methodus novae philosophiae Renati Descartes* (*cf.* Th. Verbeek, « Johannes Clauberg : a bio-bibliographical sketch », art. cit., p. 183-184). Clauberg fréquenta donc les cartésiens – comme en témoigne la part qu'il prit à la transcription de l'*Entretien avec Burman* – mais dans les ouvrages publiés avant la *Defensio* il n'y a pas de trace de la philosophie cartésienne. En tout cas, d'après le témoignage de Baillet (*Vie de M. Descartes*, *op. cit.*, II, p. 350), Descartes, en arrivant en septembre 1648 à Leyde après son séjour en France, « apprit une histoire du sieur Jean Clauberg, qui pouvait le consoler de la prévarication de M. Regius ». S'il n'est pas certain que la nouvelle apprise concerne la candidature de Clauberg à l'Université de Herborn (où il fut officiellement nommé le 1^er^ mars 1649), il est indiscutable qu'à ce moment-là Clauberg était considéré par

– sans tomber dans l'équivoque d'une reconstruction historiographique qui souligne plus les césures que les passages ou les évolutions – il faudra prendre comme point de départ l'*Ontosophia* de 1647 et sa spécificité par rapport aux éditions successives de l'ouvrage, publiées en 1660[1] et 1664[2], pour vérifier dans quelle mesure et avec quels résultats la philosophie de Descartes va s'insérer dans le parcours d'un des étudiants les plus prometteurs de sa génération.

Si l'on compare l'édition de l'*Ontosophia* de 1647 avec les éditions successives (de 1660 et 1664), la différence la plus évidente concerne la structure et l'ampleur de l'ouvrage : l'édition de 1647 compte 311 pages et quatre parties, tandis que les éditions successives comptent 124 pages (1660) et 111 pages (1664) en une seule partie.

Les quatre parties dont se compose l'édition de 1647 sont intitulées, dans l'ordre, *Prolegomena*, *Didactica*, *De usu*, *Diacritica*. La section qui traite spécifiquement de l'*ontosophia* est la *Didactica*, tandis que les *Prolegomena* présentent une introduction générale à la nouvelle discipline. Le *De usu* et la *Diacritica* traitent de l'utilité de l'*ontosophia* et de sa distinction par rapport aux autres disciplines avec lesquelles elle peut être confondue : la théologie et la logique. Ces deux dernières sections s'occupent donc de sujets, pour ainsi dire, « extrinsèques » au *corpus* de l'*ontosophia* et elles se rattachent à une perspective de réforme générale de la philosophie. Des quatre parties qui composent la première édition, les éditions successives n'ont gardé que la *Didactica*, c'est-à-dire celle qui présente le contenu de l'*ontosophia*. Si entre 1647 et 1664 il est certes possible d'observer un développement substantiel dans l'intégration de la philosophie cartésienne – sur lequel nous reviendrons[3], et qui a été déjà

Descartes aussi comme un partisan de la nouvelle philosophie. Comme il le témoigne lui-même dans la lettre-préface à l'édition de 1658 de la *Logica vetus et nova* (*Opera Omnia Philosophica*, II, p. 767), Clauberg fut poussé par Andreae à l'étude de la philosophie cartésienne, qu'il accomplit sous la direction de Johannes de Raey à Leyde, lorsqu'il y arriva dans l'été 1648. Il est alors possible, sur la base de ces éléments, de fixer l'adhésion définitive de Clauberg au cartésianisme à cette époque, ce qui justifie d'autant plus la réaction de Descartes racontée par Baillet.

1. J. Clauberg, *Ontosophia nova, quae vulgo Metaphysica, Theologiae, Jurisprudentiae et Philologiae, praesertim Germanicae, studiosis accomodata. Accedit Logica Contracta, et, quae ex ea demonstratur, Orthographia Germanica*, Duisburgi ad Rhenum, typis Adriani Wyngaerden, 1660.

2. J. Clauberg, *Metaphysica de ente, quae rectius Ontosophia*, Amstelodami, apud D. Elzevirium, 1664. La troisième édition de l'*Ontosophia* fut publiée en un seul volume avec la *Physica quibus rerum corporearum vis et natura… explicantur*.

3. Cf. *infra*, p. 161-196.

souligné et commenté dans la littérature critique[1] – il faut aussi remarquer la disparition des parties les plus « consistantes » du texte, correspondant aux deux tiers de l'ouvrage. Ainsi, ce qui va disparaître dans les éditions « cartésianisantes » c'est précisément tout ce qui concerne le rapport entre l'*ontosophia* et les autres disciplines.

Si, par ailleurs, l'on considère exclusivement la *Didactica* de 1647, il faut noter que, sauf l'emploi des mots *ontosophia* et *ontologia*, l'*Ontosophia* ne présente pas en elle-même des nouveautés remarquables et qu'elle s'inscrit dans le processus de noétisation de la métaphysique inauguré par Goclenius et Timpler.

Puisque l'*ens in quantum ens*[2] est l'objet propre de l'*ontosophia*, celle-ci se présente comme un traitement des déterminations universelles de l'étant. Ces déterminations caractérisent tous les étants, sans distinction, et abstraction faite de leurs différences : voilà pourquoi Clauberg affirme que la métaphysique précède la distinction entre Dieu et les créatures. Toutefois, bien que les déterminations de l'étant soient considérées universellement, elles ne se rapportent pas de la même manière à Dieu et aux créatures : elles ne sont donc pas univoques, mais analogues et les distinctions entre les attributions analogiques de ces concepts appartiennent aux disciplines particulières[3].

Le fait que l'*ontosophia* se caractérise comme une science noétique[4] est manifeste dès le début de l'ouvrage, lorsque Clauberg affirme que l'universalité et donc la priorité de *l'ens prout ens* se déterminent par rapport à notre entendement et non par rapport à ce qui existe réellement. Ainsi, d'une certaine manière, nous pouvons saisir grâce à notre

1. *Cf.* V. Carraud, « L'ontologie peut-elle être cartésienne ? », dans *Johannes Clauberg (1622-1665)*, *op. cit.*, p. 13-38. Pour une comparaison entre la *Didactica* de 1647 et les éditions de 1660 et 1664, voir U.G. Leinsle, *Reformversuche protestantischer Metaphysik im Zeitalter des Rationalismus*, Augsburg, Maro Verlag, 1988, p. 99-104.

2. « Ex dictis nunc liquet, quae sit necessitas primae huius Philosophiae ponendae, quid illa sit et quomodo ab aliis scientiis distincta : quae omnia Aristotelis lib. 3. Met. cap. I. sic breviter expressit : est quaedam scientia quae speculatur Ens, prout Ens est, et quae ei per se insunt », J. Clauberg, *Ontosophia*, *Prolegomena*, § 10, p. 4.

3. « Ista communia analogice tantum, non vero univoce, Deo et Creaturae tribuuntur. Nam eatenus tantum cognoscuntur in prima Philosophia, quatenus communia sunt, modi vero, quibus ad Deum aut Creaturam peculiariter determinantur, inferioris disciplinis explicandi relinquuntur », J. Clauberg, *Ontosophia*, *Prolegomena*, § 5, p. 2.

4. « À la suite de Timpler et Goclenius, Clauberg témoigne bien – sans originalité – de ce que nous pouvons peut-être appeler une "noétisation" de la métaphysique », V. Carraud, « L'ontologie peut-elle être cartésienne ? », dans *Johannes Clauberg (1622-1665)*, *op. cit.*, p. 17.

entendement Dieu et la créature sous un même concept, même si, en réalité, Dieu ne peut pas être compris et que rien ne le précède : « Bien que, en effet, il n'y ait rien qui précède Dieu ou qui lui soit supérieur, il y a toutefois, dans notre entendement, un quelque chose tellement commun que, d'une certaine manière, il comprend en même temps Dieu et les autres choses »[1].

Clauberg, de même que Timpler[2], affirme comme genre premier et le plus universel de l'étant l'*intelligibile seu cogitabile*[3] : « Ce qu'on est habitué à appeler communément "la chose" et "le quelque chose" (avec des mots pris dans le sens le plus large), nous l'appelons ici "l'intelligible" ou "le pensable" »[4]. Après avoir posé l'objet propre de la métaphysique, l'*Ontosophia* développe toute une série de divisions correspondant aux degrés de généralité des concepts, à partir de ceux qui indiquent l'*ens latissima significatione*, c'est à dire l'*intelligibile*, l'*aliquid* et la *res*, pour ensuite dénombrer les attributs de l'étant – divisés par rapport à l'essence (les transcendantaux[5] : *unum*, *verum*, *bonum*), l'existence (la *localitas*, la *temporalitas* et la *duratio*) et la production (la *multitudo*, la *distinctio* et l'*unio*) – et enfin ses divisions inférieures, à partir de celle entre Dieu et la créature, suivie des distinctions inférieures absolues (*completum/incompletum*; *permanens/successivum*; *substantia/accidens*) et relatives (*absolutum/respectivum*; *spirituale/corporeum*; *vivens/vitae expers*). Voici la *tabula* qui résume le contenu de la *Didactica* :

1. « Tametsi enim Deo nihil est prius aut superius, est tamen aliquid in intellectu nostro ita commune, ut Deum simul cum aliis aliquo modo comprehendat », J. Clauberg, *Ontosophia*, *Prolegomena*, § 4, p. 2.

2. « Metaphysica est ars contemplativa, quae tractat de omni intelligibili », C. Timpler, *Metaphysicae systema methodicum*, *op. cit.*, liber I, c. 1, q. 1. Sur cette définition donnée par Timpler, *cf.* J.-F. Courtine, *Suarez et le système de la métaphysique*, *op. cit.*, p. 422-430.

3. « Conceptus Intelligibilis, ut ab omnibus suis inferioribus distincti, est omnium conceptuum primus, simplicissimus, notissimus; simulque admirabili ratione ultimus, maxime compositus, obscurissimus », J. Clauberg, *Ontosophia*, *Didactica*, § 1, p. 37.

4. « Quod vulgari sermone res et aliquid (vocibus latissime acceptis) nominari solet, hoc loco Intelligibile seu Cogitabile dicitur », J. Clauberg, *Ontosophia*, *Didactica*, § 1, p. 37. Mais *cf.* aussi le § 3 : « Conceptus Intelligibilis, ut ab omnibus suis inferioribus distincti, est omnium conceptuum primus, simplicissimus, notissimus; simulque admirabili ratione ultimus, maxime compositus, obscurissimus » (*ibid.*).

5. « Subjectum Metaphysicae, si ad Praedicamenta respiciamus, solum illud est, quod *latitudine et communitate sua transscendit* et excedit omnia. Propter hanc amplitudinem quaecunque in prima Philosophia tractantur *Transscendentium* nomine venire solent », J. Clauberg, *Ontosophia*, *Diacritica*, § 55, p. 265. *Cf.* à ce propos J.-F. Courtine, *Suarez et le système de la métaphysique*, *op. cit.*, p. 405-457.

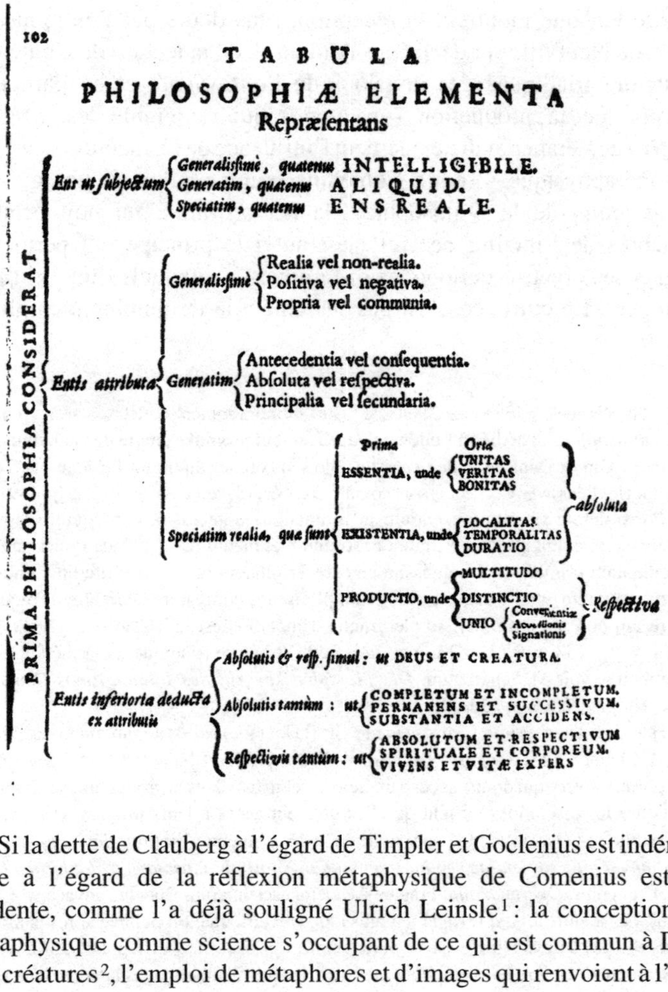


Si la dette de Clauberg à l'égard de Timpler et Goclenius est indéniable, celle à l'égard de la réflexion métaphysique de Comenius est aussi évidente, comme l'a déjà souligné Ulrich Leinsle[1] : la conception de la métaphysique comme science s'occupant de ce qui est commun à Dieu et aux créatures[2], l'emploi de métaphores et d'images qui renvoient à l'œuvre

1. *Cf.* U.G. Leinsle, « Comenius in der Metaphysik des jungen Clauberg », dans *Johannes Clauberg (1622-1665)*, *op. cit.*, p. 1-12; *Reformversuche protestantischer Metaphysik*, *op. cit.*, p. 88-104.

2. « Hinc facile infertur, Deum et creaturam habere quaedam praeter nomen communia, ad Scientiam superiorem et priorem pertinentia, qualis quidem ea quae Prima Philosophia vel ex Aristotelicorum librorum inscriptione *Metaphysica* appellatur », J. Clauberg, *Ontosophia*, *Prolegomena*, § 4, p. 2. Pour Comenius *cf.* les *Prolegomena* et la *Pars prima* de la *Prima Philosophia : Opera Omnia*, Prague, Academia scientiarum Bohemoslovaca, vol. XVIII, 1974, p. 13-14.

de l'exilé tchèque montrent la réception, sans doute par l'entremise de Gerhard de Neufville[1] et de Tobias Andreae[2], de la lecture de Comenius. La structure triadique[3] des divisions de l'*ontosophia* et en particulier l'inclusion de la production (*productio*) qui rassemble les *attributa respectiva* de l'étant montre également l'influence de Comenius.

La métaphysique – pour Comenius comme pour Clauberg – est *porta et janua* de la philosophie[4], la *lux mentium* qui doit éclaircir les ténèbres de l'intelligence; elle est aussi le principe qui permet de distinguer les objets – et donc les disciplines[5] – auxquels l'intellect peut s'appliquer[6]. En outre, ce n'est pas seulement la terminologie employée

1. *Cf.* Th. Verbeek, « Johannes Clauberg : a bio-bibliographical sketch », art. cit., p. 182.

2. L'*Ontosophia* fut dédiée à Lodewijck de Geer, qui promut l'œuvre de Comenius dans les Provinces-Unies. Dans cette dédicace un rôle sans doute important fut joué par Tobias Andreae dont les liens avec Comenius sont connus : à cet égard, voir aussi le chap. III (p. 149 *sq.*).

3. « Porro debita singulorum entium in ordinatione antecessio, consequutio, comitatioque necessario exigit aliquod primum, postremum et medium. [...] Unde liquet, multitudinem ordinatam primam et simplicissimam esse Trinitatem hoc est multitudinem numero ternario mensuratam, utpote in qua primo et simplicissime comparent Ordinationis requisita, unde et rerum potissimarum divisio plerumque trimembris est », J. Clauberg, *Ontosophia*, *Didactica*, § 252-253, p. 90. Sur l'importance de la structure triadique de la métaphysique chez Comenius, voir M. Scherbaum, *Der Metaphysikbegriff des Johann Amos Comenius*, Oberheid, Utopica, 2008, p. 139-202.

4. « Haec [la métaphysique] *porta et janua*, illa [la logique] *via* est ad sublimem scientiarum arcem », J. Clauberg, *Ontosophia*, *Diacritica*, § 108, p. 303. L'appellatif de *janua* (c'est-à-dire la porte d'entrée qui donne accès à un lieu) est constant dans la production de Comenius pour indiquer les disciplines en tant qu'elles donnent accès à leurs propres objets : ainsi, lorsqu'il publie son ébauche de métaphysique en 1643, Comenius l'intitule *Janua rerum reserata sive universalis sapientiae seminarium vulgo philosophia prima et metaphysica* (texte dans J.A. Comenius, *Opera Omnia*, Prague, Academia scientiarum Bohemoslovaca, vol. XIV, p. 153-168). Une autre *Janua rerum* bien plus ample et articulée fut publiée après la mort de Comenius en 1681 à Leyde (texte dans *Opera Omnia*, *op. cit.*, vol. XVIII, p. 149-236).

5. La distinction entre les disciplines est proposée par Clauberg dans la *Diacritica* (§ 15-33 p. 242-253). Elle dérive des sept partitions, proposées dans la *Didactica*, en lesquelles se divise l'*ens reale* (*Completum/Incompletum – Substantia/Accidens – Permanens/Successivum – Absolutum/Respectivum – Deum/Creaturam – Materiale/Immateriale – Vivens/Vitae expers*). La *Tabula* (§ 15, p. 242-243), qui présente les distinctions entre les disciplines, arrive enfin à proposer une tripartition entre *Ontologia*, *Ctismatologia* (c'est-à-dire la science qui s'occupe *de ente creato*), *Theologia* (la science qui s'occupe *de ente increato*). À l'intérieur de cette tripartition trouvent place les disciplines particulières.

6. « Qualis est progressus solis in illustratione mundi, talis progressus est scientiarum in illustratione mentis humanae. Lux enim mundi sol est, lux mentis scientia est. Sol autem 1. Matutino oriens tempore densiores noctis tenebras pellit montiumque primum cacumina illustrat : ita lux scientiarum oriens in intellectu nostra, densissimas primum intelligentiae

dans l'*Ontosophia* qui révèle la lecture des œuvres – en particulier de la *Pansophiae Dyatiposis* ou du *Prodromus Pansophiae* – de Comenius : la conception de la créature comme image du créateur et la conception du monde comme miroir de la divinité, que la philosophie doit contribuer à éclaircir et nettoyer, sont toutes des métaphores qui lient Clauberg à Comenius et à Alstedt[1].

En intégrant donc l'orientation noétisante de la métaphysique de Timpler avec les exigences réformatrices de la philosophie coménienne, l'*Ontosophia* se propose comme un essai de réélaboration de la métaphysique, mais aussi de la philosophie même, à l'intérieur de l'enseignement universitaire réformé. De ce point de vue, il est aussi possible de comprendre l'importance, pour Clauberg, de la mise au clair du rapport entre l'*ontosophie* et les autres disciplines, en particulier la logique. C'est en effet sur ce sujet que Clauberg se concentre lors de son séjour à Groningen – comme en témoigne le *Tessararakas* – et, vu la place et l'ampleur que Clauberg lui réserve, on peut dire que c'est là le thème auquel il consacre le plus d'attention et qui, à ses yeux, représente l'aspect le plus délicat de la nouvelle métaphysique qu'il propose et de la réforme du savoir qui l'accompagne.

## L'ENJEU PROBLÉMATIQUE ENVISAGÉ PAR CLAUBERG DANS L'*ONTOSOPHIA*

Comme nous l'avons déjà dit, aussi bien les *Prolegomena* que la section *De usu* et, surtout, la *Diacritica* déterminent la position de l'*ontosophia* par rapport aux autres disciplines et en particulier par rapport à la logique. Avant de poursuivre notre analyse, il faut préciser que le problème d'identifier l'objet spécifique de la métaphysique en la distinguant des autres parties de la philosophie est une question classique et consolidée à l'intérieur de la pensée luthérienne et calviniste au moment où Clauberg commence à écrire. Le débat autour du rapport entre logique et métaphysique a lieu dès la réintroduction de la métaphysique dans le cadre de

tenebras discutit et suprema rerum omnium culmina et fastigia monstrat in *Ontologia* », J. Clauberg, *Ontosophia*, *Diacritica*, § 27, p. 249.

1. *Cf.* U.G. Leinsle, « Comenius in der Metaphysik des jungen Clauberg », art. cit., p. 4-5.

l'enseignement universitaire[1], et en liaison avec la diffusion des œuvres de la scolastique espagnole[2]. Dans la deuxième moitié du XVIe siècle, la dialectique, grâce à la diffusion des doctrines ramistes qui s'étaient intégrées aux enseignements de Mélanchton, avait suppléé à la fonction, propre de la métaphysique, de doctrine concernant les catégories les plus générales de l'étant. Mais à partir du début du XVIIe siècle commence à s'affirmer l'exigence d'une science forte des *res*, et le retour à la métaphysique – avec Nikolaus Taurellus, Cornelius Martini et Christoph Scheibler – détermine aussi une redéfinition du rôle de la logique.

Parmi les auteurs qui intervinrent dans ce débat, Goclenius, dont les textes, outre le célèbre *Lexicon Philosophicum*, eurent une grande diffusion, avait soutenu une nette distinction entre logique et métaphysique. Dans la première édition de ses *Controversiae logicae* il avait fixé le rôle de la métaphysique comme *domina* de toutes les autres disciplines, en distinguant d'elle la logique, qui était reléguée dans le rôle de *ancilla et ministra*[3]. En ce sens, il affirmait le *topos* de la logique comme *ars* distinct des autres disciplines prises comme *scientiae* : à la logique était réservée

1. Après la réforme (1520) l'on assiste de manière diffuse à une limitation ou une élimination de l'enseignement de la métaphysique dans les Universités protestantes. Les recherches de J.S. Freedman ont bien montré, à travers l'étude des *curricula* universitaires, cette « restriction » de l'enseignement de la métaphysique : *cf.* J. S. Freedman, « Philosophy Instruction within the Institutional Framework of Central European Schools and Universities during the Reformation Era », *History of Universities*, V, 1985, p. 117-166 ; *Philosophy and the Arts in Central Europe, 1500-1700 – Teaching and Texts at Schools and Universities*, Aldershot, Ashgate, 1999. Sur la réintégration de la métaphysique *cf.* P. Petersen, *Geschichte der aristotelischen Philosophie in protestantische Deutschland*, Leipzig, Meiner, 1921, p. 219 *sq.* ; J. S. Freedman, *Deutsche Schulphilosophie im Reformationszeitalter (1500-1650) : ein Handbuch für den Hochschulunterricht*, Münster, MAKS, 1984. Sur le rapport entre logique et métaphysique, *cf.* R. Pozzo, « Logic and metaphysics in German philosophy from Melanchton to Hegel », dans W. Sweet (éd.), *Approaches to Metaphysics*, Dordrecht, Kluwer, 2004, p. 57-66 ; S.K. Knebel, « "Metaphysikkritik" ? Historisches zur Abgrenzung von Logik und Metaphysik », *Medioevo*, 2009, 34, p. 399-424.

2. Sur la diffusion des *Disputationes Metaphysicae* de Francisco Suarez dans la *Schulmetaphysik*, *cf.* J.-F. Courtine, *Suarez et le système de la métaphysique*, *op. cit.*, p. 405-417. Plus en général, *cf.* K. Eschweiler, « Die Philosophie der spanischen Spatscholastik auf den deutschen Universitaten des siebzehnten Jahrhunderts », dans *Spanische Forschung der Görresgesellschaft* (Erste Reihe, Bd. I, Gesammelte Aufslitze zut Kulturgeschichte Spaniens), 1928, p. 251-283 ; E. Lewalter, *Spanisch Jesuitische und deutschlutherische Metaphysik des 17. Jahrhunderts*, Hambourg, Ibero-amerikanische Studien Institut, 1935.

3. « Logica est pedissequa, et ancilla reliquarum artium et scientiarum, quibus usu sui inservit, sed prima philosophia est instar Dominae aliarum disciplinarum » (R. Goclenius, *Controversiae logicae et philosophicae*, Marpurgi, typis Pauli Egenolphi, 1609, p. 5).

une fonction purement poiétique[1], consistant à guider l'intellect dans la connaissance des choses, tandis que la métaphysique, en tant qu'*habitus contemplativus* principal, avait une nature essentiellement théorique. Dans la conception que Goclenius a de la logique, se trouvent mêlés des éléments ramistes et aristotéliciens (par l'intermédiaire de Zabarella), et elle est définie comme « doctrine fabriquant les instruments pour bien enchaîner ses raisonnements, pour connaître et traiter n'importe quelle chose »[2]. Et pourtant, tout en étant la dernière du point de vue théorique, la logique gardait une primauté sur le plan pratique et didactique, car elle fournissait les instruments nécessaires pour l'appréhension de toutes les sciences. Ce rapport particulier entre logique et métaphysique, en vertu duquel était réservée à la première une priorité « pratique », était communément accepté. En affirmant la priorité théorique de la métaphysique, Goclenius rejetait la possibilité de destituer celle-ci au profit de la logique, et il rappelait la nécessité de distinguer les deux disciplines : « Non desunt qui Metaphysicam cum Logica eandem, nec ab hanc quandam separatam esse volunt disciplinam, quod utraque sit aeque universalis; hic error animis stirpitus est evellendus, et omnino sentiendum alteram ab altera […] differre »[3].

Aussi bien dans l'*Isagoge in peripateticorum prima philosophia* que dans le *Lexicon philosophicum*, Goclenius avait ouvertement rejeté l'opinion de ceux qui avaient affirmé, comme objet de la logique, l'*ens qua ens* : « Ceux qui établissent que l'objet du Logicien est l'étant en tant qu'étant se trompent. La science universelle est considération de l'étant en

1. La logique est définie comme *habitus poieticus* dans R. Goclenius, *Isagoge in Peripateticorum et Scholasticorum Primam Philosophiam, quae dici consuevit Metaphysica*, Francofurti, ex officina M. Zachariae Palthenii, 1598, p. 133-134.

2. « Doctrina fabricans instrumenta bene disserendi, ad quasvis res cognoscendum et tractandum », R. Goclenius, *Isagoge in Organum Aristotelis*, Francofurti, apud M. Palthenium, 1598, p. 1. Mais *cf.* aussi les *Institutionum logicarum* : « Si artem et scientiam distinguamus […] logicam ad artem, non ad scientiam reducamus, necesse est » (R. Goclenius, *Institutionum logicarum libri III*, Marpurgi, 1601, p. 21). L'inclusion de la logique parmi les *artes* se trouve déjà chez Zabarella (*De natura logicae*, dans *Opera Logica*, *op. cit.*, p. 7 *sq.* ; trad. fr. *La nature de la logique*, Paris, Vrin, 2009). Étant une discipline instrumentale, la logique a une finalité poiétique, consistant à diriger la *mens* dans la connaissance des choses : « Finis igitur ultimus Logicae est directio mentis in rerum cognitione » (R. Goclenius, *Controversiae logicae et philosophicae*, *op. cit.*, p. 7). Elle se trouve ainsi très proche d'une théorie de la connaissance et la distinction entre logique et gnoséologie devient assez souple.

3. R. Goclenius, *Controversiae philosophicae*, *op. cit.*, p. 3.

tant qu'étant, non d'un étant spécifique, non d'un instrument »[1]. En cette circonstance, il faisait référence à l'opinion soutenue par Heizo Buscher, auteur d'un ouvrage intitulé *Harmoniae logicae Philippo-rameae libri duo*[2]. En effet, parmi ceux qui se refusaient de considérer la métaphysique comme une science propre entre la fin du XVI^e^ et le début du XVII^e^ siècle, on trouve plusieurs auteurs qui avaient suivi Pierre de La Ramée dans sa réduction des quatorze livres de la *Métaphysique* d'Aristote à un ensemble de préceptes logiques[3]. Pour revenir aux auteurs que nous avons mentionnés à propos de Clauberg, Clemens Timpler juge la position des ramistes comme étant portée à refuser la métaphysique et à la substituer par la logique[4] et, en cela, il exprime une opinion assez commune et partagée, entre autres, par Johann Heinrich Alstedt[5].

Il ne faut pas, pourtant, opposer rigidement ramisme et aristotélisme, d'autant plus que les auteurs que nous venons de citer acceptaient pleinement plusieurs éléments du ramisme, surtout par rapport à la théorie de la *methodus*, à propos de laquelle les textes d'Aristote paraissaient déficitaires[6]. En ce sens, le trait dominant au début du XVII^e^ siècle est celui du syncrétisme et on ne peut pas opposer trop radicalement Aristote à La Ramée[7]. Ce que nous pouvons retenir, en tout cas, c'est que s'affirme,

1. « Errant illi, qui statuunt Logici obiectum esse ens qua ens. Scientia universalis est consideratio entis qua ens, non specialis, non organi », R. Goclenius, *Lexicon philosophicum*, *op. cit.* (art. *ens*), p. 152. La Disputatio III de l'*Isagoge in Peripateticorum et Scholasticorum Primam Philosophiam* (1598) est consacrée entièrement à ce sujet (« Themata Primae Philosophiae et Logicae, quod Ens, qua Ens, sit subiectum Primae Philosophiae, non Logicae », *op. cit.*, p. 137-148) : elle se propose comme une réfutation de la position de Buscher.

2. Sur Buscher *cf.* W. Risse, *Die Logik der Neuzeit, I Band (1500-1640)*, Stuttgart-Bad Cannstatt, Fromann, 1964, p. 183 *sq.*

3. « Quatuordecim metaphysicos libros quatuordecim logicarum tautologiarum cumulos esse statuo. […] Quaeraturque utrum tota Aristotelis metaphysica nihil aliud sit quam logica logicis plurimis et theologicis quibusdam sophismatis obscurata. Id enim est, quod praecipue disserendum demonstrandumque mihi proposui », P. de La Ramée, *Scholarum Metaphysicarum libri XIV*, Francofurti, apud haeredes A. Wecheli, 1583, *Praefatio*.

4. *Cf.* à ce propos le *Metaphysicae systema methodicum* où Timpler affirme que les ramistes assignent la discussion de la cause non pas à la métaphysique, mais à la logique : C. Timpler, *Metaphysicae systema methodicum*, Steinfurti, Theoph. Caesar, 1604, l. 3, c. 2, q. 1. Mais *cf.* aussi le l. 3, c. 4., q. 1.

5. J.H. Alsted, *Philosophia digne restituta*, Herbornae Nassoviorum, Corvinus, 1612, p. 376-377.

6. *Cf.* à ce propos N.W. Gilbert, *Renaissance concepts of method*, *op. cit.* ; W. Ong, *Ramus, method and the decay of dialogue*, Cambridge (Mass.), Cambridge UP, 1958, p. 225 *sq.*

7. *Cf.* W. Risse, *Die Logik der Neuzeit*, *op. cit.*, I, p. 440-452. Sur la diffusion du ramisme en Allemagne et dans l'Europe centrale, voir H. Hotson, *Commonplace learning. Ramism*

surtout parmi les auteurs calvinistes, l'exigence de structurer l'encyclopédie du savoir à partir de la métaphysique et au moyen de la logique. La logique – comme, d'ailleurs, cela a été montré par Risse [1] – ne se fonde pas essentiellement sur les préceptes de la dialectique cicéronienne, mais sur les présupposés métaphysiques de la scolastique espagnole, qui, comme nous l'avons vu, s'introduit en Allemagne à partir de la fin du XVIe siècle. Du point de vue théorique se pose aussi le problème d'établir la place des premiers principes du savoir : devaient-ils appartenir à la logique ou à la métaphysique ou bien aux deux ? Une telle question fut ouvertement abordée, pour la première fois, dans une œuvre du théologien luthérien Georg Gutke (1589-1634) [2] intitulée *Habitus primorum principiorum seu intelligentia*, publiée à Berlin en 1625. L'année suivante, Gutke publia aussi une *Logica divina seu peripatetica* (remaniée et rééditée en 1631) dans laquelle il affirmait que l'objet propre de la logique était l'étant en tant que tel : « L'objet légitime de la logique est l'étant en tant qu'étant et tout étant, et aussi les attributs et les affections de l'étant en tant qu'étant et de tous les étants » [3]. Dans l'œuvre publiée en 1625, Gutke se propose d'établir les lignes générales d'une science fondamentale, qu'il appelle *intelligentia*, relative aux premiers principes des choses. L'*intelligentia* y est définie comme un *habitus* acquis et non inné – *quia intellectus est nuda tabula* – dont l'objet est une affinité (*affinitas*) intelligible qui unit entre elles toutes les choses créées. Celles-ci manifestent une proportionnalité et une conjonction réciproque, qui sont les marques du créateur, et qui révèlent, selon Gutke, la communion entre toutes les choses : « La subtilité est la disposition par laquelle les choses se rapportent entre elles à cause de la

*and his german ramifications (1543-1630)*, Oxford, Oxford UP, 2007 ; J.S. Freedman, « The Diffusion of the Writings of Petrus Ramus in Central Europe, c. 1570-c. 1630 », *Renaissance Quarterly*, vol. 46, n° 1 (Spring 1993), p. 98-152 (« The individual authors who used Ramus between 1570 and 1630 normally did so too eclectically to allow the effective use of terms like Ramist, Philippo-Ramism, and Semi-Ramism as explanatory factors for the diffusion of Ramus's writings in Central Europe during this period », p. 122).

1. *Cf.* W. Risse, *Die Logik der Neuzeit*, *op. cit.*, I, p. 453.

2. Sur Gutke, *cf.* W. Risse, *Die Logik der Neuzeit*, *op. cit.*, I, p. 505 *sq.* ; M. Wundt, *Die deutsche Schulmetaphysik des 17. Jahrhunderts*, Tübingen, Mohr, 1939 (rééd. Hildesheim, Olms, 1992), p. 245-254 ; S. Wollgast, *Philosophie in Deutschland*, 2 Auflage, Berlin, Akademie Verlag, 1993, p. 211-212 ; U. Leinsle, *Das Ding und die Methode*, Maro Verlag, Augsburg, 1985, I, p. 394-411.

3. « Logicae obiectum legitimum est ens qua ens et omne ens, nec non entis qua entis et omnium entium attributa, affectiones », G. Gutke, *Logicae divinae seu peripateticae libri duo*, Coloniae ad Spream, 1631, p. 57.

plus haute affinité et de la conjonction mutuelle »[1]. La proportionnalité entre les créatures, qui est au fondement de leur affinité, permet de saisir les principes premiers qui expriment cette *subtilitas* et qui, donc, sont aussi les principes de l'*intelligentia*. Pour Gutke il y a deux principes fondamentaux : le premier affirme qu'il est impossible qu'une chose soit et ne soit pas au même moment, le deuxième soutient qu'il est impossible qu'une même chose soit et qu'au même moment, elle soit confondue avec les autres choses[2]. Ces deux principes permettent à Gutke d'énoncer les attributs propres de la *subtilitas rerum* : la vérité à travers la représentation (*veritas per repraesentationem*) et la disposition au concept universel (*habitudo ad universalem conceptum*). Selon le premier attribut, la nature de la vérité consiste dans la correspondance entre l'intellect créé et les choses, tandis que le deuxième établit que tout ce qui est se prête à l'abstraction d'un concept universel.

Les réflexions de Gutke sur l'*intelligentia* et la *subtilitas* rencontrèrent celles d'un autre auteur luthérien, Abraham Calov (1612-1686) – à l'égard duquel, comme nous l'avons vu, Clauberg reconnaît sa dette – qui, dans ses *Scripta philosophica*, affirma la distinction entre une science relative aux principes des choses en tant que connaissables et une science contemplant les principes premiers dans lesquels s'exprime l'*affinitas* qui lie les choses mêmes. Autrement dit, Calov résout une duplicité interne à l'*intelligentia* de Gutke, et il distingue les premiers principes du *cognoscibile qua tale*, à savoir la *Gnostologia*[3], et les premiers principes concernant la structure

1. « Subtilitas est dispositio, qua res propter summam affinitatem et coniunctionem mutuam ita ad se invicem referuntur », G. Gutke, *Habitus primorum principiorum seu intelligentiae. Annexae sunt, appendicis loco, disputationes super eodem habitu, tum in Academia witenbergensi, tum in gymnasio berlinensi, ob eodem ventilatae, itemque ex Dn.D. Abrahamo Calovio desumtae exercitationes, hac methodo confectae hactenus in berlinensi gymnasio declaratae*, opera M.J. Heizschemanni, editio secunda, Berolini, sumptibus R. Volkers, 1666, p. 73.

2. « Ex generali data subiecti evolutione prima omnis cognitionis principia innotescunt, quibus subtilitatis affectiones probantur. [...] Exsurgunt autem hinc principia subsequentia. I. Impossibile est, idem simul esse et non esse. [...] II. Impossibile est idem simul esse et simul cum aliis confusum esse », G. Gutke, *Habitus primorum principiorum*, *op. cit.*, p. 73.

3. « Gnostologia est habitus mentis principalis contemplans cognoscibile qua tale » (A. Calov, *Scripta philosophica. I. Gnostologia, II. Noologia seu habitus intelligentiae, III. Metaphysicae divinae pars generalis, IV. Metaphysicae divinae pars specialis, V. Encyclopaedia mathematica, VI. Methodologia, VII. Ideae Encyclopaedias disciplinarum realium*, Lubecae, Wilde, 1651, p. 1). Le terme *gnostologia* avait déjà été employé en 1631 par Valentin Fromme pour désigner la science qui s'occupe du *scibile quatenus scibile*. *Cf.* V. Fromme, *Gnostologia*, Wittembergae, 1631.

harmonique de la création. La science qui rassemble ces derniers s'appelle, par contre, *Noologia*[1]. La *Gnostologia* s'occupe donc des concepts premiers, c'est pourquoi elle correspond à la première opération de l'intellect, la *simplex apprehensio*, tandis que la *Noologia* s'occupe des principes complexes, c'est-à-dire ceux qui s'énoncent dans la forme propositionnelle. La position de Calov permet donc de mieux définir le rapport entre l'intelligibilité intrinsèque des choses et son fondement ultime, à savoir l'*affinitas rerum* produite par la création divine. En ce sens, il pouvait structurer les relations entre *Gnostologia* et *Noologia* en affirmant la priorité logique et chronologique de la première sur la deuxième, tandis que celle-ci avait une prééminence sur le plan ontologique : « La gnostologie est la première entre toutes les disciplines par nature, la dernière par développement et peut-être par enseignement »[2]. Comment se configurent, alors, les rapports entre *Noologia*, *Gnostologia* et *Metaphysica*[3] ? Calov affirme la priorité à la fois de la *Noologie* et de la *Gnostologie* sur la métaphysique : « La noologie vient après la gnostologie mais avant la métaphysique et les autres disciplines »[4]. Ces nouvelles disciplines, comme nous l'avons vu, définissent leur objet en correspondance avec la partition traditionnelle de la logique (*simplex apprehensio* et *judicium*) et bien qu'elles ne puissent pas être considérées comme dépendantes de celle-ci, la réflexion sur le statut de la logique et sur son importance dans la définition des principes du savoir joua sans doute un rôle fondamental[5] pour l'attribution à la métaphysique d'une prééminence à l'égard des autres disciplines. Dans ce contexte, la logique assume une fonction importante dans la fondation du savoir : au lieu de se limiter à la définition des termes et à la construction des syllogismes, elle devient une véritable théorie de la

1. « Noologia est habitus mentis principalis affinitatem rerum contemplans, quatenus ex eadem prima cognoscendi principia fluunt », A. Calov, *Scripta philosophica*, *op. cit.*, p. 51.

2. « Gnostologia omnium disciplinarum prima est natura, ultima cultura et forsan doctrina », A. Calov, *Scripta philosophica*, *op. cit.*, p. 1.

3. Nous avons abordé cette question dans M. Savini, « Una metafisica sotto tutela : *gnostologia*, *noologia* e *ontologia* nel pensiero di Abraham Calov », *Medioevo*, 2009, 34, p. 361-380.

4. « Noologia posterior est habitu gnostologiae et prior Metaphysica aliisque disciplinis », A. Calov, *Scripta philosophica*, *op. cit.*, p. 56.

5. « Im Ganzen geht es in diesen Untersuchungen zur *intelligentia*, *gnostologia* und *noologia* weniger um den Schematismus der Logik als um ihre Begrundung im Wesen der Dinge » (W. Risse, *Die Logik der Neuzeit*, *op. cit.*, I, p. 513).

connaissance qui non seulement se fonde sur la métaphysique, mais encore sert pour l'introduire et l'apprendre [1].

L'*Ontosophia* de Clauberg, en posant la question de la distinction entre logique et métaphysique, aborde donc une thématique assez répandue et débattue dans le monde protestant. Ce fait enlève-t-il donc toute originalité aux sections de l'*Ontosophia* qui s'occupent de ce problème ?

Si le rapport entre logique et métaphysique est, comme nous avons essayé de le montrer, un *topos* de la littérature scolastique de la première moitié du XVII^e^ siècle, faut-il chercher l'originalité de l'*Ontosophia* ailleurs ? Ces conclusions seraient inévitables si, à l'intérieur d'une *quaestio* extrêmement commune, la position de Clauberg n'était pas tout à fait originale. Et, en effet, cela nous semble le cas lorsque le jeune philosophe de Solingen aborde cette question d'une manière radicale. Et ce, non seulement parce qu'il a contribué à inaugurer l'*ontosophia* ou *ontologia*, mais encore parce que cette inauguration prétend se faire dans le sens le plus fort, car c'est à la métaphysique même de produire et d'introduire les principes de la logique.

En réalité la question est beaucoup plus complexe et l'*Ontosophia* témoigne une certaine difficulté de la part de Clauberg à défendre la priorité absolue de la métaphysique. En tout cas, la position qu'il considère comme exacte est celle d'une prééminence de la métaphysique sur la logique : « Je vais examiner un peu plus scrupuleusement les différences entre la métaphysique et la logique, puisque rien n'est plus fréquent et plus indigne que de confondre le fondement (la métaphysique) avec l'édifice qui lui a été bâti dessus (la logique), la reine et la souveraine des disciplines avec la servante et l'esclave de toutes les disciplines » [2]. À ce propos, Clauberg indique trois causes qui expliquent la confusion qui règne dans l'ordre de ces deux disciplines :

1. « Ars logica [...] modus aut norma, qua in cognitione rerum quasi manu ducimur. Neque enim nobis [...] res ipsas exhibet, sed easdem cognoscendi, id est explicandi, probandi, disponendi modum demonstrat. Est instar [...] mensurae, quam exterius adhibemus », Ch. Becmanus, *De usu logicae*, Hanoviae, typis Wechelianis, 1619, p. 3 (cité dans W. Risse, *Die Logik der Neuzeit*, *op. cit.*, I, p. 514).

2. « Differentias Metaphysicae et Logicae paulo exquiram diligentius, cum quia nihil crebrius aut turpius, quam fundamentum (Metaph.) cum aedificio illi superstructo (Logica), reginam et dominam Disciplinarum cum ancilla et famula omnium confundi », J. Clauberg, *Ontosophia*, § 78, p. 273-274.

1) l'habitude communément répandue dans les Écoles d'enseigner la Logique avant les *disciplinae reales*[1];

2) la crise de la métaphysique à la fin du Moyen Âge, quand tout ce qui avait un rapport avec les *res* dans leur sens le plus général n'était pris en considération que par les logiciens[2];

3) la ressemblance entre les deux disciplines, consistant dans leur universalité. À propos de cette dernière cause, Clauberg s'appuyait sur les disputes entre ceux qui distinguaient l'universalité propre de la métaphysique de celle de la logique, et ceux qui les identifiaient[3].

Les deux dernières causes reprennent des lieux classiques des polémiques anti-catholiques[4] et anti-ramistes. La troisième cause, en particulier, rappelle un point fondamental des débats concernant l'extension de la logique et celle de la métaphysique. D'un côté, les partisans de l'universalité de la logique – comme par exemple Buscher – affirmaient que, vu que les préceptes de la logique s'appliquent à tout genre d'étant et ne concernent aucun étant en particulier, la logique est la vraie science de l'étant en tant que tel et elle est la science à laquelle Aristote se réfère dans le livre Γ de la *Métaphysique*[5]. La position de ceux qui soutenaient une « équivocité » entre l'universalité de la logique et celle de la métaphysique consistait à distinguer – comme le fait par exemple Goclenius – une universalité *de omne* d'une universalité *de universo*: tandis que l'*omne* s'applique à chaque individu, l'*universum* concerne leur totalité[6]. Ainsi, la

1. « Prima [confusionis causa] est vulgaris ordo doctrinae, quo usu receptum est in scholis, ut ante disciplinas reales Logica teneris puerorum animis inculcetur. Quod equidem institutum felicem habere successum nequit, nisi aliquid rerum universalium saltem, logicis instrumentis fabricandis fundamenti et materiae loco substernatur », J. Clauberg, *Ontosophia*, § 87, p. 277.

2. « Secunda causa est Metaphysicae corruptio, dum enim illa spinis horrida et sub papatu obsita cernebatur, quicquid rerum universalium scitu maxime visum fuit necessarium, doctores logici ex templo sui fecerunt peculii », *ibid.*

3. « Tertia causa est utriusque huius disciplinae communitas, sunt enim ambae natura sua universalissimae, diffundentes sese per omnia », *ibid.*

4. *Cf.* par exemple la *Disputatio contra scholasticam theologiam* (1517) de Luther, qui accuse la scolastique médiévale d'avoir soumis la théologie à la logique.

5. *Metaphysica*, 1003a20-25.

6. *Cf.* R. Goclenius, *Isagoge*, p. 142 : « At qui nobis adversantur [ceux qui attribuent à la logique le traitement de *l'ens in quantum* ens] Omne et Universum, seu commune coniungunt pro aequipollentibus. [...] Gravis profecto hic error est, qui non solum ex communi loquendi consuetudine, sede etiam ex philosophorum scriptis castigandus est. Zabarella inquit *Omnis significat universalitatem cum distributione in singulos, non cum collectione in naturam unam*. Scalig. lib. 6. de causis lat. ling. *Omnis significat atque si singulos homines* (*id est si*

métaphysique s'applique à l'étant dans sa totalité, tandis que la logique s'applique aux étants pris singulièrement. L'ambiguïté relative à l'universalité des deux disciplines est, donc, un problème débattu entre la fin du XVI^e^ et le début du XVII^e^ siècle.

En ce qui concerne la première cause, nous devons par contre en remarquer l'originalité, car ici Clauberg attribue de manière explicite l'origine de la confusion entre logique et métaphysique à l'ordre suivi dans l'enseignement des deux disciplines. S'il est vrai que Goclenius, Keckermann, et même Timpler refusaient de faire dériver la métaphysique de la logique, aucun d'entre eux, cependant, n'avait mis en question l'opportunité de commencer l'enseignement de la philosophie par la logique[1].

Il faut aussi préciser que Clauberg ne refuse pas la logique comme instrument utile pour enseigner l'*ontosophia*, mais il prétend que celle-ci est la première discipline dans l'ordre de l'enseignement, car elle fournit les principes de toutes les disciplines qui s'organisent à partir d'elle[2]. En ce sens, l'*ontosophia* ne représente pas seulement une introduction, mais elle fournit aussi le cadre général dans lequel trouvent place les autres parties de la philosophie :

> Les usages du premier genre consistent principalement en ceci : à travers les préceptes généraux de la métaphysique, on cherche et on constitue les préceptes spéciaux des disciplines inférieures ; ensuite les préceptes spéciaux déjà trouvés et constitués sont rapportés aux préceptes généraux dans la métaphysique et examinés par eux[3].

*singula entia) nominatim redderes usque ad unumm ultimum*. Est enim nomen distributivum. De universo seu communi istud dici non potest ».

1. Sur l'importance de la logique dans la transmission et l'appréhension de toutes les disciplines, *cf.* J.S. Freedman, *European Academic Philosophy in the Late Sixteenth and Early Seventeenth Centuries. The Life, Significance, and Philosophy of Clemens Timpler*, Hildesheim-Zurich-New York, Olms, 1988, 2 vol., vol. I, p. 304-305.

2. « Itaque cum prima Philosophia initium sit omnis eruditionis et principia contineat reliquarum scientiarum [...], debent profecto, quotquot illius doctores se profitentur, summa cum circumspectione et cura in eadem versari, cogitantes, vel levissimum ejus errorem gravissimum fieri et maximum, si ad inferiores disciplinas perventum fuerit », J. Clauberg, *Ontosophia*, *Prolegomena*, § 12, p. 5.

3. « Prioris generis usus in eo praecipue consistunt, ut per generalia quae tradit Metaphysica quaerantur et constituantur specialia inferiorum disciplinarum ; tum ut specialia jam inventa et constituta reducantur atque exigantur ad generalia in Metaphysicis », J. Clauberg, *Ontosophia*, *De usu*, § 8, p. 106.

C'est pourquoi aucune discipline particulière ne doit la précéder dans l'ordre des matières à l'intérieur de l'encyclopédie du savoir.

Il apparaît donc clair que Clauberg aborde deux problématiques distinctes : il manifeste d'un côté l'exigence de définir une science première qui puisse fonder, de manière architectonique, l'encyclopédie du savoir, de l'autre la nécessité que l'instauration[1] de cette discipline puisse se faire sans erreur, et, donc, au moyen d'un instrument logique qui garantisse à la fois l'*inventio* des principes et la validité des conclusions. Jusqu'ici il ne se pose pas de problèmes dans la mesure où l'on considère la métaphysique comme une discipline relative à un objet spécifique, bien qu'universel, et la logique comme une *ars* qui n'a pas d'objet spécifique, mais qui est susceptible d'être appliquée à n'importe quel objet. Si cela était le cas, nous nous trouverions alors dans la même position que Calov et Gutke, consistant dans le fait de distinguer de la métaphysique une discipline concernant les premiers principes, et, éventuellement, de diviser celle-ci en une partie relative aux principes simples (*Gnostologia*) et une partie relative aux principes complexes (*Noologia*).

Or, ce que Clauberg finalement conteste, c'est précisément le fait qu'on puisse déterminer les principes fondamentaux en dehors de la métaphysique. Au contraire, ces principes doivent se présenter à l'intérieur de la métaphysique et celle-ci doit précéder *de facto*, et pas seulement *de jure*, toutes les autres disciplines, y compris la logique. C'est pour cette raison que, tout en reconnaissant sa dette à l'égard de Calov pour avoir nommé *ontologia* la science de l'étant en tant que tel, Clauberg ne le suit pas en mettant à côté de l'*ontosophia*/*ontologia* d'autres disciplines comme la *gnostologia* ou la *noologia*.

Il nous semble nécessaire, alors, de développer deux points qui sont impliqués dans les thèses que nous venons d'énoncer :

– il faut documenter et expliquer de manière plus détaillée le rapport entre logique et métaphysique, ainsi que les difficultés impliquées dans la position « radicale » de Clauberg ;

– à ce propos il faudra aussi comprendre comment la métaphysique garantit une fondation à travers l'intervention de la logique et sans que celle-ci surdétermine la métaphysique même.

1. Nous devons préciser ici que le terme « instauratio » est utilisé par Clauberg lui-même dans une section des *Prolegomena* intitulée « De instauratione primae philosophiae generatim ». *Cf.* J. Clauberg, *Ontosophia*, § 11 *sq.*, p. 4.

## LE RÔLE DE LA LOGIQUE DANS L'INSTAURATION DE LA MÉTAPHYSIQUE

Le rapport entre logique et métaphysique est, chez Clauberg, assez complexe et articulé, au point que la dernière section de l'*Ontosophia*, la *Diacritica*, consacre diverses pages au traitement des différences existant entre ces deux disciplines. Dans les *Prolegomena* et dans les *Elementa*, Clauberg revient plusieurs fois sur le concept de métaphysique, sans pourtant le distinguer de celui de *philosophia prima*[1] :

> Ici l'on infère facilement que, outre le nom, Dieu et la créature ont en commun certaines choses qui appartiennent à une science première et supérieure, telle qu'est certainement celle qu'on appelle « Philosophie première » ou, à partir du titre des livres d'Aristote, « Métaphysique ». Bien que, en effet, il n'y ait rien qui précède Dieu ou qui lui soit supérieur, il y a toutefois, dans notre entendement, un quelque chose de si commun que, d'une certaine manière, il comprend en même temps Dieu et les autres choses[2].

Les divisions suprêmes de l'*ens* sont établies par Clauberg à partir de l'examen attentif des opérations de l'intellect, qui, étant considéré dans ses modes et dans ses opérations directes, révèle les objets auxquels sa puissance s'applique naturellement :

> Le fondement de ce processus [la détermination des premiers principes de la métaphysique au moyen de l'analyse des opérations fondamentales de l'intellect], aussi bien dans les choses sensibles que dans les choses intelligibles, est le suivant : chaque puissance cognitive connaît presque par elle-même et sans une explication qui précède ses objets premiers et propres[3].

Ainsi, les principes de l'*ontosophia* sont déterminés grâce à une *inductio metaphysica*[4], qui procède par classification des expériences et

1. Cf. *infra*, chap. IV, p. 184-193.

2. « Hinc facile infertur, Deum et creaturam habere quaedam praeter nomen communia, ad Scientiam superiorem et priorem pertinentia, qualis quidem ea est quae Prima Philosophia vel ex Aristotelicorum librorum inscriptione *Metaphysica* appellatur. Tametsi enim Deo nihil est prius aut superius, est tamen aliquid in intellectu nostro ita commune, ut Deum simul cum aliis aliquo modo comprehendat », J. Clauberg, *Ontosophia*, *Prolegomena*, § 4, p. 2.

3. « Fundamentum huiusce processus tam in sensibilibus, quam in intelligibilibus, hoc est, quod quaevis potentia cognoscens per se fere ac sine explicatione antecedente cognoscit prima ac propria sua objecta », J. Clauberg, *Ontosophia*, *Prolegomena*, § 68, p. 20.

4. « Sic ergo praemissae Inductionum Metaphysicarum naturali lumine cognoscuntur, uti convenit in scientia naturali lumine parta, indeque generalissima Metaphysica cognitio in

s'organise autour de l'objet en question : l'*ens in quantum ens*. De cette manière, par exemple, tous les accidents et les attributs qui ne concernent pas *per se* le concept d'étant sont exclus : « Ce qui convient par accident à une chose (c'est-à-dire au-delà de sa nature ou contre sa nature) ne fait pas instance dans la philosophie première : cette science considère l'étant en tant qu'étant et les choses qui lui appartiennent par lui-même »[1]. Les *Prolegomena* confirment donc le lien étroit qui existe entre logique et métaphysique : d'abord, parce que la logique doit fournir à l'intellect les indications sur la manière dont il faut procéder dans l'établissement de la métaphysique, ensuite parce qu'elle nous apprend, à travers l'induction métaphysique, comment connaître les opérations et les activités de la *mens* qui fournissent les premiers principes de la métaphysique. Pour ces raisons, la logique doit guider le traitement de la *Didactica*, afin de rendre accessibles les principes de l'*ontosophia* : « La manière de bien établir ce traitement didactique [...] est prescrit par la logique. La plus haute reine des disciplines ne peut certainement pas manquer de cette esclave, si elle doit être reçue dans la citadelle de l'intellect humain »[2].

En outre, l'appréhension de la métaphysique doit être guidée par une *methodus*, un *ordo* et une *eloquutio*, qui sont les responsables, respectivement, de la connaissance des principes, de leur *dispositio* et de leur énonciation[3]. La distinction affirmée par Clauberg entre la *methodus* et l'*ordo* apparaît ici clairement : tandis que la *methodus* représente le processus par lequel on parvient à la connaissance, l'*ordo* constitue la disposition des connaissances finalisée à l'enseignement et à l'activité didactique.

Il faut par conséquent remarquer la distance qui sépare Clauberg de la tradition ramiste des *Dialecticae institutiones*, où la *methodus* se présente comme une partie de la *dispositio* et représente un aspect de l'*ordo*. En

sensuum cognitione atque experientiae luce primo fundatur et radicatur », J. Clauberg, *Ontosophia*, *Prolegomena*, § 26, p. 9.

1. « Id quod rei per accidens competit (h.e. praeter, supra aut contra naturam suam) non facere instantiam in prima Philosophia, speculatur enim haec scientia Ens quatenus Ens et quae ei *per se insunt* », J. Clauberg, *Ontosophia*, *Prolegomena*, § 30, p. 19-10.

2. « Modum illius didacticae tractationis [...] recte instituendae praecribit Logica. Hac enim disciplinarum famula ne summa quidem Regina carere potest, si sit intellectus humani arce recipienda », J. Clauberg, *Ontosophia*, *Prolegomena*, § 16, p. 6.

3. « Quod autem id [l'observance du précepte logique selon lequel une science doit être enseignée aussi exactement que son objet le permet] debito modo fiat, primum Scientiae huius objectum supra definitum oculo semper irretorto adspiciendum est, eidemque deinde accomodanda 1. *Methodus* seorsim singula recte cognoscendi. 2. *Ordo* omnia conjunctim apte disponendi. 3. *Eloquutio* eorum quae recte cognita et apte disposita fuere », J. Clauberg, *Ontosophia*, *Prolegomena*, § 19, p. 6-7.

raison du fait que la *methodus* guide le moment inventif et démonstratif de la connaissance, elle comprend les deux principaux instruments indiqués par Aristote dans les *Seconds Analytiques*[1], à savoir l'induction et le syllogisme :

> En ce qui concerne la méthode, puisqu'en métaphysique il y a deux choses dont la connaissance accomplit cette sagesse (les premiers principes complexes et les conclusions les plus générales qui sont tirées d'eux), deux aussi seront les instruments primaires de la logique qui servent à les connaître correctement : en effet, nous démontrons et faisons connaître ou par syllogisme ou par induction[2].

La fidélité de Clauberg à Aristote s'insère dans le mouvement de réévaluation de l'*Organon*, qui eut lieu en Allemagne et dont un des représentants les plus importants fut, avec les membres de l'École de Altdorf – Philipp Scherb (1553-1605), Ernst Soner (1553-1612), et Michael Piccart (1574-1620) –, Johann Neldel (1554-1612). Neldel est souvent mentionné par Clauberg avec admiration et il fut, en effet, un auteur beaucoup lu et étudié, surtout grâce à son ouvrage le plus important, qui est le *Pratum Logicum Organi Aristotelici* publié en 1607[3]. Le *Pratum logicum* est essentiellement un commentaire à l'*Organon*, et Neldel y conteste fortement le ramisme en affirmant la présence d'une doctrine de la *methodus* dans l'œuvre d'Aristote et en faisant une distinction, selon l'enseignement de Zabarella[4], entre la *methodus* et l'*ordo*[5]. La diffusion des œuvres de Zabarella en Allemagne, à partir des écrits de Fortunatus Crellius et de

1. Cf. *Seconds Analytiques*, I, 18, 81b1-5 ; II, 19, 100b1-4. Mais *cf.* aussi *Topiques*, I, 12, 105a13-19.

2. « Methodum quod attinet, cum duo sint in Metaphysica, prima principia complexa et conclusiones ex iis eductae generalissimae, quorum notitia conjunctim Sapientiam hanc absolvit ; duo quoque erunt instrumenta Logicae primaria his recte cognoscendis inservientia : omnia enim probamus et nota facimus aut Syllogismo aut Inductione », J. Clauberg, *Ontosophia*, *Prolegomena*, § 20, p. 7.

3. Le *Pratum Logicum* eut ensuite une édition posthume, en 1666, établie par H. Crellius et intitulée *Institutio de usu Organi Aristotelici in disciplini omnibus* (Helmaestadii, sumptibus J. Mülleri, 1666). Nous nous sommes servi de cette édition. Sur Neldel, *cf.* P. Petersen, *Geschichte der aristotelische Philosophie*, *op. cit.*, p. 195-196.

4. *Cf.* G. Zabarella, *De methodis*, I, § 3, dans *Opera Logica*, W. Risse (éd.), Hildesheim, Olms, 1966, col. 138-139.

5. « Duo sunt potissimum logica subsidia, quae [...] ad modum seu formam tractandi res [...] pertinent. Hic [...] modus partim cernitur in rerum omnium tractandarum apta collocatione et oeconomia, quae ordo doctrinae vulgo dicitur ; partim in rerum singularum seu quaestionum dispositarum explicatione et probatione, quae vocatur methodus », J. Neldel, *Institutio de usu Organi aristotelici*, *op. cit.*, *prooemius*, p. 1.

l'édition des *Opera logica* publiée à Cologne en 1597[1], eut en Neldel un important promoteur[2]. Dans le *Pratum logicum*, Neldel s'arrête longuement sur l'importance de l'induction et du syllogisme en tant que seuls et uniques instruments offerts par la logique pour la connaissance et la démonstration des vérités. Ces deux instruments doivent cependant se soutenir mutuellement, car l'induction montre les vérités qui n'ont pas de cause et le syllogisme démontre les propositions qui dépendent d'un terme moyen en progressant de l'universel au particulier : « Le syllogisme tout seul n'est pas suffisant, et l'induction seulement ne suffit pas non plus pour connaître toutes les questions, mais l'on requiert nécessairement tantôt le travail de l'un, tantôt le travail de l'autre »[3]. Ainsi, l'induction se propose comme l'instrument qui permet de connaître et d'illustrer les principes et les vérités qui ne sont pas démontrables car elles ne dépendent pas d'un *medium* : « L'induction est utile pour connaître, ou au moins pour éclaircir, les propositions [...] dont il n'y a pas de terme moyen ou de cause par laquelle le prédicat se trouve dans le sujet. De telles propositions sont appelées [...] *premières, sans terme moyen et non démontrables* »[4].

Toutefois, bien qu'assez proche de celle de Neldel, la position de l'*Ontosophia* ne révèle pas, à ce propos, seulement l'influence d'Aristote, car sur le plan opérationnel le lien avec le concept d'induction qui se trouve dans le *Novum Organum* de Francis Bacon apparaît clairement. La présence de Bacon dans l'œuvre de Clauberg n'est pas seulement témoignée avec continuité dès la première édition de l'*Ontosophia*[5] jusqu'à ses dernières

1. Sur la publication des œuvres de Zabarella en Allemagne du Nord, voir I. Maclean, « Mediations of Zabarella in northern Germany », dans G. Piaia (éd.), *La presenza dell' aristotelismo padovano nella filosofia della prima modernità*, Rome-Padoue, Antenore, 2002, p. 173-198 (avec bibliographie des éditions des œuvres de Zabarella publiées entre 1578 et 1623, p. 195-198).

2. *Cf.* W. Risse, *Die Logik der Neuzeit*, *op. cit.*, I, p. 303-304.

3. « Non satis est syllogismus solus, nec sola sufficit inductio ad cognoscendas omnes quaestiones, sed interdum hujus, interdum illius opera necessario requiritur », J. Neldel, *Institutio de usu Organi aristotelici*, *op. cit.*, III, I, p. 29.

4. « Utilis est inductio ad cognoscendas, aut saltem illustrandas eas propositiones [...] *quarum non est medium*, seu causam propter quam praedicatum insit subjecto. Ejusmodi propositiones vocantur .... *primae, medio carentes et indemonstrabiles* », J. Neldel, *Institutio de usu Organi aristotelici*, *op. cit.*, III, III, p. 55. Mais l'induction, qui arrive à l'universel en partant du particulier, est tout de même évidente à notre égard, mais non à l'égard des choses mêmes : « Inductio, quae ex singularibus sensu notis probat universale et prima principia, nobis est notior et evidentior, nobis, inquam, res confuse tantum, et imperfecte cognoscentibus », *ibid.*, III, III, p. 57.

5. J. Clauberg, *Ontosophia*, *Diacritica*, § 10, p. 239.

œuvres[1], mais, d'après le témoignage de Clauberg lui-même, l'auteur de l'*Ontosophia* étudia aussi le *Novum Organum* de Bacon avec Gerhard de Neufville pendant ses années de formation à Brême[2].

Pour revenir au texte de 1647, Clauberg montre avoir retenu l'enseignement reçu par Neufville, car, au moment où il définit l'*inductio*, il reconnaît la nécessité de procéder par *experimenta* et *instantiae* :

> Il ne faut pas estimer que, pour achever une quelque induction métaphysique, il faille connaître et énumérer toutes les choses particulières (les espèces et les individus) qui sont comprises sous l'étant. En effet, puisque ces choses, prises conjointement, sont, par rapport à notre entendement, infinies et impossibles à connaître, par ce chemin nous n'arriverons pas à terminer aucune induction métaphysique ou à recueillir aucune sentence métaphysique. C'est pourquoi, il suffira d'avoir considéré des expériences à partir de choses de tout genre, de façon à ne rencontrer nulle part aucune instance contraire[3].

Clauberg accueille donc de manière implicite (*non existimandum ad quamlibet Inductionem Metaphysicam absolvendam cognitione atque enumeratione omnium particularium*) la critique de Bacon à l'induction aristotélicienne qui procède par énumération simple, en passant du particulier à l'universel par accumulation de données[4]. En conformité avec l'enseignement de Bacon, l'induction métaphysique proposée par Clauberg ne peut pas procéder par l'énumération de tout ce qui est compris sous le concept d'*ens*, car cela impliquerait l'impossibilité de mettre un terme au

1. *Cf.* à ce propos le chap. V, *infra*, p. 223-225.

2. Voir à cet égard le chapitre XII de l'*Initiatio philosophi*, dans *Opera omnia Philosophica*, II, p. 1212-1214.

3. « Adhaec non existimandum ad quamlibet Inductionem Metaphysicam absolvendam cognitione atque enumeratione omnium particularium (specierum et individuorum) sub ente comprehensorum opus esse. Haec enim coniunctim sumpta cum respectu nostri sint infinita et cognitu impossibilia, nunquam ista via ullam Metaphysicam Inductionem complebimus aut effatum Metaphysicum colligemus. Quare sufficiet experimenta ex rebus omnis generis ita perspecta habere, ut nulla uspiam contraria instantia occurrat », J. Clauberg, *Ontosophia*, *Prolegomena*, § 29, p. 9.

4. Dans le *Novum Organum*, Bacon critique expressément le concept aristotélicien d'induction, qui procède uniquement par énumération. De son côté, il propose une induction qui opère en recensant les phénomènes à partir de la présence, de l'absence ou des degrés de la « nature » recherchée : « Inductio, quae ad inventionem et demonstrationem scientiarum et artium erit utilis, naturam separare debet per rejectiones et exclusiones debitas, ac deinde post negativas tot quot sufficiunt super affirmativas concludere », F. Bacon, *Novum Organum*, I, § 105, dans *The works of Francis Bacon*, J. Spedding, R.L. Ellis, D.D. Heath (éds.), Londres, 1857-1874, rééd. Stuttgart-Bad Cannstatt, Frommann-Holzboog, 1989, vol. I, p. 312-313.

processus inductif et l'échec de l'approche à la métaphysique. Ce qu'il faut faire, c'est recueillir des expériences qui ne sont pas propres à un genre particulier d'étant, ou qui n'appartiennent pas aux choses de manière accidentelle, et qui ne sont pas démenties par des instances contraires. Ainsi, le premier pas pour l'instauration de la métaphysique consiste dans la recherche de ce qui est commun à Dieu et aux créatures *in genere*, pour ensuite rechercher et déterminer les axiomes les plus généraux à partir des énoncés communs aux disciplines particulières[1]. En unissant la fonction aristotélicienne de l'induction au *modus operandi* baconien, l'auteur de l'*Ontosophia* vise à définir un instrument conceptuel capable de déterminer correctement les premiers principes de la métaphysique.

Ce qu'il est aussi important de remarquer c'est que, dès le début de l'*Ontosophia*, Clauberg ne sent pas l'exigence de saisir les concepts et les principes fondamentaux de l'ontologie en définissant un genre d'abstraction approprié à ce type d'objet : l'identification des notions qui constituent le « tissu » de la nouvelle discipline n'est pas liée à un processus abstractif spécifique qui devrait restituer les déterminations les plus communes de l'*ens prout ens*.

Si l'on veut considérer la position de Clauberg par rapport aux autres points de repère de la tradition naissante de l'ontologie, on doit constater, à cet égard, la distance qui le sépare de Goclenius, qui lie la détermination des affections de l'étant en tant que tel à l'*abstractio metaphysica* qui permet de les saisir. Si, après la première occurrence du mot dans l'*Ogdoas scholastica* de Lorhard, c'est Goclenius qui donna une large diffusion au mot *ontologia*, il n'est pas sans importance que celui-ci ait inséré ce mot dans l'article *abstractio* de son *Lexicon Philosophicum*. L'ontologie comme philosophie première, ou science de l'étant en tant que tel, se constitue chez Goclenius par le moyen d'une abstraction propre qui permet de saisir des objets qui sont séparés de la matière – tout comme les objets mathématiques – *cum singulari, tum universali* : « La séparation et l'abstraction de la matière est tant de la matière singulière que de la matière universelle, aussi selon la raison seulement, comme du corps simple ou mixte. Cette abstraction est mathématique et *ontologique*, c'est-à-dire propre à la philosophie de l'étant, à savoir des trascendantaux »[2]. La notion d'*ens* et

1. J. Clauberg, *Ontosophia*, *Prolegomena*, § 32-33, p. 10-11.

2. « Seiunctio et abstractio a materia est <materia> cum singulari, tum universali, etiam secundum rationem tantum, ut a corpore simplici aut mixto. *Mathematica* haec est et ὀντολογκή id est Philosophiae de ente seu transcendentibus », R. Goclenius, *Lexicon Philosophicum*, Francofurti, typis viduae Matthiae Beckeri, 1613, p. 16.

ses affections sont ainsi déterminées par le biais d'une abstraction qui n'est pas proprement celle de la physique (dont les objets sont séparés de la matière prise individuellement) ni celle de la théologie naturelle (qui s'occupe des *entia* qui sont séparés de la matière *secundum rem et rationem*)[1].

Dans l'*Ontosophia*, Clauberg ne s'engage pas à définir l'abstraction comme moyen pour la saisie des concepts les plus communs, et il confie ce rôle à l'induction métaphysique. Mais le silence à l'égard de l'abstraction est plus lié à la perspective de l'ouvrage qu'à un refus de cette faculté, car dans les *De cognitione Dei et nostri exercitationes centum*[2] Clauberg affirme résolument que les concepts communs à Dieu et aux créatures peuvent être connus par l'abstraction *communiter*, c'est-à-dire sans qu'ils indiquent précisément l'un ou l'autre. Par exemple, le concept d'*ens* est commun à Dieu et à l'homme sans qu'il indique précisément ni Dieu ni l'homme et sans qu'il soit prédiqué de manière homonymique ou tropique à l'un ou à l'autre: l'*Exercitatio LXIII* – intitulée « Deum et creaturam posse communi conceptu apprehendi, vel occasione ipsorum communium nominum » – affirme résolument que les concepts communs sont saisis par une *abstractio metaphysica*[3] qui permet de concevoir *praecisive* les concepts qui s'appliquent indifféremment à Dieu et aux créatures[4]. Il est vrai que dans les *Exercitationes* Clauberg ne thématise pas ouvertement et directement le genre d'abstraction propre à la métaphysique – il est plutôt intéressé à montrer tout simplement (comme dans l'*Ontosophia*) que l'on peut déterminer des concepts communs à Dieu et aux créatures – mais il n'en demeure pas moins qu'il affirme que l'on peut saisir les concepts de l'*ontosophia* par abstraction. Ainsi, la comparaison des deux ouvrages ne semble pas impliquer une palinodie de la part de Clauberg, mais plutôt une

1. Pour une analyse du rapport entre philosophie première et abstraction chez Goclenius nous renvoyons à M. Lamanna, « *De eo enim Metaphysicus agit logice*. Un confronto tra Pererius e Goclenius », *Medioevo*, 2009, 34, p. 315-360.

2. J. Clauberg, *De cognitione Dei et nostri exercitationes centum*, Duisburgi, ex officina Adriani Wyngaerden, 1656 (le texte a été republié dans *Opera Omnia Philosophica*, II, p. 587-764).

3. L'expression est de Clauberg : cf. *De cognitione Dei et nostri*, LXIII, § 10, *Opera Omnia Philosophica*, II, p. 700.

4. « Praecisio haec nihil aliud est, quam ens cognosci sine differentiis, etsi non possimus e contrario differentias sine ente cognoscere, quoniam non omne ens est quaelibet differentia, at quaelibet differentia est ens » (*De cognitione Dei et nostri*, LXIV, § 5, *Opera Omnia Philosophica*, II, p. 701).

différence d'approche et de perspective : si les *Exercitationes* sont plus liées à une approche gnoséologique, dans le texte de 1647 le problème est plutôt de montrer par quel instrument « logique » et, pourrait-on ajouter, pédagogique on atteint les principes de l'*ontosophia*.

Si l'on considère dans cette perspective la lecture des pages consacrées à l'induction métaphysique, on peut aussi élargir le champ des auteurs qui constituent l'horizon de la réflexion de Clauberg. En effet, tout en reprenant la théorie baconienne de l'induction, Johann Amos Comenius avait affirmé que les *rerum communes rationes* pouvaient être saisies par une *inductionem quandam* : « Ces raisons communes des choses doivent être abstraites des choses par une quelque induction et doivent être posées comme règles des choses »[1]. Dans un autre passage du *Pansophiae Prodromus* – ouvrage connu aussi sous le titre *Pansophiae praeludium* – Comenius reconnaissait à Bacon le mérite d'avoir introduit un type d'induction capable de pénétrer les *abdita naturae* : « Le très illustre Verulame semble avoir trouvé une telle règle dans l'observation de la nature – une certaine induction faite avec art – qui est réellement le chemin ouvert pour pénétrer dans les secrets de la nature »[2].

L'induction répond d'ailleurs à l'exigence coménienne de conduire les élèves graduellement et selon leur capacité : l'appréhension d'une discipline doit être guidée par la pratique et par l'exercice plutôt que par la communication directe de ses principes ou de ses règles. Ainsi, il nous semble que, outre les aspects auxquels nous avons fait référence, l'*Ontosophia* partage aussi, avec la réflexion coménienne, l'attention pédagogique et l'exigence d'introduire les disciples à la métaphysique en tenant compte de leur situation particulière, en s'adaptant à leur capacité et en faisant confiance dans une disposition naturelle de l'entendement à l'égard de ce qui est le plus intelligible. Ainsi, l'idée de Comenius est que les principes de la métaphysique doivent être saisis sans démonstration et par le moyen d'exemples, de sorte que les esprits des jeunes élèves puissent s'adapter aux vérités qui sont les plus naturellement accessibles : « Les préceptes généraux de la pansophie ne sont que des axiomes réels et pratiques, c'est-à-dire des

1. « Tales rerum communes rationes abstrahendae sunt a rebus per inductionem quandam, et ponendae pro normis rerum », J. A. Comenius, *Pansophiae Praeludium*, dans *Opera Omnia*, vol. XV/2, Prague, Academia scientiarum Bohemoslovaca, 1989, p. 40.

2. « Talem normam in natura scrutanda reperisse visus est Illustrissimus Verulamius, artificiosam quandam inductionem, quae revera in naturae abdita penetrandi reclusa via est », *ibid.*, p. 36.

sentences dignes de foi par elles-mêmes, qui ne se démontrent pas *a priori*, mais doivent seulement être éclairées par des exemples »[1].

La même approche sera adoptée, comme nous le verrons[2], par Clauberg dans l'*Ontosophia* et cela en raison d'une exigence didactique qui le porte à vouloir fonder la métaphysique sans s'appuyer sur des principes ou des thèses qui, en la précédant, en limiteraient fortement la prérogative d'universalité et la dignité à l'égard des autres disciplines.

Mais, tout en voulant préserver *de iure et de facto* la prééminence de l'*ontosophia*, pour Clauberg l'accès à la métaphysique reste néanmoins réglé par l'*inductio metaphysica* en ce qui concerne la détermination des principes et des notions fondamentales et par le syllogisme en ce qui concerne les thèses qui font l'objet d'une démonstration[3].

La logique assume donc un certain rôle au début de l'*ontosophia* et cela pose indirectement le problème, sur lequel Clauberg reviendra à plusieurs reprises dans le texte, du rapport entre ces deux disciplines. Il est alors essentiel, pour la compréhension de la position de Clauberg, de vérifier comment il va articuler la relation entre logique et métaphysique.

## LA CONFIGURATION DU RAPPORT ENTRE LOGIQUE ET *ONTOSOPHIA* DANS LA FONDATION DE LA MÉTAPHYSIQUE

L'*Ontosophia* présente dans sa troisième partie, à savoir la *Diacritica*, un traitement des différences entre logique et métaphysique. Le thème de la distinction entre la logique et les autres disciplines avait déjà été abordé par Clauberg dans le *Tessarakas*. Ce texte fournit le matériel pour l'élaboration de cette section de l'œuvre et elle représente donc probablement, en 1647,

1. « Generalia Pansophiae praecepta nihil sint nisi axiomata realia et practica : hoc est sententiae per se fide dignae, non demonstrandae a priora, sed illustrandae solum exemplis », J. A. Comenius, *Pansophiae Praeludium*, dans *Opera Omnia*, XV/2, p. 41. Mais *cf.* aussi la *Janua rerum reserata* : « Tandem opus erit, omnia metaphysica esse veritatis ac certitudinis summae : ut probari nihil opus habeant, illustrari tantum per exempla. Nam si probatione egebunt, principia non erunt, nec immediata mentis humanae dictamina : unde nec alia commode per illa demonstrari poterunt, si concensus in illis spontaneus non fuerit, nec universalis » (J. A. Comenius, *Janua rerum reserata*, *Praefatio*, § 21, dans *Opera Omnia*, Prague, Academia scientiarum Bohemoslovaca, vol. XVIII, 1974, p. 156).

2. Cf. *infra*, p. 65-66.

3. *Cf.* J. Clauberg, *Ontosophia*, *Prolegomena*, § 36-49 (« De demonstrationibus metaphysicis »), p. 11-16.

l'état le plus récent des travaux de Clauberg [1]. Dans le paragraphe 80 de l'*Ontosophia*, l'objet de la logique est ainsi défini : « Le sujet traité par la logique consiste principalement dans les notions secondes et les êtres de raison » [2].

Cette définition n'a rien d'original et pourrait être partagée par la plus grande partie des manuels de logique du début du XVII^e^ siècle : la logique s'occupe des êtres de raison et des *notiones secundae*, c'est-à-dire des termes syncatégorématiques, en dirigeant la raison dans l'acquisition des connaissances. À partir de cette affirmation, Clauberg procède en définissant la logique comme *habitus instrumentalis*, finalisé à la direction de l'intellect dans la formation de ses propres pensées et dans la résolution des pensées d'autrui [3]. Le rapport qui s'établit entre logique et métaphysique est donc purement instrumental : « La logique est en effet [par rapport à la métaphysique] comme une servante, qui sert elle-même et sa maîtresse » [4]. Comme nous l'avons vu, le *topos* de la logique comme *ancilla* de la métaphysique n'est pas ici une nouveauté.

Ce qui est original dans l'*Ontosophia*, c'est que Clauberg tend à séparer radicalement ces deux disciplines, en insistant avec force sur la nature instrumentale de la logique [5]. En ce sens, on peut dire qu'il prend une position radicale à propos du statut de la logique en tant qu'*ars* ou *scientia* [6].

1. Le *Tessarakas* propose 40 thèses concernant la confusion entre la logique et les autres disciplines, surtout la philosophie première, mais aussi la rhétorique. La confusion entre métaphysique et logique est attribuée – comme dans l'*Ontosophia* – à l'ampleur et l'universalité des deux disciplines : « Confusionis occasio (ex parte disciplinarum ipsarum) potissima fuit utriusque communitas et latitudo, qua ambae sunt universalissimae » (thèse XXI, p. III sans numération).

2. « Subiectum tractationis Logicae sunt praecipue Notiones secundae et rationis Entia », J. Clauberg, *Ontosophia*, *Diacritica*, § 80, p. 274.

3. Sur la division de la logique de Clauberg *cf.* le chapitre V.

4. « Est enim Logica [par rapport à la métaphysique] instar ancillae, quae et sibi et dominae servit », J. Clauberg, *Ontosophia*, *Diacritica*, § 90, p. 278.

5. Timpler aussi avait traité, dans son *Metaphysicae systema methodicum*, de la distinction entre logique et métaphysique, mais sa position apparaît beaucoup plus modérée par rapport à celle de Clauberg : « Ergo [chez Suarez] ad solam logicam pertinet tradere instrumenta sciendi. Ac proinde a metaphysica plane est alienum. Interim non negamus, sed omnino concedimus, instrumenta sciendi, quae in dialectica explicantur, plurimum illustrari a metaphysica, quatenus illa partim agit de essentia, partim de generibus primis et supremis, partim de attributis generalibus et communibus » (cité dans W. Risse, *Die Logik der Neuzeit*, *op. cit.*, I, p. 467).

6. Le débat sur la logique comme *ars* ou *scientia* se déploie à partir de l'intégration de l'œuvre d'Aristote avec la tradition dialectique de l'humanisme. La défense de la nature « pratique » de la logique et l'absence d'un objet réel sur lequel porte la connaissance des

Selon l'auteur de l'*Ontosophia*, la logique est exclusivement *ars* et pas du tout *scientia*, elle prescrit exclusivement des règles pratiques pour le raisonnement et ne contient aucun *theorema*[1]. Elle a bien sûr un objet, mais c'est un objet pratique, et elle ne prend pas en considération les choses réelles sinon pour les faire devenir objet de démonstration. Pour cette raison, la logique ne procède pas selon un ordre synthétique, mais analytique[2], et elle se structure à partir du but qu'elle poursuit. Selon Clauberg, elle ne fait même pas partie de la philosophie, car elle ne s'occupe pas des *entia realia*, mais seulement des *entia notionalia* : « Il s'en suit de là que la métaphysique est la disposition philosophique et la partie essentielle de la philosophie ; que la logique n'appartient pas à la philosophie, si tu prends le mot "philosophie" au sens propre pour la discipline qui s'occupe du genre de l'étant réel »[3].

Ce refus de la dimension théorique de la logique conduit enfin à l'affirmation qu'elle ne doit pas déterminer ses propres instruments, mais doit les recevoir de la métaphysique :

> La métaphysique et la logique diffèrent comme le fondant et le fondé : celle-là se présente comme la base et le fondement de celle-ci, si grande soit-elle. Car tous les instruments logiques ont leur racine et leur souche dans la philosophie première, de telle manière que sans elle leur nature ne peut être ni être définie[4].

préceptes logiques conduisent généralement à concevoir la logique *in primis* comme *ars* et, ensuite, mais dans un sens moins approprié, comme *scientia*. Une discussion assez approfondie de cette double nature de la logique se trouve dans Zabarella, *De natura logicae*, dans *Opera Logica*, *op. cit.*, p. 7 *sq.* (*La nature de la logique*, trad. cit.).

1. « Primae Philosophiae pronunciata sunt ac dicuntur *Theoremata*, quippe ad speculandum proposita : Logicae effata sunt *Regulae* et Canones, qui hoc vel illo modo aliquid fieri debere ostendunt », J. Clauberg, *Ontosophia*, *Diacritica*, § 96, p. 281.

2. « Primae Philosophiae *ordo est syntheticus et compositivus*, cum in toto corpore, tum in partibus singulis : Logica si tota adspiciatur, ordine disponitur *analytico et resolutivo*, a fine quippe ad media pergit », J. Clauberg, *Ontosophia*, *Diacritica*, § 98, p. 281.

3. « Sequitur inde, Metaphysicam esse *habitum philosophicum* et partem philosophiae essentialem ; Logicam *ad philosophiam non pertinere*, proprie si capias philosophiae vocem pro disciplina, quae realis entis tractet genus », J. Clauberg, *Ontosophia*, *Diacritica*, § 127, p. 288.

4. « Differunt Metaphysica et Logica ut *fundans* et *fundatum* : illa enim huius, quanta quanta est, basis et fundamentum existit. Nam omnia instrumenta Logica radicem et stipitem suum ita habent in prima Philosophia, ut sine hac nec esse nec definiri natura eorum possit », J. Clauberg, *Ontosophia*, *Diacritica*, § 138, p. 291.

La logique ne dispose, elle-même, d'aucun type de notion, mais tire de la métaphysique tous ses concepts et ses règles[1]. Le syllogisme, la définition et la division dépendent des principes de l'*ontosophia* et, pour être employés, ils doivent être tirés des concepts métaphysiques qui les fondent :

> Qu'est ce que serait la définition si dans les choses il n'y avait pas l'essence ? Qu'est ce que serait la division si le tout et la partie n'étaient pas ? Qu'est ce que serait l'énonciation affirmative ou négative si les choses n'avaient pas union et distinction ? Tout syllogisme s'appuie sur ces axiomes : les choses qui s'accordent dans une troisième chose s'accordent entre elles ; les choses qui ne s'accordent pas dans une troisième chose, ne s'accordent pas entre elles. Le métaphysicien affirme que tout « vrai » est « un »[2].

La primauté « radicale » de la métaphysique conduit finalement Clauberg à rejeter la doctrine des catégories : « Les catégories ne constituent pas – ni par elles-mêmes ni selon l'opinion des Anciens – une division des choses recherchée et acroamatique, mais seulement une division populaire et exotérique »[3]. En ce sens, il prend une position assez nette dans le cadre de la discussion concernant la collocation et de l'évaluation des catégories : dès la réintroduction de l'enseignement de la métaphysique en Allemagne[4], s'était posé le problème d'établir si la doctrine des catégories devait être enseignée à l'intérieur de la métaphysique ou à l'intérieur de la logique. Si, en fixant que les catégories devaient être présentées à l'intérieur de la métaphysique[5], Suárez donne la ligne suivie par la majorité

1. « Metaphysica *supremas omnium rerum causas et principia* declarat ac fundat aliisque omnium disciplinarum artificibus in cognitione sui obiecti occupatis subvenit : Logica, ut ut vires colligat omnes, nihil ex se tale producit », J. Clauberg, *Ontosophia*, *Diacritica*, § 154, p. 295.

2. « Quid esset definitio, nisi essentia foret in rebus ? Quid divisio, nisi totum et partem essent ? Quid enunciatio affirmata aut negata, nisi res unionem et distinctionem haberent ? Omnis syllogismus his nititur axiomatibus : quae in uno tertio consentiunt, ea inter se consentiunt. Quae in uno tertio dissentiunt, inter se dissentiunt. Asserit *Met.* omne verum unum », J. Clauberg, *Ontosophia*, *Diacritica*, § 138, p. 291-292.

3. « Categoriae neque ex sese, neque ex mente veterum, exquisitam et acroamaticam constituunt rerum divisionem, sed popularem tantum et exotericam », J. Clauberg, *Ontosophia*, *Diacritica*, § 199, p. 308.

4. Voir *supra*, p. 34, n. 1.

5. Dans la *Disputatio* XXXIX, le jésuite espagnol avait affirmé qu'il revient premièrement à la métaphysique de traiter des neuf genres en lesquels se divisent les accidents de l'étant. Le dialecticien, selon Suarez, ne considère pas les dix genres suprêmes en eux-mêmes et par rapport à l'étant en tant que tel, mais seulement afin de diriger l'intellect dans la fonction d'ordonner les différents types de *praedicamenta*. Ainsi, s'il est vrai que la

– Cornelius Martini (1568-1621), Christoph Scheibler (1589-1653), etc. – il n'en reste pas moins qu'un groupe d'auteurs parmi les représentants les plus éminents du retour au « vrai » Aristote – sous l'influence de l'école de Padoue et contre l'adaptation d'Aristote à la théologie opérée par le thomisme [1] – maintient que la doctrine des catégories doit être enseignée à l'intérieur de la logique. Neldel, par exemple, avait affirmé la nécessité de considérer les catégories comme des concepts premiers et universels, qu'il définissait comme *domicilia omnium rerum* [2]. Ces concepts représentaient ainsi la condition même de possibilité de la logique, à savoir d'une doctrine concernant les *notiones secundae* : tout concept et tout raisonnement devaient tenir compte de l'ensemble des *praedicamenta*, qui fournissaient le cadre général pour les définitions. L'auteur du *Pratum logicum*, cependant, ne ramenait pas l'étude des catégories à la métaphysique, mais il la considérait comme la première partie de la logique, conformément à la structure de l'*Organon* : « Aristote commence son *Organon* par les catégories, prises comme les dix domiciles de toutes les notions primaires, car sans qu'il y ait une quelque connaissance préalable d'elles, si petite soit-elle, les notions secondes (parmi lesquelles la place la plus importante est occupée par le syllogisme et la démonstration) ne peuvent être ni définies,

dialectique s'occupe aussi des catégories, cela se produit seulement d'une manière accidentelle et secondaire, non *ex officio* : « Metaphysicus qualiter agat de summis entium generibus. – At vero Metaphysicus directe ex proprio instituto hanc tradit divisionem, ut proprias rationes et essentias rerum inquirat. [...] Quoniam igitur de substantia iam disseruimus, superest nobis dicendum de divisione accidentis in novem genera ; atque ita manebit completa et explicata divisio entis in decem genera seu praedicamenta. Postea vero, sicut in substantia fecimus, ita in singulis accidentium generibus per omnes eorum grados subalternos vel specificos discurremus, quantum latitudo obiecti metaphysicae postulare aut permittere videbitur », F. Suarez, *Disputationes Metaphysicae*, dans *Opera Omnia*, t. XXVI, C. Berton (éd.), Paris, Vivès, 1866 (rééd. Hildesheim, Olms, 1998), disp. XXXIX, 2, p. 505.

1. Voir à cet égard, outre l'étude classique de P. Petersen, *Geschichte des aristotelischen Philosophie im protestantischen Deutschland*, *op. cit.* ; M. Mulsow, « Die wahre peripatetische Philosophie in Deutschland. Melchior Goldast, Philipp Scherb und die akroamatische Tradition der Alten », dans H. Schmidt-Glintzer (éd.), *Fördern un Bewahren. Studien zur Europäeischen Kulturgeschichte der frühen Neuzeit*, Wiesbaden, Harrassowitz, 1996, p. 49-77 ; L. Bianchi, « "Interpretare Aristotele con Aristotele" : percorsi dell'ermeneutica filosofica nel Rinascimento », dans *Studi sull'Aristotele del Rinascimento*, Padoue, Il Poligrafo, 2003, p. 185-208 ; F. Trevisani, « Johannes Clauberg e l'Aristotele riformato », dans G. Canziani, Y.-Ch. Zarka (éds.), *L'interpretazione nei secoli XVI e XVII*, Milan, Franco Angeli, 1993, p. 103-126 (en particulier p. 109-111).

2. J. Neldel, *Institutio de usu Organi Aristotelici in disciplini omnibus*, Helmaestadii, sumptibus J. Mülleri, 1666, p. 15. Le texte de 1666 est la réédition du *Pratum Logicum* publié en 1607. *Cf.* à ce propos, p. 46, n. 3.

ni connues d'aucune manière »[1]. À cette position s'était aussi conformée l'École de Altdorf; Philipp Scherb[2] avait nié avec fermeté la coïncidence entre les catégories et les termes généraux dont il est question dans le livre Δ de la *Métaphysique*[3] : bien que quelques catégories (par exemple la substance, la quantité et la qualité) y soient mentionnées, les autres ne le sont pas, et, de plus, on y trouve cités des concepts qui ne font pas partie des catégories, comme ceux d'identique, de divers, de différent… Scherb parvenait ainsi à la conclusion que les catégories « sans aucun doute, ne concernent le métaphysicien d'aucune manière »[4]. Ces concepts ne concernent pas la métaphysique, car ils ne représentent pas les genres ultimes de l'être. Leur place se trouve plutôt dans la logique, puisqu'ils portent sur les *attributa* et les *vocabula* : « [Les catégories] ne sont pas un ordre de toutes les choses composé par genres, espèces et différences, mais elles concernent plutôt les attributions et les mots, afin que, une fois leurs genres suprêmes connus, on puisse entendre ce qui peut être dit, ou pas dit, des choses »[5]. Scherb ne se limitait pas, cependant, à attribuer le traitement des catégories à la logique, mais, à l'intérieur de celle-ci, il reproposait, à partir des commentateurs anciens, la division en écrits acroamatiques et exotériques[6] : les *Catégories*, comme aussi les *Topiques* et les *Réfutations Sophistiques*, devaient être considérées comme des œuvres exotériques et populaires, n'ayant pas la profondeur des *Analytiques*[7]. La position de Scherb

1. « Aristoteles Organon suum orditur a categoriis, veluti decem domiciliis omnium primarium notionum; quia sine antegressa earum cognitione quantulacunque, secunda notiones, inter quas principem locum tenet Syllogismus et Demonstratio, neque definiri, neque ullo modo cognosci possunt », J. Neldel, *Opuscula posthuma duo. I. Synopsis in Post. Analytic. II. De ordine doctrinae disputatio*, Lipsiae, excudebat V. Am Ende, 1613, p. 221.

2. *Cf.* Ph. Scherb, *Theses de Categoriis*, dans *Clavis Philosophiae peripateticae, sive disputationum philosophicarum quibus universa doctrina Logica, Physica, Ethica et Politica artificiosissima methodo proponitur et declaratur*, Francofurti, Sumptibus Ioann Schmidlin, 1625, p. 83-93.

3. Cf. *Métaphysique*, Δ, 7, 1017a7 *sq.*

4. « Nulla omnino ratione pertinent ad Metaphysicum », Ph. Scherb, *Clavis Philosophiae peripateticae*, *op. cit.*, p. 87.

5. « Non esse eas ordinem rerum omnium, per genera, species, et differentias compositum : sed potius pertinere ad attributiones et vocabula, ut eorum summis generibus cognitis, intelligatur, quae de quibus dici, aut non dici, possint », *ibid.*, p. 83.

6. *Cf.* Ph. Scherb, *Disputatio de libris Aristotelis acroamaticis et exotericis*, dans *Clavis Philosophiae peripateticae*, *op. cit.*, p. 1-9.

7. « Itaque ex his tribus, Categoriis puta, Topicis, et Sophisticis Elenchis, conflamus unum opus : opus dialecticum et Exotericum, in quo communis quaedam interrogandi et respondendi facultas continetur […]. Huic e regione alterum collocamus, opus Philosophicum sive Analyticum, quod sine ulla dubitatione est Acroamaticum, scientiis ex propriis

fut ensuite reprise et défendue par un de ses élèves, lui aussi professeur à Altdorf, Michael Piccart (1574-1620). Dans l'*Isagoge in lectionem Aristotelis* (1605)[1], Piccart[2], lui aussi, propose la division des écrits d'Aristote en exotériques et acroamatiques, les premiers étant liés à la connaissance sensible, les autres à la connaissance intellectuelle : cette distinction aurait été introduite afin de conduire graduellement les élèves à l'étude de la philosophie. L'insistance de Piccart à l'égard de l'approche pédagogique d'Aristote[3] régit les premiers chapitres de l'*Isagoge*; le Stagirite utilisait une *methodus* d'enseignement qui, tenant compte de la *ruditas* de la connaissance sensible, divisait en deux classes les élèves : l'une était réservée aux *rudiores et proletarios*, l'autre aux *accuratioris doctrinae capaces*. Aux premiers il était donné un enseignement qui ne s'éloignait pas trop des opinions communes, aux autres on proposait des démonstrations à partir des vrais principes[4]. Dans la même ligne que Scherb, et en s'appuyant sur les auteurs anciens, Piccart place les *Catégories* parmi les écrits exotériques[5], car elles ne traitent pas des *res* mais seulement des prédicables et, pour cette raison, elles appartiennent à la logique et

principiis extruendis accomodatum», Ph. Scherb, *Theses de Categoriis*, dans *Clavis Philosophiae peripateticae*, *op. cit.*, p. 88.

1. La première édition de l'œuvre date de 1605, nous avons utilisé l'édition de 1665 : M. Piccart, *Isagoge in lectionem Aristotelis, hoc est hypotyposis totius philosophiae Aristotelis* [...] *nunc iis partibus, quibus deficiebat, aucta, et notis plurimis altera vice illustrata, atque ad usum in Theolog. applicata a Joh. Conrado Dürrio*, Altdorffi, typis et sumptibus Georgi Hagen, 1665.

2. Sur Piccart on peut voir : U. Leinsle, *Das Ding und die Methode*, *op. cit.*, p. 196-205; W. Risse, *Die Logik der Neuzeit*, *op. cit.*, I, p. 301-302; M. Wundt, *Die deutsche Schulmetaphysik des 17. Jahrhunderts*, *op. cit.*, p. 55; P. Petersen, *Geschichte des aristotelischen Philosophie im protestantischen Deutschland*, *op. cit.*, p. 203.

3. « Quam vero adversa Minerva versati sint in scrutanda rerum natura veteres illi naturae consulti, Aristoteles in naturali pariter et transnaturali Philosophia plus vice simplici ostendit. Certe vel solo hoc nomine defraudandi sunt laude, quod nullus eorum ausus est naturalem scientiam certis παιδείας et methodi terminis definire » (M. Piccart, *Isagoge*, *op. cit.*, p. 3-4).

4. « Quod [l'amendement des opinions fausses] ut felicius assequeretur, non tantum [...] discrimen inter discipulos ἀκωσματικῶς vel rudiores ac proletarios et μαθηματικῶς sive accuratioris doctrinae capaces, qui veluti interioris admissionis essent, servavit, illis pomeridianas, his matutinas horas attribuens. Verum etiam duplicem res tractandi ac docendi modum tenuit, quorum alio [...] partim ex communibus principiis, partim ex hominum opinionibus, res exponeret, alio [...] vernaculis et propriis principis res deduceret et demonstraret » (M. Piccart, *Isagoge*, *op. cit.*, p. 4).

5. « Nam quod aliqui Categorias Metaphysici volunt esse, frustra sunt, ad Logicum enim pertinere et Ammonius et Simplicius clarissime et ex illis Doctor noster Cl. Scherbius Vir seculo et laude nostra major, cujusque parem videre futura non videbunt secula, praeclare ostendit », M. Piccart, *Isagoge*, *op. cit.*, p. 106.

sont réservées aux étudiants qui n'ont pas encore pénétré *intus et in cute* dans l'étude de cette discipline. Les catégories sont ainsi traitées au début des écrits exotériques, dans lesquels sont proposées des *attributiones* qui réfléchissent ce qui est saisi par le langage ordinaire : dans une situation dans laquelle on ne dispose pas encore des vraies divisions de l'étant (pour lesquelles il faut attendre selon Piccart la métaphysique), les catégories permettent une répartition sommaire et provisoire des concepts touchés dans le langage :

> Le but du livret [les *Catégories*] d'après Ammonius et Simplicius est celui de transmettre les *formes des prédicaments* ou les manière d'attribuer, et puisque cela ne peut se faire commodément sans la division de l'étant, on divise l'étant en dix genres suprêmes et ceux-ci sont expliqués par les propriétés annoncées afin que nous sachions à quelle série de l'étant chaque *prédicament* ou attribution doive et puisse être rapportée [1].

Selon Johan Conrad Dürr, curateur de l'édition de 1665 de l'*Isagoge*, les catégories ont été élaborées par Aristote uniquement pour aider l'élève à s'orienter à l'intérieur de la dialectique ; elles sont des προδιδασκαλίας permettant à la *mens humana* de ne pas se confondre dans la multiplicité des arguments. Le philosophe grec a voulu ainsi disposer les natures des étants selon certaines classes, « mais pas différemment que si elles sont produites par des voix et sous certaines figures des prédications » [2]. La position de Piccart, cependant, n'arrivait pas à conclure au rejet des catégories, car il s'agissait, bien au contraire, d'une doctrine qu'il fallait préserver en raison de son utilité dans la constitution des syllogismes. Dans une disputation imprimée dans le recueil édité par Johann Paul Felwinger en 1644 (la *Philosophia Altdorfina*), Piccart critiquait la position de ceux qui proposaient de ne pas maintenir la doctrine des catégories à l'intérieur de la logique. Les catégories sont non seulement utiles, mais encore nécessaires pour construire les démonstrations, car, tout en étant des expressions du langage et de ses possibilités, elles montrent quels prédicats peuvent être attribués aux sujets et aident dans la préparation des définitions :

1. « Libelli scopus [le livre des *Catégories*] auctore Ammonio et Simplicio est, tradere σχήματα κατηγορίας sive modos attribuendi, quod cum sine Entis divisione commode fieri non possit, dividitur Ens in decem summa genera, et explicantur haec allatis proprietatibus, ut sciamus, ad quam Entis seriem quaedlibet κατηγορία sive attributio referri debeat et possit », M. Piccart, *Isagoge*, *op. cit.*, p. 114-115.

2. « Non tamen aliter, quam ut vocibus et sub certis praedicationum figuris efferuntur », note de J.C. Dürr, dans M. Piccart, *Isagoge*, *op. cit.*, p. 115.

> Ceux qui cherchent à expulser les catégories du champ de la logique me semblent être des juges trop rigides et injustes [...]. Nous, qui sommes de l'opinion des philosophes les plus raisonnables, jugeons que la doctrine des catégories n'est pas seulement utile, mais encore nécessaire pour le logicien [...] car elles servent à la doctrine des propositions et montrent quels prédicats peuvent être attribués à tels ou tels sujets. [...] La nécessité des catégories est manifeste à partir de la doctrine des définitions, car toute définition vraie s'établit grâce aux prédicaments et sans ceux-ci personne ne peut avancer avec succès dans la transmission des définitions [1].

La position de Clauberg est, en effet, très proche de celle de Scherb et Piccart [2] : en adoptant la division des écrits aristotéliciens en exotériques et acroamatiques et en rangeant les *Catégories* parmi les premiers il fait siennes les thèses philologiques de l'école d'Altdorf. Mais, en même temps, Clauberg extrapole ces thèses du commentaire du texte d'Aristote – où elles étaient proposées par les maîtres de Altdorf – et il les insère dans la discussion du rapport entre l'*ontosophia* et la logique. Ce changement de contexte (du commentaire de l'*Organon* à la fondation de la métaphysique) donne à la position de Clauberg un statut problématique différent, car l'auteur de l'*Ontosophia* défend sa thèse non pas sur la base d'arguments historiques portant sur la lecture des premiers commentateurs, mais sur la base des prérogatives philosophiques qu'il entend réserver à la métaphysique. La conséquence de ce changement de perspective comporte chez Clauberg un ultérieur affaiblissement de la doctrine des catégories, car, contrairement à la position de Scherb et Piccart, elle ne trouve place ni en métaphysique, ni en logique :

1. « Qui categorias ex agro logico expellere conantur, nimis rigidi et iniqui judices mihi videntur. [...] Nos, cum sanioribus Philosophis sentientes, Categoriarum doctrinam non solum utilem, verum etiam necessariam Logico judicamus [...] quia inserviunt doctrinae propositionum et monstrant quae praedicata quibus subjectis recte attribuantur [...]. Necessitas Categoriarum elucet ex doctrina definitionum, beneficio enim praedicamentorum omnis vera extruitur definitio, et sine his nemo feliciter in tradendis definitionibus progredi potest », M. Piccart, « An Categoriarum doctrina in Logicis ferenda ? », dans Disputatio XXVI (« Decadis quaestionum logicarum »), dans *Philosophia Altdorfina, hoc est Celeberrimorum quorundam, in incluta* [sic] *Universitate Altdorphina professorum, nominatim Philippi Scherbi, Ernesti Soneri, Michaelis Piccarti, Disputationes Philosophicae, in unum fasciculum collectae, et ab interitu vindicatae a M. Johanne Paulo Felwinger*, Noribergae, sumptibus Michaelis Külsneri, typis Michaelis Endteri, anno 1644, p. 273-274.

2. La division en écrits acroamatiques et exotériques sera reprise par Clauberg et appliquée aux textes cartésiens dans la *Defensio cartesiana* : voir à cet égard le chapitre III, *infra*, p. 118 et n. 1.

> La doctrine des catégories, dans son ensemble, telle qu'elle est, n'appartient proprement en soi à aucune discipline. Elle n'appartient pas à la métaphysique, qui ne traite certainement pas des choses qui concernent les créatures, et encore moins des choses qui concernent seulement les corps, en outre la métaphysique enseigne avec un ordre et une façon plus soignée aussi bien les attributs que la division des choses. La doctrine des catégories n'appartient pas non plus à la logique, comme il résulte de sa nature, de sa partition et de ses différences [1].

Le refus des catégories sera ensuite confirmé dans l'édition de 1664 et substitué par la distinction « cartésienne » entre les *res corporeae* et les *res intellectuales*[2].

La solution « radicale » adoptée par Clauberg – c'est-à-dire avoir attribué à la métaphysique la tâche de produire et d'introduire les principes de la logique – est ainsi cohérente avec la position qu'il avait prise à l'égard du rapport entre les deux disciplines les plus universelles. La détermination de l'*ens prout ens* comme objet propre de la métaphysique conduit Clauberg à refuser les catégories concernant seulement des étants particuliers, comme, par exemple, celles du *situs* et de l'*habitus*, qui ne pouvaient s'appliquer qu'aux objets matériels. Ces catégories pouvaient être « récupérées » à l'intérieur de disciplines spécifiques comme la physique, mais en tout cas elles ne devaient pas rentrer dans l'*ontosophia*. D'autre part, la logique ne pouvait pas contenir la doctrine des catégories, car elle n'avait pas le droit de définir les genres les plus universels. Cette critique s'appuie d'une part – dans la même ligne que Scherb et Piccart – sur le refus de considérer les catégories comme les divisions originaires des *res*, de l'autre sur la ferme volonté de maintenir séparées la métaphysique et la logique en garantissant la prééminence de la première : la radicalité de l'ontologie claubergienne conduit l'auteur de l'*Ontosophia* à refuser une théorie qui apparaissait comme un hybride entre métaphysique et logique. Les catégories sont ainsi réduites, conformément à l'appellation employée par Boèce, à de simples *praedicamenta*, c'est-à-dire aux typologies les plus abstraites par lesquelles les choses sont dénommées. De cette manière, Clauberg refuse autant la valeur ontologique que la valeur logique des catégories, en leur attribuant une fonction purement linguistique ou

1. « Categoriarum doctrina, conjunctim, ita ut jacet, per se ad nullam disciplinam proprie pertinet. Non ad Metaphysicam, quippe quae non agit de iis, quae ad Creaturas, multo minus quae ad Corpora tantum spectant, et quae accuratiore tradit ordine et modo, tum attributa, tum divisione rerum. Non ad Logicam, uti ex ejus naturam, partitione et differentiis constat », J. Clauberg, *Ontosophia*, *Diacritica*, § 201, p. 309.

2. Cf. *Metaphysica de ente*, *Opera Omnia Philosophica*, I, p. 283 note *d*.

grammaticale : « L'appellation même de catégorie ou de prédicament en général montre ceci [la valeur exotérique des catégories], et aussi spécifiquement l'appellation de certains prédicaments, comme le lieu et le temps. Les définitions de certaines catégories le montrent également : par exemple la qualité est ce en vertu de quoi nous sommes dits être tels » [1]. La doctrine des catégories apparaît ainsi comme le fruit produit par le rapport de dépendance de la métaphysique à l'égard de la logique que Clauberg avait dénoncé dans les *Prolegomena* : au lieu que la logique soit établie sur les concepts propres de l'*ontosophia*, c'est la métaphysique qui prend ses notions fondamentales d'une logique fondée sur le raisonnement populaire, qui objective et transpose sur le plan de la réalité les structures langagières. Autrement dit, les catégories sont pour Clauberg un résultat provisoire, fondé sur une philosophie « populaire » qui prend, des fonctions du discours, ses propres formes universelles et abstraites. Il faut cependant souligner que la critique avancée par Clauberg n'est pas une critique « nominaliste », car si, d'une part, il refuse une valeur ontologique aux catégories, de l'autre il leur nie aussi une valeur purement logique. Contre tout nominalisme, Clauberg fonde les concepts universaux et les déterminations transcendantales de l'étant sur le plan ontologique, mais il refuse que ces déterminations coïncident avec les catégories.

L'analyse claubergienne termine-t-elle donc avec le rejet complet de ces concepts ? De manière surprenante, cette solution ne semble pas à Clauberg la plus opportune : si les catégories sont l'élaboration la plus haute de la philosophie « renversée », qui tire du discours ordinaire ses propres notions, alors elles peuvent encore être utiles lorsque la philosophie n'a pas encore été instaurée à partir de l'*ontosophia* :

> Les catégories peuvent par accident et sous un certain regard être placées parmi les connaissances préalables de la logique. En effet, si la métaphysique n'a pas été transmise auparavant, comme il le fallait, il est certainement utile de proposer aux disciples, dans le vestibule de la logique, une quelque doctrine commune et universelle des choses [2].

1. « Hoc [la valeur exotérique des catégories] arguit ipsa Categoriae seu Praedicamenti appellatio in genere, nec non praedicamentorum quorundam in specie, ut Ubi, Quando. Hoc definitiones quorundam ostendunt, ex. g. qualitas est a qua quales denominamur », J. Clauberg, *Ontosophia*, *Diacritica*, § 199, p. 308. La définition de la qualité est bien évidemment celle présentée au début du chapitre VIII des *Catégories*.

2. « Categoriae per accidens et certo quo respectu possunt in Logicae praecognitis reponi. Nam nisi Metaphysica ante Logicam tradita fuerit, uti debebat, utile omnino est, discipulis in

La conclusion de Clauberg est tout à fait intéressante, parce qu'elle révèle clairement la tension interne qui traverse l'*Ontosophia*. En effet, si, d'une part, Clauberg « redessine » le rôle de la métaphysique et ses rapports avec les autres disciplines, en particulier avec la logique, de l'autre, le projet de réforme du savoir qu'il propose semble difficilement réalisable. La difficulté, dans ce cas, se trouve sur le plan didactique, car l'*Ontosophia* n'arrive pas à concilier la priorité « pratique » de la logique avec la priorité formelle et architectonique de la métaphysique. Cette tension engendre un problème qui demeure irrésolu en 1647 et que nous pourrions énoncer ainsi : comment est-il possible d'instaurer la métaphysique sans un instrument qui la garantisse, et, d'autre part, comment est-il possible de déterminer un instrument pratique capable de guider l'intellect, sans que ses moyens (les définitions, les divisions, les syllogismes ...) soient fondés dans le cadre de la métaphysique ?

Le projet d'une science absolument première pourrait ainsi rester purement théorique, sans parvenir à une réalisation pratique. Par ailleurs, dès lors que Clauberg n'arrive pas à rejeter complètement les catégories, il témoigne de sa difficulté à garantir au programme une exécution. C'est pour cette raison que, sur le plan de la didactique, il embrasse une position plus modérée. Le lien entre l'*Ontosophia* et le projet d'une réforme de la didactique émerge à plusieurs reprises, et la proposition avancée par Clauberg est celle d'une réforme de l'enseignement qui rétablisse la priorité de la métaphysique à tous les effets :

> En ce qui concerne l'ordre de la doctrine, la métaphysique suit habituellement la logique et les autres disciplines, selon la coutume reçue dans les écoles. Mais selon l'ordre de la connaissance distincte, si, comme il est convenable, nous l'avions suivi, il aurait certainement fallu apprendre d'abord la métaphysique et ensuite lui joindre la logique, comme nous montrerons plus pleinement ailleurs. Si tu apprends la métaphysique d'abord, tu auras une grande aide pour apprendre la logique, car tu as connu son fondement ; si tu ne connais pas la métaphysique, tu te trouveras dans un inconvénient double, car tu seras dans l'ignorance de son fondement et de la manière de connaître [1].

vestibulo Logicae vulgarem aliquam et universalem proponere de rebus doctrinam », J. Clauberg, *Ontosophia*, *Diacritica*, § 203, p. 309.

1. « Doctrinae ordinem quod attinet, Metaphysica Logicam aliasque disciplinas consequi solet, juxta receptam in scholis consuetudinem. Distinctae vero cognitionis ordinem, uti par est, si fuerimus sequuti, prius omnino Metaphysica addiscenda et mox Logica conjungenda erit, quemadmodum alibi plenius ostendimus. Si Metaphysicam prius discis,

En ce qui concerne l'ordre de l'enseignement, donc, Clauberg dénonce ouvertement ce qui lui semble une limite intrinsèque de l'*ordo doctrinae* proposé dans les écoles : la métaphysique y est d'habitude proposée en dernier, ce qui empêche qu'elle puisse organiser les autres disciplines qui la précèdent. Si l'on suivait le bon ordre dans la connaissance, il faudrait d'abord apprendre la métaphysique pour ensuite l'appliquer aux autres disciplines, et en premier lieu à la logique. Mais, encore une fois, cette solution semble difficilement praticable et Clauberg se limite à proposer d'apprendre la métaphysique et tout de suite après (*mox*) la logique, en renvoyant tout simplement le traitement de cette question (*quemadmodum alibi plenius ostendimus*).

Le problème qui se pose ici est celui de l'*incipit* de la philosophie : si, d'une part, celui-ci implique l'utilisation de la logique, de l'autre il faut que la logique soit précédée de l'*ontosophia*. Cette difficulté dérive de la nécessité d'éviter un double danger : celui de constituer l'*ontosophia* sans l'apport de la logique, avec le risque de tomber dans des erreurs très graves, et celui de mettre la logique au-dessus de la métaphysique, ce que Clauberg veut de toute manière éviter. Même si Clauberg ne donne pas d'autres renseignements à ce propos – sauf l'invitation à commencer la philosophie par la métaphysique et à poursuivre par la logique – il apparaît clair que la constitution de l'*ontosophia* touche là un point critique.

Le respect de l'*ordo cognoscendi* se heurte à une difficulté dont le texte de 1647 ne donne pas les moyens de sortir et qui émerge dans plusieurs passages de l'*Ontosophia*. Comme, par exemple, quand Clauberg traite de l'enseignement des principes de la métaphysique, auxquels il faut *intermiscere* les notions de logique :

> Il faut joindre l'étude de la logique à la didactique de la métaphysique déjà apprise, mais pas encore pleinement comprise. Car – puisque la logique ne peut pas être apprise en pleine ignorance de la métaphysique et que toutefois elle conduit à la connaissance de la métaphysique – il faut la mélanger <à la métaphysique>. Mais la logique doit être ajustée et adaptée à la métaphysique de telle façon qu'elle ne prescrive rien de la manière spécifique de connaître les disciplines inférieures [1].

habes ad Logicam discendam magnum adminiculum, quia fundamentum ejus nosti ; sin Metaphysicam nescis, duplici incommodo laboras, et quod fundamentum ejus et quod sciendi modum ignoras », J. Clauberg, *Ontosophia*, *Diacritica*, § 181, p. 303-304.

1. « Metaphysicae Didacticae jam apprehensae, sed nondum plene comprehensae, jungendum est Logicae studium. Ea enim cum non ante Metaphysicam plane ignotam addisci

Il est clair que la solution que Clauberg envisage – et qui d'ailleurs apparaît comme la seule possible – est celle de l'appréhension des principes de la logique à l'intérieur même de la métaphysique, mais en même temps il est évident que Clauberg n'arrive à donner qu'une indication vague et générique, qui ne suffit pas à écarter le risque d'une circularité, dans l'ordre de l'enseignement, entre logique et métaphysique. Une telle difficulté se présente dès les premières pages de l'*Ontosophia*, quand Clauberg affirme que la logique est nécessaire aussi bien dans l'exposition de la métaphysique (la *Didactica*), que dans la définition des instruments au moyen desquels la raison parvient à connaître les principes métaphysiques. Certainement ces principes sont saisis grâce à la lumière naturelle [1], mais celle-ci est guidée, comme nous l'avons vu, par des instruments logiques : l'induction et le syllogisme [2].

Paradoxalement, donc, la métaphysique fonde les préceptes de la logique, mais ceux-ci sont nécessaires à l'acquisition de la métaphysique même. Mais alors, comment est-il possible d'appréhender les principes de la métaphysique sans posséder une connaissance approfondie de la logique ? La solution proposée par Clauberg est celle d'un enseignement qui, sans l'aide d'une logique artificielle, puisse s'appuyer sur l'utilisation d'exemples et de comparaisons : « Si quelqu'un désire ardemment faire son apprentissage avec nos *Éléments*, qu'il apprenne au début à comprendre, sans être fourni d'aucune connaissance de la logique artificielle, la somme de toute la science par des exemples et par comparaison aux questions, concepts et opérations de l'esprit humain » [3].

possit et tamen ad ipsius perfectam cognitionem conducat, intermiscenda est. Debet autem sic attemperata esse Metaphysicae et adaequata, ut de speciali inferiorum disciplinarum cognoscendarum modo nihil praescribat », J. Clauberg, *Ontosophia*, *Prolegomena*, § 102, p. 33-34.

1. « Sic ergo praemissae Inductionum Metaphysicarum naturali lumine, cognoscuntur, uti convenit in scientia naturali lumine parta, indeque generalissima Metaphysica cognitio in sensuum cognitione atque experientiae luce primo fundatur et radicatur », J. Clauberg, *Ontosophia*, *Prolegomena*, § 26, p. 8.

2. Clauberg se conforme à la doctrine exposée par Aristote dans les *Premiers Analytiques*, auxquels il renvoie : cf. *Prolegomena*, § 20, p. 7.

3. « In nostris Elementis si quis tirocinia ponere gestiat, prima impressione, nulla dum artificialis Logicae notitia praeditus, totius scientiae summam per exempla et comparationem ad quaestiones, conceptus et operationes mentis humanae discat intelligere », J. Clauberg, *Ontosophia*, *Prolegomena*, § 103, p. 34. *Cf.* à ce propos le § 87 du *Prodromus Pansophiae* : « Generalia pansophiae praecepta nihil sint nisi axiomata realia et practica : hoc est sententiae per se fide dignae, non demonstrandae a priora, sed illustrandae solum exemplis : utpote quas omnis humanus intellectus simul ac percepit, pro veritatis norma admiserit. Tales enim

Ce passage de l'*Ontosophia* rappelle, d'une façon presque littérale, celui du *Pansophiae Prodromus* de Comenius, dans lequel le philosophe tchèque avait indiqué la nécessité d'enseigner les premiers rudiments de la *pansophia* à travers les exemples [1]. Cela est rendu possible, pour Clauberg (mais aussi pour Comenius), par le fait que l'intellect humain est naturellement perméable à tout ce qui, comme les axiomes métaphysiques, est extrêmement intelligible. La détermination de l'*ontosophia* comme science noétique conduit finalement à postuler la coïncidence entre les *priora nobis* et les principes métaphysiques. Ce postulat est fondé, selon Clauberg, sur la nature même de la faculté de l'intellect :

> Le fondement de ce processus, aussi bien dans les choses sensibles que dans les choses intelligibles, est le suivant : chaque puissance cognitive connaît presque par elle même et sans une explication qui précède ses objets propres et premiers, de sorte que ceux-ci ne se comprennent mieux et plus facilement que par une comparaison mutuelle [2].

Mais si, sur le plan théorique, l'*Ontosophia* parvenait à formuler une hypothèse qui justifiait l'accès aux premiers principes, la question de l'appréhension de la métaphysique restait, sur le plan didactique, encore sans réponse.

Par ailleurs, la situation problématique dans laquelle se trouve l'*ontosophia* nous révèle un aspect fondamental de l'œuvre de Clauberg, qui le rapproche encore plus de Comenius, mais aussi, comme on le verra, de Descartes : celui de la structuration du savoir selon un ordre dont le respect est à la fois formel et matériel, conceptuel et didactique. Autrement dit, le « court-circuit » auquel se trouve exposée l'*Ontosophia* – fondation métaphysique des concepts premiers et de la logique et garantie logique de cette fondation – dépend précisément du fait que, si d'une part Clauberg affirme résolument la priorité formelle de l'*ontosophie*, de l'autre il ne peut pas s'empêcher de garder aussi cette priorité sur le plan pratique et didactique. La limite de la métaphysique enseignée dans les écoles consiste, aux yeux de l'auteur de l'*Ontosophia*, dans le fait d'avoir affirmé

notitiae animis nostris divinitus impressae, accendendae circa omnia particularia intelligentiae faces, operationum verae claves erunt » (*Pansophiae Praeludium*, dans *Opera Omnia*, *op. cit.*, vol. XV/2, p. 41).

1. Cf. *supra*, p. 51-52.

2. « Fundamentum huiusce processus, tam in sensibilibus, quam in intelligibilibus, hoc est, quod quaevis potentia cognoscens per se fere ac sine explicatione antecedente cognoscit prima ac propria sua objecta, unde haec non facilius, et melius intelliguntur, quam per comparationem mutuam », J. Clauberg, *Ontosophia*, *Prolegomena*, § 68, p. 20.

la priorité de la métaphysique seulement sur le plan formel, en la faisant précéder par la logique sur le plan didactique. Ainsi, c'est à ce niveau que Clauberg revendique la nouveauté de sa métaphysique : si d'une part il suit la même ligne que Goclenius, Timpler et Calov, en organisant l'ensemble du savoir à partir d'une « ontologie », de l'autre il veut conjuguer ce projet architectonique avec le respect d'un ordre qui soit formel et didactique en même temps (Comenius).

Pour revenir enfin au point d'où nous sommes partis, c'est-à-dire le rapprochement entre l'*Ontosophia* de 1647 et les éditions successives, il faut constater que la problématique que nous avons essayé de mettre au clair disparaît complètement, car Clauberg élimine toutes les parties qui traitent du rapport entre l'ontologie et les autres disciplines. La défense de la priorité de la métaphysique et la fondation, en son sein, des principes de la logique n'est désormais plus un problème : que faut-il en conclure ? Ou bien que le problème n'intéresse plus l'auteur de l'*Ontosophia*, ou bien que le problème a été résolu en dehors de l'*ontosophia* et que, par conséquent, il n'est pas question de l'aborder. Il est évident que la première conclusion s'imposerait si Clauberg ne traitait pas de l'accès à la métaphysique et à la logique ailleurs, en abandonnant complètement cette problématique.

Bien au contraire, non seulement Clauberg s'arrête longuement sur cet aspect, mais encore – c'est notre hypothèse – c'est précisément à ce sujet que son parcours philosophique rencontre le cartésianisme. La philosophie première cartésienne donne justement accès à la philosophie par la métaphysique tout en laissant en suspens le traitement et l'appréhension de la logique : les *Meditationes* ne présupposent pas des lecteurs instruits dans la logique, mais seulement des lecteurs disposés à méditer sérieusement avec l'auteur et « qui pourront ainsi détacher leur esprit du commerce des sens, et le délivrer entièrement de toute sorte de préjugés »[1]. Aux yeux de Descartes sa philosophie est plus facilement accessible à ceux qui n'ont pas reçu une instruction philosophique, car ceux-ci peuvent se servir de leur raison naturelle « toute pure »[2] et se débarrasser plus facilement des

1. *Meditationes, Praefatio ad Lectorem*, AT VII 9 ; B Op I, p. 690-692 (trad. fr. Cl. Clerselier, éd. 1661, la préface de l'auteur au lecteur n'ayant pas été traduite par le duc de Luynes).

2. Cf. *Discours de la méthode*, AT VI 77 ; B Op I, p. 114. L'image du lecteur désiré par Descartes est bien sûr celle offerte par le philosophe lui-même dans la figure de Poliandre dans la *Recherche de la vérité* : voir à cet égard l'*Introduction* de E. Lojacono, dans R. Descartes, *La recherche de la vérité par la lumière naturelle*, E. Lojacono et M. Savini (éds.), Paris, PUF, 2009, p. 14-32 et 36-38. Sur le rapport entre Descartes et le public qu'il

préjugés. Cela ne veut cependant pas dire que Descartes n'ait pas proposé sa philosophie aux écoles et aux universités – il suffirait de rappeler que les *Principia philosophiae* sont justement un manuel préparé pour l'enseignement – mais seulement que Descartes est tout à fait conscient que sa philosophie représente une rupture par rapport à celle enseignée dans les écoles, dont il rejette les principes et l'approche livresque aux disciplines.

Il n'est pas anodin de rappeler à ce propos que dans les Provinces-Unies les premières discussions autour de la philosophie cartésienne se produisirent à l'intérieur des Universités (Utrecht, Leide, Groningue) où le cartésianisme avait commencé à se répandre rapidement, et que, comme nous le verrons plus en détail[1], les premières réfutations de la philosophie cartésienne soulignèrent avec force l'absence d'une logique précédant la métaphysique.

En ce sens, nous pouvons, en premier lieu, affirmer que le lecteur « incompétent » auquel Descartes s'adresse et l'*incipit* de sa philosophie par la métaphysique sont deux caractéristiques qui correspondent parfaitement à la situation philosophique de l'*Ontosophia* de 1647. En deuxième lieu, pour renforcer notre hypothèse, nous rappellerons que l'attention portée par Clauberg à la question de l'introduction à la philosophie reste un des enjeux permanents de sa réflexion : l'*Initiatio philosophi*[2], les *De Cognitione Dei et nostri exercitationes centum*, ainsi que le commentaire des *Meditationes*[3] témoignent largement de l'engagement claubergien dans la mise au point d'une procédure didactique apte à enseigner la métaphysique cartésienne comme introduction à la philosophie dans les classes universitaires. Ces ouvrages ont été trop souvent considérés tout simplement comme des commentaires et, sans aucun doute, ils se proposent à travers l'analyse minutieuse ou le résumé des textes cartésiens. Mais l'adhésion au cartésianisme ne peut pas, seule, expliquer l'insistance de Clauberg à l'égard de l'initiation à la philosophie.

Ce qu'il faudra montrer pour prouver notre hypothèse c'est que l'adhésion à la métaphysique cartésienne ne porte pas à la substitution ou à l'effacement de l'*ontosophia*/*ontologia*, mais que les deux s'intègrent dans

recherche pour ses écrits, *cf.* l'analyse de H. Gouhier dans *La pensée métaphysique de Descartes*, 4ᵉ éd., Paris, Vrin, 1987, p. 76-84.

1. Cf. *infra*, le chapitre II.

2. J. Clauberg, *Initiatio Philosophi, sive dubitatio cartesiana, ad metaphysicam certitudinem viam aperiens*, Lugduni Batavorum, ex officina A. Wyngaerden, 1655.

3. J. Clauberg, *Paraphrasis in Renati Descartes Meditationes de Prima Philosophia*, Duisburgi ad Rhenum, typis et impensis Adriani Wyngaerden, 1660.

un cadre unitaire et cohérent. En outre, il sera nécessaire d'indiquer comment s'organise le rapport de dépendance de la logique à l'égard de la métaphysique : cela est un point assez important en raison du fait que – puisque Descartes n'avait pas proposé dans ses écrits ce qu'un lecteur du XVIIe siècle pouvait prendre pour une logique – Clauberg devait montrer que la philosophie première cartésienne fondait une logique que Descartes n'avait jamais écrite et que, pourtant, cette logique était la vraie logique. Cet aspect de la réflexion de Clauberg se croise avec son intervention dans la discussion autour de la *methodus cartesiana* que nous allons reconstruire dans les prochains chapitres : la définition de la méthode cartésienne, proposée dans la *Defensio cartesiana* de 1652, ne fut pas seulement la réponse aux attaques menées contre Descartes, mais elle permit à Clauberg de montrer que, même s'il n'avait pas écrit une logique, l'auteur du *Discours de la méthode* en avait implicitement donné les principes et que, à partir de la méthode cartésienne, il était possible d'écrire une logique complète et cohérente. La *Logica vetus et nova* sera le résultat de ce réajustement de la philosophie cartésienne, qui sera désormais dotée d'une logique opérant implicitement dans la métaphysique et fondée néanmoins en celle-ci [1]. Mais avant de prendre en considération la position de Clauberg et son interprétation de la méthode cartésienne il faudra reconstruire la discussion autour de la *methodus cartesiana*, car la *Defensio cartesiana* est avant tout la réponse offerte par Clauberg aux critiques portées à la philosophie de Descartes sur ce sujet.

1. Une confirmation de la continuité de fond entre l'*Ontosophia* de 1647 et la *Logica vetus et nova* se trouve dans le fait que le plan de la logique claubergienne avait déjà été ébauché et présenté dans le texte de 1647 : *cf.* à ce propos le chapitre V, *infra*, p. 200-201.

CHAPITRE II

# LA *METHODUS CARTESIANA* MISE EN QUESTION : 1643-1651

## L'ADMIRABLE MÉTHODE EMPLOYÉE PAR RENÉ DESCARTES

### *L'évidence purement subjective des arguments cartésiens*

La discussion autour de la *methodus cartesiana*, c'est-à-dire la mise en question de la méthode cartésienne, ne se produit pas seulement du vivant de Descartes, mais l'on peut affirmer qu'elle est aussi au centre de la première réfutation de la philosophie cartésienne, à savoir l'*Admiranda methodus novae philosophiae Renati Descartes* de Martin Schoock et Gijsbert Voetius. Il est donc essentiel à notre propos de comprendre dans quelles conditions a vu le jour un texte dont le titre même est marqué par la référence à la « méthode » proposée dans la « nouvelle » philosophie de Descartes.

Après la parution du *Discours de la méthode* et des *Essais*, la réaction des auteurs néerlandais[1] fut assez circonspecte et prudente, au point de troubler Descartes lui-même en raison du silence qu'ils avaient gardé. Si l'on exclut la publication d'un pamphlet assez virulent dirigé contre les *Météores*[2], qui parut à la Haye en 1640, il faut attendre les disputes

1. Sur la réception du *Discours de la méthode* dans les Provinces-Unies *cf.* P. Dibon, *La réception du Discours de la Méthode dans les Provinces-Unies*, dans G. Belgioioso, G. Cimino, P. Costabel, G. Papuli (éd.), *Descartes : il metodo e i saggi*, Rome, Istituto della Enciclopedia Italiana, 1990, p. 635-650.

2. Il s'agit du texte de Mercurius Cosmopolita, *Pentalogos in Libro cujusdam Gallico idiomate evulgati quatuor discursuum, De la Methode ; Dioptrique ; Meteorique ; et Geometrique : Partem quae de Meteoris peregrinam quandam doctrinam exhibet, rationi et naturae*

qu'Henricus Regius avait fait soutenir dans la même année pour qu'une vraie polémique se déclenche autour des thèses cartésiennes. La première thèse de Regius, discutée à Utrecht le 10 juin 1640, porte le titre de *Disputatio Medico-Physiologica pro Sanguinis Circulatione*, et on y trouve une défense explicite de la théorie de la circulation du sang[1]. Une autre série de thèses, discutées entre avril et juin 1641, compose le texte de la *Physiologia, sive cognitio sanitatis*, publiée à Utrecht la même année. Les disputes de Regius critiquent de façon radicale la philosophie scolastique : des concepts tels que les qualités, les formes substantielles et les espèces intentionnelles sont rejetées au profit d'une représentation du monde qui réduit les phénomènes à la combinaison du mouvement et de l'étendue. L'irruption des thèses cartésiennes provoqua la réaction de Voetius, qui, du 18 au 24 décembre 1641, fit soutenir un ensemble de *Corollaria*[2] en faveur des formes substantielles, en opposition directe avec Regius. La polémique s'élargit ainsi jusqu'à concerner Descartes lui-même, qui en était tenu au courant par les lettres de Regius. Le 16 février 1642 parut la réponse de Regius aux corollaires des thèses voétiennes et, au mois de mars de la même année, alors qu'il préparait les *Réponses* aux *Objections* de Bourdin, Descartes rédigea la *Lettre à Dinet*, où il attaquait ouvertement Voetius[3]. La *Lettre à Dinet* sera ensuite publiée chez les Elsevier d'Amsterdam dans la deuxième édition des *Meditationes* en 1642.

Voetius décida donc de charger un Professeur de Groningue, Martin Schoock[4], de préparer une réfutation de la philosophie cartésienne. Au mois de décembre de la même année, Descartes entra en possession d'un brouillon contenant une grande partie de l'ouvrage – qu'il attribue

*repugnantem, Academiarum et Universitarum Scholas omnes contemnantem, ut pote errorum nutricolas*, La Haye, F. van der Spruyt, 1640.

1. Le texte de la thèse se trouve dans le *Supplément* au III^e^ volume des *Œuvres de Descartes* : *cf.* AT III 726-734. Voir en outre E. J. Bos, *The Correspondence between Descartes and Henricus Regius*, Utrecht, Zeno Institute of Philosophy, 2002, p. 46-48.

2. Le texte des corollaires fut inséré dans la *Narratio historica* publiée par le Sénat de l'Université d'Utrecht (Rheno-Trajecti, ex typographia Wilhem Strickii, 1643, p. 28 *sq.*).

3. Sur ces événements voir Th. Verbeek, *Introduction*, dans Th. Verbeek (éd.), *La querelle d'Utrecht*, Paris, Les impressions nouvelles, 1990, p. 19-66 (désormais cité *Querelle*); Th. Verbeek, *Descartes and the Dutch. Early Reactions to Cartesian Philosophy (1637-1650)*, Carbonsdale-Edwardsville, Southern Illinois UP, 1992, p. 13-33. Mais *cf.* aussi la *Nota Introduttiva* à la *Lettre à Dinet* et la *Nota Introduttiva* à la *Lettre à Voetius*, dans B Op I p. 1420-1425 et 1479-1487.

4. Sur Schoock, *cf.* P. Dibon, *La philosophie néerlandaise au siècle d'or. I. L'enseignement philosophique dans les Universités à l'époque précartésienne*, Paris-Amsterdam-Londres-New York, Elsevier Publishing Company, 1954, p. 180-188.

erronément à Voetius – et commença à préparer une réponse, qu'il entendait faire publier en même temps que l'œuvre de Schoock. La *Philosophia cartesiana sive Admiranda methodus novae philosophiae Renati Descartes* fut imprimée en mars 1643 par Waesbergae, et Descartes publia, à peine deux mois plus tard, sa réponse contre Voetius : l'*Epistola ad Voetium*[1]. L'œuvre de Schoock, caractérisée par une attitude extrêmement agressive, culmine dans la condamnation de la philosophie cartésienne, accusée expressément de conduire le lecteur au scepticisme et à l'athéisme.

Il est néanmoins essentiel de comprendre que la stratégie de Voetius et Schoock est centrée sur l'interprétation qu'ils proposent de la *methodus cartesiana* : les critiques aux thèses cartésiennes, ainsi que les accusations de subjectivisme et d'athéisme[2], sous-tendent le blâme du refus cartésien de la logique traditionnelle, ainsi que la négation de toute validité aux instruments conceptuels dont Descartes se sert pour démontrer ses thèses. De tout cela découle la condamnation sans appel des argumentations cartésiennes, considérées inconsistantes sur le plan de la démonstration. Mais il ne s'agit pas, pour Schoock (et Voetius), de réfuter tout simplement les arguments avancés par Descartes, il est essentiel à leurs yeux de montrer que cette stratégie – « inefficace » du point de vue probatoire – a des conséquences « morales » qu'on ne peut pas méconnaître et qui sont les véritables buts poursuivis par l'auteur du *Discours de la méthode* : la « fierté » d'avoir une nouvelle philosophie qui se propose comme meilleure par rapport à l'ancienne, ainsi que la prétention de se débarrasser de tout instrument formel tel que le syllogisme, sont pour Schoock les points forts d'une stratégie visant à pervertir l'ordre et les institutions.

La lettre des textes cartésiens perd ainsi de sa valeur, surtout au niveau de l'argumentation, au profit des éléments rhétoriques et expressifs par lesquels Descartes essaierait de gagner la confiance du lecteur[3]. Dans le

1. Elle fut imprimée par les Éditions Elsevier d'Amsterdam.

2. L'accusation d'athéisme adressée à Descartes se trouve dans la quatrième partie de l'*Admiranda*. Pour une analyse de cette accusation, nous nous permettons de renvoyer à notre étude : « *Methodus cartesiana* o *Methodus vaniniana* ? Fonti e significato teorico del parallelo tra René Descartes e Giulio Cesare Vanini nell'*Admiranda Methodus* di Marten Schoock », dans F. M. Crasta, M. T. Marcialis (éds.), *Descartes e l'eredità cartesiana nell'Europa Sei-Settecentesca*, Lecce, Milella, 2001, p. 109-126.

3. Marc Fumaroli a largement décrit le cadre relatif à l'importance de la rhétorique en France au XVII^e^ siècle dans *L'âge de l'éloquence*, Genève, Droz, 1980. Sur le thème de la simulation et de la dissimulation on peut voir avec profit les travaux de Jean-Pierre Cavaillé, « *Simulatio/dissimulatio*, notes sur feinte et occultation, XVI^e^-XVII^e^ siècles », dans M. Fattori (éd.), *Il vocabolario della République des Lettres*, Florence, Olschki, 1997, p. 115-131 ; « De la construction des apparences au culte de la transparence. Simulation et dissimulation entre

chapitre IV de la première partie, par exemple, la critique adressée à Descartes s'appuie sur le passage de la *Lettre à Dinet* dans lequel Descartes affirme pouvoir présenter la vérité sur toutes les questions habituellement disputées dans les écoles [1]. L'interprétation que l'*Admiranda* donne de ce passage insiste sur sa fonction captivante, expressément « séductrice » à l'égard d'un lecteur nourri d'une vaine espérance et présenté comme un rêveur les yeux ouverts :

> Descartes, non content d'avoir, par l'oubli de toutes choses, réduit à la stupidité ses sectateurs, leur ordonne en plus de rêver les yeux ouverts en les endormant, comme une Calliroe ou une Phryne, par cette divine Elpis, ou Espérance, que Platon a coutume de désigner non sans esprit « le sommeil des éveillés » [2].

La conviction de Descartes de pouvoir parvenir en toute autonomie à la vérité conduit, selon Schoock, à refuser tout enseignement et à condamner l'usage du livre comme instrument pour accéder à la connaissance des choses [3]. Le récit, contenu dans le *Discours*, du progressif éloignement de l'enseignement reçu par les précepteurs acquiert dans l'*Admiranda* une signification très forte, jusqu'à représenter le refus de toute autorité, à l'exception de Descartes lui-même. À l'œuvre cartésienne est donc attribuée une fonction radicalement subversive, non seulement du point de vue philosophique, mais aussi politique [4].

le XVI$^{e}$ et le XVII$^{e}$ siècles », *Littératures Classiques*, 34, 1998-2, p. 73-102 ; *Dis-simulations. Jules-César Vanini, François La Mothe Le Vayer, Gabriel Naudé, Louis Machon et Torquato Accetto : religion, morale et politique au XVII$^{e}$ siècle*, Paris, Honoré Champion, 2002.

1. « Spero me veritatem eorum omnium, de quibus in Philosophia solet disputari, tam clare esse expositurum, ut quicunque illam quaerent, perfacile ipsam ibi sint inventuri », AT VII 577 ; B Op I, p. 1444.

2. « Cartesius non contentus ad omnium rerum oblivionem sectatores suos dementasse, amplius eos videntes et vigilantes somniare iubet, vice Calliroës, aut Phrynes exhibendo illis divam ελπίδα aut Spem, quam aut incommode Plato vigilantium somnium vocare solet », M. Schoock, *Philosophia cartesiana sive Admiranda methodus novae philosophiae Renati Descartes*, Ultrajecti, Waesbergae, 1643, s. I, chap. 4, p. 43 (*Querelle*, p. 202), dorénavant cité AM suivi de la section, du numéro du chapitre et de la page. Nous citons, dans le corps du texte, d'après la traduction française de Th. Verbeek dans *Querelle*.

3. Les chapitres I et II de la première section de l'*Admiranda* concernent précisément ces arguments. Voici leurs titres : « Cartesianae Philosophiae omnes capaces non sunt, ejus sectator omnium quae didicit oblivisci debet » ; « Cartesianus discipulus libris bellum indicere debet, et si ex iis profecerit, sedulo dissimulare ? ».

4. Dans le chapitre relatif au rejet cartésien des livres (*cf.* AM I, 2, p. 28 ; *Querelle*, p. 194), Schoock affirme l'importance du livre pour le progrès et la conservation du savoir : en nous transmettant l'expérience des autres hommes, les livres sont à la base d'une *historia naturalis*

L'auteur de l'*Admiranda* reconnaît dans l'attitude de Descartes – qui se manifeste dans la prétention de posséder une méthode capable de résoudre toute difficulté dans les sciences – la folle ambition de vouloir tout commencer par lui-même, en collectionnant une expérience complète des choses, ce qui est impossible pour un seul homme : « Un seul pauvre humain, qui n'atteint que rarement sa quatre-vingtième année, ne peut jamais avoir une expérience complète de toutes choses ! » [1]. Cette prétention, cependant, est aussi ingénue qu'hypocrite, car Descartes lui-même se sert des livres pour diffuser ses propres doctrines, et il prétend qu'ils soient lus avec attention. Schoock pousse jusqu'au bout cette lecture : si le refus des « maîtres muets » est dû à la conviction de pouvoir parvenir de façon autonome à la connaissance des choses, alors Descartes met en discussion l'existence même des académies et des écoles, en s'alignant ainsi sur les enthousiastes. Autrement dit, la philosophie cartésienne attaque à la racine l'idée de toute médiation – et donc de la nécessité d'un médiateur – pour accéder à la vérité, et, de ce fait, elle représente une typologie d'enthousiasme plus subtile, mais non moins dangereuse pour la vie civile [2]. La thèse cartésienne de l'idée claire et distincte de Dieu, par exemple, mène selon Schoock à l'enthousiasme, car elle donne à croire au lecteur que Dieu est en lui et que, par conséquent, il lui est impossible de pécher [3].

Voilà le thème de fond de l'œuvre, qui émerge de plusieurs façons, et qui culmine dans l'affirmation de l'incapacité de Descartes à démontrer ses propres thèses.

de plus en plus perfectionnée, qui est le seul terrain sur lequel des sciences comme la médecine et la physiologie peuvent progresser. Cette accusation sera contestée avec force par Descartes lui-même dans l'*Epistola ad Voetium*. *Cf.* AT VIII-2 39-55 ; B Op I, p. 1534-1554.

1. « Omnium rerum exactam experientiam, unus homuncio, qui raro ad octuagesimum annum pertingit, nequaquam habere potest », AM I, 2, p. 28 (*Querelle*, p. 194).

2. *cf.* AM I, 2, p. 30 (*Querelle*, p. 195). Sur les enthousiastes, *cf.* L. Kolakowsky, *Chrétiens sans église*, Paris, Gallimard, 1969 ; R.A. Knox, *Enthusiasm. A chapter in the history of religion*, Oxford, Clarendon Press, 1950.

3. « Deum sibi inexistentem Cartesianus quis deprehendit per ideam ; cur non ergo instar Enthusiastae sic etiam concludat : Deus in me est, et ego in Deo, ergo per Deum inexistentem omnia ago, et consequenter neque pecco neque peccare possum ? » (AM, p. 258-259 ; *Querelle*, p. 314). Voetius construit sa critique en affirmant qu'il n'est possible à l'esprit de connaître aucune chose indépendamment des sens : la prétention qui est commune à Descartes et aux enthousiastes est par contre celle d'avoir une contemplation directe des vérités. Descartes répondra aussi à cette accusation dans l'*Epistola ad Voetium* en affirmant que si toute connaissance devait passer par les sens, on n'aurait aucune connaissance des choses divines, car elles ne tombent pas sous les sens extérieurs (AT VIII-2 172 ; B Op I, p. 1666).

L'absence de démonstrations dans les textes cartésiens est soutenue à travers la distinction entre l'évidence du contenu et l'évidence de la présentation, qui se trouve au chapitre II de la deuxième partie. L'évidence d'une thèse réside, selon Schoock, soit dans l'évidence de sa vérité, soit dans la façon dont elle est présentée.

Dans le premier cas, une thèse est évidente parce qu'elle peut être reconduite à des principes clairs et immuables ou à l'Écriture, de telle façon que son évidence dérive de la vérité des principes à partir desquels elle est déduite : « Le dogme peut en effet être évident en vertu de sa vérité, que l'on peut prouver en ce qu'elle revient à des principes clairs et immuables (auxquels il faut ajouter l'Écriture qui, en divers endroits, énonce de la façon la plus lucide la vérité des choses de la nature) » [1].

Dans le deuxième cas, l'évidence peut être celle de la présentation d'une thèse, quand elle est exposée de façon claire et facilement compréhensible : « À rebours, son évidence peut seulement consister dans la façon de présenter ou, si l'on préfère, dans le fait que ce dogme est présenté d'une façon si lumineuse et claire (c'est-à-dire en propositions limpides qui ne contiennent ni ambiguïtés ni énigmes) qu'il peut être compris sans difficulté par tous, même par les ignorants » [2].

Cependant, selon Schoock, ce type d'évidence n'est pas forcément une évidence vraie. Au contraire, il arrive souvent que les doctrines les plus absurdes soient présentées de façon évidente afin de convaincre les moins doctes, comme c'est le cas dans les religions païennes. Par exemple, le récit talmudique du Léviathan qui entoure la terre et qui, en secouant sa queue, provoque les tremblements de terre possède ce type d'évidence, car il est exposé par les rabbins d'une manière claire et facilement compréhensible [3]. Un autre exemple est celui des fables d'Ésope ou de la *Théogonie* d'Hésiode, mais cette évidence se trouve aussi, selon l'auteur de l'*Admiranda*, dans les thèses des *novatores* qui, incapables de démontrer la vérité de leurs opinions, les embellissent par des moyens rhétoriques, afin d'embrouiller les lecteurs imprudents. C'est le cas aussi bien de ceux qui

1. « Evidens enim illud est [...] ratione veritatis, quam illi competere per perspicua & tamen immota principia (quibus accenseri quoque debet scriptura ex rei veritate multis locis quam perspicace de rebus naturalibus loquens) probari potest », AM II, 2, p. 70-71 (*Querelle*, p. 216).

2. « Aut evidentia ejus consistit tantum in modo proponendi, cum scilicet dogmata adeo dilucide et clare, hoc est perspicuis loquendi formulis nullas in se continentibus ambages aut aenigmata, proponuntur, ut ab omnibus, indoctis quoque, citra difficultatem intelligi possint », AM II, 2, p. 71 (*Querelle*, p. 216).

3. C'est l'exemple donné par Schoock, *cf.* AM II, 2, p. 73 (*Querelle*, p. 217).

présentent sous une nouvelle forme des thèses anciennes que de ceux qui évitent de proposer une véritable démonstration de leurs propres thèses, et qui essayent de les faire accepter par le seul moyen d'une narration captivante :

> Car si certains novateurs peu instruits (comme on peut le constater surtout chez les disciples de Paracelse) embrouillent le plus souvent une vérité ancienne par des formules très obscures, pour donner une apparence de nouveauté à des choses qui étaient parfaitement connues avant la naissance de Théognis ; d'autres, au contraire – épris plutôt de nouveautés absurdes – tâchent de les embellir par cette dernière espèce d'évidence, soit afin de faire croire à ceux qui, dans leur imprudence, ne veulent voir aucune fourberie dans ce qui peut être saisi de tous d'une façon claire et évidente, soit, par là-même, également démontré d'une façon évidente et certaine [1].

Pour Schoock les arguments de Descartes ont une évidence de présentation, mais ils ne démontrent pas la vérité des thèses qu'ils soutiennent. Ils ont la même évidence que peut avoir un récit raconté clairement, mais ils ne prouvent rien : « Nous voulons bien que les sottises cartésiennes aient une évidence de présentation mais, quoiqu'il se démène, Descartes ne prouvera jamais qu'elles possèdent en même temps cette autre évidence qui parle surtout en faveur des dogmes philosophiques » [2].

Cette thèse de Schoock est défendue à travers l'analyse de l'argument cartésien sur le rôle du *conarium* comme siège et instrument par lequel l'âme se met relation avec le corps. À cette époque, le seul texte publié où Descartes ait énoncé sa propre théorie sur la glande pinéale [3] était le *Discours V* de la *Dioptrique*, dans lequel il parlait du *conarium* comme d'« une certaine petite glande, qui se trouve environ le milieu de ces

1. « Quanquam vero indocti Novatores (ut prae aliis in Paracelsi sectatoribus videre est) ut plurimum antiquam veritatem obscurissimis loquendi formulis intricare solent, quo nova videantur ea, quae explorata quoque fuere antequam Theognis nasceretur : alii tamen, qui fiduciam absurdarum novitatum habent, eas posteriori evidentia exornare laborant, quo incautis et fallaciarum ignaris persuadeant, illa, quae evidenter & plane ab omnibus cognosci possunt, evidenter quoque & certe demonstrari posse », AM II, 2, p. 71-72 (*Querelle*, p. 216-217).

2. « Libenter damus Cartesianis ineptiis adesse evidentiam propositionis, sed simul eas gaudere altera evidentia, quae potissimum commendat philosophica dogmata, ipse ut ut omnia agat, nunquam probabit », AM II 2, p. 73 (*Querelle*, p. 217). Descartes répondra à cette critique dans l'*Epistola ad Voetium* en la dénonçant comme une « narration » dépourvue de toute preuve : *cf.* AT VIII-2 59 ; B Op I, p. 1558.

3. En ce qui concerne la doctrine du *conarium*, *cf.* F. A. Meschini, *Neurofisiologia cartesiana*, Florence, Olschki, 1998, p. 37-54.

concavités, et est proprement le siège du sens commun »[1]. Dans les *Meditationes* on trouve aussi une allusion à cette théorie, mais la glande n'y est même pas nommée[2]. Dans les Provinces-Unies, cependant, la physiologie cartésienne était publiquement connue au début des années 1640, grâce aux débats soulevés par Regius, et elle se trouve exposée dans l'*Admiranda*, à travers les mots de la *Physiologia sive cognitio sanitatis*, sans aucune distinction entre la pensée du disciple et celle du maître[3].

La *Physiologia* présente le texte des trois disputes que Regius fit soutenir à Utrecht en 1641 : on y voit clairement l'influence de Descartes et, en même temps, l'insertion des thèses cartésiennes dans le contexte de l'enseignement universitaire. La *Physiologia* revêt aussi de l'importance si l'on considère que jusqu'aux *Passions de l'âme* – et à l'exception de la correspondance – ce texte constitua l'exposition la plus articulée sur le rôle du *conarium* dans l'explication des rapports entre l'âme et le corps. Ce que Descartes avait brièvement esquissé dans la *Dioptrique* avait été clairement et publiquement défendu par Regius : dans la *Physiologia* on trouvait l'affirmation que le corps communiquait avec l'âme par le moyen de la glande pinéale[4]; que la variété des mouvements suffisait pour faire

1. AT VI 129; B Op I, p. 186.

2. « Deinde adverto mentem non ab omnibus corporis partibus immediate affici, sed tantummodo a cerebro, vel forte etiam ab una tanta exigua ejus parte, nempe ab ea in qua dicitur esse sensus communis », AT VII 86; B Op I, p. 794. Si Descartes, dans ce qu'il avait jusqu'alors publié, n'avait apporté que quelques brèves précisions à propos du rôle du *conarium*, il s'était cependant plus largement exprimé sur cette question dans deux lettres envoyées, au début de 1640, à Lazare Meyssonnier (29 janvier 1640, AT III 18-21; B 242, p. 1144-1146) et à Mersenne (1er avril 1640, AT III 45-56; B 248, p. 1170-1174). Sur Lazare Meyssonnier *cf.* F.A. Meschini, *Neurofisiologia cartesiana, op. cit.*, p. 37-44 et F. Trevisani, « Un corrispondente di Cartesio : alcune note su Lazare Meyssonnier (1611/1612-1673), medico e astrologo lionese e sulla sua *Belle magie*(1669) », *History and Philosophy of the Life Sciences*, 1979, 1, p. 285-308.

3. H. Regius, *Physiologia, sive Cognitio sanitatis. Tribus disputationibus in Academia Ultrajectina publice proposita* (Ultrajecti, ex officina Aegidii Roman, 1641). Le texte de la *Physiologia* a été publié en appendice à l'édition de la correspondance entre Descartes et Regius éditée par E. J. Bos (*The Correspondence between Descartes and Henricus Regius, op. cit.*, p. 195-248). Pour l'influence de Descartes sur ce texte, voir A. Bitbol-Hespériès, « Descartes et Regius : leur pensée médicale », dans Th. Verbeek (éd.), *Descartes et Regius, Autour de L'Explication de l'esprit humain*, Amsterdam-Atlanta, Rodopi, 1993, p. 47-68. De la lettre de Descartes à Mersenne du 23 novembre 1646 on déduit que Regius avait vu le manuscrit de *L'homme* : *cf.* AT IV 566-567; B 586, p. 2344. *Cf.* à cet égard l'*Introduction* de Th. Verbeek, *Querelle*, p. 39 *sq.*; la *Nota introduttiva* à *L'homme*, dans B Op II, p. 199.

4. *Cf.* H. Regius, *Physiologia*, IIIa, 2, p. 33 (*The Correspondence between Descartes and Henricus Regius*, *op. cit.*, p. 223).

sentir à l'âme les différentes perceptions des objets extérieurs[1]; que la glande est le siège et l'instrument (*instrumentum*) du sens commun[2]. Ainsi, en attaquant la théorie cartésienne telle qu'elle est présentée dans la *Physiologia*, il était possible non seulement de cibler l'un des points les moins clairs de la philosophie de Descartes, mais encore de montrer les effets « dangereux » que celle-ci pouvait avoir sur l'enseignement offert dans les Universités.

La doctrine cartésienne affirmerait donc, selon le passage de la *Physiologia* cité par Schoock, que la glande pinéale

> se trouve au milieu des cavités du cerveau où elle est entourée et pénétrée de tous côtés des esprits animaux et que le mouvement imprimé aux fibres des nerfs se propage jusqu'au cerveau, où nécessairement il se communique aussi aux esprits voisins qui se trouvent dans ces cavités du cerveau, de sorte que, par ceux-ci, il est communiqué à la glande pinéale et donc à l'âme[3].

Il faut aussi souligner que la thèse proposée dans la *Physiologia* n'est pas supportée par des arguments ou des preuves, mais que Regius se limite à renvoyer à la *Dioptrique*, en résumant le *Discours IV*, dans lequel Descartes observe que, pour concevoir comment se produit la sensation, il ne faut pas croire qu'il y ait des images des objets qui se transmettent de l'organe de la sensation jusqu'au cerveau[4]. En polémique avec la théorie scolastique des espèces intentionnelles, Descartes refuse d'admettre toute ressemblance entre l'objet qui s'imprime sur l'organe de la sensation et l'information qui arrive par l'entremise des nerfs à l'âme. Dans ce contexte, l'auteur de la *Dioptrique* ne propose pas d'arguments pour justifier le rôle de la glande pinéale, qui d'ailleurs ne sera citée directement que dans le *Discours V*, mais il lui suffit de pouvoir « rompre » avec la théorie traditionnelle et montrer que les informations contenues dans les sensations peuvent être communiquées à l'âme sans qu'il faille conserver une stricte ressemblance. La théorie cartésienne de la dissemblance entre les objets

1. *Cf.* H. Regius, *Physiologia*, IIIa, 2, p. 33-34 (*The Correspondence between Descartes and Henricus Regius*, *op. cit.*, p. 223-224).

2. *Cf.* H. Regius, *Physiologia*, IIIb, 12, p. 47 (*The Correspondence between Descartes and Henricus Regius*, *op. cit.*, p. 237).

3. « Eam in medio ventriculorum cerebri a spiritibus animalibus undique cingi & perfundi, motumque fibrillis nervorum impressum ad cerebrum diffundi, necessario etiam contiguis spiritibus, in ventriculis cerebri existentibus, imprimi, ac illorum ope glandulae pineali, tumque animae communicare », AM II, 2, p. 74 (*Querelle*, p. 218), H. Regius, *Physiologia*, IIIa, 2, p. 34 (*The Correspondence between Descartes and Henricus Regius*, *op. cit.*, p. 224).

4. Cf. *Dioptrique*, IV, AT VI 109-114 ; B Op I, p. 158-164.

sentis et les mouvements qui en produisent la sensation dans l'âme sert ainsi de préambule à l'explication mécaniste de la vision qui est proposée dans les *Discours V* et *VI*[1]. Par conséquent, on ne trouve pas dans la *Physiologia* un argument pour démontrer le rôle du *conarium*, mais une simple exposition de la nouvelle physiologie.

Il est tout de même à remarquer qu'à cet égard Descartes ne donnera jamais un véritable argument ou une preuve : dans la correspondance avec Meyssonnier, ainsi que dans les *Passions de l'âme*, la fonction de la glande pinéale est « prouvée » sur la base du constat que l'âme doit être intimement unie à une partie du cerveau qui ne soit pas double, car les *species* qui frappent les yeux ou les oreilles doivent se réunir dans *un* point pour communiquer à l'âme une seule sensation[2]. Descartes lui-même utilise le mot « créance » pour qualifier cette thèse, en lui attribuant donc un statut plus faible et plus proche de la conjecture que d'une démonstration au sens strict. Mais il faut aussi remarquer que ce type d'argument n'est pas inusuel pour la science cartésienne et que les thèses de Descartes s'appuient souvent sur des « conjectures » ou des « hypothèses ». L'article CCV de la IVe partie des *Principia* autorisera pleinement cet instrument en soulignant la légitimité des conjectures qui permettent d'expliquer les données de l'expérience en accord avec les principes de la physique :

> Ainsi par exemple, si quelqu'un veut lire une missive écrite en caractères latins certes, mais dont les lettres ne forment pas la vraie signification, et s'il conjecture qu'il faut lire un « B » partout où il y a un « A », un « C » là où il y a un « B » et substituer ainsi à chaque lettre celle qui la suit dans l'alphabet; s'il trouve de cette façon que des mots latins sont composés de ces lettres, il ne doutera pas que le vrai sens de cette missive soit contenu dans ces mots, même s'il le connaît seulement par conjecture et qu'il se puisse peut-être que le rédacteur de la missive n'ait pas remplacé les vraies

1. *Cf.* à cet égard J.-P. Cavaillé, *Descartes. La fable du monde*, Paris, EHESS-Vrin, 1991 (en particulier chap. IV, p. 127-180).

2. « Mon opinion est que cette glande est le principal siège de l'âme, et le lieu où se font toutes nos pensées. La raison qui me donne cette créance est que je ne trouve aucune partie en tout le cerveau, excepté celle-là seule, qui ne soit double; or est-il que, puisque nous ne voyons qu'une même chose des deux yeux, ni n'oyons qu'une même voix des deux oreilles, et enfin que nous n'avons jamais qu'une pensée en même temps, il faut de nécessité que les espèces qui entrent par les deux yeux, ou par les deux oreilles etc., s'aillent unir en quelque partie du corps pour y être considérées par l'âme », Descartes à Meyssonnier, 29 janvier 1640, AT III 19; B 242, p. 1144.

> lettres par celles qui les suivent immédiatement, mais par d'autres encore, et qu'il y ait ainsi caché un autre sens : car cela peut si difficilement arriver que cela semble incroyable [1].

Le recours à cet instrument, sans aucun doute plus faible par rapport à l'*intuitus* ou à la déduction, est justifié par l'impossibilité d'avoir une expérience des *insensibilia*. L'article CCIV, en particulier, fixe les critères d'acceptabilité scientifique pour les théories qui s'appuient sur des conjectures ou des hypothèses. Le principe qui préside à l'élargissement du savoir scientifique au-delà des limites intrinsèques de l'expérience est le suivant : « Je concède très volontiers que cela est vrai, et j'estimerai avoir assez fait si seulement ce que j'écris est tel qu'il correspond exactement à tous les phénomènes de la nature » [2]. L'exemple apporté afin de mieux saisir à la fois le sens et l'utilité de cette affirmation est celui des deux horloges : un artisan peut avoir construit deux horloges qui indiquent la même heure et qui sont identiques extérieurement, mais qui, pourtant, diffèrent grandement dans leurs mécanismes internes. Ainsi, Dieu peut produire les phénomènes que nous observons par plusieurs moyens : pour cette raison, même l'hypothèse qui semble être la plus explicative ne garantit pas d'être la seule et ne peut donc pas prétendre être jugée « absolument » vraie. Mais si une conjecture est cohérente avec les principes de la physique et si elle est en accord avec les données de la connaissance sensible, tout en étant capable d'expliquer les phénomènes, alors on peut l'accueillir comme vraie par rapport aux données qui sont à notre disposition.

1. « Ut ex. gr., si quis legere velit epistolam, latinis quidem literis, sed non in vera significatione positis, scriptam, et conjiciens, ubicunque in ea est A, legendum esse B, ubi B legendum C, atque ita pro unaquaque litera proxime sequentem esse substituendam, inveniat hoc pacto latina quaedam verba ex iis componi : non dubitabit quin illius epistolae verus sensus in istis verbis contineatur, etsi hoc sola conjectura cognoscat, et fieri forsan possit, ut qui eam scripsit, non literas proxime sequentes, sed aliquas alias loco verarum posuerit, atque sic alium in ea sensum occultaverit : hoc enim tam difficulter potest contingere, ut non credibile videatur », AT VIII-1 327-328 (B Op I, p. 2208). La traduction française citée dans le corps du texte est celle de D. Moreau, *Principes de la philosophie*, première partie, sélection d'articles des parties 2, 3, 4, lettre-préface, introduction et notes par X. Kieft, traduction nouvelle D. Moreau, Paris, Vrin, 2009, p. 239-241.

2. « Quod equidem verum esse libentissime concedo, satisque a me praestitum esse putabo, si tantum ea quae scripsi talia sint, ut omnibus naturae phaenomenis accurate respondeant », *Principia Philosophiae*, IV, art. 204, AT VIII-1 327 ; B Op I, 2206 ; trad. cit., p. 237-239.

Il a d'ailleurs été montré[1] que ce type de procédure est un instrument conceptuel auquel Descartes fait recours dès les *Regulae*[2], pour ensuite l'utiliser dans *Le monde*[3], dans les *Essais*[4], et jusque dans les *Principia*[5], en opérant dans un cadre épistémologique plus faible que celui de l'intuition et de la déduction. Une science, donc, certainement moins « forte » par rapport à celle qui est esquissée dans les *Regulae*, mais dont la validité, toutefois, n'est pas du tout niée. Le critère qui détermine ici l'adoption d'une hypothèse n'est donc pas l'impossibilité de la mettre en doute, mais sa capacité d'*expliquer* les phénomènes et de les décrire le plus exactement possible. Dans cette perspective des éléments tels que la vérification, le contrôle, l'analyse des implications deviennent alors des facteurs fondamentaux de la recherche scientifique. De la même façon que celui qui déchiffre un cryptogramme adoptera des solutions dans la mesure où elles sont acceptables par rapport à la cohérence du code qu'il est en train d'examiner, ainsi celui qui recherche l'explication des phénomènes se fiera des hypothèses qu'il formule selon leur capacité à justifier les données offertes par les phénomènes eux-mêmes.

En ce qui concerne le *conarium*, la thèse avancée par Descartes est une « créance » qui s'appuie sur l'expérience du rapport entre l'âme et le corps, sur leur distinction et sur l'étude de l'anatomie du corps : à partir de ces données, Descartes retient comme acceptable l'hypothèse qui fait du *conarium* le lieu privilégié des rapports entre les deux substances. Il faut alors conclure que, dans l'*Admiranda*, le refus d'accepter la conclusion cartésienne sur le rôle du *conarium* n'attaque pas une simple théorie, mais dénonce comme foncièrement inacceptable, dans le fond, la pratique scientifique même de Descartes : « Aucune similitude ni d'autres apparences de démonstration évidente ne seront jamais recevables. Nous désirons des

1. *Cf.* E. Lojacono, « L'attitude scientifique de Descartes dans les *Principia* », dans *Descartes* : Principia Philosophiae *(1644-1994)*, *op. cit.*, p. 409-433. Mais, à ce propos, voir aussi D. Garber, « Descartes and Experiment in the Discourse and Essays », dans S. Voss (éd.), *Essays on the Philosophy and Science of René Descartes*, New York-Oxford, Oxford UP, 1993, p. 288-310; « Descartes on Knowledge and Certainty », dans *Descartes* : Principia Philosophiae *(1644-1994)*, *op. cit.*, p. 341-363.

2. Voir, par exemple, la règle XII, qui prend en considération les jugements « par conjecture » : AT X 424; B Op II, p. 762.

3. *Cf.* par exemple les chapitres 2 et 6 : AT XI 7-10 et 31-36; B Op II, p. 218-222 et 248-254.

4. *Cf.* le discours premier de la *Dioptrique* : AT VI 81-93; B Op I, p. 118-134.

5. Voir par exemple la fin de l'article 203 de la IV$^{e}$ partie : AT VIII-1 326; B Op I, p. 2206.

démonstrations solides. Nous demeurons dans l'expectative jusqu'à ce que les cartésiens nous les apportent »[1].

La valeur heuristique de la comparaison, de l'utilisation de modèles capables de représenter les phénomènes, est vivement contestée par Schoock, qui consacre un chapitre – le XI^e^ de la II^e^ partie – à réfuter l'emploi des comparaisons (*similitudines*) de la part de Descartes. Les comparaisons ne peuvent pas remplacer les preuves, car elles ont une fonction seulement rhétorique, éventuellement didactique : « Les similitudes, servant avant tout à illustrer certains énoncés, sont des instruments pour l'orateur qui cherche à employer des paroles propres à persuader, plutôt que pour le philosophe qui pourchasse l'être des choses qu'il cherche à prouver par des raisons solides »[2]. Selon Schoock, l'erreur des arguments fondés sur les *similitudines* se trouve dans la violation du principe selon lequel du particulier à l'universel il n'y a pas de conséquence[3] ; dans cette perspective le procédé cartésien consiste à attribuer une valeur universelle (l'explication de l'essence d'un phénomène) à un cas particulier (celui auquel le phénomène est comparé et qui devrait l'expliquer) :

> À l'instar de la plupart de ceux qui sont maladroits en philosophie, ou en d'autres disciplines, les fondateurs de la nouvelle philosophie ont coutume d'aller du particulier à l'universel. [...] Comme nous l'avons montré dans ce chapitre, ils passent souvent d'une similitude avec quelque chose de particulier – similitude qui est par ailleurs futile et inadéquate – à l'établissement d'un dogme ou d'un axiome général[4].

Schoock saisit l'importance de la comparaison en tant qu'élément constitutif de l'argumentation scientifique de Descartes[5], mais la confusion

1. « Similitudines, et reliquas evidentium demonstrationum umbras in acceptum nequaquam referre volumus, solidas eas esse cupimus, & ut Cartesianis adferant, expectabimus », AM II, 2, p. 75 (*Querelle*, p. 218, traduction légèrement modifiée).

2. « Similitudines illustrationi maxime inservientes, praesidia magis oratorum sunt, verbis ad persuadendum idoneis utentium, quam philosophorum rerum momenta solidasque probationes sectantium », AM II, 11, p. 146 (*Querelle*, p. 253, trad. légèrement modifiée).

3. Le principe en question est affirmé par Aristote dans les *Seconds Analytiques*, 74a5-30.

4. « Familiare ergo novae philosophiae conditoribus est, a particulari ad universalem, exemplo plerorumque in philosophia, aliisque disciplinis erronum, progredi. [...] Ut capite hoc ostendimus passim a similitudine particulari, inepta, & male applicata progrediuntur ad condendum generale aliquod dogma, aut axioma », AM II, 11, p. 151-154 (*Querelle*, p. 255-256, traduction légèrement modifiée).

5. Voir, à cet égard, P. Galison, « Descartes' Comparisons. From the Invisible to the Visible », *Isis*, 1984, 75, 2, p. 311-326 ; A. Gabbey, « Explanatory Structures and Models in Descartes Physics », dans *Descartes : il metodo e i saggi*, *op. cit.*, vol. I, p. 273-286 ; M. Savini, « *Comparatio vel ratiocinatio*. Statuto e funzione del concetto di comparatio/comparaison nel

qu'il fait entre l'utilisation purement métaphorique et l'emploi épistémologique de la comparaison signale l'incompréhension du projet scientifique présenté dans les *Essais*. Ainsi, par exemple, il associe la comparaison entre la constitution de Sparte et la vérité découverte par un seul homme – qui se trouve dans la sixième partie du *Discours de la méthode*[1] – avec l'image de l'aveugle qui arrive à localiser les objets au moyen de son bâton, image qui revient plusieurs fois dans la *Dioptrique*[2]. Mais il est évident que Schoock superpose deux comparaisons très différentes, car, dans le premier cas, la comparaison sert à présenter métaphoriquement au lecteur les avantages d'une œuvre entreprise individuellement, tandis que la référence à l'aveugle qui utilise son bâton constitue un modèle explicatif qui permet de comprendre la transmission de la lumière dans l'instant et sans transport de matière.

Le manque de démonstrations solides met en évidence, aux yeux de Schoock, l'absence d'un instrument objectif qui guide la raison dans la construction du savoir. Ainsi, la critique sur le défaut d'évidence dans les thèses cartésiennes est fondée sur une critique plus radicale, portant sur l'omission de toute logique dans le cadre de la science cartésienne : « Tout ce que, dans les autres écoles de philosophie, on exige de l'élève comme étant absolument nécessaire pour philosopher avec exactitude, est proscrit en cette arène, car dans celle-ci peut entrer non seulement celui qui ignore la logique, mais également celui qui est un puits d'ignorance »[3].

Refus des livres, absence de la logique et prétention de reconstruire *ab imis fundamentis* l'édifice de la science sont les erreurs imputées à Descartes. La *methodus cartesiana* se définit ainsi par rapport à certains de ses aspects, bien sûr accentués, mais qui sont présents dans les œuvres de Descartes. La critique au savoir contenu dans les livres, ainsi que le renoncement à la logique traditionnelle[4], sont des éléments essentiels pour

pensiero di R. Descartes », dans *desCartes et desLettres Epistolari e filosofia in Descartes e nei cartesiani*, *op. cit.*, p. 132-169. Sur l'importance des images dans les textes cartésiens *cf.* P.-A. Cahné, *Un autre Descartes. Le philosophe et son langage*, Paris, Vrin, 1980, p. 67-121 ; J.-P. Cavaillé, *Descartes. La fable du monde*, Paris, Vrin, 1991, p. 127-180.

1. AT VI 12 ; B Op I, p. 36.

2. *Cf.* AT VI 135-137 ; B Op I, p. 194-196.

3. « Quae in aliorum philosophorum scholis ad ἀκρίβηιαν philosophandi, ut per omnia necessaria, ab auditore efflagitantur, ab hac palaestra sunt proscripta, in eam quippe intrare potest non tantum logicae ignarus, sed altissimus quoque ignorantiae gurges », AM II, 3, p. 83 (*Querelle*, p. 221).

4. Le texte le plus critique à l'égard de la logique enseignée dans les écoles est sans doute la *Recherche de la vérité* : le refus de l'arbre de Porphyre dénonce l'impossibilité d'articuler

le commencement de l'entreprise scientifique et philosophique qui est projetée dans les œuvres du philosophe[1].

Le passage du *Discours* dans lequel Descartes rend son jugement sur le syllogisme[2] – un texte, donc, que l'auteur de l'*Admiranda* connaissait bien – constitue une condamnation, sans possibilité d'appel, pour l'ensemble du savoir enseigné dans les Écoles et dans les Universités :

> Je pris garde que, pour la logique, ses syllogismes et la plupart de ses autres instructions servent plutôt à expliquer à autrui les choses qu'on sait, ou même, comme l'art de Lulle, à parler sans jugement de celles qu'on ignore, qu'à les apprendre ; et bien qu'elle contienne en effet beaucoup de préceptes très vrais et très bons, il y en a toutefois tant d'autres mêlés parmi, qui sont ou nuisibles ou superflus qu'il est presque aussi malaisé de les en séparer, que de tirer une Diane ou une Minerve hors d'un bloc de marbre qui n'est point encore ébauché[3].

La logique n'est donc rien d'autre qu'un ensemble de règles utiles pour divulguer le savoir, mais non pas pour le produire : elle peut, dans le meilleur des cas, servir à exposer ce qu'on connaît déjà, mais elle n'est pas capable d'introduire à la vérité[4].

Descartes, d'ailleurs, ne met pas en discussion seulement le rôle de la logique comme instrument euristique : la séparation, qui se trouve dans le passage que nous venons de citer, entre *expliquer* et *apprendre* met en

une logique et une théorie de l'étant selon la partition des 5 prédicables fondamentaux (genre, différence, espèce, propre, accident) qui permettaient de construire les définitions. *Cf.* à cet égard R. Descartes, *La recherche de la vérité par la lumière naturelle*, E. Lojacono et M. Savini (éds.), Paris, PUF, 2009, p. 97 *sq.* (AT X 516 *sq.* ; B Op II, p. 850 *sq.*). Sur le rejet cartésien de l'arbre de Porphyre, voir, dans cette même édition, l'introduction d'E. Lojacono (p. 62-68) et, du même auteur, « Épistémologie, méthode et procédés méthodiques dans la pensée de R. Descartes », *Nouvelles de la République des Lettres*, 1996-I, p. 39-105 (en particulier p. 72-74), et « Le point extrême de la transgression cartésienne : la logique "introuvable" », *Les études philosophiques*, 2005, 4, 75, p. 503-519.

1. Une confrontation avec la théorie aristotélicienne de la science, mais qui porte aussi sur ses fondements ontologiques, est menée tout au long des *Regulae* : *cf.* en particulier la règle VI (AT X 381 ; B Op II, p. 710), où, à un ordre fondé sur les catégories, Descartes substitue un ordre fondé sur la série, dans lequel les choses sont ordonnées par rapport à leur « transparence » à l'égard de la *mens*. *Cf.* J.-L. Marion, *Sur l'ontologie grise de Descartes*, Paris, Vrin, 1975.

2. Sur la critique du syllogisme de la part de Descartes, *cf.* A. Charrak, « La critique du syllogisme dans Bacon et Descartes », *Les Études Philosophiques*, 2005, 75, 4, p. 469-484.

3. *Discours de la méthode*, II, AT VI 17 ; B Op I, p. 42.

4. Sur le refus de la logique traditionnelle de la part de Descartes, *cf.* E. Lojacono, « Le point extrême de la transgression cartésienne : la logique "introuvable" », *Les Études Philosophiques*, 2005, 75, 4, p. 503-519.

accusation tout enseignement qui prétend utiliser le syllogisme comme moyen pour élargir le savoir scientifique et philosophique. Les livres et les professeurs qui croient démontrer leurs propres théories par les syllogismes et les catégories, en réalité, n'apprennent rien à leurs interlocuteurs : ils sont efficaces pour expliquer leurs opinions, mais ne sont d'aucune utilité dans la recherche de la vérité.

Les Universités et les Écoles deviennent ainsi des lieux où le savoir est obscurci et dans lesquels on discute sans discernement de ce qu'on ignore, en contribuant de la sorte au maintien de la stérilité dans laquelle se trouve la science. L'attaque contre la logique a donc un lien étroit avec la critique de l'enseignement qu'offrent les institutions chargées de la transmission du savoir, et, finalement, elle touche aussi à une conception du savoir fondée sur l'exégèse et le commentaire, sur les livres comme symboles d'une tradition qu'on pouvait élargir, mais pas changer. La décision de ne pas rechercher d'autre science que « celle qui se pourrait trouver en moi-même, ou bien dans le grand livre du monde »[1], concomitante avec la résolution d'abandonner l'étude des lettres et la *sujétion* des précepteurs[2], constitue, dans l'économie du récit du *Discours*, le commencement de l'aventure philosophique du jeune Descartes :

> Je pensais que les sciences des livres, au moins celles dont les raisons ne sont que probables, et qui n'ont aucunes démonstrations, s'étant composées et grossies peu à peu des opinions de plusieurs diverses personnes, ne sont point si approchantes de la vérité que les simples raisonnements que peut faire naturellement un homme de bon sens touchant les choses qui se présentent[3].

### *Nécessité de la logique dans la réflexion théologique des réformés*

L'*Admirable Méthode* appréhende donc des thèmes qui sont présents dans les pages du *Discours*, des *Méditations* ou de l'*Épître à Dinet*. Mais avant de passer à une analyse plus détaillée des critiques de Schoock, et pour mieux comprendre son opposition à Descartes, il faut s'arrêter davantage sur le milieu culturel néerlandais et sur l'importance qu'y avait

1. AT VI 9; B Op I, p. 34.

2. *Cf.* à ce propos, la critique de la philosophie scolastique qui se trouve dans le *Discours* : AT VI 8-9; B Op I, p. 32.

3. AT VI 12-13; B Op I, p. 36. Le passage qui exprime le mieux la condamnation de l'érudition livresque comme facteur d'empêchement pour la connaissance se trouve dans *La recherche de la vérité*, *op. cit.*, p. 81-82 (AT X p. 497-498; B Op II, p. 828). Sur la critique de l'érudition par Descartes, *cf.* H. Gouhier *La pensée métaphysique de Descartes*, *op. cit.*, p. 71-76.

acquise la logique en tant qu'instrument pour le travail théologique et philosophique.

En effet, un aspect déterminant de la discussion ouverte par l'*Admiranda methodus* est celui des conséquences, sur le plan proprement théologique, de la *methodus cartesiana* et de l'abandon de la logique : il faut, par conséquent, envisager le rapport étroit entre logique et théologie chez les auteurs calvinistes.

L'âpre combat mené contre les luthériens et les catholiques sur le rôle de la raison en théologie avait conduit les réformés à voir dans la logique le garant de l'objectivité de la raison contre toute dérive subjectiviste et rationaliste. Le texte fondamental permettant de s'orienter dans cette querelle est le *Rationale theologicum* de Nicolas Vedel[1] (1596-1642), qui enseigna d'abord à Genève (1616-1630), puis à Deventer (1630-1638) et enfin à Franequer (1638-1642)[2]. Le *Rationale theologicum*, publié à Genève en 1628, est la réponse de Vedel aux arguments avancés[3] par le catholique François Véron (1577-1649) contre l'emploi des principes philosophiques en théologie.

La *methodus* de Véron consistait à proposer, comme unique norme pour l'interprétation de l'Écriture, le texte sacré pris dans son sens littéral et l'interprétation donnée par les Pères de l'Église dans les cinq premiers siècles. En vertu de cette norme, Véron attaquait les articles de foi de la confession calviniste, qui, selon l'auteur catholique, n'étaient fondés ni sur la Bible ni sur les interprétations données par les Pères. Ces articles étaient plutôt le fruit de l'inspiration intime des ministres ou des conclusions tirées de la logique d'Aristote ou de celle des Stoïciens. Véron prétendait ainsi mettre en cause le critère des réformés pour interpréter l'Écriture : « Je

1. N. Vedel, *Rationale theologicum, seu de Necessitate et vero usu principiorum rationis ac philosophiae in controversiis theologicis*, Genevae, apud J. Chouët, 1628.

2. *Cf.* le *Dictionnaire historique et critique* de Pierre Bayle, Slatkine Reprints, Genève, 1969, article « Vedelius », t. XIV, p. 338-340.

3. Vedel cite en particulier deux ouvrages de Véron : *Abrégé de l'art et méthode nouvelle de bailloner les ministres de France et réduire les devoyez à la religion catholique, ou Bref et facile moyen par lequel tout catholique peut faire paroiste* [sic] *évidemment que tous les ministres sont trompeurs en l'exercice de leur charges et tous les religionnaires sont abusez en tous et un chacun des poincts de leur prétendue réformation*, Rouen, N. le Prévost, 1618 ; *Methodus Veroniana, sive Brevis et perfacilis modus, quo quilibet catholicus etiam scholis theologicis non exercitatus, potest solis Bibliis sive Genevensia illa sint, sive alia, et confessione fidei religionia praetente ministrum evidenter mutum reddere, et religionario cuicunque, quod in omnibus et singulis praetentae reformationis suae punctis errare teneatur, demonstrare*, Coloniae Agrippinae, excudebat J. Christophori, 1619.

maintiens que nul desdits articles [c'est-à-dire ceux des calvinistes] ne se peut non plus prouver par aucune glose, conséquence, ou exposition tirée suffisamment de tous lesdits passages desdits saints Peres »[1]. Cette position en arrivait jusqu'à nier tout emploi de la raison dans l'interprétation de la Bible. La prétention, aux yeux de Véron, de vouloir accréditer la raison dans les problèmes de théologie était sujette au risque de soumettre l'autorité de la Révélation à celle de la raison ou des philosophes : « [Je maintiens] Que partant ce [c'est-à-dire la méthode adoptée par les calvinistes] n'est plus nous produire les Pères pour temoings, mais Aristote ou la Philosophie ou le propre jugement des Ministres »[2]. La position « sceptique »[3] de Véron, renforcée par l'insistance sur la corruption de la raison après le péché d'Adam, représentait un instrument apologétique extrêmement performant et capable de mettre en crise les calvinistes. La structure de l'argument de Véron a été bien analysée, mais on a quasiment négligé les réactions des théologiens réformés.

Pour comprendre les arguments proposés par les calvinistes, il faut tenir compte de ce que cette querelle s'entrecroise avec celle qui les opposa d'une part aux luthériens, de l'autre aux sociniens.

Les auteurs luthériens[4], représentés en particulier par Martin Chemnitz (1522-1586) et Balthasar Meisner (1587-1626)[5], avaient fortement attaqué les articles de foi professés par les calvinistes contre la doctrine luthérienne de la consubstantiation et, plus en en particulier, contre la communication des propriétés de la nature divine à la nature humaine du Christ. Cette question concernait entre autres l'ubiquité du corps du Christ, qui était niée par les calvinistes tandis qu'elle était affirmée par les luthériens. Les

1. F. Véron, *Abbrégé des méthodes de traicters des controverses de religion, enseignées et prattiquées par S. Augustin et par les autres SS. Pères*, Paris, L. Boulenger, 1645, p. 34.

2. *Ibid.*, p. 35.

3. Richard Popkin a consacré plusieurs pages de son histoire du scepticisme à la méthode de Véron : *cf.* R. Popkin, *The history of skepticism from Erasmus to Spinoza*, Berkeley, University of California Press, 1979, p. 70 *sq.* Pour les arguments de Véron, *cf.* également J.-R. Armogathe, *Introduction*, dans J.-R. Armogathe (éd.) *Le Grand Siècle et la Bible*, Paris, Beauchesne, 1989, p. 17-18 ; B. Dompnier, *Le venin de l'hérésie. Image du protestantisme et combat catholique au XVII^e siècle*, Paris, Le Centurion, 1985, p. 179-184.

4. L'œuvre de Vedel est une source d'informations assez riche pour ce qui concerne la discussion avec les luthériens. Selon Vedel, les arguments de Véron reprennent ceux avancés par les luthériens : cette « filiation » reste cependant à prouver.

5. *Cf.* B. Meisner, *Philosophia sobria, hoc est Pia consideratio quaestionum philosophicarum in controversiis theologicis, quas calviniani moverunt orthodoxis subinde occurrentium*, Ienae, typis J. Nisii et G. Sengenwaldi, sumptibus W. Jun. et J.A. Endterorum, bibliop. Norimbergae, 1655.

arguments avancés par les réformés à cet égard visaient à séparer, sur la base de raisons philosophiques, les attributs de la nature divine de ceux de la nature humaine. Un argument typique était le suivant : « Aucun homme ne peut être omnipotent, omniprésent [...] / Mais le Christ est [un homme] / Donc [...] »[1].

Contre le privilège accordé par les calvinistes à la philosophie, les luthériens revendiquaient les limites et la faiblesse de la raison corrompue par le péché originel : puisque la philosophie est un produit de la raison après le péché, elle est imparfaite et faillible et, donc, elle ne peut pas être utilisée en théologie sans corrompre aussi les vérités révélées. Dans le *Rationale theologicum*, Vedel présente toute une série d'accusations adressées contre les calvinistes, comme par exemple :

> La raison est faillible, aveugle, ignorante et donc il ne faut pas lui attribuer le jugement des controverses. [...] Les principes de la raison et de la philosophie ne doivent pas être importés en théologie ; les axiomes de la physique ne lui appartiennent pas, car elle porte sur les choses transcendantes et sur les mystères de la foi. [...] Nous [référence aux calvinistes] établissons la foi par la raison. [...] Ainsi, les axiomes de la raison deviennent les fondements de la foi[2].

Pour se défendre de ces attaques, les calvinistes furent obligés de démontrer la légitimité de leur propre position en la distinguant du rationalisme des sociniens[3]. En défense des réformés intervint Bartholomeus Keckermann (1571-1609), qui publia, en appendice de ses *Praecognitorum philosophicorum libri duo*[4], une *Brevis et simplex consideratio controversiae hoc tempore a nonnullis motae, de pugna Philosophiae & Theologiae*.

1. « Nullus vero homo potest esse omnipotens, omnipresens [...] / Atqui Christus est [...] [scil. homo] / Ergo [...] », ce syllogisme est présenté par Vedel comme exemple des arguments des luthériens. *Cf.* N. Vedel, *Rationale theologicum*, *op. cit.*, p. 51.

2. « Rationem fallibilem corruptam, coecam, ignorantem esse & ideo ei judicium controversiarum non tribuendum. [...] Philosophiae et rationis principia non esse inferenda in Theologiam ; nihil ad se pertinere Physica axiomata, versari enim in rebus transcendentibus et mysteriis fidei. [...] Nos [référence aux calvinistes] fidem stabilire ratione [...] Sic axiomata rationis fieri fundamenta fidei », N. Vedel, *Rationale theologicum*, *op. cit.*, p. 52-54.

3. Plusieurs auteurs, comme Voetius ou Heereboord, essayeront de montrer que la position des calvinistes se situe à mi-chemin entre celle de Véron (scepticisme) et celle des sociniens (réduction de la révélation à la raison naturelle).

4. B. Keckermann, *Praecognitorum philosophicorum libri duo*, Hanoviae, apud haeredes Guilelmi Antonii, 1612 (1re éd. 1607).

La thèse de Keckermann est que « Vera Philosophia cum S. Theologia nusquam pugnat ». Pour expliquer cette affirmation il se fondait sur une négation radicale de la doctrine de la double vérité. Si l'on affirme que la vérité philosophique est différente de la vérité théologique, on parviendra alors à affirmer que ce qui est vrai en théologie peut être faux en philosophie et vice versa : mais cela est en contradiction avec la nature de la vérité qui est *unica et simplex*. Les principes et les règles de la philosophie ne peuvent, d'aucune manière, contraster avec les conclusions théologiques, de même qu'entre les deux disciplines il ne peut y avoir aucune divergence [1]. Par contre, la position de ceux qui soutiennent le conflit entre philosophie et théologie est viciée par une équivoque, consistant dans l'acception du terme *Philosophia* non pas *abstracte*, mais *concrete*, c'est-à-dire non pas comme l'ensemble des vertus intellectuelles appartenant à chaque discipline, mais comme les doctrines, et donc aussi les erreurs, de ce philosophe-ci ou de celui-là, de Platon ou d'Aristote [2]. Le philosophe réformé s'inspirait donc d'un idéal de *philosophia peremnis*, qui avait son origine en Dieu [3] et qui s'était dévoilée progressivement au cours des

1. « Quod S. Theologia verum esse statuit, id Philosophia verum esse non negat; nec ullum est in philosophia universa principium, ulla conclusio aut regula, per quam Theologicum ullum principium & conclusio refutari aut everti potest; atque adeo unica tantum et simplex veritas est Theologiae & Philosophiae, ut non statuenda sit veritas alia philosophica, alia Theologica; nec credendum, aliquid posse esse verum secundum Theologiam, quod sit falsum secundum philosophiam : et contra, esse aliquid verum in Philosophia, quod sit falsum in Theologia », *ibid.*, p. 181.

2. « Cum dicunt Philosophiam pugnare cum Theologia, sumunt vocabulum Philosophiae, vel proprie, pro ipsis virtutibus intellectualibus sive disciplinis per se, & sua natura spectatis [...] : vel sumunt vocabulum Philosophiae [...] pro erroribus Philosophorum, nempe Platonis, Aristotelis & aliorum. Si priori modo sumunt, ostendant nobis quomodo virtus cum virtute pugnare, cum Philosophia sit *virtus intellectualis*, & Theologia etiam sit *virtus intellectualis*. Sin posteriore acceptione sumunt vocabulum Philosophiae, nempe per catechesin quondam pro erroribus philosophorum, iam incurrunt in maleditionem istam Dei, quae extat apud Esaiam : *Vae illis qui tenebras dicunt lucem & lucem tenebras*. Vocant nimirum tenebras philosophiae ipsam lucem, Philosophiam et lucem damnant propter tenebras, philosophiam veram propter excrementa Philosophiae, & propter errores quorundam hominum qui philosophiam profitebantur, non considerantes illud vetus et sapiens : *Peccata artificum non sunt imputanda arti* », *ibid.*, p. 184.

3. La première partie des *Praecognitorum philosophicorum libri duo* traite de l'origine de la philosophie. Selon Keckermann, elle dérive de la *sapientia naturalis* que Dieu a donné à l'homme au moment de la création et qui s'est conservée, en partie, après le péché originel : « Orta est Philosophia ex prima sapientia infinita & perfectissima, veluti ex corpore solari radius : Prima autem sapientia Dei est & divini Spiritus », B. Keckermann, *Praecognitorum philosophicorum*, *op. cit.*, p. 37.

siècles[1]. De cette façon, il rejetait tous les arguments des luthériens qui mettaient l'accent sur la corruption de la raison *post lapsum*.

Les thèses de Keckermann avaient été ensuite reprises par Nicolas Vedel dans le *Rationale theologicum*. Le *Rationale theologicum* est sans nul doute plus complet que la brève *Consideratio* de Keckermann. La thèse de Vedel est énoncée dans le chapitre huit du premier livre : « Principiis rationis seu naturae in argumentis Theologicis uti est licitum » (« Il est légitime de se servir des principes de la raison ou de la nature dans les arguments théologiques »). Le rappel des *principia rationis* accentuait ultérieurement la position de Keckermann. Les principes de la raison ne tirent pas leur validité de la philosophie : c'est plutôt le philosophe qui doit se servir d'eux, car ils ont été naturellement inscrits dans la raison par Dieu. La vérité des différentes philosophies se mesure par rapport à l'utilisation de ces principes, qui, sur le plan de la réflexion, se présentent *certibus notionibus vestita*. Les philosophes ont donc eu le mérite d'exposer ou de développer plus ou moins correctement ces principes, mais ceux-ci ne tirent pas leur valeur de l'activité philosophique, et ils n'en héritent pas les limites. Les *principia* auxquels Vedel renvoie sont les κοινάς ἐννοίας inscrites dans l'esprit humain, héritage et trace de la condition édénique : « Nous entendons ici, en somme, ces principes qui ont été introduits par Dieu dans la nature même, *les notions communes*, la loi de la nature, cette vérité de Dieu, ou mieux Dieu lui-même qui parle à travers la nature »[2].

De cette façon, Vedel revendiquait de ne pas se soumettre à une philosophie particulière, et répondait à l'accusation de mêler la Révélation divine aux fallacieuses conjectures humaines : « Quand nous parlons des principes de la raison, nous ne parlons pas de tel ou tel axiome du philosophe, mais des choses qui, considérées abstraitement en elles-mêmes, sont vraies et nécessaires »[3]. Selon Vedel, l'usage des *principia rationis* était ensuite réglé par l'utilisation du syllogisme, dans lequel le

1. « Quia autem primi isti parentes Hebraei fuerunt, ideo inventio Philosophiae Hebraeae genti, atque huic proximae Caldeae, & Assyriae ascribenda est : ab Hebraeis autem ad Aegyptios, ab his demum ad Graecos fuit propagata. Graeci ergo etsi in constituenda Philosophia modo reliquis omnibus gentibus Occidentalibus et Septentrionalibus meritissime praeferantur ; tamen inventae Philosophiae laudem Hebraeis, Chaldaeis & AEgyptiis nec debent nec possunt detrahere », *ibid.*, p. 37.

2. « In summa intelligimus hic principia ea, quae naturae ipsi a Deo indita sunt, κοινάς ἐννοίας, legem naturae, veritatem illam Dei, imo Deum ipsum loquentem per naturam », N. Vedel, *Rationale theologicum*, *op. cit.*, p. 72.

3. « Nos cum de principiis rationis loquimur, non loqui de huius vel illius Philosophi axiomatis, sed de iis quae in se abstracte considerata vera atque necessaria sunt », *ibid.*, p. 136.

moyen terme devait être pris dans l'Écriture, tandis que la prémisse majeure pouvait être soit un principe de raison soit un passage de l'Écriture.

Pour en venir aux auteurs engagés dans la discussion autour de la *methodus cartesiana*, il faut remarquer que Voetius intervint lui aussi à l'égard du rapport entre raison et Révélation avec la dispute *De ratione humana in rebus fidei*[1]. Dans ce texte il indiquait les deux positions extrêmes qu'il fallait éviter : celle des sociniens, qui soumettent l'Écriture à la raison, et celle de Véron. Le théologien d'Utrecht affirmait le rôle de la raison comme *subjectum recipiens*, nécessaire, mais qui ne peut, en aucune manière, être le « principe par lequel ou à travers lequel, ou bien à partir duquel ou pour lequel nous croyons »[2]. La dispute de Voetius met l'accent sur les limites et sur la restriction du rôle de la raison : celle-ci intervient non pas tant dans la détermination du contenu des articles de foi, car dans ce cas on risquerait de tomber dans l'hérésie socinienne, que dans la *pars elenctica* de la théologie, c'est-à-dire celle qui s'occupe de la réfutation des thèses adverses. Autrement dit, la raison entre en jeu au moment de l'exposition ou de l'argumentation, quand le discours – c'est-à-dire la concaténation des jugements à travers le syllogisme – sert à réfuter les adversaires :

> Notre opinion est que, dans la théologie réfutative, c'est-à-dire dans la réfutation de la fausseté – par exemple celle du purgatoire, des indulgences, etc. – il faut se servir du discours et des arguments et certainement, si l'adversaire obstiné les nie, il faut se servir aussi des preuves des arguments, tirées non seulement de l'Écriture sainte, mais aussi des axiomes et des principes de la lumière naturelle, connus soit naturellement soit par art à partir de la philosophie et de la logique, afin qu'apparaisse la connexion appropriée du terme moyen avec le majeur le plus éloigné[3].

1. Cette dispute fut soutenue le 17 février 1637. Elle a été publiée dans le premier volume des *Disputationes theologicae* : G. Voetius, *Selectarum disputationum theologicarum pars prima*, Ultajecti, apud Johannem Waesbergae, 1648, p. 1-12. *Cf.* sur cette dispute : A.J. Beck, *Gisbertus Voetius (1589-1676) : sein Theologieverständnis und seine Gotteslehre*, Göttingen, Vandenhoeck & Ruprecht, 2007, p. 198-201.

2. « Principium *quo* seu *per quod*, aut *ex quo* seu *cur* credamus », G. Voetius, *Selectarum disputationum theologicarum pars prima*, *op. cit.*, p. 3.

3. « Sententia nostra est, in Theologia elenctica, seu in refutatione falsitatis e.g. purgatorii, indulgentiarum, &c. discursu, & consequentiis utendum esse, & siquidem praefractus adversarius eas neget, etiam probationibus consequientiarum, non tantum ex sacriis litteris, sed etiam ex axiomatis & principiis luminis naturalis sive naturaliter sive technice ex Philosophia & Logica notis, ut appareat apta connexio medii termini cum majori extremo », *ibid.*, p. 7.

La position d'un cartésien éclectique comme Adrien Heereboord est encore plus déterminée à attribuer une importance capitale à la logique :

> La philosophie offre un tel usage [l'amélioration de la capacité de l'esprit dans la compréhension et la défense de la théologie] à ceux qui la cultivent par le plus noble instrument de toute science qui doit être établie : la logique divine, qui dirige notre esprit dans la connaissance des choses, soit que nous les apprenions tout simplement, soit que nous énonçions les choses apprises, soit que nous démontrions les choses énoncées, soit que nous combattions pour protéger et défendre les choses démontrées [1].

Au cours de cette polémique le rôle de la logique comme instrument nécessaire et non négligeable pour le travail théologique et philosophique s'était de plus en plus défini : la théorie du syllogisme, en particulier, fournissait un cadre précis dans lequel le rapport entre raison et foi trouvait un certain équilibre. En outre, elle représentait un frein contre une possible dérive rationaliste de la théologie réformée et garantissait à la raison une marge de liberté. La validité, et donc la nécessité, de la logique était justifiée par l'affirmation de son origine divine, héritage de la perfection primitive de la nature humaine. Une telle conception – renforcée par la nécessité de trouver un instrument commun pour la réflexion théologique – est clairement exprimée dans le *Gymnasium Logicum* [2] de Keckermann. Ce texte fut largement utilisé pour l'enseignement de la logique, ce qui montre aussi l'importance de cette discussion à l'égard de la formation des étudiants. Les erreurs et l'aveuglement de l'intelligence sont reconduits, dans le manuel de Keckermann, à la faiblesse et à la fragilité qui ont suivi le péché d'Adam. Dans ce cadre, la logique représente un remède qui, bien que partiel et provisoire, permet à l'homme de regagner la perfection de la condition édénique :

> La gloire de la logique est plus élevée en ceci : elle s'efforce de porter à une lumière plus claire ce crépuscule qui est resté en nous de l'image divine, et

1. « Quem usum sui cultoribus Philosophia praestat per nobilissimum illud omnis scientiae comparandae organum, *Divinam logicam*, quae mentem nostram dirigit in cognitione rerum, sive eas apprehendamus simpliciter, sive apprehensas enunciemus, sive enunciata probemus, sive probatas propugnemus et defensitemus », A. Heereboord, *Meletemata philosophica*, Lugduni Batavorum, ex officina Francisci Moyardi, 1654, p. 214.

2. B. Keckermann, *Gymnasium Logicum*, Hanoviae, apud G. Antonium, 1605 (pour la pagination, nous renverrons à l'édition publiée en 1606 qui ne porte pas d'indication de lieu ni d'éditeur). Sur l'importance de l'œuvre de Keckermann, *cf.* C. Vasoli, « Bartholomaeus Keckermann e la storia della logica », dans N. Badaloni (éd.) *La storia della filosofia come sapere critico*, Milan, Franco Angeli, 1984, p. 241-259.

> de remédier aux défauts de notre esprit autant qu'il est possible en cette vie et de restituer à notre entendement sa droiture. Tout cela, de même qu'il est difficile et ardu, aussi il requiert un exercice ardu [1].

Un autre texte qui nous renseigne sur l'importance de la logique à l'intérieur de l'enseignement réformé est la préface du manuel de Petrus Bertius (1565-1629), le *Logicae peripateticae libri sex*[2], intitulée *De usu logicae, praecipue in S. Theologia*. Dans ces pages Bertius célèbre la logique comme un instrument indispensable pour la connaissance des choses : cultivée initialement par les Grecs, elle fut transmise aux Latins, puis aux Arabes et enfin aux scolastiques[3]. Tous ces peuples considérèrent la logique comme le fruit le plus élevé de leur savoir, un instrument nécessaire pour la recherche de la vérité et la connaissance des choses : « En effet, quand ils se précipitent, quand ils se fourvoient, quand ils anhèlent et qu'ils transpirent, ils reconnaissent tacitement que cet art est à la fois naturel et nécessaire pour connaître plusieurs choses »[4].

L'auteur réformé adhère à cette thèse[5], en affirmant qu'il n'est pas possible d'arriver à la vérité et de la présenter de manière ordonnée sans l'aide de la logique, qui est nécessaire aussi bien au moment de l'invention qu'au moment de l'exposition des doctrines et de leur défense[6]. Bertius

1. « Atque in eo quidem Logicae gloria maxima est, quod imaginis divinae crepusculum illud in nobis reliquum, ad lucem clariorem nitatur reducere, atque ita defectibus mentis nostrae, quantum in hac vita fieri potest, mederi, & rectitudinem intellectui suam restituere ; quod, ut difficile est, atque arduum, ita arduam requirit exercitationem », B. Keckermann, *Gymnasium Logicum*, *op. cit.*, p. 10. Keckermann affirme ici la différence entre la logique et les autres disciplines : « Accedit, quod per reliquas artes, & disciplinas aliquid extra nos operamur, per Logicam autem in nos ipsos agimus : iam autem, ut seipsum nosse, ita in seipsum operari, valde est difficile, atque iccirco attentissimam curam postulat ; Sicut dicitur, medicos neminem curare difficilius quam seipsos. Per reliquas disciplinas cognoscimus, per Logicam autem nostramet ipsorum cognoscimus cognitionem : per reliquas disciplinas res iudicamus, & cogitamus, per Logicam nostrummet iudicamus iudicium, nostrasmet cogitamus cogitationes, an scilicet eae recte conformentur : iam vero Philosophi id fatentur, valde arduam et difficilem esse mentis humanae supra semetipsam reflexionem », *ibid.*

2. P. Bertius, *Logicae peripateticae libri sex*, Lugduni Batavorum, ex officina Iohannis Patii, 1604. Sur Bertius, *cf.* L. Bosch, *Petrus Bertius 1565-1629*, Thèse de Doctorat, Nijmegen, 1979 ; P. Dibon, *La philosophie néerlandaise*, *op. cit.*, p. 51-52.

3. Il faut remarquer que Bertius ne fait pas dériver la logique des *primi parentes*.

4. « Nam dum ruunt, dum errant, dum anhelant sudantque, tacite hanc artem et naturalem, & ad res plurimas cognoscendas necessariam esse agnoscunt », P. Bertius, *Logicae peripateticae*, *op. cit.*, *Ad lectorem*.

5. « Et sane ita est », *ibid.*

6. « Nemo unquam ullam Sapientiae partem tractare ordinate atque expedite poterit, nemo naturae conatum commode vel propellere vel perficere sine Logica. Haec una disci-

établit ainsi un lien très fort entre la vérité de la science et la validité de l'instrument par lequel elle a été constituée. La logique devenait ainsi le vrai Canon qui permettait de mesurer la vérité des doctrines : « Quoi donc ? Tu crois que la logique est le canon du vrai ? Bien plus, je réponds, il est aussi tout à fait un canon certain, pourvu que la logique soit vraie et accomplie et pourvu que ceux qui l'utilisent se consacrent à la recherche de la vérité »[1].

Bertius nuançait par la suite sa thèse en affirmant la nécessité d'une correcte disposition morale de la part de celui qui se sert de cet instrument. La logique, ainsi, ne garantissait pas *ipso facto* la découverte de la vérité, car elle était tout de même un instrument dépendant de celui qui l'utilise. Le lien entre logique, attitude morale et connaissance de la vérité permettait ainsi à Bertius de justifier les divergences profondes entre les auteurs qui, tout en employant la logique, ont affirmé des opinions assez différentes et parfois contradictoires entre elles. Bien que la logique soit un outil efficace, son fonctionnement dépend du libre-arbitre de celui qui s'en sert : « Bien qu'il soit vrai et droit, toutefois il se plie selon l'arbitre de celui qui l'utilise et il est conditionné par l'application »[2].

Sans s'occuper du rapport entre la logique et les disciplines particulières, Bertius prenait en considération celui de la logique avec la théologie. En raison du fait qu'aucun homme ne peut s'abstenir de juger les choses qu'il connaît, et puisque cela vaut aussi pour les choses qui nous sont apprises par l'Écriture, il est donc essentiel de guider l'entendement dans la formation correcte des jugements concernant les vérités révélées. L'auteur des *Logicae peripateticae libri sex* rejetait pourtant le risque de placer le jugement de l'homme au-dessus de celui de Dieu : cela ne serait vrai que si la vérité dépendait du jugement, ou si l'on considérait les hommes comme supérieurs à la vérité divine. En niant ces hypothèses, il affirmait que celui qui juge affirme comme vrai seulement ce qui est vrai en soi, sans le rendre tel en vertu de sa propre volonté ou mesure[3]. Le rôle de la logique

plinas prima formavit, haec partes abditas latentesque protraxit, easque suo loco tanquam in certo lumine collocavit : Haec denique scientias munivit, easque Ordine et Methodo haud secus atque Orci galea tectas, ab imperitorum ac Sophistarum jaculis defendit », *ibid.*

1. « Quid ergo ? inquies, Tu Logicam veri Canonem esse arbitraris ? Imo vero, inquam, & quidem certissimum, modo et ipsa vera perfectaque sit, & qui ea utuntur, adhibeant veritatis studium », *ibid.*

2. « Utut enim verus ille rectusque sit, tamen ex utentis arbitrio flectetur, cedetque operi », *ibid.*

3. « Pronunciat judex id verum esse quod verum est, non autem facit, ut quae res falsa erat, ea vera sit : Ni facit, falsus futurus judex, & ipsius Dei sententia maledictus », *ibid.*

n'est donc pas de « produire » la vérité des Écritures, mais d'en faciliter la compréhension et l'exposition, en fonction de l'enseignement, de la prédication et de la réfutation des erreurs :

> Il n'y a aucune erreur dans la sainte théologie qui ne puisse être commodément réfutée, après avoir appliqué notre instrument à l'Écriture. Il n'y a rien qui ne soit vrai et qui ne puisse, par le même instrument, être trouvé plus promptement, ou enseigné plus clairement ou confirmé plus sûrement, pourvu qu'il n'y ait pas de négligence ou de volonté résolue de défendre le faux [1].

*L'absence de la logique dans l'argumentation cartésienne : les critiques avancées dans l'*Admiranda Methodus

L'importance de la logique dans la réflexion philosophique et théologique des réformés permet de mieux comprendre aussi bien l'approche des textes de Descartes, que la portée « pratique » ou « morale » des critiques adressées à la *methodus cartesiana*. Ces deux aspects, bien que différents, marquent les deux lignes principales le long desquelles se développeront les critiques à la méthode cartésienne avant la *Defensio cartesiana* de Clauberg (1652).

Il faut donc bien saisir, en premier lieu, de quelle manière les œuvres de Descartes ont été lues et de quelle manière a été construite leur réfutation ; en second lieu, nous pourrons mieux comprendre les conséquences sur le plan moral et « politique » de la *methodus cartesiana* selon l'interprétation de Schoock et Voetius.

Dans la troisième partie de l'*Admiranda methodus* se trouve une critique des principes de la métaphysique et de la physique cartésiennes. À la métaphysique sont consacrés quatre chapitres, concernant le *cogito*, la preuve de l'existence de Dieu à travers l'idée d'infini, la preuve ontologique et enfin la distinction de l'âme et du corps. À la physique, par contre, sont consacrés six chapitres, qui portent sur les principes de la philosophie naturelle, les parties insensibles, la chaleur, l'aimant et les marées. Les textes de référence sont, bien sûr, les *Essais*, mais surtout la *Physiologia* de Regius. Il est donc utile de prendre en considération quelques exemples des critiques avancées contre la philosophie cartésienne

1. « Nullus est error in S. Theologia, qui adhibito ad Scripturam instrumento nostro non posse commode refutari : nullum est verum quod non possit eodem instrumento & inveniri promptius, & doceri explicatius, & confirmari certius, modo absit vel negligentia, vel destinata falsum deprehendi voluntas », *ibid.*

pour mieux saisir l'importance, aux yeux de Schoock et Voetius, du prétendu abandon de la logique de la part de Descartes.

Le *cogito*, par exemple, n'est pas selon Schoock un argument valable contre les sceptiques, comme Descartes le prétendrait, car ceux-ci peuvent affirmer qu'il leur semble seulement penser. La formule cartésienne serait donc ainsi résumée : « Il me semble que je pense, donc il me semble que je suis »[1].

Ces objections viennent du bagage classique des arguments sceptiques, et elles sont directement inspirées de l'œuvre de Sextus Empiricus, dont Schoock cite un passage tiré des *Esquisses pyrrhoniennes*[2]. Un procédé analogue est réservé à la démonstration de l'existence de Dieu : le sceptique affirmera qu'il n'en a aucune idée, et, même dans le cas où il en aurait une, aucune réalité ne lui correspondrait. En ce qui concerne plus précisément l'idée d'un être infini, il la refusera, car celle-ci présuppose l'existence d'un tel être, tandis que c'est précisément ce qu'il faut démontrer. L'analyse de Schoock, en voulant mettre en évidence l'incohérence formelle et l'inefficacité des preuves de Descartes, opère un choix précis par rapport aux textes cartésiens. Les thèses critiquées sont exposées à travers la citation des passages où elles se présentent de manière brève et concise, selon les formulations qui se prêtent le mieux à une mise en forme.

Cette démarche résulte clairement de la préférence accordée à l'*Abrégé géométrique* qui se trouve à la fin des *Secundae Responsiones*. Sur quatre chapitres consacrés à l'examen de la métaphysique cartésienne, deux s'appuient sur ce texte, que Descartes avait écrit sur une demande explicite, et auquel il n'avait point confié la tâche de présenter au lecteur sa philosophie[3]. Le choix opéré dans l'*Admiranda* sera ouvertement dénoncé

1. « Videor me cogitare, ergo videor esse », AM III, 1, p. 175 (*Querelle*, p. 268). Une objection semblable se trouve aussi dans les *Objectiones* de Gassendi : « Et certe, cum tibi ignota Scepticorum argumenta non sint, quid est, quod possimus verum inferre, tanquam clare et distincte perceptum, nisi apparere id, quod cuique apparet ? Ego saporem peponis gratum clare distincteque percipio : itaque verum est peponis saporem apparere mihi hujuscemodi. At quod propterea verum sit talem in ipso pepone esse, quomodo mihi persuadeam ? » (AT VII 277-278 ; B Op I, p. 1052-1054). Igor Agostini m'a signalé le texte de Gassendi.

2. Notamment le chapitre 6 de la deuxième partie des *Esquisses Pyrrhoniennes*.

3. Le titre choisi (*Rationes Dei existentiam et animae a corpore distinctionem probantes more geometrico dispositae*, AT VII 161 ; B Op I 892) est indicatif de la considération que Descartes avait pour cet « exercice ». À la différence de l'*Ethica* de Spinoza, qui est *more geometrico demonstrata*, les raisons cartésiennes sont *more geometrico dispositae*, ce qui lève toute équivoque autour de l'efficacité de ces pages pour la démonstration des vérités métaphysiques (pour une comparaison entre les titres des deux ouvrages *cf.* H.J. de Vleeschauwer, *More seu ordine geometrico demonstratum*, Pretoria, Communications of the University of

dans l'*Epistola ad Voetium*: selon Descartes, Voetius et Schoock auraient tout simplement voulu profiter de l'*Abrégé géométrique* à cause de leur incompréhension du texte des *Meditationes*[1].

La préférence de l'*Admiranda* à l'égard de l'*Abrégé géométrique* prend tout son sens si l'on tient compte du fait que, pour Schoock et Voetius – qui comparent l'argumentation cartésienne avec la logique traditionnelle –, le texte contenu dans les *Deuxièmes Réponses* permet de mieux saisir la structure des arguments cartésiens, qui, selon eux, sont exposés ailleurs de manière plus discursive ou narrative. Dans l'*Admiranda* les arguments cartésiens sont ainsi étudiés en soulignant leurs articulations logiques ou les éléments théoriques qui les caractérisent, comme dans le cas de la preuve ontologique ou de la distinction de l'âme du corps, examinées par rapport aux propositions I et IV de l'*Abrégé*. Les *Méditations*, en particulier, apparaissent prolixes et compliquées par rapport aux thèses soutenues, qui peuvent être résumées en quelques aphorismes : « Voilà pour tout ce qui concerne la métaphysique cartésienne : si prolixe et compliquée que soit sa présentation en six *Méditations* par l'auteur, où partout il semble vouloir jouer au plus fin, elle peut être résumée en quelques maigres aphorismes »[2].

Dans le cas de la preuve ontologique, par exemple, Schoock en conteste la validité, car elle présuppose la vraie notion de Dieu : ainsi, elle sera inefficace contre les sceptiques qui refusent qu'il puisse y avoir un concept de Dieu :

South Africa, 1961, p. 24-37). Ce texte est donc plutôt une exposition des *raisons* que leur démonstration effective, de même que le décalage implicite entre la *dispositio* des preuves et leur *inventio* rappelle la nécessité que le lecteur ait déjà acquis les *rationes* qui prouvent l'existence de Dieu et la distinction de l'âme et du corps. Il faut enfin ne pas oublier le fait que Descartes est ici en train de répondre à la requête précise avancée par l'objecteur, d'exposer à la façon des géomètres, c'est-à-dire « definitionibus, postulatis [...] praemissis » (AT VII 128 ; B Op I, p. 850) le contenu des *Meditationes*. Voir également D. Garber, « J.-B. Morin and the *Second Objections* », dans R. Ariew et M. Grene (éds.), *Descartes and His Contemporaries : Meditations, Objections, and Replies*, Chicago, University of Chicago Press, 1995, p. 63-82 (rééd. *Descartes embodied Reading Cartesian Philosophy through Cartesian Science*, Oxford, Cambridge UP, 2001, p. 64-84). Sur l'importance de ce texte dans la recherche d'une preuve « mathématique » de l'existence de Dieu, *cf.* C. Buccolini, « Mersenne lettore delle *Rationes more geometrico dispositae* di Descartes », dans F. A. Sulpizio (éd.), *Studi cartesiani*, Lecce, Milella, 2000, p. 89-212.

1. *Cf.* AT VIII-2 164-165 ; B Op I, p. 1660.

2. « Et tantum de examine Metaphysicae Cartesianae, quae quanquam prolixe ac intricate in sex Meditationibus ab authore, qui ubique videri vult cornici oculos, proponitur, paucissimis tamen aphorismis comprehendi potest », AM III, 4, p. 196 (*Querelle*, p. 280).

> Le sceptique athée niera qu'il y ait une idée, adéquate ou inadéquate, de Dieu ; ni adéquate, parce que l'esprit humain ne peut, par un concept adéquat, concevoir l'être infini ; ni non plus inadéquate parce que le concept d'un objet doit, d'après le sceptique (voir Firmicus), répondre sous tous ses aspects à l'objet lui-même : c'est pourquoi, à ses yeux, tous les concepts inadéquats sont trompeurs et ne sont pas même des concepts [1].

Cette observation permet à Schoock de mettre en évidence la faiblesse de l'argument cartésien, qui aurait dû, selon lui, montrer d'abord qu'un concept inadéquat peut néanmoins être un concept vrai : « L'auteur aurait d'abord dû démontrer que ce qui est compris au moyen d'un concept inadéquat est néanmoins conçu au moyen d'un concept vrai » [2]. De plus, l'argument avancé par Descartes prétendrait que le sceptique et l'athée aient une notion de la divinité sans préjugé, mais cela esquive justement le problème posé par la démonstration de l'existence de Dieu. Le raisonnement cartésien est dénoncé ici comme tautologique, réductible à la constatation que celui qui a une idée correspondant au vrai [correcte] de la divinité, sait aussi que Dieu existe : « Comment prouver, en effet, par le seul concept de Dieu, que celui-ci existe, à moins qu'on ne sache déjà qu'à ce concept correspond un être qui est Dieu ? » [3]. De ce point de vue, Descartes évite tout simplement le problème de l'athéisme, qui ne consiste pas dans l'absence de l'idée de Dieu, mais dans le fait que celle-ci est souvent déformée ou conditionnée par les préjugés.

Comme nous l'avons vu, le refus de la logique de la part de Descartes conduisait à l'accusation selon laquelle la science cartésienne était arbitraire. Cela signifiait d'ailleurs la perte de toute garantie face à la perspective subjectiviste contre laquelle les réformés avaient essayé de se cautionner. La raison agissant selon les normes de la *methodus cartesiana* ne pouvait pas être la raison prise dans un sens général, mais finissait par

1. « Sceptico-Atheus negabit dari conceptum ullum de Deo aut adaequatum aut inadaequatum : non adaequatum, quoniam mens humana nullo adaequato conceptu ens infinitum concipere potest : non inadaequatum quoque quoniam conceptus objectivus secundum Scepticum ut liquet ex Firmico respondere ipsi objecto per omnia debet : eoque fallaces omnes conceptus, imo nullos existimat, quicunque inadaequati sunt », AM III, 3, p. 186-187 (*Querelle*, p. 275).

2. « Demonstrare ergo primo author debuisset ea quae conceptu inadaequato concipiuntur, vero etiam conceptu concipi », AM III, 3, p. 187 (*Querelle*, p. 275). En réalité Descartes avait répondu à ce type d'objection dans les *Deuxièmes réponses* : *cf.* AT VII 152 ; B Op I, p. 880.

3. « Quomodo enim ex conceptu de Deo, quis colligat Deum existere, nisi sciat conceptum eum respondere enti alicui, quod Deus est », AM III, 3, p. 189 (*Querelle*, p. 276).

coïncider avec la raison du seul Descartes, avec ses opinions ou ses convictions personnelles : « La raison dont se vante Descartes n'est pas la raison entendue dans un sens général, mais dans un sens subjectif, c'est-à-dire la raison qu'il peut considérer en lui-même » [1].

Le « bon sens » [2] rappelé par Descartes au début du *Discours de la méthode* ne coïncidait d'aucune manière – aux yeux de Schoock et Voetius – avec l'instrument formel capable d'universaliser et de perfectionner la raison agissant dans les différents domaines du savoir. L'on comprend donc bien le sens de l'alternative posée par Schoock entre un savoir fondé sur les notions communes et sur les règles de la logique traditionnelle, et un savoir fondé sur les opinions et les convictions d'un individu particulier et donc caractérisé, de façon presque pathologique, par les limites et les imperfections de l'homme individuellement, historiquement déterminé :

> Néanmoins il faut que cette raison soit circonscrite dans certaines bornes et liée par des règles sûres, afin de prévenir que quelque chose ne s'introduise comme conforme à la raison, qui, en réalité, en serait aussi éloignée que possible. En cette matière, il faut distinguer surtout les choses qui sont enseignées à tous les hommes sans exception par la raison épurée, et celles qui ne semblent être conformes à la raison qu'aux yeux de celui-ci ou de celui-là, de Titus ou de Maevius [3].

Selon la lecture avancée par l'auteur de l'*Admiranda*, la méthode cartésienne est donc ramenée à l'élimination de la logique en vertu de l'évidence des théories proposées par Descartes. D'après Schoock, cependant, cette évidence coïncide avec la conviction personnelle de la raison de Descartes, prise dans un sens purement individuel et subjectif. L'habileté

1. « Ratio, quam jactat Cartesius, non est ratio abstractive, sed subjective, in eo ispo scilicet considerata », AM II, 7 p. 117 (*Querelle*, p. 238).

2. *Cf.* l'*incipit* du *Discours* : « Le bon sens est la chose du monde la mieux partagée » (AT VI 1 ; B Op I, p. 24). En ce qui concerne la « raison naturelle », *cf.* l'*Epistola ad P. Dinet* : « Cumque in Philosophia etiam non agam, nisi de iis quae naturali ratione clarissime cognoscuntur, non possunt pugnare cum ullius Theologia » (AT VII 598 ; B Op I, p. 1468). La notion cartésienne de « bon sens » a été analysée par Étienne Gilson : R. Descartes, *Discours de la méthode*, *op. cit.*, p. 81-83.

3. « Interim tamen eadem illa ratio certis circumscribenda cancellis & ad amussim minime fallacem exigenda est, ne fortre quid ut rationi consentaneum obtrudatur, quod ab ea quam longissime distat. Distinguendum autem prae ceteris inter ea, quae ratio a naevis expurgata omnes citra exceptionem homines docet, & ea, quae huic illive solum, Titio scilicet & Maevio, rationi consentanea videntur », AM II, 7, p. 117-118 (*Querelle*, p. 238).

du philosophe français consisterait donc dans la capacité d'exposer clairement ses opinions, en évitant le problème de leur démonstration.

Cette critique introduit par ailleurs une autre accusation : si, en effet, Descartes élève sa raison individuelle au rang de critère de la raison en général, alors il s'attribue une perfection égale à celle d'Adam avant la chute. Refuser la logique, en tant qu'instrument nécessaire pour conduire l'homme dans la connaissance des choses, signifie, à l'intérieur du cadre que nous avons esquissé[1], nier l'imperfection de l'intellect due au péché originel : « Cet homme si modeste croit-il que lui seul parmi les hommes ne se heurte à aucune difficulté, lorsque son esprit s'occupe des choses naturelles, et que lui seul a une âme purifiée qui puisse y aller en toute désinvolture ? »[2].

La première des règles fixées dans la deuxième partie du *Discours*, qui prescrit qu'il ne faut accueillir dans les jugements que ce qui se présente avec une clarté et une évidence telles qu'elles ne peuvent pas être mises en doute[3], constitue, pour Schoock, la preuve certaine de l'erreur qu'il attribue à la méthode cartésienne. L'objection soulevée à ce propos est extrêmement éclairante : comment Descartes peut-il être en possession d'un savoir dont on ne peut pas douter, quand la Révélation reçue par l'Esprit Saint lui-même n'est pas exempte de doutes et de vacillements de la part des élus[4] ?

L'erreur de Descartes, donc, ne doit pas être considérée seulement sur le plan formel, où elle peut être ramenée à l'inférence de l'universel à partir du particulier[5], mais elle trouve ses racines les plus profondes dans la dimension morale, et donc pratique. Le lien établi par Schoock entre l'idéal d'une science absolument évidente et le scepticisme comme sa conséquence pratique – en passant donc de l'analyse de la méthode cartésienne à ses implications sur le plan éthique et religieux – reprend une des thèses

1. Voir *supra*, p. 86-96.

2. « Vir modestissimus omnes praeter se homines a mentis in naturalibus occupatae nubibus molestias perpeti existimet, se unum vero animam nitidam ac defaecatam possidere ? », AM II, 7, p. 121 (*Querelle*, p. 240).

3. *Cf.* AT VI 18 ; B Op I, p. 44.

4. « Non agnoscit enim ullam in se alicuius rei scientiam, nisi per quam ita animus ejus tranquilletur, ut nullam fluctuandi aut haesitandi occasionem inveniat. Cum illi ipsi tamen qui per Sp. Sanct. in corde loquentem edocti sunt de salutis suae certitudine, et cum Apostolo Paulo dicere possunt ; *Scio ego cui crediderim* ; millenas quotidie dubitandi fluctuandique occasiones inveniant », AM II, 7, p. 121-122 (*Querelle*, p. 240).

5. Cf. *supra*, p. 83-84.

capitales des *Disputationes* de Voetius, selon laquelle l'athéisme se trouve sur un plan pratique et non théorique[1].

De là, les deux directions dans lesquelles procède l'*Admiranda* : l'une est celle de la critique à la *methodus cartesiana*, définie comme arbitraire et sans rigueur démonstrative, l'autre est celle concernant les conséquences pratiques de la méthode de Descartes. Ces deux directions de l'argumentation de Schoock veulent, d'un côté, mettre à l'épreuve la cohérence interne de la *methodus*, de l'autre mettre en évidence ses conséquences pratiques. Seules ces dernières constituent le vrai résultat obtenu par Descartes, et c'est précisément dans la comparaison entre la méthode et les effets de la philosophie cartésienne que la signification de celle-ci devient manifeste. Ainsi, l'analyse de la métaphysique et de la physique cartésiennes ne mène pas seulement à la mise en question de leurs principes, mais elle considère aussi la *methodus cartesiana* dans une perspective qui permet de saisir le facteur subversif présent en elle. Le refus de la *philosophia recepta* et la construction de théories nouvelles fondées sur des exemples et des hypothèses sans démonstrations solides caractérisent constamment, selon Schoock, la méthode de Descartes. L'originalité de cette méthode, toutefois, est de cacher habilement sa faiblesse à travers un discours captivant, capable de convaincre les lecteurs qui ne possèdent pas les rudiments fondamentaux de logique et de philosophie. Le succès de l'enseignement de Regius a probablement fortement conditionné cette lecture, qui voit dans les étudiants la cible principale de la rhétorique cartésienne. L'ampleur donnée à l'examen de la physique répond sans doute à la nécessité de contraster avec l'enseignement de Regius, mais, d'autre part, elle nous oblige à reconsidérer l'importance des *Essais*, dont la contribution fut fondamentale dans la première diffusion du cartésianisme. Ce n'est pas par hasard que l'accusation de Schoock sur l'absence de démonstrations s'appuie principalement sur des thèmes présents dans les *Essais*, comme l'utilisation de modèles ou le procédé par hypothèses. La défense avancée par Schoock et Voetius contre le cartésianisme vise surtout à mettre en évidence la vraie nature et les fins réelles de la méthode employée par Descartes et Regius : « On sera à l'abri des foudres aveugles

1. Voir à ce propos la première dispute *De Atheismo*, dans G. Voetius, *Selectarum disputationum... pars prima*, *op. cit.*, p. 143 *sq.* Sur le concept d'athéisme developpé par Voetius, *cf.* Th. McGahagan, *Cartesianism in the Netherlands (1639-1676). The new science and the calvinist counter-reformation* (Thèse de Doctorat, University of Pennsylvania, 1976), p. 153-165. Nous avons analysé les conséquence pratiques (scepticisme et athéisme) dénoncées par Schoock dans notre essai « *Methodus cartesiana* o *Methodus vaniniana* ? », art. cit.

de Descartes si l'on connaît la méthode employée par ce frère de Salmonée pour les lancer »[1].

## LE DÉBAT AUTOUR DE LA MÉTHODE DE DESCARTES ENTRE 1648 ET 1651

Si l'*Admiranda methodus* déclencha une polémique dans laquelle les calomnies et les invectives personnelles n'étaient pas séparables des arguments philosophiques fournis contre la *methodus cartesiana*, une critique plus centrée sur les problèmes du rapport entre les thèses cartésiennes et la logique qui les supportait – et qui, donc, obligeait les cartésiens à une réponse « philosophique » – fut avancée à la fin des années 1640 et porta à la publication de la *Defensio cartesiana* de Johannes Clauberg en 1652.

Le fait révèle toute son importance si l'on songe aux débats qui investirent les Universités néerlandaises à propos de l'acceptation de la nouvelle philosophie, débats qui, souvent, furent sévèrement interdits par les curateurs des Académies. À Leyde, la dispute entre Adrien Heereboord d'un côté et Jacobus Revius[2], Adam Stuart et Jacobus Triglandius de l'autre[3] avait bientôt dégénéré dans une série d'attaques réciproques, qui avaient bouleversé la tranquillité de l'Université. On connaît bien, à ce propos, la ferme injonction des Curateurs, qui interdisait toute allusion, implicite ou explicite, à Descartes et à sa philosophie, aussi bien pendant les leçons que dans les écrits ou pamphlets qui étaient publiés[4]. Les

1. « Securis Brutorum Cartesii fulminum futuri sunt, quoquot exploratum habent Methodum secundum quam a Salmonei fraterculo jactari solent », AM III, 10, p. 244 (*Querelle*, p. 305). Salmonée est un personnage de la mythologie qui a été foudroyé par Jupiter, car il se croyait égal à lui.

2. Sur Revius l'ouvrage de référence est encore celui de E.J.W. Posthumus Meyjes, *J. Revius, zijn leven en werken*, Amsterdam, Ten Brink & De Vries, 1895. Mais voir aussi Th. Verbeek, « Le contexte historiques des *Notae in programma quoddam* », dans Th. Verbeek (éd.) *Descartes et Regius, Autour de L'Explication de l'esprit humain*, Amsterdam-Atlanta, Rodopi, 1993, p. 1-33.

3. *Cf.* Th. Verbeek, *Descartes and the Dutch*, *op. cit.*, p. 39-40 ; C.L. Thjissen-Schoute, *Nederlands cartesianisme*, *op. cit.*, p. 95-103 ; E.G. Ruestow, *Physics at seventeenth and eighteenth century Leiden*, The Hague, Nijhoff, 1973, p. 34-60.

4. Les premiers contacts entre Descartes et l'Université de Leyde sont indiqués dans une lettre de Regius à Descartes, du 3 décembre 1639, dans laquelle il raconte avoir connu à Leyde des gens qui affirmaient être amis du philosophe français. Parmi eux on peut sûrement compter Jacob Gool (1596-1667) et Abraham Heidanus (1597-1678). En tout cas, l'introduc-

nombreuses infractions à l'ordonnance des Curateurs avaient créé un climat extrêmement difficile, selon le récit que l'on trouve dans l'*Epistola Narratoria* que Heereboord avait placé en tête de l'édition de ses *Disputationes*[1] publiée en 1650.

Il s'agit, en effet, de la lettre envoyée par Heereboord aux Curateurs en 1648, où il raconte les événements qui étaient arrivés depuis le début de son enseignement, en justifiant sa réaction aux attaques de Stuart d'abord, et à celles de Revius et Triglandius ensuite. Une erreur dans l'imprimé du texte indisposa encore plus ses adversaires. À la place du titre *Epistola Narratoria* figurait l'en-tête *Epistola Dedicatoria*, qui, puisque la lettre était adressée aux Curateurs, faisait apparaître la narration de Heereboord comme « officielle »[2].

L'erreur typographique mit en colère Revius, qui ne se contenta pas de s'adresser aux Curateurs en personne, et en profita pour se défendre des calomnies de Heereboord et publier un examen de la philosophie

tion des principes cartésiens est due à l'enseignement d'Adrian Heereboord (1614-1661), à partir des années 1643-1644, quand il fit exposer des disputes qui contenaient des thèmes explicitement cartésiens (le doute, le *cogito*, etc.). Les premières polémiques suivirent immédiatement et la philosophie de Descartes fut attaquée par Trigland, Stuart et Revius, qui était alors Recteur du Staaten College. Celui-ci connaissait Descartes depuis quelques années, car il avait déjà critiqué les deux premières démonstrations cartésiennes de l'existence de Dieu dans le *Suarez Repurgatus* (pour le *Suarez repurgatus cf.* p. 108, n. 1 ci-après). Sur les premières critiques de Revius à Descartes, *cf.* J. Revius, *A theological examination of Cartesian philosophy : early criticisms (1647)*, A. Goudriaan (éd.), Leyde, Brill, 2002. Dans ses ouvrages, Revius lui-même fait mention de plusieurs rencontres qu'il eut avec Descartes lorsque tous les deux habitaient à Deventer, entre 1632 et 1634 : voir à cet égard J. Revius, *A theological examination of Cartesian philosophy : early criticisms (1647)*, *op. cit.*, p. 8-9.

1. A. Heereboord, *Selectarum ex Philosophia Disputationum*, Lugduni Batavorum, apud F. Moiardum, 1650.

2. Le *Tipographi Monitum* (qui se trouve entre l'index et le texte du *Sermo Academicus*, c'est-à-dire la transcription de la leçon inaugurale de Heereboord) est à ce propos de grand intérêt, car il justifie l'erreur en tant que faute typographique, et il affirme qu'elle sera corrigée en substituant le mot *dedicatoria* par le mot *narratoria*. Dans l'exemplaire que nous avons consulté à la Bibliothèque Nationale de Paris, les pages impaires, de la p. 31 jusqu'à la p. 71, ont en en-tête la « correction ». Elle consiste en une bandelette de papier, collée sur le mot « Dedicatoria » (qui reste lisible à contre-jour) et qui la substitue avec le mot « Epistola ». Bref, auparavant les pages paires avaient pour en-tête le mot « Epistola » et les impaires le mot « Dedicatoria » ; à la suite de l'intervention les titres courants de toutes les pages portent le mot « Epistola ». La correction concerne seulement les pages 31-71, car les autres pages de la lettre ne contiennent aucune erreur. Peut-être l'affaire s'était-elle déjà éclaircie après l'impression des trente premières pages ? Le typographe ne fait en tout cas aucune distinction, et il se limite à minimiser l'incident, attribué à l'impossibilité pour Heereboord de suivre l'impression du texte, en raison de sa maladie.

cartésienne, la *Statera Philosophiae Cartesianae*. Ce texte, dont une bonne partie était déjà prête depuis 1648[1], ne parut à Leyde, *ex officina Petri Lessen*, qu'en 1650. Le livre obtint un succès remarquable, et la *Defensio* de Clauberg est justement la réponse à ce texte et à une œuvre de Ciriacus Lentulus (C. Lentz), intitulée *Nova Renati Descartes Sapientia*[2].

*Les critiques de Jacobus Revius à la* methodus cartesiana

a) La *Methodi cartesianae consideratio theologica* : vers une définition des enjeux théoriques du débat autour de la méthode cartésienne

La *Methodi cartesianae consideratio theologica* fut imprimée à Leyde, en 1648, chez Hieronimus de Vogel et Descartes lui-même en fait mention dans les *Notae in programma quoddam*[3]. L'œuvre est, à l'exception de la dernière partie, un commentaire du *Discours*, car Revius identifie la méthode cartésienne avec la narration biographique de l'ouvrage de 1637. Le récit de Descartes est examiné par rapport au but que, pour Revius, l'auteur du *Discours* s'est proposé, c'est-à-dire la démonstration de l'existence de Dieu :

> Il n'y a pas longtemps, Descartes a suscité l'intérêt des savants après avoir donné le signe d'une méthode nouvelle, par laquelle il a déclaré pouvoir découvrir et mettre à l'abri tantôt tout ce qui reste, tantôt principalement ce fondement de toute religion – *Dieu existe* – qui, selon lui, n'a été bien démontré par personne jusqu'à maintenant[4].

1. J. Revius, *Statera philosophiae cartesianae, qua principiorum eius falsitas et dogmatum impuritas expenditur ac castigantur, et ad virulentam epistolam, praefixam selectarum disputationum Adriani Heereboordi volumini primo, respondetur auctore Jacobo Revio*, Lugd. Batavorum, Leffen, s.d. (1650). La *Statera*, c'est-à-dire « mesure » ou « évaluation », est une réfutation de la philosophie cartésienne à partir de ses fondements et de la défense publiée par Heereboord dans l'*Epistola narratoria*. Il ne s'agit pas toutefois du premier texte publié par Revius contre Descartes. Avant la *Statera*, en effet, étaient déjà parues l'*Abstersio macularum quae ab anonymo quodam, calumniosae praefactionis in Notas Cartesianas auctore, ipsi aspersae sunt* (Lugduni Batavorum, apud J. N. Van Dorp, 1648) et la *Methodi Cartesianae consideratio theologica* (Lugduni Batavorum, apud H. de Vogel, 1648), dont nous nous occupons plus avant. Sur ces textes *cf.* Th. Verbeek, *Descartes and the dutch*, *op. cit.*, p. 49-51, 57-59, 78-82.

2. C. Lentulus, *Nova Renati Descartes Sapientia*, Herbornae Nassoviorum, 1651.

3. *Cf.* AT VIII-2 341 (B Op I, p. 2250).

4. « Excitavit non ita pridem eruditorum studia Renatus Cartesius, elato signo Novae Methodi, cuius beneficio, tum reliqua omnia, tum imprimis fundamentum illud omnis religionis, *Esse Deum*, a nemine adhuc, ut putat rite demonstratum, se eruere, ac in tuto locare

Même si la *Consideratio* est beaucoup moins agressive que l'*Admiranda methodus*, toutefois plusieurs des arguments que nous avons dégagés dans l'œuvre de Schoock se retrouvent aussi ici. En premier lieu, le fait que Revius attaque non seulement les arguments du *Discours*, mais encore les expressions rhétoriques utilisées par Descartes pour décrire l'excellence de sa propre méthode.

La déclaration de la supériorité de la méthode cartésienne est, pour Revius, le signe manifeste de la malice du *Discours*, car Descartes n'arrive pas à maintenir ses promesses. La prétention de pouvoir résoudre tout type de problème est, pour l'auteur de la *Consideratio*, le signe que Descartes se croit équivalent à Dieu, car il s'attribue une caractéristique, celle de l'infaillibilité, qui n'appartient qu'à la divinité. Le texte de Revius révèle donc clairement l'influence de l'*Admiranda methodus* :

> En cela [dans les déclarations de Descartes à l'égard de sa méthode] il faut considérer deux choses : d'abord, les grandes promesses, ensuite la fuite presque tumultueuse par laquelle, comme le soldat qui abandonne son petit bouclier, il les abandonne toutes et les rend suspectes. En ce qui concerne la première chose, il résulte clairement qu'il veut se faire semblable à Dieu, le seul qui ait le privilège de tout résoudre, de ne jamais se tromper, etc. [1].

Le *se facere similem Deo* rappelle ouvertement l'athéisme vaninien attaqué par Voetius[2]. Le vocabulaire du *Discours* est ici de nouveau laissé interagir avec l'ensemble des relations sémantiques et conceptuelles qu'il entretient bien au-delà des intentions de l'auteur. Par conséquent, la critique de Revius est conduite davantage à partir des implications de la méthode cartésienne qu'à partir des doctrines effectivement exposées par Descartes[3].

posse, professus est », J. Revius, *Methodi cartesianae consideratio theologica*, Lugduni Batavorum, apud Hieronimum de Vogel, 1648, *Praefatio ad lectorem*. Plusieurs passages de la *Consideratio* ont été publiés par A. Goudriaan dans *A Theological Examination of Cartesian Philosophy*, *op. cit.*, p. 129-180.

1. « In hisce duo consideranda veniunt : primo magnificae pollicitationes, deinde trepida quasi fuga, qua eas omnes, ut parmulam miles abiicit, et suspectas reddit. Ad primum quod attinet, liquido patet, eum Deo se similem facere, qui solus privilegium habet, omnia resolvendi, nunquam errandi, etc. », J. Revius, *Methodi cartesianae consideratio theologica*, *op. cit.*, p. 4.

2. *Cf.* AM, IV, 3, p. 261-267 (*Querelle*, p. 315-317).

3. Un autre exemple du fonctionnement de la critique avancée par le théologien réformé se trouve quelques pages après, quand il prend en considération le passage du *Discours* dans lequel Descartes affirme que les portes du ciel sont ouvertes même aux ignorants : « Theo-

L'auteur de la *Consideratio* ne cite pas l'*Admiranda*, à cause de l'injonction des Curateurs d'éviter toute discussion : le lexique et l'argument de Revius nous permettent pourtant d'identifier facilement sa source, et ils nous confirment aussi que l'*Admiranda* avait fourni un modèle pour interpréter et évaluer l'œuvre de Descartes. L'influence de l'œuvre de Schoock nous est également confirmée par la critique de l'invective cartésienne contre la logique[1] : « Nous avons là une attaque très impudente contre l'art logique, qu'il n'a pas honte d'appeler puéril et nuisible, en l'écartant de tous ceux qui ont un peu de jugement et de bon sens. [...] Qu'a-t-il connu celui qui ne cherche pas à connaître ni le nom, ni le genre, ni l'espèce, ni les antécédents, ni les conséquences, ni les causes, ni les effets de la chose ? »[2]. Renoncer au syllogisme et aux catégories signifie, pour Revius, priver l'homme de tout instrument pour connaître les vérités ultimes, les *principia* des choses, qui échappent aux sens.

Les quatre préceptes de la deuxième partie du *Discours* constituent, selon Revius, le noyau essentiel de la logique cartésienne. Mais ces préceptes, que Descartes veut substituer à la logique traditionnelle, se révèlent inconsistants, et la nouvelle logique n'est qu'une autre chimère montrée au lecteur : « Il nous rendra heureux s'il forge une logique nouvelle dans laquelle on ne traite pas du syllogisme. Mais en vérité, quand j'y pense, il l'a déjà fait avec ces quatre préceptes nouveaux, qu'il croit suffisants pour la recherche de la vérité »[3].

logiam nostram reverebar, nec minus quam quivis alius beatitudinis aeternae compos fieri optabam. Sed cum pro certo et explorato accepissem, iter quod ad illa ducit, non minus ignorantissimis (ita est in Gallico) patere quam doctissimis, veritatesque revelatas quae eo ducunt [...] captum nostrum excedere, non fuissem ausus eas submittere imbecillitati ratiocinationum mearum » (J. Revius, *Methodi cartesianae consideratio theologica*, *op. cit.*, p. 15). Le texte cité (correspondant à AT VI 8, ll. 8-17 ; B Op I, p. 32) est une traduction latine établie par Revius lui-même. En effet, le texte latin d'Étienne de Courcelles donne une interprétation très nuancée de ce passage, car l'expression « plus ignorants » est traduite par « indoctis » (*cf.* AT VI 544, ll. 5-13), tandis que Revius propose « ignorantissimis ». Voir à cet égard l'édition des *Specimina philosophiae* publiée par C. Vermeulen, introd. and critical edition, Utrecht, Zeno Institute for Philosophy, 2007, p. 44-48.

1. *Cf.* AT VI 17 ; B Op I, p. 42.

2. « Habemus petulantissimam invectivam in artem Logicam, quam et puerilem et damnosam appellare non erubescit, eamque removet ab omnibus qui aliquid habent iudicii sive bonae mentis [...]. Quid enim ille novit qui nec nomen, nec genus, nec species, nec antecedentia, nec consequentia, nec causas, nec effecta rei scire curat ? », J. Revius, *Methodi cartesianae consideratio theologica*, *op. cit.*, p. 27.

3. « Beabit nos, si novam Logicam fuerit commentus, in qua nihil de syllogismo agatur. Verum, cum cogito, iam id fecit, quatuor illis musteis praeceptis, quae sola ad verum

Ce qui différencie les arguments de l'*Admiranda* de ceux de la *Consideratio*, c'est la manière dont ils sont présentés : si dans l'*Admiranda* le ton est extrêmement violent, dans la *Consideratio* les mêmes arguments sont plus articulés et moins conditionnés par la polémique personnelle.

Par contre, un élément qui, dans la *Consideratio*, apparaît original par rapport à l'*Admiranda*, c'est la critique de la démonstration cartésienne de l'existence de Dieu, à partir de l'idée claire et distincte, qui se trouve dans la *Troisième Méditation*. L'analyse des deux arguments proposés par Descartes, et que Revius assimile en les reconduisant à la notion cartésienne d'idée, révèle une lecture attentive des *Meditationes* et des *Objectiones*. La *Consideratio* reprend à cet égard ce que Revius avait déjà publié auparavant dans le *Suarez Repurgatus*[1] et dans une série de disputes soutenues à Leyden entre le 4 février et le 20 mars 1647[2].

L'examen des textes cartésiens porte Revius à la conclusion que Descartes se sert d'un terme – *idea* – qu'il emprunte à la tradition scolastique, en changeant sa signification : « Quand Descartes déclare, dans les *Réponses* aux *Troisièmes Objections* page 205[3], avoir utilisé le mot "idée"

inveniendum sufficere arbitratur », J. Revius, *Methodi cartesianae consideratio theologica*, *op. cit.*, p. 29.

1. Le *Suarez Repurgatus* est une « révision » des *Disputationes* de Suarez, rédigée par Revius afin de rendre l'œuvre du théologien catholique compatible avec l'enseignement proposé dans les Universités réformées. Ce texte contient une discussion des passages que Revius juge incompatibles avec la théologie calviniste. L'ouvrage, publié en 1643 (ou en 1644, les copies donnent des dates différentes), contient aussi plusieurs références au rejet des formes substantielles, aux démonstrations cartésiennes de l'existence de Dieu et au concept de *causa sui*. *Cf.* J. Revius, *Suarez Repurgatus, Sive Syllabus Disputationum Metaphysicarum Francisci Suarez ... cum notis Iacobi Revii ... quibus quae ab auctore illo recte tradita sunt, ubi opus est, illustrantur aut defenduntur, quae vero in Philosophiam, ac praecipue Theologiam peccavit, indicantur ac refelluntur*, Lugduni Batavorum, apud Franciscum Hegerum, 1643. *Cf.* en particulier p. 207-209 et 504-519. Les textes dans lesquels Descartes est mentionné sont publiés et annotés par A. Goudriaan, *A theological examination of cartesian philosophy*, *op. cit.*, p. 181-190.

2. Descartes lui-même prit vision de ces disputes : *cf.* la lettre aux Curateurs de l'Université de Leyde (4 mai 1647), AT V 3 ; B 611, p. 2426-2428. Sur ces disputes *cf.* Th. Verbeek, *Descartes and the Dutch*, *op. cit.*, p. 40-42 ; mais aussi A. Goudriaan, *Philosophische Gotteserkenntnis bei Descartes und Suarez*, Leyde-Boston-Köln, Brill, 1999, p. 269-277. Le texte des disputes est désormais publié dans J. Revius, *A theological examination of cartesian philosophy*, *op. cit.*, p. 63-108 (voir dans ce même recueil la préface de A. Goudriaan, p. 1-61).

3. AT VII p. 181 ; B Op I, p. 922. Il s'agit de la *responsio* donnée à la cinquième objection de Hobbes contre la *Troisième Méditation*, concernant la conception de l'idée comme image exclusivement corporelle. Dans sa réponse, Descartes rappelle l'usage traditionnel (*jam tritum*) de ce nom, pour définir son propre concept : « Hoc ipso in loco [renvoi à AT VII 37

parce qu'il est déjà en usage chez les philosophes et qu'aussi il n'en a trouvé aucun qui soit plus approprié, il aurait été équitable d'employer ce nom dans le même sens que les philosophes, ce que, pourtant, Descartes ne fait pas »[1]. Selon Revius, donc, Descartes s'approprie indûment le vocabulaire de la scolastique pour véhiculer un contenu qui est radicalement différent et inassimilable à celui des écoles[2].

Tout en reconnaissant l'originalité du concept cartésien d'idée, Revius l'oppose rigidement au concept scolastique, sans prendre en considération la diversité des positions qui, à l'intérieur de la scolastique même, documente un développement considérable de ce concept entre le XIII^e^ et le XVII^e^ siècles[3].

Ce même argument reviendra dans la *Statera philosophiae cartesianae* et dans la *Nova Renati Descartes Sapientia* de Lentulus. La *Consideratio* montre que ces critiques à la méthode de Descartes dérivent surtout d'une attitude méfiante à l'égard des textes cartésiens. L'opération de Revius, en effet, consiste à dégager une signification hétérodoxe possible de la philosophie de Descartes, et, en cela, il suit assez fidèlement l'enseignement de l'*Admiranda*. Puisque ces accusations seront reprises dans la polémique qui suivra la mort de Descartes, la *Consideratio* constitue le trait d'union entre, d'une part, la querelle d'Utrecht et l'*Admiranda* et, de l'autre, le débat sur la *methodus cartesiana* qui aura lieu à partir de 1650.

l. 3 *sq.* ; B Op I p. 728], ostendo nomen ideae sumere pro omni eo quod immediate a mente percipitur ».

1. « Quum Cartesius Resp. ad Object. 3. pag. 205 profiteatur se ideae nomine uti, quia iam tritum sit a philosophis, et nullum aptius habeat, aequum erat eum in ea significatione eo uti, in qua philosophis usitatum est, quod tamen non facit », J. Revius, *Methodi cartesianae consideratio theologica*, *op. cit.*, p. 96. Revius mentionne aussi d'autres lieux dans lesquels, selon lui, Descartes se sert, d'une manière équivoque et abusive, du lexique des écoles, comme par exemple les *Réponses* aux premières *Objections* (AT VII 102-103 ; B Op I, p. 814-816) : *cf.* J. Revius, *Methodi cartesianae consideratio theologica*, *op. cit.*, p. 96 *sq.*

2. Pour le dossier concernant le rapport entre la thèse cartésienne et les conceptions scolastiques de l'idée, voir T.J. Cronin, *Objective Being in Descartes and in Suárez*, Rome, Presses de l'Université Grégorienne, 1966 ; N.J. Wells, « Objective Being : Descartes and his Sources », *Modern Schoolman*, 1967, 45, p. 49-61, et « Descartes' idea and its sources », *American Catholic Philosophical Quarterly*, 1993, 67, 4, p. 513-535 ; J.-L. Marion, *Sur la théologie blanche de Descartes* (1981), Paris, PUF, 1991, p. 27-69. Voir en outre O. Boulnois, *Être et représentation*, Paris, PUF, 1999, p. 405-432 ; J.-C. Bardout, O. Boulnois (éd.), *Sur la science divine*, Paris, PUF, 2002, en particulier p. 177-300.

3. La réponse donnée par Tobias Andreae insistera précisément sur la rigidité de la reconstruction faite par Revius, qui aurait présenté un seul aspect du concept d'idée comme s'il était unique. *Cf.* le § 2 dans le chapitre suivant. Pour le dossier concernant la pluralité des positions scolastiques, voir les références bibliographiques données dans la note précédente.

### b) La *Statera Philosophiae Cartesianae*

La *Statera*, comme l'on a déjà vu, a été publiée par Revius en réponse à l'*Epistola Narratoria* de Heereboord. Après avoir informé le lecteur des malicieuses machinations de Heereboord, Revius affirme devoir répondre publiquement aux mensonges contenus dans l'*Epistola*, et en particulier à celles qui se trouvent dans la partie où est inséré l'éloge de la philosophie cartésienne[1]. Heereboord y décrit la recherche assidue par Descartes d'une science certaine et évidente[2], vu que les enseignements de l'École ne l'avaient absolument pas satisfait. En fait, il avait trouvé une grande confusion en métaphysique, et la seule science qui lui semblait valable et certaine était la mathématique[3].

À partir de cette affirmation, la critique de Revius est organisée dans la *Statera* sur la valeur de Descartes comme mathématicien. L'interprétation de la *methodus* de Descartes à partir de la *Géométrie* avait eu, à Leyde, son principal représentant en Franz van Schooten, qui avait traduit en latin et commenté le troisième essai[4]. L'insistance de Revius à cet égard s'insère donc dans un contexte particulièrement sensible au rapport entre la méthode de Descartes et les mathématiques, et l'auteur réformé se sert de la renommée de Descartes comme mathématicien au désavantage des doctrines métaphysiques proposées dans les *Meditationes*. Cela marque un développement dans la stratégie anticartésienne par rapport à la fin des années 1640. Ainsi, Revius admet sans problème la qualité de Descartes comme mathématicien, mais il distingue d'elle la valeur du philosophe et surtout du théologien : un bon mathématicien doit être suivi pour ce qui concerne les mathématiques, sans qu'il soit nécessaire de l'estimer digne de foi en théologie. Et, surtout, il faut s'abstenir d'appliquer à la théologie la méthode des mathématiques, parce que la théologie a un objet et un domaine si différents, qu'elle exige une autre méthode. Si la mathématique procède de façon déductive, car elle obtient des connaissances vraies à partir de postulats absolument évidents, la métaphysique ne peut pas faire de même, car elle ne possède pas de postulats qu'il faille accepter et dont on procède *a priori*. Revius rappelle l'exemple de Thomas Bradwardine, *summus mathematicus*, qui avait eu la mauvaise idée de traiter *more*

1. Il s'agit des pages 71-83 de l'*Epistola* qui contiennent une brève narration de la vie et des œuvres de Descartes.

2. *Cf.* Heereboord, *Epistola narratoria*, dans *Selectarum ex Philosophia Disputationum*, *op. cit.*, p. 71-72.

3. *Ibid.*, p. 71.

4. Voir à cet égard l'*Appendice*, *infra*, p. 269-292.

*mathematico* des arguments de théologie, et il cite à ce propos la préface de Savilius [1] à l'édition publiée en 1618 du *De causa Dei* de Bradwardine.

Revius soutient que Descartes a essayé de faire la même chose et qu'il a confondu la mathématique et la théologie, en posant en théologie des axiomes et des postulats. En cela il s'est tout à fait trompé, car il a prétendu que nous avions des idées positives et complètement évidentes de Dieu et de l'infini. À ce propos, Revius s'appuie – comme Schoock l'avait fait dans l'*Admiranda methodus* – sur la synthèse *more geometrico*, contenue dans les *Secundae Responsiones* [2]. En prenant ce texte comme représentatif de toute la métaphysique cartésienne, Revius affirme que Descartes veut mathématiser la théologie, mais sa tentative est vouée à l'échec, car de Dieu nous n'avons pas une idée qui nous le représente. Le mathématisme de Descartes porte donc Revius à renforcer, pour ainsi dire, la critique formulée dans la *Consideratio* à propos du concept cartésien d'idée et en particulier à propos de l'idée de Dieu.

En réalité, en 1648, nous ne trouvons pas cette insistance sur la nature mathématique de la méthode cartésienne, et donc, bien qu'il soit resté le même, l'argument de Revius s'inscrit dans un changement de perspective à l'égard de la lecture qu'il propose de la *methodus cartesiana*. Entre 1648 et 1651 se situe en effet un événement qui nous permet de comprendre ce changement dans la stratégie de Revius, à savoir la publication, en 1649, de la traduction latine de la *Géométrie* avec les commentaires de Franz van Schooten et de Florimond Debeaune. La lecture de Revius semble évidemment forcer le texte, car l'auteur de la *Statera* ne reconnaît pas la distinction opérée par Descartes entre les modes d'exposition analytique et synthétique [3], et il n'attribue aux mathématiques, et à la philosophie cartésienne, que le deuxième mode. Dans la *Statera* la fonction inventive de la structure analytique est complètement méconnue, et l'ensemble de la métaphysique

1. Le *De causa Dei contra Pelagium* de Bradwardine (terminé en 1344 à Oxford) a connu une remarquable diffusion au XVII^e^ siècle, depuis l'édition qui parut à Londres en 1618, sous la direction d'Henry Savile (Savilius). Il s'agit là de l'édition citée par Revius. *Cf.* sur la diffusion de ce texte, J.-F. Genest, *Predetermination et liberté créée à Oxford au XIV^e^ siècle. Buckingam contre Bradwardine*, Paris, Vrin, 1989, p. 157-171. La structure du texte consiste dans la dérivation d'énoncés à partir des postulats posés au début du premier livre. Cette disposition de la métaphysique a rendu fameux le texte de Bradwardine, caractérisé par une « nécessité mathématique ». Sur le rapport entre le *De causa Dei* et la méthode mathématique, *cf.* M. Sbrozi, « Metodo matematico e pensiero teologico nel *De Causa Dei* », *Studi Medievali*, t. 31, 1990, p. 143-191.

2. Revius cite dans la *Statera* (p. 11-13) les *Postulata* et les *Axiomata* posés par Descartes et sur lesquels il porte sa critique.

3. *Cf.* AT VII 156 ; B Op I, p. 886.

cartésienne est réduite à une construction arbitrairement établie par son auteur sur des principes qu'il ne démontre pas. De cette interprétation découle une conséquence non négligeable : si la structure démonstrative des *Méditations* est celle qui se trouve dans l'abrégé géométrique, alors l'itinéraire des six méditations n'a aucune valeur d'argumentation, mais il sert seulement à « séduire » le lecteur. En particulier, cette critique de Revius vise à prouver que le doute de la première méditation n'a aucune fonction démonstrative, car les postulats des théories cartésiennes – que Revius saisit à partir de l'abrégé des *Deuxièmes Réponses* – se trouvent dans la *Deuxième* et dans la *Troisième Méditation*. Le doute, en raison de l'argumentation proposée dans les *Deuxièmes Réponses*, n'a pas formellement de raison d'être, mais il n'en demeure pas moins significatif pour Revius, car il permet de comprendre la vraie méthode utilisée par Descartes dans les *Meditationes*. Cette méthode passe par l'anéantissement des connaissances du lecteur pour lui imposer ensuite les convictions personnelles de l'entendement de Descartes. La *Première Méditation* est résumée dans la décision de supposer toutes choses comme fausses, sur la base de l'hypothèse d'un malin génie qui pourrait falsifier toutes nos expériences. De tout le parcours cartésien, qui passe à travers différents niveaux de doute en raison de la démarche analytique suivie en métaphysique, il ne reste rien dans la brève exposition de Revius. Descartes suppose que toutes les choses sont fausses, il affirme parfois l'existence d'un Dieu trompeur, parfois celle d'un malin génie, sans démontrer l'existence d'aucun des deux. Tout devient un incompréhensible anéantissement de la connaissance du lecteur, qui se rend alors compte que, pour être trompé, il faut au moins exister[1].

En niant à la *Première Méditation* une fonction précise dans le parcours fondateur de la philosophie première, Revius n'a pas de difficulté à accuser Descartes d'orgueil et de blasphème. La volonté de commencer à élaborer par lui-même, ainsi que l'affirmation de la mendicité divine, constituent un matériel suffisant pour soutenir une accusation (surtout morale) contre le philosophe français : « il n'y a aucune méthode qui soit plus fâcheuse que celle-ci »[2]. Encore une fois, affirmer que le doute est un simple instrument de destruction, sans lui attribuer une fonction inventive précise, signifie le priver de toute possibilité de contrôle et laisser le lecteur à la merci d'un scepticisme difficilement réfutable. Si le doute n'est pas lié radicalement à la première vérité, le *cogito*, et s'il ne représente pas une démarche précise

1. Les critiques au doute cartésien se trouvent aux p. 39-41 de la *Statera*.

2. « Hac methodo nihil est vitiosius », J. Revius, *Statera philosophiae cartesianae*, *op. cit.*, p. 39.

vers une connaissance certaine et évidente, il peut être réduit à un instrument par lequel Descartes invite le lecteur à rejeter les connaissances acquises précédemment. La perspective de la *Première Méditation* ne serait plus celle de trouver le fondement sur lequel bâtir ensuite une science, mais seulement celle de bouleverser le lecteur, pour mieux lui faire accepter ensuite les principes posés par Descartes.

### La *Nova Renati Descartes Sapientia* de Ciriacus Lentulus

La *Nova Renati Descartes Sapientia* a été rédigée par Cyriacus Lentulus en 1651, après que, encouragé par la clameur des polémiques de Leyde[1], il eut commencé à lire l'œuvre de Descartes. Le texte est un commentaire à la *Dissertatio de methodo* et aux *Principia*: Lentulus analyse le texte cartésien en rapportant une citation – une phrase ou seulement quelques mots – et en l'accompagnant d'un commentaire. Le parallélisme entre les accusations de la *Statera* et celles de la *Nova R. D. Sapientia* fait en tout cas penser à une stratégie commune adoptée par les adversaires du cartésianisme.

Lentulus, lui aussi, affirme la valeur de Descartes comme mathématicien, capable de surpasser tous les adversaires qu'il avait trouvés dans ce domaine. Malheureusement, le philosophe français ne s'est pas contenté de rester dans les limites des mathématiques et il a voulu étendre ce type de connaissance aux autres parties de la philosophie. Grâce à son effort il a obtenu une considération telle qu'il s'est imposé chez ses disciples comme le seul maître dans la recherche de la vérité[2].

Du point de vue de la méthode, Lentulus critique Descartes pour le manque d'une logique et pour le refus du syllogisme : il cite la deuxième partie de la *Dissertatio* dans laquelle Descartes attaque le syllogisme et la

1. « Lugduni etiam turbatum esse cum indignatione percepi, et virus illud ulterius serpere, et venas Gemaniae tentare animadverti, seposita meliorum meditationum cura, in castra Cartesii speculatum transii, animumque simul coepi et ac operae judicavi, cursoria functione qui sentirem de famosi authori opinionibus, chartae illinere. Quod paucarum septimanarum precipitata scriptitandi opera factum » (C. Lentulus, *Nova Renati Descartes Sapientia faciliori quam antehac methodo detecta*, Herbornae Nassoviorum, 1651, p. 8).

2. C'est le portrait que Lentulus esquisse brièvement tant dans la *Praefatio* qu'au début du livre : « Renati Des Cartes ingenium non vulgaris tincturae fuisse, Mathematicarum autem meditationum palmam omnibus aetatis suae Doctoribus praeripuisse, non invitus concesserim. An vero circa principia Philosophiae accuratamque methodi rationem tantas eius sit felicitas, ut precis omnibus recentibusque explosis, unus hic pro duce veritatis acceptandus sit, id vero est quod non sine ratione dubitatur » (C. Lentulus, *Nova Renati Descartes Sapientia*, *op. cit.*, p. 15).

logique de l'École en tant qu'inutiles dans la recherche de la vérité. Ces instruments servent seulement pour exposer les connaissances que nous avons déjà, ou pour discourir *ut ars Lulli*, c'est-à-dire, disserter abondamment sur un argument sans parvenir à aucun jugement[1]. La réponse de Lentulus[2] consiste dans la restitution du syllogisme à sa propre fonction, qui est d'ordonner les prémisses et de garantir formellement le passage à la conclusion. En outre, la *Dissertatio* ne tient pas compte de la distinction entre la topique et la syllogistique, c'est-à-dire entre l'art inventif, qui offre la matière pour la conclusion, et l'instrument formel qui conduit, *necessaria illatione*, à la conclusion même. Toutefois, la critique de Lentulus ne se limite pas au rappel de la taxonomie et de la distinction entre les différentes parties de la logique, mais elle arrive à soutenir que la philosophie de Descartes refuse tout instrument formel après avoir abandonné le syllogisme. En commentant les quatre règles de la deuxième partie de la *Dissertatio*, Lentulus[3] affirme qu'elles fixent le critère de vérité dans la perception individuelle de Descartes, comme celui-ci le déclare lui-même dans la *Troisième Méditation* : *Illud omne verum est, quod valde clare et distincte percipio*. L'objection de la *Nova R. Descartes Sapientia* devient alors très claire : comment devient-il possible d'établir une science en imposant son propre point de vue, comme si cela était la vérité? Le passage du plan théorique au plan moral est effectué avec une facilité extrême : *Ergo non Christo, sed Cartesio, applicanda sententia : Ego sum via, veritas et vita*.

1. « Animadverti quantum ad Logicam, syllogismorum formas aliaque fere omnia eius praecepta, non tam prodesse ad ea quae iam scimus aliis exponenda ; vel etiam, ut ars Lullii, ad copiose & sine iudicio de iis quae nescimus garriendum » (*Nova Renati Descartes Sapientia*, *op. cit.*, p. 49 ; AT VI p. 549).

2. « In oppugnanda Logica duplici ignorantiae errore deprehenditur. Primo, quod nullum alium praeter syllogismi logicae usum agnoscit. Altero, quod syllogismum nimis angusto fine circumscribit » (C. Lentulus, *Nova Renati Descartes Sapientia*, *op. cit.*, p. 49).

3. « Magna pollicitatio, qua et Comenius, Pansophiam nescio quam parturiens, credulis imponit. Sed age aggredere tandem catenae fabricaturam : primum circum, cui subsequentes innectantur, elabora. Vis ne tentamine primo ponatur haec tua Regula, Medit. 3 *Illud omne verum est, quod valde clare et distincte percipio ?* Itane veritatis certitudinem in tua perceptionem collocas ? ut quod tibi clarum et distinctum videatur, omnes nos sequi cogamur ; indubitatam vitae feliciter agendae semitam, et ab omni errorem immunem consecuti. Ergo non Christo, sed Cartesio, applicanda sententia : Ego sum via, veritas et vita. […] Quod si non ad solam Cartesii sed ad omnium indifferenter hominum perceptionem regula est torquenda. […] A rebus sensuum norma iudicandis ad axiomata sola mente determinanda transfer » (*Nova Descartes Sapientia*, *op. cit.*, p. 55). La mention de Comenius n'est pas sans importance, vu l'association entre le projet de Descartes et celui de l'exilé tchèque qui sera établie par Tobias Andreae : *cf.* à ce propos le chapitre suivant, *infra*, p. 139-155.

Comme pour Revius, pour Lentulus aussi les quatre règles de la *Dissertatio* dérivent de la transposition de la méthode mathématique que Descartes avait perfectionnée, et se réduisent à l'assertion de vouloir commencer par les choses les plus simples et les plus faciles à connaître, et de se servir d'elles comme règles pour procéder à la connaissance d'autres vérités. L'application de cette méthode à la métaphysique est pour Lentulus tout à fait inacceptable, vu que de Dieu nous n'avons pas une *idea rapraesentatrix*. Pour lui, la méthode de Descartes est fondée sur l'idée de proportionnalité et de relation, et elle est très féconde en Arithmétique et en Géométrie car ces sciences ont pour objets la mesure et la quantité abstraites de la matière. Mais si la méthode de Descartes est apte à mettre en relation des éléments qui ont une certaine proportion entre eux, cela signifie qu'une telle méthode est totalement inapplicable à la connaissance de Dieu, vu que l'*ens infinitum* se pose comme négation de toute limitation et mesure. La disproportion entre fini et infini rend impossible la formation d'une *idea rapraesentatrix*, c'est-à-dire d'une idée qui représente l'essence de la chose. Le terme « infini » ne désigne pas positivement la dimension et l'éminence de Dieu, mais plutôt la façon par laquelle l'entendement fini se rapporte à Dieu, selon la capacité finie qui lui est propre. Si l'entendement humain était en mesure de saisir positivement et de se représenter l'essence de Dieu, il y aurait alors une proportionnalité, et la méthode cartésienne dérivée des mathématiques serait donc applicable. Pour Lentulus, l'erreur de Descartes est de ne pas reconnaître l'infinité de l'essence divine, en la réduisant selon la capacité finie de l'entendement humain. L'issue de la méthode de Descartes est l'élaboration d'une nouvelle théologie, tirée des mathématiques : « Il bâtit déjà les fondements d'une nouvelle théologie, qu'il faut tirer des cercles des mathématiciens ou de la moquerie de l'imagination de l'homme »[1].

1. « Novae iam theologiae fundamenta molitur, e Mathematicorum circumscriptionibus aut humanae imaginationis ludibrio educenda », *Nova Descartes Sapientia*, *op. cit.*, p. 73. À propos des argumentations sur l'existence de Dieu, et sur la relation entre métaphysique et théologie, *cf.* M.E. Scribano, *Da Descartes a Spinoza. Percorsi della teologia razionale nel Seicento*, Milan, Franco Angeli, 1988 ; J. Platt, *Reformed thought and scholasticism : the arguments for the existence of God in Dutch Theology : 1575-1650*, Leiden, E. J. Brill, 1992 ; voir aussi H.A. Krop, « Natural Knowledge of God in neo-aristotelianism. The reception of Suarez's version of the ontological argument in early seventeenth century Leiden », dans E.P. Bos, H.A. Krop (éds.), *Franco Burgersdijk (1590-1635) : Neo-Aristotelianism in Leiden*, Amsterdam, Rodopi, 1993, p. 67-82 ; I. Agostini, *L'infinità di Dio. Il dibattito da Suárez a Caterus (1597-1641)*, Rome, Editori Riuniti, 2008.

Le doute devient par conséquent l'instrument à travers lequel Descartes poursuit ce projet, en substituant à l'autorité des Écritures et de la révélation l'évidence rationnelle de ses propres arguments. À travers le refus de tout ce qui est douteux, c'est-à-dire de tout ce qui n'est pas réductible à la capacité de sa propre raison, selon la méthode mathématique qu'il a adoptée, Descartes crée une situation dans laquelle le lecteur sera privé de toute certitude :

> Il rejette comme faux tout ce en quoi il peut trouver la moindre raison de douter. Et il n'y a rien dont il ne peut pas douter avant de parvenir à la plus complète connaissance de Dieu et de toutes les choses, de laquelle il cherche à persuader lui-même et les autres. [...] Si cela est admis, il ne restera rien en théologie, rien dans la recherche de toute vérité, qui ne soit bouleversé [1].

Tout comme dans l'œuvre de Revius, dans la *Nova Renati Descartes Sapientia* le doute est conçu comme la méthode à travers laquelle Descartes parvient à affirmer les principes de sa nouvelle science, élaborée d'après les mathématiques, et fondée sur la prétendue validité de sa propre certitude et évidence. De façon analogue, l'accusation morale découle de la constatation de vouloir tout commencer par lui-même et, par voie de conséquence, de pousser au doute et au scepticisme. Il faut enfin souligner que le problème soulevé par Revius et Lentulus ne concerne pas surtout l'objet de la métaphysique cartésienne, qui affronte – comme le soulignera à plusieurs reprises Clauberg – les deux questions de l'immortalité de l'âme et de l'existence de Dieu, mais plutôt le changement de méthode opéré par Descartes. Pour l'acquisition de la science sur l'âme et sur Dieu, Descartes ne fait référence ni à l'autorité des Écritures, ni à celle de Pères de l'Église, et il affirme implicitement l'indépendance de la raison par rapport à la Révélation et sa capacité de parvenir toute seule à la vérité sur ces problèmes.

1. « Omnia in quibus vel minimam dubitandi rationem reperire possit, tanquam aperte falsa reijcit. Et nihil fere de quo non dubitare possit donec ad plenissimam, quam sibi et aliis persuadere laborat, Dei et omnium rerum cognitionem perveniat. [...] Quod si admittatur, nihil in Theologia, nihil in omni veritatis inquisitione, quod non pervertatur supererit », *Nova Descartes Sapientia*, *op. cit.*, p. 79.

CHAPITRE III

# LA CONSTITUTION DE LA *METHODUS CARTESIANA* DANS LES ŒUVRES DE J. CLAUBERG ET DE T. ANDREAE

## LA *DEFENSIO CARTESIANA* DE JOHANNES CLAUBERG

La *Defensio cartesiana*, qui parut à Amsterdam chez L. Elzevier en 1652, fut la première réponse donnée par les cartésiens [1] aux accusations de Revius et Lentulus. Faute d'une logique composée par Descartes, Clauberg s'appliqua à la reconstruire, pour ainsi dire, *a posteriori*. L'auteur de la *Defensio* refusait ainsi de reconnaître, contrairement à ses adversaires, l'absence d'une logique ou d'une théorie de la méthode dans la pensée cartésienne, mais il admettait, implicitement, le manque d'une doctrine suffisamment développée pour que le lecteur du XVIIe siècle puisse facilement l'identifier comme une logique. Le problème était alors de répondre en mettant en évidence la logique de Descartes, c'est-à-dire la logique qui, même si elle n'avait pas été écrite par Descartes, était connue de lui et employée dans les écrits qu'il nous a laissés.

Comme nous l'avons vu dans le chapitre précédent, les adversaires de Descartes avaient concentré leurs attaques sur la valeur purement subjective de l'évidence des preuves cartésiennes et, surtout Revius et Lentulus, avaient souligné que cela était dû à une confusion entre la méthode propre aux mathématiques et la méthode propre à la métaphysique. La *methodus*

1. En effet il est clair que Clauberg assuma la défense de Descartes sur sollicitation de plusieurs cartésiens : « Hortabantur amici atque instabant, ut eadem opera ab insultibus Iacobii Revii, Theologiae Doctoris & Collegi Ill. Ordd. Hollandiae et Westfrisiae praefecti, philosophiam nostram liberarem », *Defensio cartesiana*, *Praefatio*, *Opera Omnia Philosophica*, II, p. 939.

*cartesiana* s'appuierait alors plus sur la rhétorique que sur des arguments solides et démontrés. De cette « lecture » découle aussi une interprétation précise du doute qui précède le *cogito* : n'ayant aucune fonction démonstrative dans le parcours métaphysique cartésien, il sert seulement à « affaiblir » les convictions du lecteur pour, ensuite, lui faire accepter les thèses de Descartes.

Clauberg reconnaît la gravité de ces accusations et s'attache à répondre sur ces trois points : description de la *methodus* de Descartes, définition de l'apport des mathématiques dans sa philosophie, et, en troisième lieu, justification de la démarche métaphysique des *Meditationes*. Il n'est pas sans importance, à ce propos, de rappeler que la *Defensio* fournit la première interprétation « d'ensemble » de la philosophie de Descartes, et cela en utilisant la totalité des œuvres publiées par le philosophe français de son vivant. Mais, en même temps, en choisissant une ligne interprétative bien précise, consistant dans la lecture du *Discours de la méthode* à la lumière de ce qui se trouve dans les *Meditationes* et dans les *Principia*, et en distinguant – ce sont les mots de Clauberg lui-même – un Descartes *acroamaticus* d'un Descartes *exotericus*[1]. Le plan de l'œuvre prévoyait à ce propos une division en deux parties, dont la première, fondée spécialement sur le *Discours*, devait servir de réponse aux objections et introduire aux principes de la philosophie cartésienne, qui seraient ensuite expliqués dans la deuxième partie, *acroamatica magis*, ayant comme référence les *Meditationes* et les *Principia*[2]. Ce plan, toutefois, n'a pas été réalisé, vu que Clauberg n'a publié que la première partie[3] : c'est pourquoi, par exemple, il ne consacre qu'un petit chapitre (XXII) à la métaphysique, où il commente la quatrième partie du *Discours* pour répondre brièvement aux accusations de Revius et de Lentulus. Au contraire, il consacre bien neuf chapitres (X-XVIII) aux analyses de la méthode de Descartes.

1. Cette distinction révèle la dette de l'interprétation claubergienne à l'égard des interprétations qui proposaient le retour au *vrai Aristote* contre l'Aristote des scolastiques : voir à cet égard M. Savini, « Johannes Clauberg et la lecture de Descartes d'après l'herméneutique du texte d'Aristote », dans P. Hummel, F. Gabriel (éds.), *Vérité(s) philologique(s)*, Paris, Philologicum, 2008, p. 257-270.

2. « Defensionem in duas partes, quarum posterior, *acroamatica* magis, Philosophiam in Meditationibus Metaphysicis et Principiis Philosophiae comprehensam, prior fere exoterica dissertationem de Methodo recte regendae rationis ab opprobriis vindicabit », *Defensio cartesiana*, *Praefatio*. *Opera Omnia Philosophica*, II, p. 941.

3. La *Defensio* se compose de XXXVII chapitres dont les trente premiers constituent un commentaire du *Discours* dans lequel Clauberg répond aux objections de Revius et Lentulus ; les sept derniers chapitres présentent des disputes que fit soutenir Clauberg sur différents sujets (*cf.* note suivante).

La *Praefatio* fait quand même penser que Clauberg avait déjà préparé un plan général concernant l'explication de la philosophie cartésienne, et qu'un commentaire sur la métaphysique avait été pour le moins ébauché[1]. En tout cas, le thème principal de la *Defensio* reste celui de la *methodus cartesiana*, que Clauberg veut éclaircir aussi bien pour répondre aux critiques de Lentulus et de Revius, que pour introduire le lecteur à la philosophie de Descartes.

Quels textes de Descartes Clauberg connaissait-il au moment de la rédaction de la *Defensio*? Sans doute tous ceux publiés par Descartes en personne, mais aussi l'*Entretien avec Burman*, qui nous est parvenu à travers une transcription faite par Clauberg lui-même. En ce qui concerne les autres manuscrits, les choses ne sont pas tout à fait claires, car ils furent transportés à Paris et remis à Clerselier[2]. Nous n'avons aucune preuve du fait que Clauberg puisse avoir consulté ces documents, et, en fait, la chose semble peu probable, étant donné qu'ils furent confiés à Clerselier vers 1653. Il faut toutefois rappeler qu'il existe une deuxième hypothèse sur l'accès de Clauberg aux manuscrits de Descartes. Dans sa *Vie de M. Descartes*, Baillet écrit que Descartes, avant d'aller en Suède, avait laissé en dépôt à Cornelis van Hoogelande, en Hollande, une « malle », qui contenait « divers livres et papiers, quelques écrits, & quelques lettres de M. Descartes »[3]. L'inventaire du contenu eut lieu le 4 mars 1650, et y assistèrent, entre autres, van Schooten et de Raey. Malheureusement, nous n'avons aucun indice sur la nature de ces manuscrits, même si le fait que van Schooten et de Raey étaient présents à l'inventaire nous autorise à croire que les cartésiens hollandais ont pu avoir accès à des inédits cartésiens. En

1. L'hypothèse avancée par Trevisani, selon laquelle Clauberg aurait utilisé, pour la réfutation de Revius et Lentulus, des disputes qu'il avait fait soutenir, et qui pouvaient lui fournir aussi un matériel suffisant pour exposer et commenter les différentes parties de la philosophie de Descartes, est tout à fait plausible. *Cf.* F. Trevisani, *Descartes in Germania*, Milan, Franco Angeli, 1992, p. 53-58. Trevisani montre que les chapitres XXI, XXXII, XXXIV de la *Defensio* sont la transcription, avec quelques petites variations, des disputes que Clauberg avait fait soutenir à Herborn et Duisburg entre 1649 et 1652.

2. Pour une documentation à propos des événements liés aux manuscrits cartésiens *cf.* la *Premessa* de G. Belgioioso dans B Op II (p. XXIII-XXXIX) ; A. Bortolotti, « I manoscritti di Descartes nella seconda metà del '600 », *Rivista di Storia della Filosofia*, 1987, 4, p. 675-695. Sur les manuscrits des lettres, *cf.* l'*Introduction* à Th. Verbeek, E.J. Bos, J. Van de Ven (éds.), *The correspondence of René Descartes. 1643*, Utrecht, Zeno, 2003, p. IX-XXXI ; l'*Introduction* de G. Belgioioso et J.-R. Armogathe à la reproduction anastatique de l'exemplaire conservé à l'Institut de France de l'édition Clerselier des *Lettres de Mr. Descartes* (Lecce, Conte, 2003, p. IX-XXX).

3. A. Baillet, *Vie de M. Descartes*, *op. cit.*, t. II, p. 429.

ce qui concerne notre recherche, en tout cas, le texte dont Clauberg aurait pu profiter le plus était celui des *Regulae*, mais nous n'avons trouvé aucune référence dans l'œuvre de Clauberg qui puisse nous faire croire qu'il avait lu ce texte. Il semble donc que pour l'explication de la *methodus cartesiana* l'auteur de la *Defensio* se soit servi des textes publiés par Descartes lui-même et de l'*Entretien avec Burman*. D'ailleurs, Clauberg n'était pas réticent à citer des textes inédits, puisque dans la *Defensio* il cite le colloque avec Burman, qui, à l'époque, n'était pas encore connu [1].

Le chapitre X de la *Defensio* – par lequel s'ouvre la série des chapitres consacrés à la reconstruction de la méthode cartésienne – est intitulé *Cartesii studium in quaerenda methodo*. Clauberg y examine la recherche de la part de Descartes d'une *methodus* qui puisse le guider à la vérité, et il profite de l'occasion pour élucider le jugement de Descartes sur la Dialectique. Ce qu'il faut relever, c'est l'identification de la logique avec la *methodus* : « Maintenant, nous allons donc donner, comme échantillon de la logique cartésienne, les quatre préceptes de la méthode » [2].

En substance, Clauberg reconnaît dans les quatre règles qui se trouvent dans la deuxième partie de la *Dissertatio* les préceptes fondamentaux de la méthode et de la logique de Descartes. Cependant, ni l'identification de la *methodus cartesiana* avec les quatre préceptes, ni son insertion à l'intérieur d'une logique ne s'appuient sur des indications données par les textes de Descartes. Pour l'identification de ces quatre préceptes avec les fondements de la logique, Clauberg pouvait s'appuyer sur l'autorité de Descartes, qui avait déclaré avoir mis dans le *Discours* « les principales règles de la logique » [3]. En tout cas, cela ne voulait pas dire qu'elles devaient être considérées comme les principes théoriques de la méthode [4]. S'il n'est pas possible

1. Dans le chapitre XVIII (*Opera Omnia Philosophica*, II, p. 1000) Clauberg cite, à propos du rôle des mathématiques dans la pensée de Descartes, un passage de l'*Entretien avec Burman* (AT V 177; B Op II 1302), mais avec quelques variantes : « Quod autem quidam in Mathesi ingenio valeant, quin tamen in rebus Metaphysicis &c. infeliciores sunt, non contingit ex defectu ratiocinii, sed ex eo quod Mathesin tractarint non ratiocinando, sed imaginando, & omnia egerint per imaginationem, quae cum in Metaphysica locum non habeat, hinc contingit, quod adeo in illa sint infelices ». Le texte publié par les éditeurs modernes de l'*Entretien* porte « physicis » et « Physica » au lieu de « metaphysicis » et « Metaphysica ». La variante de la *Defensio* permet de corriger le texte de l'*Entretien* en lui restituant son sens plein.

2. « Iam ergo Cartesianae Logicae specimen daturi quatuor methodi praecepta », *Defensio cartesiana*, chap. X, § 15, *Opera Omnia Philosophica*, II, p. 976.

3. *Cf.* la *Lettre-Préface* à l'édition française des *Principia* : AT IX-2 15 ; B Op I, p. 2230.

4. Il faut quand même rappeler, à cet égard, la manchette qui marque dans la *Dissertatio de methodo* – traduction latine du *Discours* faite par Étienne de Courcelles – le début de la

de repérer chez Descartes l'insertion de la théorie de la méthode dans la logique[1], il est par contre possible de lier cette interprétation aux enseignements des principaux manuels de logique[2]. Pour Clauberg il est donc naturel de considérer la méthode de Descartes comme une partie de sa logique.

L'exposition de la méthode de Descartes est réservée aux chapitres XI-XVII, dans lesquels Clauberg cite et commente les quatre règles énoncées dans la deuxième partie du *Discours*. La clé de lecture de l'auteur de la *Defensio* est fournie au début du chapitre XI : « La méthode pour bien utiliser sa raison doit avant tout diriger le jugement, dans lequel seulement se trouvent la fausseté et l'erreur, s'il se conduit mal, ou la vérité, s'il se conduit bien »[3]. Si l'erreur se produit seulement dans le jugement, qui seul peut être vrai ou faux, il faudra suivre des règles qui nous empêchent de mal combiner les idées ou les concepts, et de prononcer ainsi des propositions fausses.

La première règle garantit précisément ce point, et guide la recherche philosophique en prescrivant de « *Ne recevoir jamais* [...] *aucune chose* [...] *pour vraie, à l'exception de ce qui est connu comme vrai et certain*, c'est-à-dire ne recevoir rien avant qu'il soit perçu clairement et distinctement par l'intellect »[4]. La citation, prise littéralement de l'édition latine du *Discours*[5], fait l'objet toutefois d'une spécification qui marque l'interprétation de Clauberg : en effet, dans la *Defensio*, le *verum et certum* est identifié (*id est*) avec ce qui *clare distincteque percipiatur ab intellectu*. L'identification du *verum et certum* avec le *clarum et distinctum* n'est cependant pas ouvertement opérée ici par Descartes : elle représente la

deuxième partie de l'ouvrage : « Praecipuae illius methodi, quam investigavit, regulae », R. Descartes, *Specimina Philosophiae seu : Dissertatio de Methodo recte regendae rationis, et veritatis in scientiis investigandae : Dioptrice, et Meteora. Ex gallico translata et ab auctore perlecta, variisque in locis emendata*, Amstelodami, apud Ludovicum Elzevirium, 1644 (réimp. anast., Lecce, Conte, 1998), p. 9.

1. *Cf.* l'analyse de E. Lojacono à ce propos dans « Épistémologie, méthode et procédés méthodiques », art. cit., p. 76-79.

2. L'insertion du traitement de la méthode dans les manuels de logique date de l'édition de 1537 des *Dialectices libri quattuor* et surtout des *Erotemata dialecticae* (1547) de Philippe Melanchton : voir à cet égard, C. Vasoli, *La dialettica e la retorica dell'Umanesimo. « Invenzione » e « Metodo » nella cultura del XV e XVI secolo*, Milan, Feltrinelli, 1968, p. 296 *sq.* Au début du XVIIe siècle la *methodus* est habituellement traitée dans la partie consacrée à l'argumentation, après le syllogisme.

3. « Methodus ratione recte utendi ante omnia iudicium dirigere debet, in quo solo est falsitas atque error, si male se habeat, veritas, si secus », *Defensio cartesiana*, chap. XI, § 1, *Opera Omnia Philosophica*, II, p. 977.

4. « *Nihil unquam* [...] *veluti verum admittendum* [...] *nisi quod verum et certum esse cognoscatur*, id est quod non prius clare distincteque percipiatur ab intellectu », *ibid.*

5. Cf. *Dissertatio de methodo*, dans *Specimina philosophiae*, *op. cit.*, p. 16 (AT VI 550).

*regula generalis* énoncée dans la quatrième partie de l'œuvre, après la découverte du *cogito* comme première vérité[1]. Dans la II^e partie du *Discours*, Descartes ne dit pas que ce qui apparaît clair et distinct à notre esprit est vrai, mais que l'on ne peut affirmer comme vrai que ce que la raison connaît (*cognoscatur*) comme tel. Autrement dit, si Descartes consent le passage du *verum* en tant que *notum* au *iudicium veritatis*, Clauberg étend ce passage du *clarum et distinctum*, en tant que *notitia veritatis*, au jugement de vérité. On peut trouver confirmation de ce décalage dans une omission remarquable du texte cartésien : en effet, après avoir recommandé d'éviter la précipitation et la prévention, Descartes prescrit : « Ne comprendre rien de plus en mes jugements, que ce qui se présenterait si clairement et si distinctement à mon esprit, que je n'eusse occasion de le mettre en doute »[2]. Comme on peut le voir, la clarté et la distinction sont bien évoquées dans le texte de Descartes, mais elles ne sont pas prises au sens absolu, et sont conditionnées par la possibilité d'être mises en doute. Dans ce cas nous nous trouvons donc complètement avant le doute né de l'instance métaphysique de fixer le fondement de toute épistémologie, de sorte que la possibilité même de la clarté et de la distinction doit être prouvée. Si dans le texte cartésien émerge comme légitime la question « Qu'est ce qui est clair et distinct ? », Descartes lui substitue la question « Qu'est ce qui est indubitable ? ». Le lecteur de la quatrième partie du *Discours* et surtout des *Meditationes* sait que pour répondre à cette question Descartes devra détruire et ensuite rebâtir *a primis fundamentis* tout l'édifice des sciences[3]. Bien différente est à ce propos la position de Clauberg, pour qui la clarté et la distinction n'ont pas besoin d'être validées à travers le doute, mais sont une caractéristique intrinsèque de toutes les idées vraies, qui ne peuvent pas être mises en question par quelque facteur extérieur[4]. Par conséquent, l'indétermination

1. « Et quia notabam nihil plane contineri in his verbis, ego cogito, ergo sum, quod me certum redderet eorum veritatis, nisi quod manifestissime viderem fieri non posse ut quis cogitet nisi exsistat, credidi me pro regula generali sumere posse, omne id quod valde dilucide et distincte concipiebam verum esse », R. Descartes, *Dissertatio de methodo*, dans *Specimina philosophiae*, *op. cit.*, p. 31 (AT VI 559).

2. « Nihilque amplius conclusione complecterer, quam quod tam clare & distincte rationi meae pateret, ut nullo modo in dubium posse revocarem », *ibid.*

3. « Animadverti iam ante aliquot annos quam multa, ineunte aetate, falsa pro veris admiserim, & quam dubia sint quaecunque istis postea superstruxi, ac proinde funditus omnia semel in vita esse evertenda, atque a primis fundamentis denuo inchoandum, si quid aliquando firmum et mansurum cupiam in scientiis stabilire », AT VII 17 ; B Op I, p. 702.

4. Voir à ce propos les *De cognitione Dei et nostri* : « Erratur cum quid affirmatur quod esset negandum, aut negatur quod esset affirmandum, adeo ut omnis error iudicium, hoc est,

du texte cartésien à l'égard du critère de vérité est dépassée en raison d'une interprétation qui relie le passage de la deuxième partie du *Discours* au résultat de la métaphysique contenue dans la quatrième partie. Mais cette lecture comporte un résultat non négligeable pour Clauberg : en anticipant l'affirmation de la *regula generalis*, posée indépendamment du *cogito*, l'auteur de la *Defensio* détermine la possibilité d'une théorie de la méthode, fondée sur les quatre règles du *Discours* et développée à travers un ensemble de préceptes et une théorie de l'erreur, qui, pour la première règle, regroupe douze causes qui provoquent la *precipitantia* et dix qui sont à la base des *iniudicatae opiniones*.

La première règle de la méthode est commentée par Clauberg suivant trois directions :

> La méthode de bien juger prescrit la meilleure de toutes les règles, laquelle – afin qu'elle ne soit pas entendue moins distinctement à cause de sa généralité – est détaillée par l'auteur en trois parties. La première est qu'*il faut éviter toute précipitation dans le jugement*; la deuxième est qu'*il faut éviter toute prévention dans le jugement*; la troisième est qu'*il ne faut rien juger ou conclure sauf ce qui apparaît clairement à la raison, c'est-à-dire ce qui est ouvert et présent à l'esprit attentif*[1].

Les chapitres XI-XIII commentent chacune des trois parties, et Clauberg y distingue les causes qui entravent l'entendement dans la recherche de la vérité, et qui ont produit la grande confusion qui se trouve dans les sciences. On peut relever douze causes pour la *precipitantia*, parmi lesquelles on trouve des causes « physiologiques », comme l'*aetas immatura* et la *consuetudo ab infantia adhaerens*. Il y a, en outre, des causes d'ordre moral, car la passion du savoir s'accorde mal avec la fatigue et l'attente qui sont liées à la recherche de la vérité[2]. Ainsi, au début de la recherche

affirmationem & negationem praesupponat. Atqui conceptus sive simplex rei apprehensio non praesupponit atque includit, sed omnino antecedit iudicium. ergo in simplice idea seu conceptu non consistit error », *De cognitione Dei et nostri*, XIII, § 1, *Opera Omnia Philosophica*, II, p. 615.

1. « Methodum recte iudicandi regula praescribit optimam, quae ne propter generalitatem suam minus distincte intelligeretur, ab authore in tria membra particulatim diducitur, quorum primum est, *omnem in iudicando praecipitantiam esse vitandam*; secundum, *omnem in iudicando anticipationem vitandam*; tertium, *nihil amplius esse iudicandum aut concludendum quam quod rationi pateat, sive quod menti attendenti praesens sit & apertum* », *Defensio cartesiana*, chap. XI, § 2, *Opera Omnia Philosophica*, II, p. 977.

2. Voici ces causes dans l'ordre établi par Clauberg : *3. defatigatio in attendendo, 4. vehementius sciendi desiderium, 5. impatientia dubitandi, 6. nimia ingenii confidentia, 7. spes praecox, 8. pudor ignorandi, 9. reverentia erga homines, 10. docendi officium, 11. vocabulorum et sermonis usus, 12. levitas et inconstantia*.

philosophique, il faut réviser les opinions que nous avons reçues depuis l'enfance : le fait que nous y avons cru à l'avance n'est pas une raison suffisante pour les accepter comme vraies. Si le fait d'éviter la *praecipitantiam* nous permet d'acquérir de nouvelles connaissances sans nous exposer à l'erreur, fuir l'*anticipationem* consent de vérifier toutes les *opiniones* et les *preiudicia* qui nous accompagnent depuis l'enfance, et qui n'ont jamais été considérées avec attention[1]. Clauberg explique les causes pour lesquelles il peut arriver que nous affirmions des jugements à partir d'opinions confuses : l'enfance est la période dans laquelle, plus conditionnés par l'instinct du corps que par la force de l'esprit, nous acceptons des croyances et des opinions sans les examiner avec soin. Loin d'être une *tabula rasa*, la raison est conditionnée par un ensemble de croyances qui ont été acceptées sans jugement (*iniudicatae opiniones*), et donc à la prévention s'ajoute l'anticipation, qui peut nous faire tomber dans l'erreur.

Le chapitre XIII a pour titre *Non esse plus iudicandus quam perceperis* (« Il ne faut pas juger plus que ce que l'on perçoit »). Si la *praecipitantia* et l'*anticipationem* sont dues surtout à des passions mal contrôlées, cette troisième cause vise surtout le passage des prémisses aux conclusions dans le raisonnement, à savoir de ce qui résulte évident au jugement qui en découle. Pourtant, il ne s'agit pas de partir de l'idée claire et distincte, comme dans le premier cas, mais plutôt d'y rester, et la règle énoncée par Clauberg ne tend pas à limiter l'action des passions, pour nous faire aboutir à une perception évidente, mais elle apparaît plutôt comme une règle élémentaire de déduction logique, selon laquelle on ne peut pas déduire le tout de la partie et on ne peut pas affirmer, de ce qui est accidentel, quelque chose à propos de la substance[2].

1. « Si nihil ante iudicassemus de rebus quarum cognitionem maturioribus annis appetimus, & si intellectus ad scientias se applicans tabulae rasae seu chartae purae (ut nunc loquimur) instar se haberet, sufficeret praecipitantiam in iudicando effugere. Nunc quia mens ad disciplinas accedens varias notiones inscriptas habet, varia iudicia iam ante fecit de rebus quam plurimis [...] & plerumque erronea & inconsiderata, hinc author praecepto de praecipitantia iungit illud de vitanda anticipatione, quod et Resp. quint. ad tert. Med. § fin. refert ad Methodum verbis : *abstuli omnia praeiudicia* », *Defensio cartesiana*, chap. XII, § 1, *Opera Omnia Philosophica*, II, p. 981. *Cf.* F. Trevisani, *Descartes in Germania*, *op. cit.*, p. 69-74 : Selon Trevisani l'origine des positions de Clauberg doit être recherchée, plus que dans la lecture des textes de Descartes, dans l'influence de Balthasar Willius (env. 1606-1656) et Gerhard de Neufville (cf. *supra*, p. 24, n. 3), dont il suivit les cours à Brême.

2. « Denique ut multi paucis dicam, plus iudicamus quam percipimus, quoties fallaciam accidentis committimus, putantes illud rei per se convenire, quod per accidens tantum ei competere percepimus ; item cum a dicto secundum quid ad dictum simpliciter procedimus ; et generatim quoties plus ponitur in conclusione quam fuit in praemissis, ita ut in hac

Le sujet du chapitre XIV est le deuxième précepte de la méthode : « Que les difficultés qui doivent être examinées soient divisées en autant parties qu'il est nécessaire pour les résoudre plus commodément » (« Ut difficultates examinandae in tot partes dividantur, quot expedit ad illas commodius resolvendas »). Comme nous l'avons vu, le jugement doit être précédé d'une perception claire et distincte : toutefois, s'il n'est pas difficile d'avoir une idée claire – car il suffit de l'attention d'un esprit présent et ouvert – il est déjà plus problématique d'avoir une idée distincte, c'est-à-dire qui ne contienne que ce qui est clair. À cet effet, à la première règle s'ajoute la deuxième, qui concerne la division et la distinction des choses qui doivent être perçues. Descartes indique ici qu'il faut résoudre les difficultés en les divisant en le plus grand nombre d'éléments possible, et selon la commodité de la solution au problème. La traduction latine d'Étienne de Courcelles, à laquelle se réfère Clauberg, omet cependant un détail important du texte français. Le texte du *Discours* est le suivant : « Diviser chacune des difficultés que j'examinerais, en autant de parcelles qu'il se pourrait, et qu'il serait requis pour les mieux résoudre. » La *Dissertatio* par contre recommande : « Ut difficultates quas essem examinaturus, in tot partes dividerem, quot expediret ad illas commodius resolvendas ». Comme on peut le constater, l'expression « qu'il se pourrait » n'a pas été traduite, et sans elle le sens de la phrase change sensiblement. Si le texte français indique qu'il faut diviser la difficulté en éléments les plus simples possible, et selon la commodité nécessaire à la résoudre, le texte latin rapporte seulement la deuxième indication. La *divisio* résulte ainsi dépendre d'une commodité personnelle dans la solution du problème : *quot expediret ad illas commodius resolvendas*.

Cette omission est importante pour deux raisons :

– dans le texte de Clauberg apparaît seulement l'indication de la *Dissertatio*, et disparaît celle du *Discours* qui prescrit de résoudre les difficultés « en autant de parcelles qu'il se pourrait » ;

– l'indication de résoudre le problème en éléments les plus simples possible nous rappelle le thème des « natures simples » [1] et la « toile » de

prima cartesianae Methodi regula pleraeque omnes de argumentatione, aut saltem eae quae maioris sunt momenti, contineantur », *Defensio cartesiana*, chap. XIII, § 12, *Opera Omnia Philosophica*, II, p. 986.

1. La définition des *naturae simplices* est fondée sur l'impossibilité, pour la *mens*, de réussir à les diviser en notions encore plus simples. Elles constituent donc le point extrême auquel nous sommes conduits par le respect de cette règle : « Illas tantum simplices vocamus, quarum cognitio tam perspicua est et distincta, ut in plures magis distincte cognitas mente dividi non possint » (*Regulae*, XII, AT X 418 ; B Op II, p. 756).

fond de l'épistémologie cartésienne des *Regulae*. Bien que Descartes ne fasse pas référence ici à cette théorie[1], ce qu'il faut retenir c'est que l'interprétation de Clauberg exclut de droit toute ouverture vers une fondation noétique de la simplicité telle qu'elle est proposée dans les *Regulae*[2]. Cette interprétation tend ainsi vers une conception simplement utilitariste et pragmatique de la division[3].

L'auteur de la *Defensio* interprète cette règle comme une aide pour la raison qui ne peut pas, au contraire de Dieu, connaître à travers un seul acte, mais doit avancer en passant par des moments différents[4]. La *divisio* est alors un exercice utile pour la raison humaine qui, incapable d'embrasser plusieurs notions en même temps, les divise en donnant naissance aux différentes disciplines. Après avoir expliqué l'origine de la nécessité de diviser les difficultés, Clauberg procède à la définition du *modum* et de la *mensura* que la *divisio* doit avoir. Celle-ci n'exige pas d'arriver à un nombre précis d'éléments, mais elle doit dépendre seulement de la difficulté du problème, de sa complexité, et de la commodité personnelle dans la résolution :

> Puisque toute division doit être rapportée à la connaissance meilleure et plus facile des choses qui, tout entières, sont comprises plus difficilement,

1. Nous faisons ici abstraction de la discussion, à l'intérieur de la littérature critique, autour de la permanence ou de l'abandon de cette théorie au cours des années 1630. J.-L. Marion a soutenu la présence de cette théorie dans les *Meditationes* et les *Principia* aussi (*cf.* J.-L. Marion, « Quelle est la méthode dans la métaphysique ? », dans *Questions cartésiennes. Methode et métaphysique*, Paris, PUF, 1991, p. 75-110), tandis que selon D. Garber elle aurait été abandonnée dans les écrits de la maturité (*cf.* D. Garber, *Descartes' metaphysical Physics*, *op. cit.*, p. 30-62 ; « Descartes and Experiment in the *Discourse* and *Essays* », dans *Essays on the Philosophy and Science of René Descartes*, *op. cit.*, p. 288-310).

2. *Cf.* à ce propos, les développements de cette position dans la *Logica vetus et nova* : *infra*, chap. V, p. 232-236.

3. Pour le parallélisme entre le texte des *Regulae* et cette règle *cf.* le commentaire de Gilson, *Discours de la méthode*, *op. cit.*, p. 204-207.

4. « Mens nostra ex sua natura non per unam et simplicem actionem, ut divina, sed per multas ac distinctas operetur », *Defensio cartesiana*, chap. XIV, § 3, *Opera Omnia Philosophica*, II, p. 986. À la différence de l'entendement humain, l'intellect divin connaît à travers un seul acte, et c'est pour cela que sa science est unitaire et n'a pas besoin de se partager en différentes disciplines : « Deus uno conceptu exhaurit rerum plenitudinem adeoque una eius est scientia, qua novit omnia » (*ibid.*). Au contraire, nous connaissons certaines choses à travers la métaphysique, d'autres à travers les mathématiques, et d'autres encore à travers la physique, etc. Dans la lettre à Mesland du 2 mai 1644 Descartes avait affirmé que « l'idée que nous avons de Dieu nous apprend qu'il n'y a en lui qu'une seule action, toute simple et toute pure » (AT IV 119 ; B 454, p. 1914).

> la bonne méthode ne doit pas prescrire, dans la division, un nombre déterminé de parties, dont on ne puisse pas s'écarter. Au contraire, le nombre des parties doit être augmenté ou restreint dans la mesure qui convient à chaque difficulté qui doit être résolue [1].

Le troisième précepte de la méthode cartésienne, commenté dans le chapitre XV [2], prescrit de suivre un ordre, qui nous montre où commencer et comment procéder dans la connaissance des choses que nous avons divisées. Clauberg distingue trois moments différents, qui constituent la structure de l'*ordo*, à savoir le *terminus a quo*, le *progressus*, et le *terminus ad quem* : le premier correspond aux *res simplicissimae et cognitu facillimae*, auxquelles on est parvenu avec la division. Le *progressus* doit se dérouler *paulatim et quasi per gradus*, tandis que le terme à atteindre est la connaissance des notions complexes.

Toutefois, l'ordre décrit par Clauberg semble s'identifier avec la *methodus naturalis* des traités de logique, qui procède de façon synthétique et qui est suivie surtout dans les disciplines spéculatives. Dans ses *Institutionum Logicarum*, un des manuels de logique les plus diffusés dans les Universités néerlandaises [3], Franco Burgersdjik pose le but de la *methodus sive ordo* dans la compréhension et dans la conservation des choses qu'on se propose de connaître, et pour cela il précise qu'il faut commencer par les choses connues, et il définit comme *notiora* non seulement celles qui contribuent à la connaissance des suivantes, mais encore celles qui se connaissent le plus facilement. Le problème de concilier les choses qui sont *natura priora* avec celles qui sont *notiora nobis* est d'ailleurs un des points les plus controversés de la logique des XVIe et XVIIe siècles, et il fut l'objet

1. « Quoniam enim divisio omnis ad id comparata est, ut miliori ac faciliori eorum, quae tota difficilius comprehenduntur, cognitioni inserviat, non debet utique determinatus partium dividentium numerus, a quo deflectere non liceat, a recta Methodo praescribi ; sed extendendus at contrahendus partium numerus est pro difficultatis cuiusque resolvendae commoditate », *Defensio cartesiana*, chap. XIV, § 6, *Opera Omnia Philosophica*, II, p. 987.

2. Le titre du chapitre XV, qui énonce le troisième précepte, est le suivant : « *De methodi cartesianae praecepto tertio* : Ut cogitationes omnes, quae veritati quaerendae impenduntur, certo semper ordine promoveatur : incipiendo scilicet a rebus simplicissimis, & cognitu facillimis, & paulatim & quasi per gradus ad difficiliorum et magis compositarum cognitione adscendendo, in aliquem etiam ordinem illas mente disponendo, quae se mutuo ex natura sua non procedunt », *Opera Omnia Philosophica*, II, p. 989.

3. *Cf.* à cet égard, J. B. M. van Reyen, « Burgersdijk, Logician or textbook writer ? », dans E. P. Bos, H. A. Krop (éds.), *Franco Burgersdijk (1590-1635) : neo-aristotelianism in Leiden*, Amsterdam, Rodopi, 1993, p. 9-28.

d'une dispute entre Piccolomini et Zabarella[1]. Burgersdjik, en traitant de la *Methodus Naturalis*, affirme que les deux choses sont parfaitement conciliables, car les choses qui sont les premières dans l'ordre naturel sont aussi les plus facilement connaissables de façon distincte[2]. L'unité des deux principes dans la *cognitio distincta* est garantie par la correspondance entre raison et réalité, parce que *res ipsae sunt mensura cognitionis nostrae*[3]. Le fait que Clauberg aussi adopte cette position émerge de l'exemple qu'il rapporte, et à travers lequel il veut montrer comment Descartes avait commencé par les *res simplicissimae, & cognitu facillimae*. Dans la *Defensio*, les *res simplicissimae* ne sont pas seulement les éléments premiers qui forment la structure fondamentale de la pensée, mais elles sont surtout les éléments les plus simples dans l'ordre naturel. Ainsi, l'*ordo* suivi par Descartes est, selon Clauberg, celui qui passe des réalités les plus simples, l'âme et Dieu, aux réalités les plus complexes, comme les corps, le mouvement, etc.[4]. Une autre preuve de tout cela nous est donnée dans la *Initiatio Philosophi*, où Clauberg affirme à ce propos : « Ainsi donc, la philosophie première commence par des choses de ce genre (à savoir par les choses les plus simples et plus faciles de toutes, tant selon son jugement que selon la vérité de la chose) »[5]. Cette correspondance entre l'idée claire et distincte et la chose qu'elle représente, que Descartes justifie sur la base du *cogito* et de l'existence de Dieu, est acceptée par Clauberg sans la nécessité d'aucune démonstration ou justification. Pour Descartes, au contraire, les *res simplicissimae* ne sont pas les choses qui se trouvent être les premières

1. *Cf.* à ce propos, A. Poppi, *La dottrina della scienza in Giacomo Zabarella*, Padoue, Antenore, 1974 ; H. Mikkeli, *An aristotelian response to Renaissance humanism : Jacopo Zabarella on the nature of arts and sciences*, Helsinki, SHS, 1992, p. 80-91.

2. « Ego utrumque verum esse existimo, & methodum sumendam esse a natura, & a nostra faciliori cognitione. [...] Iam vero, quae nobis notiora sunt quoad cognitionem distinctam, eadem priorem sunt natura. Cognitio enim distincta est, quae rebus ipsis respondet, & ordini naturae. Res enim ipsae sunt mensura cognitionis nostrae », Burgersdjik, *Institutionum Logicarum*, *op. cit.*, p. 374-375.

3. *Ibid.* *Cf.* à ce propos F. Trevisani, « Johannes Clauberg e l'Aristotele riformato », art. cit., p. 116-118.

4. « In prima philosophia incipit [Descartes] a rebus simplicissimis, & inventu facillimis, Mente sua et Deo; his cognitis, quantum sufficiebat ad Philosophiae iacenda fundamenta, perrexit ad res magis compositas, quales sunt corporeae, de quibus in Physicis, ubi primo Materiam simpliciter atque indefinite considerat, deinde Motum conteplatur, a quo omnis Materiae variatio sive omnium eius formarum diversitas proficiscitur », *Defensio cartesiana*, chap. XV, § 6, *Opera Omnia Philosophica*, II, p. 990.

5. « Dum igitur a talibus (id est, simplicissimis ac facillimis, & suo iudicio & in rei veritate) primam philosophiam inchoat », *Initiatio Philosophi*, chap. V, § 53, *Opera Omnia Philosophica*, II, p. 1161.

dans l'ordre naturel, mais, comme il est expliqué dans la *Règle XII*, elles sont les *notions* que l'entendement ne peut pas résoudre en éléments encore plus simples, et dont la composition constitue les notions les plus complexes. Si, pour Descartes, la science est la chaîne des idées claires et distinctes, qui peut s'étendre du *cogito* aux autres réalités grâce à l'existence d'un Dieu parfait et tout-puissant, pour Clauberg la science se pose comme la reproduction de l'ordre qui existe déjà dans la réalité, et qu'une raison attentive et privée de préjugés peut parcourir à partir des niveaux les plus simples jusqu'aux plus complexes[1].

La quatrième règle, qui traite de l'énumération, est commentée dans le chapitre XVI. Cette règle vient compléter les trois précédentes parce que, après avoir ordonné les différentes parties en lesquelles a été divisé le problème, une énumération exhaustive devient nécessaire afin de n'omettre aucune de ces parties et de parcourir l'ordre entier des choses[2]. On viole ce précepte toutes les fois que l'on omet quelque détail de la division, ou bien quand il manque un facteur fondamental pour la compréhension, ou encore quand on raccorde des syllogismes disjoints, etc. L'auteur de la *Defensio* énumère neuf causes, liées essentiellement au moment de l'exposition d'une doctrine, qui peuvent nous conduire à transgresser cette règle.

Pour Clauberg ces quatre préceptes constituent l'ensemble de la logique et de la méthode cartésienne, qui ont été appliqués par Descartes dans la recherche et dans l'exposition de ses théories. En réponse aux critiques de Revius et de Lentulus – qui dénonçaient l'absence, dans la pensée de Descartes, d'une logique et d'une théorie de la méthode – les premiers cartésiens néerlandais proposent un ensemble de règles et de préceptes bien développés, avec une ample description de la façon dont ils peuvent être violés.

Le dessein de Clauberg, toutefois, n'était pas seulement de répondre officiellement aux accusations de Revius et de Lentulus, mais aussi de proposer les fondements d'une logique qui devait pouvoir être enseignée

1. « Nempe sicut sunt ideae seu species in mente divina, quas ipsas res creatas & existentes realiter antecedunt : ita in nostris mentibus sunt ideae seu species quaedam consequentes, quibus repraesentantur res, ut iam a Deo factae et creatae sunt », *De cognitione Dei et nostri*, XVI, § 22, *Opera Omnia Philosophica*, II, p. 621.

2. « Nihil aliud mandari quarto Methodi praecepto, quam ut ea, quae examinanda et iudicanda sumimus, universa enumeremus, non autem ut nihil sit in rebus ipsis (de quibus id solum quod percipimus iudicamus) quod intellectu non penetremus », *Defensio cartesiana*, chap. XVI, § 19, *Opera Omnia Philosophica*, II, p. 996.

dans les Universités. Dans le chapitre XVII Clauberg résume les caractéristiques fondamentales de la *methodus cartesiana*, et il entend montrer que ses règles peuvent être prises comme le fondement d'une logique complète, capable de synthétiser ce qui avait été établi par les anciens et ce qui avait été découvert par les modernes[1]. Il souligne ainsi que les quatre règles ont été déduites l'une de l'autre[2], à partir de la première, fondamentale, et qu'elles rassemblent les principes de la logique vulgaire, de l'Analyse et de l'Algèbre. Mais si les règles de la *Dissertatio* représentent le noyau fondamental de la méthode, elles n'épuisent pas toute la complexité de la logique : pour répondre à Revius et à Lentulus, qui jugeaient les règles cartésiennes tout à fait insuffisantes pour substituer la doctrine de l'École, Clauberg présente un aperçu de la logique qu'il veut publier, la *Logica vetus et nova*. Les deux parties qui composent la logique sont la *Genetica* et l'*Analytica*[3] : la méthode de Descartes correspond à la première partie de la génétique, car le philosophe français cherchait seulement une méthode utile à la recherche de la vérité, et, puisque c'était là son seul intérêt, il ne se préoccupa guère de développer les autres parties de la logique.

L'auteur de la *Defensio* arrivait ainsi à insérer la méthode cartésienne dans la logique qu'il avait projetée avant la publication de l'*Ontosophia* de

1. Le chapitre XVII a pour titre : « Generalia quaedam superiorum Consectaria I. De Methodi cartesianae gradibus et partibus. 2. De praeceptorum eius novitate. 3. Generalitate. 4. Paucitate. 5. Sufficientia », *Opera Omnia Philosophica*, II, p. 996.

2. Pour Clauberg en effet les quatre préceptes découlent tous du premier, qui implique en lui les autres : « De rebus non esse iudicium ferendum nisi perceptae prius fuerint, praeceptum Methodi primum voluit; quoniam vero in rebus percipiendis difficultates intellectui obiiciuntur, eas facilioris resolutionis ergo plures in parte dividere docuit secundum; & quia in multitudine rerum divisarum pronus est ad confusionem lapsus, ordinem monstravit praeceptum tertium. Sed quia non sufficit divisas partes recte ordinare, nisi insuper earum numero adaequare, ac ne ulla ex iis omittatur cavere studeamus, ea propter Author praeceptum quartum [...] praecedentibus annectit », *Defensio cartesiana*, chap. XV, § 1, *Opera Omnia Philosophica*, II, p. 993.

3. « Logica est vel genetica, quae intellectum dirigit ad rectam formationem seu γένεσιν suarum cogitationum; vel *Analytica*, quae intellectum dirigit ad convenientem resolutionem seu ἀνάλυσιν alienarum cogitationum. Genetica logica iterum duas habet partes : *prior* dirigit intellectum in ordine ad seipsum, seu ut ipse quidvis rite cognoscat; posterior dirigit intellectum in ordine ad alium, sive, ut cognitum apte aliis communicet. Logica Analytica in duas quosque partes dispescitur : *prior* facit, ut intelligamus quae et quales sint alienae cogitationes viva voce aut scripto prolatae, hoc est, ut verum sensum cognoscamus externi sermonis, *posterior* efficit, ut agnoscamus tales illae cogitationes sint quales esse debent, hoc est ut veritatem et falsitatem, consequentiam et inconsequentiam sermoni interni dijudicemus », *Defensio cartesiana*, chap. XVIII, § 10, *Opera Omnia Philosophica*, II, p. 998. Nous reviendrons expressément sur la *Logica vetus et nova* au chap. V.

1647[1]. Cette opération montre clairement la perspective unitaire de la réflexion de Clauberg : le cartésianisme s'intègre dans un cadre préexistant, en le modifiant sensiblement, sans aucun doute, mais en se posant dans la continuité avec lui. Nous verrons dans le prochain chapitre les conséquences de cette intégration, mais la continuité entre la *Defensio cartesiana* et la logique conçue avant Descartes est un fait dont on peut difficilement sous-évaluer l'importance pour une interprétation d'ensemble de la pensée claubergienne.

En ce qui concerne la polémique avec Revius et Lentulus, le projet de Clauberg d'intégrer la méthode cartésienne dans un manuel de logique ouvre une nouvelle perspective sous laquelle il faudrait considérer la position des cartésiens. En effet, il devient clair qu'il ne s'agissait pas seulement de défendre certaines doctrines des accusations et des interprétations captieuses dont elles faisaient l'objet, mais aussi de les réhabiliter pour pouvoir les enseigner dans les Universités, et pour les assimiler à une structure pédagogique qu'elles trouvent déjà établie dès leur apparition. En d'autres termes, le cartésianisme ne fut pas une apologie stérile de ce que Descartes avait écrit, mais la tentative de le faire entrer dans les Universités, de le transformer en une doctrine utile pour tout le monde et, dans ce cas, de soustraire la méthode de Descartes à l'usage privé qu'il en avait fait. Dans la *Praefatio* Clauberg avait distingué les deux buts de sa défense. Le premier était de venger les accusations injustes qui avaient été portées contre Descartes, le deuxième de répondre à l'exigence de rendre la philosophie de Descartes accessible au vaste public des Universités : « Je juge que cela [l'explication des théories cartésiennes à travers un commentaire des textes de Descartes] est plus approprié pour les lecteurs, afin qu'ils soient conviés à une lecture plus facile de l'auteur et qu'ils s'habituent à sa méthode »[2]. À cette perspective se rattachent les réponses de Clauberg sur le « mathématisme » de Descartes et sur le rôle et l'extension du doute : il fallait en effet montrer que la *methodus cartesiana* n'était pas valable seulement dans les mathématiques (et indûment appliquée dans les autres disciplines), et que le doute de Descartes ne comportait pas de risques pour les lecteurs et les disciples qui abordaient la métaphysique.

1. *Cf.* à ce propos le chapitre V, *infra*, p. 198 *sq.*

2. « Ad lectorum usum illud accomodatius iudico, ut invitentur ad faciliorem authoris lectionem, ipsius methodo adsuescant », *Defensio cartesiana*, *Praefatio*, *Opera Omnia Philosophica*, II, p. 940-941.

Tout au long du chapitre XVIII Clauberg s'applique à répondre aux critiques de Revius et de Lentulus sur l'apport des mathématiques dans la formation de la philosophie de Descartes. Il faut, selon Clauberg, distinguer le rôle que jouent les mathématiques dans la formation intellectuelle de Descartes de celui qu'elles ont dans sa pensée, et surtout dans la métaphysique[1] : l'affirmation contenue dans la *Dissertatio*, selon laquelle Descartes commença par les mathématiques, ne se réfère pas aux deux domaines. Sur la base de la traduction latine du *Discours* et de l'introduction à l'édition française des *Principia*[2], Clauberg montre que Descartes s'exerça beaucoup aux mathématiques, qui seules lui paraissaient fournir un savoir certain, tandis qu'en métaphysique il affirme comme principes la connaissance de soi et de Dieu. Dans cette perspective, les mathématiques jouent un rôle d'arrière-plan, car tout en étant utiles pour entraîner la raison dans le raisonnement philosophique, elles ne jouent pas un rôle significatif en ce qui concerne les principes de la métaphysique.

Si, d'une part, Clauberg « corrige » l'interprétation selon laquelle la *methodus cartesiana* consistait dans l'application du modèle mathématique à la métaphysique, de l'autre il attaque l'interprétation qui pose, comme représentative de toute la métaphysique de Descartes, la synthèse *more geometrico* contenue dans les *Réponses* aux *Deuxièmes Objections*. L'auteur de la *Defensio* situe la synthèse *more geometrico* à l'intérieur de l'œuvre cartésienne, et montre qu'elle a été rédigée sur la demande explicite des objecteurs[3]. Cet écrit est donc tout à fait anormal par rapport à la méthode suivie par Descartes en métaphysique, et Clauberg rappelle à ce propos la distinction cartésienne entre l'*ordo*, pour lequel *quae prima proponuntur, absque ulla sequentium ope debeant cognosci*[4], et la *ratio*,

1. « Distinguere oportet inter praeparationem ingenii ad aliquid cognoscendum, & inter ipsam cognitionem ad quam paratum fuit ingenium », *Defensio cartesiana*, chap. XVIII, § 3, *Opera Omnia Philosophica*, II, p. 999.

2. Dans la *Lettre-Préface*, Descartes affirme que celui qui veut s'instruire doit, après s'être muni d'une Morale qui puisse le guider dans les actions de la vie, « aussi étudier la Logique : non pas celle de l'École, [...] mais celle qui apprend à bien conduire sa raison pour découvrir les vérités qu'on ignore ; & parce qu'elle depend beaucoup de l'usage, il est bon qu'il s'exerce longtemps à en pratiquer les règles touchant des questions faciles & simples, comme sont celles des Mathématiques », AT IX-2 13-14 ; B Op I, p. 2228.

3. « Imprimis tenendum est Cartesium in exemplis Revio citatis non *adhibuisse amussim Mathematicam* sibi familiarem & usitatam, & quam ipse in naturali theologia adhibendam afferat : sed scripsit ea arbitrio opponentium, qui in fine secundarum obiect. Talem methodum per definitiones, postulata &c. ab eo requirebant », *Defensio cartesiana*, chap. XVIII, § 11, *Opera Omnia Philosophica*, II, p. 1001.

4. AT VII 155 ; B Op I, p. 884.

qui se divise en analyse et synthèse. La manière de démontrer (*ratio*) qu'il faut suivre en métaphysique est l'analytique, et Descartes déclare ouvertement l'avoir suivie dans les *Meditationes*. La synthèse proposée dans les *Réponses* aux *Deuxièmes Objections*, par contre, est un écrit de circonstance, qui a une valeur de simple exercice, et qui ne peut pas être interprété en faisant abstraction de ce que Descartes a affirmé dans les œuvres majeures.

Toutefois, à l'intérieur de cette polémique, il ne s'agissait pas seulement de montrer que cette synthèse n'était pas essentielle, car outre l'exposé *more geometrico*, les critiques de Revius et de Lentulus mettaient aussi en cause la *Première Méditation* tout entière, en voulant montrer que l'intention de Descartes était de détruire toute certitude et croyance chez le lecteur : si la métaphysique cartésienne est celle proposée dans les *Deuxièmes Réponses*, quelle était alors la vraie fonction du doute ? En ce qui concerne la lecture de la stratégie argumentative de Descartes, l'interprétation de l'exposé géométrique avait donc des conséquences sur l'interprétation de la *Première Méditation*. Et si l'exposé a, bien évidemment, un rôle mineur dans la formulation de la philosophie cartésienne, on ne peut pas en dire autant du doute. C'est pourquoi il fallait montrer que l'emploi du doute et la mise à l'écart de certaines convictions n'obéissaient pas seulement au choix incontesté de Descartes.

L'affirmation de Revius selon laquelle Descartes présuppose la notion de Dieu, de l'âme, du corps, tandis que dans la *Première Méditation* il les refuse[1], ou les juge sans hésitation fausses, induit Clauberg à donner quelques éclaircissements sur le doute de la *Première Méditation*. Pour l'auteur de la *Defensio*, en effet, Descartes ne refuse pas les idées ou les notions simples (*ideas seu simplices earum rerum notiones*), mais seulement les *opiniones* et les *praeiudicia*, qui ne sont absolument pas évidents et qui doivent ainsi être rejetés parmi les connaissances incertaines. « Parmi les règles principales de la philosophie cartésienne il y a celle qui prescrit que, quand et aussi longtemps que nous ne percevons ni nous ne nous rappelons suffisamment quelque chose, nous suspendions notre jugement sur elle, c'est-à-dire que nous doutions, jusqu'à quand nous l'avons connue

1. « Cogor quaerere : si hac omnia praesupponenda sunt, quid amplius demonstrandus restat ? Praesupponit enim notitiam mentis, corporis, Dei, omnium figurarum mathematicarum at haec omnia ut incerta, imo falsa antea abjecit, nunc vult veritatem eorum praesupponi, solummodo, quia ipse ita postulat », J. Revius, *Statera philosophiae cartesianae*, *op. cit.*, p. 42.

et examinée »[1]. Si d'une idée *satis percipimus*, alors il n'y a aucune raison pour douter d'elle : de ce point de vue la *Première Méditation* est un rappel à porter l'attention sur les idées simples et faciles à comprendre, pour établir une science privée de toute opinion et de tout préjugé. Le procédé de la *Première Méditation* serait ainsi un instrument pour celui qui, voulant aborder la métaphysique, doit entreprendre de distinguer les idées vraies des opinions, et, à cet effet, il doit commencer par la suspension du jugement concernant les perceptions qui ne sont pas claires et distinctes[2]. Selon Clauberg le doute ne mine pas les *notiones simplices* de même qu'il ne concerne pas l'existence de Dieu, mais seulement les jugements qui impliquent des notions plus complexes, dans lesquels l'erreur est possible. On peut ainsi considérer Clauberg comme le premier interprète à avoir soutenu que le doute ne concerne pas directement les notions claires et évidentes, mais seulement l'opinion confuse qu'en ont ceux qui n'ont pas éloigné leur esprit des sens[3].

Le problème du doute est affronté dans le chapitre XXII, qui a pour titre *de Metaphysicis, ad sectionem quartam*. Dans ce chapitre, Clauberg répond à l'accusation de Lentulus selon laquelle Descartes, en mathématisant la métaphysique, a prétendu que nous avons une *idea repraesentatrix* de Dieu. Contre cette objection, il affirme que

> Le fait que Descartes bâtisse sa théologie ou métaphysique sur les cercles des mathématiciens est tout à fait faux, car dans le même lieu où il aborde cette question, il rejette les démonstrations des mathématiciens en feignant qu'elles sont fausses et il n'en fait pas usage ou mauvais usage. Il enseigne partout, de fait, que Dieu et l'entendement sont dénués de toute figure, dimension ou quantité mathématique. [...] Il montre que ni Dieu ni l'entendement de l'homme ne peuvent être l'objet de l'imagination, car les choses intellectuelles sont perçues par la force de l'intellect, non par la force de l'imagination[4].

1. « Inter praecipuas Philosophiae cartesianae regulas est, ut quando et quam diu rem aliquam non satis percipimus, neque recordamur, nos eam antea recte percepisse, iudicium de ea nostrum suspendamus sive dubitemus, tantisper dum cognita nobis fuerit et explorata », *Initiatio Philosophi*, chap. I, § 1, *Opera Omnia Philosophica*, II, p. 1131.

2. *Cf.* à ce propos le chapitre IV, *infra*, p. 171-176.

3. Dans la discussion sur la portée et l'extension du doute de la *Première Méditation*, cette position a été défendue par H. Frankfurt (cf. *Demons, Dreamers and Madmen : the Defense of Reason in Descartes'* Meditations, Indianapolis, Bobbs-Merrill Company, 1970, p. 61-62).

4. « Quod e mathematicorum circumscriptionibus Theologiam seu Metaphysicam suam moliatur Cartesius, falsissimum est, nam hoc ipso in loco, ubi rem aggreditur,

Cette réponse ne semble pourtant pas saisir la portée réelle de la critique de Lentulus, car, comme on l'a vu, ce dernier ne voulait pas soutenir que la démonstration cartésienne dépend des théorèmes de géométrie, mais il entendait plutôt mettre en cause la possibilité d'une représentation positive de l'infini sur la base d'une proportionnalité avec la réalité finie. Par ailleurs, Clauberg ne prend pas en considération la possibilité que le doute sur les mathématiques porte sur la capacité de l'entendement à atteindre la vérité *circa ea quae se perfectissime scire habeantur*. Dans ce cas, le doute s'étend aussi aux principes de toute mathématique, et il ne s'agit pas de mettre en question l'imagination, mais essentiellement l'entendement lui-même[1]. Cette hypothèse n'est même pas envisagée dans la *Defensio*, et le doute sert seulement à montrer la majeure certitude de la connaissance intellectuelle par rapport à la connaissance sensible.

Il est possible que Clauberg ait été influencé dans son interprétation par le texte de l'*Entretien avec Burman*, dans lequel Descartes affirme que la *Première Méditation* ne met pas en discussion les principes communs et les axiomes – par exemple le principe de non-contradiction –, car elle prend comme point de départ l'homme commun qui n'arrive pas à les mettre en question[2]. Cette affirmation sous-tend que le doute s'adresse à l'*homo sensualis* en s'adaptant à ses pseudo-évidences et elle exclut ainsi une portée vraiment épistémologique ou métaphysique de la *dubitatio*. Mais, en même temps, on n'est pas sûr que le texte de l'*Entretien* soit fiable et l'on ne peut pas évaluer la portée des éventuelles interventions de la part de Burman lui-même ou de la transcription opérée par Clauberg[3]. En outre, on

Mathematicorum demonstrationes, falsas fingendo, seponit, iisque nec utitur nec abutitur. Deum vero & mentem omnis figurae, dimensionis et quantitatis Mathematicae expertes esse passim docet. […] Nec Deum nec mentem humanam sub imaginationem cadere posse ostendit; intellectui enim res intellectuales, non imaginationis vi percipiuntur », *Defensio cartesiana*, chap. XXII, § 4, *Opera Omnia Philosophica*, II, p. 1011.

1. Voir à ce propos le chapitre IV, *infra*, p. 164-176. La thèse selon laquelle le doute sur les *magis simplicia et universalia* doit être lié à la théorie des natures simples et à la théorie de la création des vérités éternelles a été soutenue par J.-L. Marion, *Sur la théologie blanche de Descartes*, *op. cit.*, p. 313-346. Voir aussi, du même auteur, « Quelle est la méthode dans la métaphysique ? », art. cit., p. 91-96.

2. « Considerat hic auctor hominem qui primo philosophari incipit, quique ad ea tm attendit quae scit se nosse. Nam quantum ad principia communia et axiomata e. g. impossibile est idem esse et non esse attinet, ea homines sensuales, ut omnes ante philosophiam sumus non considerant nec ad ea attendunt », AT V 146 ; B Op II, p. 1246.

3. Sur le rôle de Clauberg dans la transcription de l'*Entretien*, *cf.* l'*Enleitung* de H.W. Arndt dans R. Descartes, *Gespräch mit Burman*, H.W. Arndt (éd.), Hambourg, Meiner, 1982, p. XVI-XXVIII.

pourrait aussi supposer que c'est la transcription de l'*Entretien* qui a été conditionnée par l'interprétation de Clauberg.

Ce qu'il faut en tout cas retenir c'est que, encore une fois, un des aspects les plus problématiques de la « méthodologie » cartésienne est présenté et interprété de manière « affaiblie » et « conciliatrice » de la part de Clauberg, au point que, paradoxalement, son interprétation rejoint celle des objections de Bourdin à la première méditation. Pour montrer dans quel sens on peut se tromper sur les choses les plus faciles, l'auteur des *Septièmes Objections* apporte l'exemple d'une personne endormie qui, entendant sonner quatre heures, croit que l'horloge délire, car elle sonne quatre fois une heure : « J'ai connu une personne qui, un jour, comme elle sommeillait, ayant entendu sonner quatre heures, se mit à compter ainsi l'horloge, une, une, une, une. Et pour lors l'absurdité qu'elle concevait dans son esprit la fit s'écrier : "Je pense que cette horloge est dérangée, elle a sonné quatre fois une heure" »[1].

Sans mentionner Bourdin, Clauberg apportera le même exemple à propos du doute de la *Première Méditation*[2], et il s'appuiera sur lui pour expliquer dans quelle mesure l'on pouvait accueillir le doute de la *Première Méditation* sur les choses les plus simples et universelles à partir de la *vetus opinio* du Dieu tout-puissant[3]. Par conséquent, Clauberg réduit le doute sur la nature même de l'entendement à un doute sur sa mauvaise application ; l'hypothèse du Dieu trompeur est seulement effleurée et tout de suite écartée, au point que la réfutation de cette hypothèse est avancée par

1. « Novi ego, qui dormitabundus aliquando pulsari horam quartam audiverit, et sic numeravit : Una, Una, Una, Una ; ac tum, prae rei absurditate, quam animo concipiebat, exclamavit : Nae delirat horologium ! quater pulsavit horam primam », AT VII 457 ; B Op I, p. 1252 (la traduction citée est celle de Clerselier reprise par F. Alquié dans son édition des *Œuvres philosophiques* de Descartes, Paris, Garnier-Flammarion, 1992, vol. II, p. 954). L'exemple sera repris par Hobbes dans le *Leviathan*, chapitre IV : cf. *The English Works of Thomas Hobbes*, W. Molesworth (éd.), Londres, Bohn, vol. III, 1839, p. 22-23.

2. « Non alienum fuit hic referre, quod de homine quodam dormitabundo accepi, qui aliquando audiens pulsari horam quartam, sic numeravit : Una, Una, Una, Una ; ac tum prae rei absurditate, quam animo concipiebat, exclamavit : nae delirat horologium, quater pulsavit horam primam », J. Clauberg, *Paraphrasis in Renati Descartes Meditationes de Prima Philosophia, lectio sexta*, § 81, *Opera Omnia Philosophica*, I, p. 358. Dans l'*Initiatio philosophi* (chap. IX, § 33, *Opera Omnia Philosophica*, II, p. 1193), le même exemple est apporté pour expliquer le doute sur les mathématiques, mais cette fois Clauberg cite sa source.

3. Sur la figure du Dieu trompeur et sur ses référents scolastiques, on peut voir : T. Gregory, « Dio ingannatore e genio maligno Nota in margine alle *Méditations* di Descartes », *Giornale critico della filosofia italiana*, 1974, IV, p. 477-516 (trad. fr. dans *Genèse de la raison classique*, Paris, PUF, 2000, p. 293-347) ; M. E. Scribano, « L'inganno divino nelle *Meditazioni* di Descartes », *Rivista di filosofia*, 1999, 2, p. 219-251.

Clauberg à l'intérieur du commentaire de la *Première Méditation* : « Et ainsi il est impie de juger que Dieu agit selon sa puissance et sa liberté de telle manière qu'une action quelconque s'oppose à sa bonté. Mais qu'est-ce qui s'oppose le plus à sa bonté du fait qu'il m'a créé tel que je me trompe et que je m'abuse toujours ? » [1].

Dans l'exposition de la métaphysique cartésienne, réduite aux deux principes de l'immortalité de l'âme et de l'existence de Dieu, et supportée par une logique et une méthode que Clauberg a soigneusement décrites, le doute devient un moment accessoire, une démonstration par l'absurde que nous pourrions résumer dans l'affirmation : « Si nous pouvons douter même des réalités sensibles, nous ne pouvons pas douter de l'âme, donc … ». La réduction opérée par la *Defensio* est due à la nécessité de soumettre le doute à un contrôle qui l'empêche d'engendrer chez le lecteur une crise sceptique. Aux accusations, lancées par Revius et Lentulus, d'induire à douter de l'existence de Dieu, de sa bonté, et de la réalité sensible, Clauberg oppose l'exigence cartésienne d'affirmer la véracité divine comme clé de voûte de toute connaissance scientifique, et sa démonstration comme moment nécessaire de la métaphysique. Le doute sur la non-existence de Dieu et sur sa tromperie est réduit par Clauberg aux deux questions : a) *an Deus sit*; b) *an possit esse deceptor*. De cette façon, la situation critique dans laquelle se trouve le lecteur de la *Première Méditation* est évitée, et promptement remplacée par la *fictio* du malin génie.

L'analyse de la métaphysique de Descartes se termine après ces brèves pages, et Clauberg renvoie le lecteur à l'examen plus attentif qu'il se propose de faire dans la deuxième partie de l'œuvre. Toutefois, comme nous l'avons déjà vu, la *Defensio* ne comprend que cette première partie et reste donc incomplète en ce qui concerne la métaphysique.

L'œuvre de Clauberg avait ainsi posé les fondements du développement systématique de la théorie de la méthode de Descartes. En outre, dans la *Defensio*, apparaissent une réponse et une ligne défensive qui se répandirent largement parmi les cartésiens : à savoir que Descartes n'avait pas introduit un nouveau système d'idées, mais plutôt une nouvelle méthode, capable de démontrer les vérités traditionnelles (immortalité de

1. « Itaque nefas sit existimare, Deum sic agere secundum potentiam et libertatem, uti vel aliqua actio suae repugnet bonitati. Quid autem magis bonitati repugnaret, quam ut talem me creaverit, qui semper fallar ac decipiar? », J. Clauberg, *Paraphrasis in Renati Descartes Meditationes de Prima Philosophia*, *lectio sexta*, § 85, *Opera Omnia Philosophica*, I, p. 358.

l'âme et existence de Dieu) d'une façon plus certaine et plus évidente[1]. Ainsi, l'accusation de vouloir réformer la théologie, avec le risque de la corrompre, est démentie par Clauberg à travers la distinction entre la philosophie, qui ressort de la raison, et la théologie, qui a sa source dans la révélation. Le doute n'est pas, comme pour les sceptiques, l'instrument qui détruit toute connaissance humaine, mais la méthode qui nous permet de rejeter les connaissances fausses et d'accueillir les vraies à l'intérieur du savoir philosophique. À partir des réponses contenues dans la *Defensio* il fut donc possible de retracer la logique de Descartes, et d'affirmer que, par son moyen, on arrivait à démontrer des vérités solides.

Mais, en même temps, la *Defensio* contribua à véhiculer une « lecture » précise du corpus cartésien, à partir de la distinction entre écrits acroamatiques et exotériques : le *Discours*, rangé parmi les premiers, était considéré comme une présentation affaiblie des thèses des *Meditationes*, et, ainsi, il pouvait être lu comme un exposé bref et occasionnel de la pensée cartésienne. Le texte, qui, pour les détracteurs de Descartes, était le plus révélateur de sa philosophie, était ainsi privé de son autonomie interprétative, ce qui ne manqua pas de choquer les adversaires de Clauberg. J. Revius, dans la réponse qu'il donna à la *Defensio cartesiana* – c'est-à-dire le *Thekel, hoc est levitatis defensionis cartesianae* –, remarqua le parallèle hasardeux établi entre Descartes et Aristote : « Je m'étonne que l'auteur ait voulu la [la division entre les écrits acroamatiques et les écrits exotériques] transférer des livres d'Aristote aux livres de Descartes, puisque l'on sait qu'il [Descartes] n'a rien apprécié d'Aristote »[2]. L'auteur de la *Statera* ne manquait pas ainsi de souligner, avec une certaine ironie, que Clauberg appliquait à l'œuvre cartésienne le modèle interprétatif propre à la philosophie que Descartes avait combattu plus que toute autre. Dans le *Thekel*, Revius répondait point par point à la *Defensio*, en citant l'œuvre claubergienne et en proposant à chaque fois une critique aux arguments de Clauberg. Et cependant, l'œuvre de Revius n'arriva pas à contraster l'interprétation de la *methodus cartesiana* proposée par Clauberg : si, d'une part, Revius se limitait à répondre aux passages dans lesquels il était directement attaqué, c'est-à-dire à la

1. C'est ce que Paul Dibon rappelle plusieurs fois tout au long de son article sur « Descartes et ses disciples hollandais » : « Descartes apportait non point un système nouveau, mais une méthode nouvelle pour rebâtir l'édifice de la connaissance humaine » (*Regards sur la Hollande du siècle d'or*, Naples, Vivarium, 1990, p. 599-611).

2. « Miror auctorem eam a libris aristotelicis ad cartesianos transferre voluisse, cum sciamus quam nihil aristotelicum illi placuerit », J. Revius, *Thekel, hoc est levitatis defensioni cartesianae*, *op. cit.*, p. 4.

*pars destruens* de la *Defensio*, de l'autre il n'arrivait pas de cette manière à affaiblir les thèses interprétatives les plus originales de Clauberg, ce qu'on pourrait appeler la *pars construens* du texte claubergien, à savoir la reconstruction de la *methodus cartesiana*. En effet, aux neuf chapitres et aux centaines de pages que Clauberg avait consacrés dans son œuvre à la reconstruction de la *methodus cartesiana*, Revius ne répond qu'avec cinq chapitres qui couvrent une trentaine de pages. En outre, le *Thekel* ne s'opposait pas à l'interprétation proposée par la *Defensio*, mais, tout en l'acceptant, il remarquait l'impossibilité d'appliquer les préceptes de la *methodus cartesiana* sans l'aide de la logique et de la théorie du syllogisme, qui seule permettait de démontrer l'évidence d'une proposition :

> De ces préceptes [les quatre préceptes de la méthode cartésienne] j'avais cette opinion : le premier qu'il propose, je crois qu'il est bon, mais qu'il ne peut pas être gardé avec le mépris de l'instrument logique. De quelle manière en effet la vérité d'une chose résultera de manière évidente (avec l'exception des premiers principes) si elle ne peut pas être conclue par une conséquence légitime qui se trouve seulement dans le syllogisme ? [1].

Pour le reste, Revius ne s'attarde pas à réfuter le long commentaire de la *Defensio* sur les préceptes de la méthode cartésienne : un an après la parution de l'œuvre de Clauberg, la lecture proposée par la *Defensio* s'était bien établie, même parmi les adversaires du cartésianisme.

## L'*ASSERTIO METHODI CARTESIANAE* DE TOBIAS ANDREAE

L'*Assertio methodi cartesianae* fut publiée en deux volumes, dont le premier sortit en 1653 et l'autre un an après. L'œuvre constitue la volumineuse réponse d'Andreae à la *Consideratio* de Revius, publiée cinq ans auparavant. En réalité, comme il apparaît dès la préface, Andreae avait projeté, avec Clauberg, de donner une réponse aux accusations portées contre la méthode de Descartes. La *Defensio* et l'*Assertio* présentent donc une stratégie commune, consistant à éclaircir et définir une fois pour toutes la méthode suivie par Descartes dans ses écrits. Andreae confirme d'ailleurs

1. « De hisce praeceptis ita censebam : primum quod ponit, probum quidem esse, sed cum organi logici despectu non posse consistere. Quomodo enim evidenter de rei alicujus veritate constabit (prima principia excipimus) nisi ea per legitimam consequentiam, quae in solo syllogismo est, concludi possit ? », *ibid.*, p. 241.

qu'il avait commencé à rédiger l'*Assertio* en 1651[1], c'est-à-dire après la publication de la *Statera* et de la *Nova Renati Descartes Sapientia*. Toutefois, l'ouvrage lui avait demandé beaucoup de travail, et il n'avait rendu le manuscrit à l'imprimeur que deux ans après le début de la rédaction[2].

Pour Andreae, qui se conforme ainsi à l'interprétation donnée par Clauberg, la méthode cartésienne consiste dans les quatre préceptes contenus dans la deuxième partie du *Discours*[3]. Ces quatre préceptes[4] représentent donc le noyau fondamental de la méthode de Descartes, qui, cependant, ne s'est limité qu'à les énoncer, sans les développer davantage.

Pour Andreae, comme pour Clauberg, le *Discours* est une œuvre de circonstance, dont le contenu doit être considéré par rapport aux œuvres majeures. La restitution au *Discours* de sa fonction vulgarisatrice est la prémisse pour la réhabilitation de l'œuvre cartésienne, non seulement du point de vue philosophique, mais encore moral. Le récit biographique, idéalisé dans ses traits les plus édifiants, devient ainsi une « introduction » à la lecture des œuvres de Descartes :

> Qu'ils sachent [ses adversaires] que Descartes [...] n'a pas tenu d'autre conduite qui ne soit [...] calme, modeste, mathématique, qui expose seulement son sentiment sur ce que l'on peut connaître ; qu'ils sachent qu'il n'a fait la guerre contre personne, ou qu'il a préféré quelques manœuvres de peu d'importance contre les opinions, la renommée, les avantages de

1. « Relicta igitur Clariss. Dn. Claubergio refutatione Staterae, cui jam se accingisse intelligebam, Considerationem Theologicam, si Dis placet, contra ea, qua vel maxime arroduntur in Methodo et Meditationibus directam, mihi convellendam sumpsi, et quidem re etiamnum Herbornae servente, mense septembri anni MDCLI [...] in chartam conjeci », T. Andreae, *Assertio methodi cartesianae*, Groningae, typis Ioannis Colleni, 1653, vol. I (dorénavant citée *Assertio*, suivie du vol. et de la page), *Praefatio*, p. 58.

2. « Nec tamen ad editionem festinavi, partim quod natura cunctantior in talibus, et genio a scribendis libris et in publico famae theatro me iactandi alienus, partim quod occupationes ordinariae ocium non concederem nitide describendi aut ad praelum parandi concepta, nec quae festinanter admodum scripsissem, mente manum praecurrendo incitante, assequi legendo posset amanuensis meus », *ibid.*

3. « Quum vero in hoc coepto ea ei unica cura, non ut mole vasta, aut specie magnifica, sed soliditate ac usu praestaret sua Methodus, omnia in pauca praecepta sive axiomata, regulas tantum quatuor [...] contraxit quas tamen *suffecturas sibi* [...] *modo firmiter et constater statueret, ne semel quidem ab illis toto vitae suae tempore deflectere*, cum ratione concludit », *Assertio*, I, p. 100.

4. Andreae les énonce ainsi dans l'*Assertio* : « I. Vera caves statuas nisi menti cognita ad unguem. / II. Per partes trutines, quod inest rei cuique minutim. / III. Post facile et simplex certo ordine caetera lustra. IV. Et media et partes dubii rite omnes recenses », *ibid.*, p. 106.

> quelqu'un ; qu'ils sachent enfin qu'il aurait continué, lui et ceux qui philosophent à son exemple, de la même manière pour le plus haut bien du public, comme il résulte de la chose même [1].

La légitimation philosophique et la légitimation morale de Descartes progressent donc parallèlement. C'est pourquoi l'œuvre d'Andreae ne vise pas seulement à éclaircir la *methodus Cartesii*, mais surtout à réhabiliter Descartes contre les accusations calomnieuses de Revius [2]. Cela nous est confirmé par le choix, opéré par Andreae, d'un commentaire minutieux de la *Consideratio*; la stratégie de l'*Assertio* est de montrer que Revius a malicieusement [3] « chargé » l'œuvre cartésienne d'un rôle qu'elle ne peut pas soutenir : le *Discours de la méthode* n'est pas un écrit systématique, et donc il ne contient pas un exposé complet de la méthode de Descartes [4].

Ainsi, Andreae conteste l'interprétation de Revius, qui fait coïncider la méthode de Descartes avec le récit biographique du *Discours*. Cette interprétation permettait à Revius de conclure que pour suivre la méthode

1. « Sciant igitur Cartesium [...] aliam rationem non tenuisse, quam [...] sedatam, modestam, Mathematicam, tantum exponentem quid ipse de scibili quoque sentiat, nemini bellum intulisse, vel contra opiniones, famam, commoda cuiusquam, levissimarum molitionum praetulisse speciem, eaque via perpetuo fuisse progressurum, ipsum eiusque exemplo Philosophantes, summo bono publico, ut res ipsa clamat », *Assertio*, I, *Praefatio*, p. 40.

2. « Atque hoc ipsum, quod in manibus est, negocium, argumento erit, quam praeclara, exacta, uniceque ad cavendos errores necessaria, simulac sufficiens sit ea, recte regendae rationis et veritatis in scientiis investigandae, Methodus, quam Cartesius invenit sagaciter, excoluit feliciter, publicoque, si forte et aliis placeret, exemplum, modeste exposuit noscendam arbitrandamque, quamque Viri multi boni, ingeniosi, eruditi, non nomine tantum, sed re ipsa Philosophi, post seriam considerationem, probant, recipiunt, excolunt; at alii nonnulli, perperam vel nullo modo intellectam [...] et in iis post ac supra omnes Revius, spernendam, negligendam, exscidendam acerrime contendunt », *Assertio*, I, p. 3.

3. « Tertius modus [de répondre à Revius] erat ipsorum adversariorum ut eadem panoplia, qua illi imperitiorum aut saltem minus attentorum animos expugnant in ipsos conversa, eos orueremus. At erant in iis venenata tela, quibus bono viro uti nefas esse arbitraremur; et tamen nisi repellerentur ac retunderentur periclitabatur bona causa, periclitabatur Virorum innocentissimorum fama. Itaque relictis authoribus suis falsitatibus, Sophisticationibus, calumniis, ut propriis tenebrarum et vetitis armis, de caeteris quae in iis non plane prohibita aut nefaria tela, saltem ad tempus assumere nonnulla, et cum decretoriis rationum armis coniunganda mihi esse, jus, fas, imo necessarium ad victoriam esse, decrevi », *Assertio*, I, *Praefatio*, p. 60.

4. « Hoc [la mauvaise foi de Revius] igitur ut liqueat, duo mihi praestanda. 1. Ostendendum, eum totam hanc dissertationem pro Methodo capere, et omnia in ea contenta, pro regulis vel exemplis eius, quae sequenda autor praecipiat cuivis, qui recte regere rationem suam, in veritatis investigatione velit. 2. Non esse eam ullo modo mentem Cartesii, et id clare ex ipso scripto patere, proinde turpiter errare, qui sic capiat », *Assertio*, I, p. 10.

cartésienne il fallait abandonner le savoir des écoles et suivre le philosophe français dans le chemin personnel qu'il avait pris, ce qui pouvait paraître une invitation à déserter les universités. Pour éviter cette conclusion, Andreae distingue soigneusement entre le récit du *Discours* et la méthode de Descartes : « [L'hallucination de Revius est que] il a confondu des choses soigneusement distinctes pour Descartes : les chemins que sa pensée a suivis toute la vie à partir de son enfance et, bien plus, l'histoire même de sa vie, avec la méthode qu'il cherchait sur ces chemins et que, à la fin, il a trouvée et constituée » [1]. De cette manière, Andreae exclut que la méthode de Descartes puisse comporter des conséquences néfastes pour la société et la vie civile. La liaison qui, dès l'*Admiranda methodus*, avait été établie entre le contenu des œuvres de Descartes et les conséquences pratiques qu'elles pouvaient avoir se trouve radicalement mise en question.

Cependant, la dimension exemplaire et didactique du *Discours* n'est pas niée : l'*Assertio* affirme résolument l'importance du récit de Descartes comme exemple d'engagement dans la recherche de la vérité. L'œuvre cartésienne devient ainsi un parcours idéalisé qui ne doit pas être suivi concrètement, mais dont le lecteur doit tirer une leçon à la fois morale et intellectuelle. La conception de l'*historia magistra vitae*, qu'Andreae tire des auteurs anciens, en particulier de Tite Live, détermine alors l'attitude que le lecteur doit avoir à l'égard du récit du *Discours* [2]. Ce dernier est donc aussi, tout comme les *Meditationes*, un parcours exemplaire, mais, à la différence du parcours méditatif, il ne doit pas être suivi, mais seulement pris en considération comme « document ». La valeur didactique du *Discours* ne se trouve pas dans la répétition : il ne s'agit pas d'un parcours que le lecteur doit refaire, mais d'un récit, d'une histoire qui peut nous instruire et dont le sens est purement moral et pédagogique.

Si le récit du *Discours* a donc une valeur exemplaire et historique, il en va autrement de la *methodus cartesiana*. Revius avait attaqué Descartes pour avoir refusé le syllogisme et les sens comme instruments de connaissance. Dans le contexte évoqué par Revius dans la *Consideratio*, Descartes attaquerait la logique comme inutile et superflue, en proposant un savoir dans lequel l'entendement n'aurait besoin d'aucun instrument formel pour valider ses propres convictions. Andreae ne se propose pas seulement de montrer que les accusations de Revius sont privées de fondement, il affirme

1. « Nempe confundisse, quae Cartesio distinctissima, Cogitandi vias quas inde a teneris omni vita secutus, ipsamque adeo vitae ipsius historiam, cum Methodo quam per eas vias quaerebat, tandem inventa et constituta », *ibid.*, p. 411.

2. Cf. *ibid.*, p. 417.

aussi qu'il est nécessaire de montrer que Descartes laissait un espace propre à la logique, et que les affirmations qui se trouvent dans ses textes sont supportées par une logique réduite à l'essentiel, mais néanmoins opérante. L'argumentation de l'*Assertio* procède donc, d'une part, en démontrant que ce que Descartes dit dans la deuxième partie du *Discours* sur le syllogisme n'affecte pas l'essence de la logique, et, de l'autre, en montrant qu'il y a effectivement une logique fondamentale qui est admise et utilisée par Descartes.

Andreae soutient donc, d'abord, que la critique à la logique qui se trouve dans le *Discours* ne concerne que la *puerilis dialectica* dont il est question dans l'*Epistola ad Voetium*[1]. La stratégie de l'*Assertio* est d'utiliser le Descartes de l'*Epistola ad Voetium* « contre » les passages du *Discours* utilisés par Revius, c'est-à-dire d'employer Descartes lui-même pour véhiculer une interprétation contraire à celle de Revius. Dans le passage de l'*Epistola ad Voetium* qui est rappelé ici, Descartes présentait la dialectique comme un instrument utile seulement à construire des raisonnements probables sur n'importe quel sujet, sans pourtant servir dans la recherche de la vérité. En faisant jouer le texte de l'*Epistola* contre les affirmations du *Discours*, l'*Assertio* limite à la seule dialectique l'aversion de Descartes pour la logique. De cette manière, Andreae rejette les accusations de Revius et, en même temps, il introduit la « vraie » conception que Descartes a de la logique :

> En vérité, pour que nous brisions, avec ses propres armes, les muscles qui servent à protéger avec force [...] la dialectique qui discute sans modestie [...] et pour que nous la poussions à laisser la place à un art plus rationnel, il faut prendre garde (afin qu'aucun trait ne tombe inutilement) à l'écarter des choses à l'ombre desquelles elle cherche à s'abriter et qui sont proposées à sa place par notre dialecticien fourbe puisqu'elles sont plus solides. Il espère, bien évidemment, soustraire à cette bataille en bon état, protégée, intègre et victorieuse, la dialectique sophistique, à laquelle se réfèrent seulement les choses dites tirées de la *Lettre à Voetius*. Et il compte de faire cela s'il détourne – en les faisant dévier ou contre la logique péripatéticienne entière [...] ou contre la logique vraie – les traits qui n'étaient pas dirigés contre elles, mais qui étaient bons pour bouleverser profondément et radicalement la dialectique sophistique[2].

1. *Cf.* AT VIII-2 50-51 ; B Op I, p. 1548.

2. « Veruntamen, ut hic lacertos jactantem Dialecticam Disputatricem [...] ad vi tuendam [...] suis armis contundamus, magisque rationali arti locum cedere adigamus, cautio est (ne ullum in vanum cadat telum) eam seducere ab eis sub quarum umbra latitare tentat, quasque ut

Un autre exemple de cette façon de procéder contre les accusations de Revius est celui qui concerne le syllogisme. Andreae cite et renvoie à plusieurs passages dans lesquels Descartes affirme ne pas rejeter cet instrument[1] : le texte que Revius cite pour démontrer le refus cartésien du syllogisme est un texte qui ne couvre pas entièrement la pensée de l'auteur à ce sujet. Il faut alors collecter tous les passages concernant le syllogisme pour montrer que l'auteur du *Discours* ne refuse pas cet instrument, bien qu'il en limite fortement l'utilisation. La signification de l'affirmation contenue dans la deuxième partie du *Discours* n'est donc pas qu'il faille rejeter tous les syllogismes, mais seulement ceux qui supportent des raisonnements inutiles, qui ne démontrent rien :

> Il ne se moque ni de la force des syllogismes, ni de celle des formules non plus, mais de leur abus pour concilier le regard avec des arguments faibles tirés des topiques : par là il ne nie pas qu'ils ont une certaine force, mais plutôt il le fait entendre en affirmant que les sophistes revêtent leurs arguments topiques des formes des syllogismes afin qu'ils apparaissent meilleurs[2].

La logique de Descartes – souligne Andreae – ne coïncide certainement pas avec celle d'Aristote, ni avec la topique qui enseigne à construire des raisonnements probables : elle est pourtant la *logica vera* que Descartes n'a pas traitée systématiquement, mais qu'il a constamment suivie dans ses raisonnements. Les arguments avancés par Revius contre la *logica Cartesii* ont donc manqué leur cible, en s'attachant à des critiques qui ne concernent pas la logique que sous-entendent les œuvres de Descartes. Mais alors,

firmiores, noster Dialecticus pro ea objectat eludens. Nempe Dialecticam Sophisticam, in quam solam dicta, quae fragmento posteriori, ex Epist. Ad Voetium producta, sartam, tectam, integram, victricem, huic certamini se subducturum sperat, si in Logicam aut Peripateticam universam [...] aut Veram, telis illis minus infesta, at illam penitus funditusque concutere valida, declinando avertat », T. Andreae, *Assertio*, I, p. 517.

1. Andreae se sert à ce propos de plusieurs passages tirés des *Réponses aux Septièmes Objections*, dans lesquels Descartes répond à Bourdin qu'il ne rejette pas les syllogismes et qu'il s'en est même servi quand c'était opportun : « Videtur [le P. Bourdin] velle persuadere, me syllogismorum formas non probare, ac proinde Methodum aliquam a ratione valde alienam habere. Hoc autem falsum esse satis patet ex meis scriptis, in quibus nunquam non usus sum syllogismis, cum locus id postulavit », AT VII 522 ; B Op I, p. 1342.

2. « Nec vim syllogismorum, imo nec formularum deridet, sed abusum earum ad speciem conciliandam argumentis imbellibus ex Locis depromptis, quo ipso vim eis aliquam inesse minime negat, sed potius innuit : Sophistas affirmans rationes suas Topicas Formis Syllogismorum vestire, ut meliores appareant », T. Andreae, *Assertio*, I, p. 536-537.

quelle est cette logique ? Andreae n'hésite pas à fournir un cadre général de la logique cartésienne, et, bien que ses indications n'aboutissent pas à un traitement proprement dit, elles peuvent être considérées comme une esquisse de la logique qui sera rédigée par Clauberg.

Andreae reprend à cet égard plusieurs thèmes utilisés contre Descartes, à partir de celui qui s'appuie sur la situation de l'homme dans l'état postlapsaire. En premier lieu, puisque la raison se trouve dans un état de corruption dérivant du péché originel, la vraie logique doit suppléer à la faiblesse de l'entendement en le guidant dans la connaissance du vrai [1]. En deuxième lieu, puisque la logique doit essentiellement soutenir la raison, en empêchant qu'elle embrasse des opinions erronées, sa fonction principale consistera à guider l'entendement dans la formulation des jugements : « Et puisqu'il est facile de remarquer que le danger des erreurs se trouve surtout dans le jugement, et seulement quand celui-ci est porté sur des choses qui n'ont pas été perçues clairement, il faut éviter de tout cœur que le jugement ne se précipite sur une chose pas suffisamment perçue » [2]. Par conséquent, la logique doit apprendre à distinguer les idées claires et distinctes de celles qui ne le sont pas [3]. Ce qui garantit le fonctionnement d'une telle logique est donc le respect de l'*ordo*, qui prescrit de commencer par les notions simples et de progresser vers les notions plus complexes :

> En vérité, afin que cela [la formation des idées complexes à partir des idées simples] réussisse bien, il faut tenir un ordre certain (qu'il faut instituer ou selon la nature de la chose, ou parfois selon notre arbitre), de sorte que l'esprit progresse du plus simple et du plus facile au difficile non par sauts, mais par degrés et comme il faut. Cela est enseigné en partie par les logiciens ordinaires, en partie par ceux qui ont écrit sur les préceptes de

1. « Prima illa, Vera nim. Logica, quicquid deest rationi per naturam in statu corruptionis [...] supplere, adeoque eam dirigere debet, ne in operationibus suis erret sed recte incedat et scopum consequatur, veritatis in cognitione sive invenienda, sive tradenda, sive asserenda », *ibid.*, p. 517-518. Ce premier point se rapproche de ce que Clauberg affirme à propos de la logique comme *medicina mentis*. Cependant Andreae ne développe pas une théorie philosophique des préjugés que la logique doit corriger, comme le fera par contre Clauberg dans les *Prolegomena* à la *Logica vetus et nova*. *Cf.* à ce propos, chap. V, *infra*, p. 208-226.

2. « Cumque facile sit advertere Errorum precipue in judicio esse periculum, idque tantum ubi de non clare perceptis id fertur, omni studio cavendum ne de re non satis percepta judicium praecipitet », T. Andreae, *Assertio*, I, p. 518.

3. « Ut vero ad judicanda solum clare percepta se adsuefaciat, ante omnia ideas simplices sive innatas, sive adventitias sive factitias accurate contemplari, claras ab obscuris, confusas a distinctis sollicite distinguere operae pretium esse », *ibid.*, p. 518.

l'analyse géométrique et de l'algèbre, mais plus pleinement et solidement par les mathématiciens avec des exemples [1].

L'ordre suivi par Descartes est, selon Andreae, celui qui est respecté dans les mathématiques et l'auteur du *Discours* a eu le mérite de l'étendre aux autres parties de la philosophie. La critique avancée par Revius et par Lentulus, selon laquelle Descartes aurait appliqué indûment la méthode des mathématiques à la métaphysique (en particulier à la démonstration de l'existence de Dieu), est ici contrebalancée par une lecture qui fait consister le mathématisme de Descartes dans le respect d'un ordre résidant dans la priorité des notions simples sur celles qui sont complexes.

Andreae énumère enfin quatorze préceptes qui synthétisent la logique de Descartes, et dont les traits essentiels sont ceux que nous venons d'évoquer en commentant la *Defensio* et qui dérivent directement des quatre règles du *Discours*. L'auteur réformé juge ces préceptes suffisants pour fonder à la fois la théorie de la méthode et la logique de Descartes : « Tu [Revius] as pensé vrai quand tu as pensé que la nouvelle logique ou méthode cartésienne, qui dirige dans la recherche de la vérité même sans les formes des syllogismes, est composée de ces quatre préceptes » [2]. L'*Assertio* ne présente donc pas d'éléments nouveaux par rapport à la *Defensio*, et pourtant, par rapport à Clauberg, Andreae ne sent pas le besoin de « compléter » la philosophie de Descartes avec une logique qui dépasse les limites des quatre règles de la méthode. Il faudra donc attendre la publication de la *Logica vetus et nova* pour qu'une réflexion philosophiquement originale se produise. En tout cas, l'œuvre d'Andreae montre clairement l'implication réciproque qui s'établit entre le problème de la méthode de Descartes et celui de sa logique : on ne peut pas résoudre l'un sans s'occuper aussi de l'autre.

La difficulté qu'Andreae reconnaît dans l'application de la *methodus cartesiana* concerne essentiellement l'abandon des préjugés de l'enfance, qui empêchent la pratique de la pensée claire et distincte. Les risques qui se présentent à ceux qui veulent suivre le chemin de Descartes sont, pour

1. « Id vero ut feliciter succedat ordinem certum (vel ex natura rei vel quandoque ex arbitrio nostro instituendum) teneri debere, ita ut a faciliori et simpliciori ad difficilius gradatim et rite mens non saltuatim promoveatur : ut partim logici vulgares, partim qui de Analysi Geometrica et Algebra scripsere praeceptis, at plenius ac solidius Mathematici exemplis, docent », *ibid.*, p. 519.

2. « Verum cogitasti cum quatuor illis praeceptis novam Logicam sive Methodum Cartesianam in veritatis investigatione, vel absque syllogismorum formis dirigentem, constare cogitasti », *ibid.*, p. 568.

Andreae, évitables, pourvu qu'on réorganise l'enseignement des écoles en fonction de la correction des préjugés qui se forment à l'âge infantile : une « pédagogie » cartésienne est ainsi envisagée comme complément essentiel à la diffusion de la nouvelle philosophie.

Désormais il n'est pas nécessaire de suivre strictement Descartes pas à pas, mais il suffit de promouvoir une réforme générale de l'enseignement qui s'inspire des principes de la *methodus cartesiana* :

> Puisqu'il est permis d'espérer et, si l'on fait sérieusement, en partie de percevoir de cette méthode et philosophie ces progrès tellement fructueux dans la science, ces usufruits si considérables pour le changement en mieux des affaires humaines, aussi maintenant après les années florissantes ou la perte de leur plus grande partie dans une étude plus improductive à travers les détours labyrinthiques des écoles, combien <ces fruits> seront-ils plus abondants si les esprits sont préparés comme il le faut à cette philosophie depuis l'âge le plus tendre, après qu'avec les auspices des rois, des princes, des magistrats pieux et prudents a été suffisamment approuvée par eux la doctrine de cette méthode [...] pour l'intérêt public de l'institution scolastique, au moins réformée [1].

L'élimination des préjugés, grâce à une pédagogie ainsi organisée, effacerait aussi tout type de doute à l'égard des connaissances philosophiques, car pour Andreae, comme pour Clauberg, la *dubitatio* ne concerne pas les idées simples, mais seulement les idées confuses que nous avons héritées de l'enfance. La révision des opinions confuses, que Descartes entreprend au début de la métaphysique, ne présente pas un doute sur les notions simples, mais seulement sur les jugements que nous avons donnés à partir des perceptions sensibles : « De fait, la certitude et l'incertitude ne se trouvent pas dans la chose, dans l'idée ou le concept simple, mais dans la croyance, dans l'opinion sur laquelle il faut porter le jugement » [2].

1. « Atque hos tam compendiosos ad sapientiam profectus, hos tantos, ad rerum humanarum in melius conversionem, usus fructusque, cum nunc quoque, post annos florentes vel majorem earum partem, infeliciori studio per ambages scholarum labyrintheas, perditam, ex hac Methodo et Philosophia, sperare, et si hoc agatur serio, percipere ex parte liceat : quanto illi futuri uberiores, si a teneris unguiculis rite ad eam praeparentur ingenia : auspiciis Regum, Principum, prudentum piorumque Magistratum, postquam illis Methodi huius [...] ratio, satis approbata, publico institutionis Scholasticae modo reformato », *ibid.*, p. 770-771.

2. « Certitudo vero et incertitudo non in re, non in idea aut conceptu simplici, sed in sententia, in opinione, de qua iudicium ferendum », T. Andreae, *Assertio*, II, p. 337.

Contre l'accusation de Revius, qui avait attribué à Descartes le doute sur les notions communes et sur les démonstrations mathématiques[1], Andreae affirme que Descartes n'a pas rejeté ces notions, mais qu'il a seulement décidé de ne pas les prendre en considération pendant un certain temps, afin de pouvoir ensuite les réintégrer dans une connaissance bien fondée. Cet argument s'appuie sur le rôle attribué à l'attention comme instrument fondamental de la gnoséologie cartésienne[2]: puisque les notions simples ne peuvent pas être mises en doute, et puisque la condition essentielle pour la perception claire et distincte est l'attention, Descartes, selon Andreae, n'aurait pas douté de ces notions, puisqu'il ne peut pas y avoir de doute assez fort pour les mettre en discussion. Descartes aurait alors seulement détourné l'attention de ces idées et, ce faisant il aurait été capable de suspendre son jugement sur elles :

> En effet, il n'est pas suffisant que les principes soient vrais et certains en eux-mêmes et, bien plus, connaissables par eux-mêmes, si pour l'esprit attentif de celui qui philosophe cela n'est pas perçu clairement et reconnu comme certain : alors seulement, en effet, ils sont connus en eux-mêmes, dans l'esprit, mais dans la chose ils sont seulement connaissables [3].

L'hypothèse du Dieu tout-puissant, qui, dans le parcours des *Meditationes*, représentait une *ratio dubitandi* capable de mettre en crise les fondements mêmes de toute rationalité, n'est pas prise en considération par Andreae, qui – tout comme Clauberg d'ailleurs – interprète le doute sur les *magis simplicia et universalia* sur un plan purement psychologique ou pédagogique. Le parcours difficile et risqué proposé par Descartes, nécessaire pour corriger chez l'adulte les opinions confuses dérivant des sens, pourrait ainsi être évité en l'insérant dans un système scolaire qui opère dès la première enfance cette correction de l'entendement[4]. Le projet de réforme pédagogique qu'Andreae propose dans l'*Assertio* s'inspire directement – comme nous le verrons – de l'œuvre de Comenius, en

1. *Cf.* J. Revius, *Methodi cartesianae consideratio theologica*, *op. cit.*, p. 88. Revius renvoie à l'article V de la première partie des *Principia* dans lequel Descartes étend le doute aux notions *quae hactenus putavimus esse per se nota*. *Cf.* AT VIII-1 6 ; B Op I, p. 1714.

2. Une réflexion sur le rôle de l'*attentio* sera développée par Clauberg dans la *Logica vetus et Nova* : *cf.* à ce propos, chap. V, *infra*, p. 226-236.

3. « Nam non satis est esse in se vera et certa principia, adeoque per se noscibilia, nisi menti philosophantis attendenti clare id clare perceptum, certumque agnitum : tum demum enim per se nota sunt, in mente, at in re tantum noscibilia », T. Andreae, *Assertio*, II, p. 341.

4. « Si enim a prima infantia, religiose cautum foret, ne falsa aut dubia ulla menti ingererentur, nulla forent egerenda, si mox a teneris in viam rectam directi forent gradus, nil opus post a deviis revocare », T. Andreae, *Assertio*, I, p. 771.

adaptant l'idéal cartésien de la correction des opinions confuses au plan général de la didactique coménienne.

Le chapitre V de l'*Assertio* envisage cette perspective dans l'interprétation de la méthode de Descartes : elle ne consiste pas dans le parcours personnel décrit dans le récit biographique du *Discours*, mais, au contraire, elle est fondée sur des préceptes – ceux de la deuxième partie largement commentés par Clauberg – qui sont, selon Andreae, à la base de la réforme de l'enseignement qu'il envisage :

> Mais il est vrai qu'à partir de cette méthode on peut à la fois puiser, en gagnant du temps, la science découverte par Descartes et aussi instituer une réformation de l'instruction, tant domestique que publique, de l'enfance et de la jeunesse telle qu'elle fasse avancer les esprits fertiles vers la *pansophie* humaine, par un chemin beaucoup plus bref, certain et protégé et qu'elle répande sur le reste de l'humanité des fruits très abondants [1].

Loin de nuire aux étudiants, séduits par les promesses d'un savoir facile et dont l'évidence serait seulement subjective, la *methodus cartesiana* se propose comme une méthode d'enseignement qui est plus brève, plus certaine et plus sûre que la méthode ordinaire : l'horizon des thèses d'Andreae est révélé clairement par le terme qu'il utilise, *pansophia*. Ce terme rappelle directement Comenius et la réforme du savoir qu'il propose dans plusieurs ouvrages publiés à partir des années 1630[2].

Il faut aussi rappeler que la liaison entre la philosophie cartésienne et les projets pansophiques n'était pas inusuelle et qu'elle fut opérée du vivant

1. « At verum posse ex illa Methodo, tum, a Cartesio erutam scientiam, compendio hauriri, tum, Reformationem institutionis pueritiae adolescentiaeque, qua domesticae qua publicae, talem institui, quae longe breviori certiori tutiorique via, ad πανσοφΐαν humanam, ingenia felicia promoveat, et in caeterum genus humanum, fructus uberrimos refundat », *ibid.*, p. 727.

2. Le projet pansophique est annoncé dans le titre même de plusieurs ouvrages de Comenius : *Pansophiae prodromus* (1639); *Conatuum pansophicarum dilucidatio* (1644); *Pansophiae Diatyposis* (1645). Le rapport entre Comenius et Descartes a fait l'objet de plusieurs études; voir, entre autres : P. Floss, « Comenius und Descartes », *Zeitschrift für philosophische Forschung*, 1972, 26, 2, p. 231-253; Y. Belaval, « Comenius critique de Descartes », *Archives de Philosophie*, 1984, 47, 3, p. 2-25 (Liminaire du Bulletin cartésien XIII), rééd. dans *Lectures leibniziennes*, Paris, Beauchesne, 1995, p. 253-295. Sur le rapport de Comenius avec la philosophie de Descartes, surtout après 1656, voir U. Kunna, *Das « Krebsgeschwür der Philosophie ». Komenskys Auseinandersetzung mit dem Cartesianismus*, Sankt Augustin, Academia-Verlag, 1991. À propos du jugement porté par Descartes sur le projet pansophique, voir E. J. Bos et J. van de Ven, « *Se nihil daturum* – Descartes's unpublished judgment of Comenius's *Pansophiae Prodromus* (1639) », *British Journal for the History of Philosophy*, XII, 2004, p. 369-386.

même de Descartes par les promoteurs de la réforme coménienne. Descartes se prononça en effet à plusieurs reprises sur le projet de Comenius : en juin 1637 (donc tout de suite après la parution du *Discours* et des *Essais* dont l'impression s'acheva en mars) Joachim Hübner écrivit à Samuel Hartlib [1] en proposant le *Discours* comme modèle pour élargir le projet avancé dans la *Janua linguarum reserata* [2]; au printemps 1638 Hartlib reçut un *Judicium de Opere Pansophico* que l'on a attribué à Descartes [3]; Descartes s'exprima (négativement) sur les *Conatuum Comenianorum Praeludia* et sur le *Pansophiae prodromus* dans deux lettres envoyées à Hoogelande [4]; enfin, les deux philosophes se rencontrèrent personnellement à Endegeest pendant l'été 1642 : tout en maintenant leurs positions différentes, ils se quittèrent en amitié (« digressi fuimus amice ») [5]. À partir de 1656, avec la *Refutatio philosophiae cartesianae et astronomiae copernicianae* [6], Comenius s'opposa durement à la philosophie cartésienne, bien qu'auparavant il se fût montré assez ouvert à son égard et, aussi bien en Angleterre que dans les Provinces-Unies, ceux qui s'inspiraient du projet pansophique virent dans le *Discours* et dans les *Essais* une application concrète du plan promu par l'exilé tchèque.

1. Sur le rôle de Hartlib dans la promotion de la réforme de Comenius, voir M. Greengrass, M. Leslie, T. Raylor (éds.) *Samuel Hartlib and universal reformation : studies in intellectual communication*, Cambridge, Cambridge UP, 1994 (voir en particulier, à propos de l'attention portée sur la *methodus*, S. Clucas, « In search of "The true logick" : methodological eclectism among the "Baconian reformers" », p. 51-74).

2. Voir Hübner à Hartlib, 21 juin/1^er^ juillet 1637, dans *Correspondance du P.M. Mersenne*, C. de Waard, Mme Paul Tannery, B. Rochot, A. Beaulieu (éds.), Paris, CNRS, 1932-1988, 17 vol., vol. VI, p. 292-293.

3. Le *Judicium* est publié aussi bien dans AT (II 651-652) que dans la *Correspondance* de Mersenne (VII, p. 438-441). L'ouvrage de Comenius sur lequel est porté le jugement devrait être le *Conatuum Comenianorum Praeludia* (Oxonii, excudebat G. Turnerus, 1637) qui avait été fait publier par Hartlib et Hübner : toutefois, d'après les découvertes de Bos et van de Ven (« *Se nihil daturum* », *op. cit.*) il n'est pas sûr que le *Judicium* soit de Descartes.

4. Descartes à Hogelande, août 1638, AT II 346-348 (B 182, p. 820-822); Descartes à Hogelande, fin 1639-début 1640, publié par E.J. Bos et J. van de Ven dans « *Se nihil daturum* », art. cit. (B 237, p. 1118-1120).

5. La rencontre est décrite par Comenius dans la *Continuatio admonitionis fraternae de temperando Charitate zelo* adressée à S. Desmarets (1669) : le texte est publié par J. Kvačala, *Archiv pro bádáni o živote a spisech J.A. Komenského*, 1913, 3, p. 6-52 (le récit de la rencontre avec Descartes se trouve au § 59, p. 18).

6. Le manuscrit de ce texte a été perdu la même année dans l'incendie de Lezno, voir U. Kunna, *Das « Krebsgeschwür der Philosophie »*, *op. cit.*, p. 124; Johann Amos Comenius, *Pforte der Dinge*, E. Schadel (éd.), Hambourg, Meiner, 1989, p. 247-250 (Excurs 5 : « Zu Comenius' Descartes-Kritik »).

Pour revenir à l'*Assertio*, il faut rappeler qu'Andreae connut personnellement Comenius dès le début des années 1640[1], qu'il fut profondément influencé par lui[2], et qu'il participa activement à la diffusion de sa pensée. Ainsi, dans l'*Assertio*, la discussion autour de la méthode de Descartes se trouve impliquée dans le mouvement de réforme pédagogique et didactique qui avait été promu par l'auteur du *Pansophiae prodromus*[3]. Le nom de Comenius est évoqué par Andreae après avoir affirmé la nécessité – *Hic Rhodus, hic saltus!* – d'une réforme générale des études et des écoles : « Mais cela [la recherche d'une manière d'éduquer les jeunes, capable de réhabiliter les capacités naturelles de leur entendement] a été poursuivi par les grands hommes depuis toujours et, après tous, n'a pas été seulement recherché *très méthodiquement et très didactiquement*, dans *La toute nouvelle méthode des langues*, par le très célèbre dans l'Europe entière Johann Amos Comenius, qui a mérité l'approbation de tous les hommes bons et intelligents »[4].

La *Novissima linguarum methodus*, publiée en 1648[5], représente la réflexion la plus articulée proposée par Comenius à l'égard de l'enseignement des langues : il y pose les fondements théoriques de sa méthode

1. D'après deux lettres de Comenius à Ernestus Andreae du 2 juin et du 15 octobre 1643, il apparaît que le philosophe tchèque connaissait déjà à cette époque Tobias Andreae, frère de Ernestus : voir à ce propos W. Rood, *Comenius and the Low Countries*, Amsterdam-Prague-New York, Van Gendt & Co, 1970, p. 54. En outre, il faut rappeler que le gymnase de Brême, où étudièrent aussi bien Clauberg qu'Andreae, fut marqué, grâce à l'œuvre de Gerhard de Neufville, par son adhésion à la pédagogie de Comenius. *Cf.* M. Blekastad, *Comenius : versuch eines Umrisses von Leben, Werk und Schiksal des Jan Amos Komenski*, Oslo, Universitetsforlaget, 1969, p. 170; Th. Verbeek, « Johannes Clauberg : a bio-bibliographical sketch », dans *Johannes Clauberg (1622-1665)*, *op. cit.*, p. 182.

2. Nous renvoyons ici à l'article d'U. Leinsle, « Comenius in der Metaphysik des jungen Clauberg », dans *Johannes Clauberg (1622-1665)*, *op. cit.*, p. 1-12. Sur Andreae et Comenius, *cf.* en particulier p. 1-2. Pour la diffusion de l'œuvre de Comenius aux Pays-Bas, on peut voir W. Rood, *Comenius and the Low Countries*, *op. cit.*

3. Nous rappelons que l'association entre la philosophie cartésienne et les projets pansophiques se trouve aussi, mais de manière critique, dans la *Nova Renati Descartes Sapientia*, cf. *supra*, p. 114, n. 3.

4. « Sed egere hoc magni viri a seculo, et post omnes tantum non peregit διδακτικώτατων κὰι μεθοδικώτατων, tota Europa celeberrimus, omniumque ingeniosorum ac bonorum plausum meritus Jo. Amos Comenius, in Methodo Novissima », T. Andreae, *Assertio*, I, p. 773.

5. J. Comenius, *Novissima linguarum methodus*, s.l., s.d. (probablement : Lezno, 1648); le texte fut réédité en 1657 à Amsterdam dans la deuxième partie de l'*Opera didactia omnia : J.A. Comenii Opera didactica omnia*, Amsterdami, impensis Laurentii de Geer, excuderunt Christophorus Cunradus, & Gabriel a Roy, 1657. L'édition de référence est celle de l'Académie

d'enseignement (le rapport entre les *res*, la *mens*, et les *verba*), il recense les différences qui se trouvent dans la variété des langues, il propose les éléments essentiels dont on doit tenir compte dans leur appréhension (la *Nomenclatura rerum*, le *Lexicon* et la *Grammatica*), il décrit la méthode – définitive, selon lui, car désormais il ne nous reste rien à désirer sinon sa mise en pratique – qu'on doit suivre dans l'enseignement, il critique les méthodes scolaires pour leur verbalisme (elles nous apprennent les mots et les langues sans nous apprendre les *res* signifiées par les mots, donc elles ne nous apprennent pas les langues), il applique enfin sa méthode à la langue latine pour montrer comment on doit l'enseigner dans les écoles. Le fondement de la pédagogie coménienne se trouve dans la conception de la langue comme un instrument naturel mettant en relation la *mens* avec les choses : le discours est comme une image des choses – *sermonem esse pictam rerum imaginem* – et la langue nous offre, pour ainsi dire, le monde. L'enseignement correct de la langue pose, par conséquent, les bases pour la connaissance des choses et la transmission des sciences : les enseignants doivent tenir compte non seulement de la structure de la langue (le vocabulaire et la grammaire) mais encore de la multiplicité des *res* (auxquelles la langue doit conduire) et de la condition particulière de la *mens* à laquelle on s'adresse. Il faut apprendre la langue à travers des exemples, graduellement, en s'accommodant à l'entendement du disciple et non à celui du précepteur : « L'adaptation de la matière aux talents naturels de l'élève, voilà le cœur de la formation »[1].

Andreae reprend dans l'*Assertio* les indications de Comenius sur la *prudentia docendi* et il s'arrête longuement sur les préjugés de l'enfance. Les opinions confuses, acquises par les défauts de la connaissance sensible ou apprises des nourrices, imposent une pédagogie qui conduit graduellement à la connaissance des idées claires et distinctes, en habituant à conformer son jugement à ce que l'on connaît de manière évidente. Si cela se réalise, il est possible de nourrir légitimement l'espérance d'habiter un monde meilleur :

des Sciences : *Opera Omnia*, Prague, Academia scientiarum Bohemoslovaca, vol. XV/2, 1989, p. 91-402. Une traduction française est parue récemment : *Novissima linguarum methodus. La toute nouvelle méthode des langues*, G. Bibeau, J. Caravolas et Cl. Le Brun-Gouanvic (dir.), trad. fr. H. Jean, préface É. Krotky, Genève-Paris, Droz, 2005.

1. « Doctrinae ad ingenium discentis accomodatio, institutionis anima est », J. Comenius, *Novissima linguarum methodus*, dans *Opera omnia*, *op. cit.*, vol. 15/2, p. 204 (la traduction citée est celle de H. Jean, *Novissima linguarum methodus. La toute nouvelle méthode des langues*, *op. cit.*, p. 222).

> Car si, tout de même, à propos des choses naturelles qui tombent sous les sens, on prend garde comme il le faut, par la prudence de l'éducation de l'enfance et de la jeunesse, qu'ils [les élèves] ne retiennent pas davantage ce qui doit être oublié et qu'il ne leur soit pas inculqué par d'autres ce qui doit être désappris, mais s'ils s'habituent à temps à tendre vers les idées innées, les notions communes, s'ils s'habituent à former les bons jugements à partir de la perception claire et à conformer à ces jugements, avec prévoyance, les actions de leur vie, il est alors permis d'espérer que, en peu de temps, nous habiterons un monde plus sage, meilleur, et aussi plus heureux [1].

La méthode découverte par Descartes serait ainsi le véritable instrument pour la mise en œuvre du projet coménien et Andreae s'applique à montrer non seulement qu'elle est légitime, mais encore qu'elle est nécessaire pour réaliser le renouvellement des études et la réforme de la didactique qui est attendue. La théorie cartésienne sur les préjugés de l'enfance est lue à la lumière des théories coméniennes sur la situation spécifique de l'enfant, dont l'instituteur doit tenir compte dans l'enseignement. Les *rationes dubitandi* avancées dans la première méditation sont par conséquent dépourvues de leur statut proprement rationnel et philosophique, « maîtrisées », en quelque sorte, dans un parcours que l'enfant doit effectuer sous la direction d'un précepteur.

Dans la fonction que lui assigne Andreae, la *methodus cartesiana* apprend au *discipulus* à utiliser correctement les sens, à en évaluer les informations sans conformer son jugement aux données immédiates qu'ils lui présentent, afin qu'il puisse, progressivement, arriver à utiliser sa raison sans la soumettre aux perceptions sensibles [2]. Il peut ainsi apprendre graduellement les langues, selon les indications de Comenius, en utilisant des exemples qui lui montrent l'application des règles élémentaires de la grammaire, sans être obligé de l'étudier directement :

1. « Quod si itidem circa res naturales, in sensus incurrentes, prudentia educationis pueritiae atque adolescientiae, rite caveretur, ne quid dediscendum ipsi ultro arriperent, nil dedocendum ab aliis ipsis instillaretur, sed mature adsuescant ad innatas ideas, aeternas veritates [...] attendere, claraeque perceptioni recta judicia conformare, atque illis vitae suae actiones provide gubernare, brevi et Sapientiorem et meliorem, et sic feliciorem quoque, mundum, nos habituros, sperare liceat », T. Andreae, *Assertio*, I, p. 772-773.

2. « Nil igitur tale in regimine actionum infantilium admittatur aut toleretur, sed mox rectum sensuum usum nosse et sectari assuescant, prudenti manuductione adultorum ; nempe ministerio eorum commoda corpori a noxiis distinguere, ut haec vitent, illa sub moderamine rectae rationis persequantur, at ex eorum impressionibus de objecto vel nil, nisi quod eo modo sensus afficiat, judicare, aut certe judicia tantum recta, mente eruditorum praeformata ac directa, formare mox condoce fiant », *ibid.*, p. 777.

> Dès qu'ils auront commencé à être aptes à l'étude des lettres et qu'ils auront commencé à être instruits, à travers quelques exemples, à la manière de lire et de représenter les lettres, […] que leur mémoire ne soit, pour le reste, chargée d'aucune règle de grammaire pour l'usage de laquelle le jugement ne leur est pas encore suffisant, ni procurable par l'art. Que l'on suive par contre l'enseignement du très illustre Comenius dans l'enseignement de la langue latine [1].

Les préceptes de la *methodus* et de la logique cartésiennes assument, par conséquent, une fonction essentiellement didactique et propédeutique, qui permet de les inscrire dans le cadre de l'enseignement scolaire. Le disciple qui a été dûment préparé et éduqué est en effet celui qui peut être introduit aux connaissances philosophiques fondamentales :

> Préparé de cette manière par les disciplines mathématiques, celui qui va enfin commencer à philosopher sérieusement par la méthode cartésienne, en suivant sa doctrine et son exemple, après avoir commencé par un principe solide, en continuant par des choses perçues clairement, liées aux principes indubitables, en retenant son assentiment sur les choses qui semblent avoir tant soit peu d'obscurité ou de doute et en admettant seulement ce qui est rendu clair et évident, celui-ci – dis-je –construira dans son esprit en très peu de temps et sans aucun détour une science claire, vraie, solide de manière qu'il lui puisse rester beaucoup de temps dans sa vie pour continuer et achever heureusement ce qui a été commencé par les ancêtres [2].

Si cette méthode est présentée à l'intérieur d'un parcours éducatif et scolaire, les vérités qu'elle nous rend accessibles peuvent être saisies dans un temps assez bref (*tempore brevissimo*) et sans aucune difficulté (*sine*

1. « Literarum vero studiis simul ac habiles esse cœperint legendi pingendique literas […] paucis exemplis docti rationem, de caetero nullis oneretur memoria ipsorum Grammaticae regulis, quibus utendi nondum sufficiens ipsis aut est, aut arte conciliari potest judicium, sed in Lingua Latina docenda Clariss. Comenii teneatur institutum », *ibid.*, p. 778.

2. « Preparatus ita per disciplinas mathematicas, jam serio Philosophaturus, Methodo Cartesiana, ipsoque doctrina et exemplo praeeunte, a principio solido orsus, per clare percepta, certa, cum principiis indubitatis cohaerentia pergens, in singulis, quae obscuritatis aut dubitationis vel tantillum habere videantur, sustinens assensum, nec nisi evidens et clarum redditum admittens, ita in mente sua claram, veram, solidamque scientiam construet, tempore brevissimo, sine ullis ambagibus, ut ad continuanda et perficienda feliciter a majoribus cœpta, vitae temporis plurimum ipsi queat superesse », *ibid.*, p. 784. Dans un autre passage, Andreae affirme clairement le rapport entre la méthode de Descartes et la réforme générale du savoir qui passe par un renouvellement de la didactique : « Hanc reformationem universalem parere potest Methodus Cartesiana et Philosophiae ejus Principia, si ingrediantur eandem, tantis ausis pares, in decedentiumque locum succedant, paris ingenii studiisque alii, qui lampada traditam porro ferant, donec meta sit obtenta », *ibid.*, p. 788.

*ullis ambagibus*). Le passage de l'*Assertio* reflète parfaitement les caractéristiques (brièveté, facilité, utilité) de la *methodus* proposée par Comenius pour l'apprentissage de la langue latine : cette méthode doit être adaptée aux enfants, ne pas être trop longue ou trop abstraite, et être liée plus à la pratique de la langue qu'à la connaissance de ses règles[1].

L'importance de cette relecture de la méthode de Descartes pourrait être difficilement sous-évaluée, et elle rejoint la réflexion de Clauberg dans le projet d'intégration de la philosophie cartésienne dans la didactique des écoles et des universités.

En 1654, avec la sortie du deuxième volume de l'*Assertio*, Tobias Andreae avait offert un ouvrage de plus de deux mille pages en défense de la méthode de Descartes. Les accusations avancées par l'*Admiranda* – et reprises ensuite par Revius – se trouvaient réfutées d'une manière rigoureuse, et l'effort de Clauberg et d'Andreae avait mis en évidence la théorie de la méthode que Descartes n'avait pas explicitée. De ce point de vue il y avait un accord total entre les deux cartésiens, pour qui l'essence de la *methodus cartesiana* était représentée par les quatre préceptes de la deuxième partie du *Discours*. Loin d'être une application des mathématiques à la métaphysique, la philosophie de Descartes s'appuyait sur une « logique naturelle » inscrite dans la *mens* de tout homme et qui avait été appliquée surtout aux mathématiques.

La querelle qui se déploie entre 1648 et 1654 dans les Provinces-Unies contribue donc à dégager la théorie de la méthode cartésienne, et vers la moitié des années 1650 les œuvres de Descartes sont désormais conçues comme un *corpus* unitaire : entre le *Discours*, les *Meditationes* et les *Principia* il n'existe que des différences de style et toutes les parties de la philosophie de Descartes se raccordent entre elles, car Descartes y a appliqué, de manière systématique, la méthode qu'il a découverte. Cette discussion permit à la philosophie cartésienne de s'intégrer concrètement dans les *curricula* universitaires : l'aboutissement de ce développement est sans

1. *Cf.* la *methodus linguarum* décrite par Comenius dans la *Novissima linguarum methodus*, dans *Opera Omnia*, *op. cit.*, vol. 15/II, p. 203-215. Les mêmes considérations reviennent aussi dans d'autres ouvrages, *cf.* J.A. Comenius, *Didactica magna*, XXII; *De latinae linguae studio perfecte instituendo dissertatio didactica*, § 15 *sq.* dans *Opera Omnia*, Prague, Academia scientiarum Bohemoslovaca, vol. XV/1, 1986, respectivement p. 151-155 et 360-361. Les deux ouvrages furent publiés en 1638 à Breslau (*Didactica dissertatio*) et en 1657 à Amsterdam (pour la *Didactica magna*, mais elle circulait dans sa version latine depuis les années 1630 : voir la note critique aux p. 431-436 de l'édition des *Opera omnia* que nous avons citée).

nul doute la *Logica vetus et nova* de Clauberg, qui permettra de combler le « vide » que Descartes avait laissé dans le cadre des différentes disciplines[1].

L'apport du cartésianisme à l'égard de la pensée de Descartes se montre donc ici sous un de ses traits les plus remarquables. La conséquence la plus importante, cependant, en est la négation du statut problématique[2] qui caractérise chez Descartes la doctrine de la méthode. Cette implication, qui dérive directement de la reconstruction de la *methodus cartesiana*, a comporté l'oubli ou la mise à l'écart des éléments méthodologiques qui ne s'accordaient pas avec la ligne de lecture privilégiée.

L'affirmation de la lecture claubergienne de la méthode et donc de la logique de Descartes est documentée aussi par le témoignage qu'offre la correspondance entre Jakob Thomasius et Leibniz; dans la lettre du 2/12 octobre 1668, Thomasius proposait au jeune Leibniz une comparaison entre Descartes et Clauberg :

> J'avais l'occasion, ces derniers mois, de compulser et Descartes et Clauberg. Laissez-moi vous le dire : Clauberg était plus de mon goût que Descartes lui-même, tant pour sa façon de conserver sa plume à l'écart de la médisance, que parce qu'il a appris à écrire *plus méthodiquement* et *plus clairment* et aussi avec plus de concision que son fameux maître. Mais j'aimerais également connaître votre avis à ce sujet, car vous étes, je pense, davantage familier des philosophes cartésiens [3].

Aux yeux d'un lecteur « curieux » qui a l'occasion de lire Clauberg et Descartes, ou, devrait-on dire, Descartes à partir de Clauberg, l'auteur de la *Defensio* semble plus méthodique, plus clair et même plus bref que Descartes lui-même. La chose ne devait pas manquer de sembler un peu « bizarre » – l'auteur du *Discours de la méthode* qui était insuffisant dans la méthode ! – et c'est pour cette raison que Thomasius interroge Leibniz, en

1. Le problème de combler le vide laissé par Descartes à propos de la logique sera perçu aussi en France, mais pas aussi tôt que dans les Provinces-Unies. *Cf.* R. Ariew, « Descartes, les premiers cartésiens et la logique », *Revue de Métaphysique et de Morale*, 2006, 49, I, p. 55-71.

2. *Cf.* à cet égard l'*Introduction*, *supra*, p. 14-19.

3. « Superioribus mensibus occasio erat mihi, et Cartesii et Claubergii evolvendi. Narro tibi, Claubergius magis ipso placebat Cartesio, tum quod calamum a maledicentia abductum haberet, tum quod et μεθοδικώτερον et σαφέστερον, et brevius quoque magistro illo suo scribere didicisset. Sed hac de re velim et tuam sententiam, quem puto cartesianis Philosophis magis consuevisse, cognoscere », G.W. Leibniz, *Sämtliche Schriften und Briefe*, Berlin-branderburgischen Akademie der Wissenschaften und der Akademie der Wissenschaften in Göttingen, zweite Reihe, erster Band, Berlin, Akademie Verlag, 2006, p. 22 (la traduction citée est celle de R. Bodeüs, *Leibniz-Thomasius. Correspondence 1663-1672*, Paris, Vrin, 1993, p. 74).

considération de ses fréquentations des cartésiens. La réponse de Leibniz, datée 20/30 avril 1669, eut une large diffusion, car Leibniz la publia dans la préface de son édition du *De veris principiis de Nizolius*[1]. Leibniz saisit l'occasion de cette lettre pour éclaircir son rapport avec le cartésianisme et il commence par répondre à la question de Thomasius :

> Touchant Descartes et Clauberg, je suis tout à fait de votre avis : le disciple a plus de clarté que le maître. Mais j'oserais encore dire une chose : c'est que pratiquement aucun cartésien n'a rien ajouté aux inventions du maître. Clauberg, Raey, Spinoza, Clerselier, Heereboord, Tobias Andreae, Henri Le Roy n'ont, à coup sûr, donné rien d'autre que des paraphrastes du chef de file[2].

Comme pour Thomasius, pour Leibniz aussi Clauberg apparaît plus clair que Descartes lui-même[3]; mais, outre qu'il confirme le jugement de son maître, Leibniz ajoute une chose dont il ne faut pas sous-estimer l'importance : Clauberg, Andreae et les autres « cartésiens » n'ajoutèrent rien d'original à la pensée de Descartes. Ils agirent tout simplement comme des *paraphrastae* et ils eurent donc le seul mérite d'expliquer la pensée de Descartes dans ses points les plus obscurs. Ainsi, Clauberg apparaît à Leibniz comme le véritable interprète de la philosophie cartésienne, en assumant un rôle – celui de commentateur fidèle de Descartes – qui lui fut largement reconnu par la suite. La reconstruction de la méthode cartésienne offerte par Clauberg et Andreae devint ainsi normative pour l'interprétation de la philosophie cartésienne et la *Defensio* eut un impact tel qu'elle devint bientôt un *compendium* efficace de la philosophie de Descartes. Les éclaircissements de Clauberg sur les préceptes de la méthode et sur la définition de ses parties eurent une diffusion remarquable. La lecture du *Discours de la méthode* fut considérée comme nécessaire pour comprendre les principes de la philosophie cartésienne, étant donné qu'on pouvait y trouver la description de la méthode employée par Descartes en métaphysique, en physique, et dans toutes les sciences sur lesquelles il a écrit.

1. M. Nizolius, *De veriis principiis et vera ratione philosophandi contra pseudophilosophos*, Francofurti, apud Hermannum a Sande, 1670 (la citation de la lettre dans G.W. Leibniz, *Sämtliche Schriften und Briefe*, série VI, 1990, vol. 2, préface, p. 433).

2. « De Cartesio et Claubergio prorsus tecum sentio, discipulum magistro clariorem esse. Illud tamen rursus dicere ausim, nullum fere ex Cartesianis, inventis magistri quicquam addidisse. Certe Claubergius, Raëus, Spinoza, Clerselier, Heerbord, Tobias Andreae, Henricus Regius, nihil aliud quam Ducis sui paraphrastas egerunt », G.W. Leibniz, *Sämtliche Schriften und Briefe*, série II, vol. 1, p. 24 (trad. cit. p. 98).

3. Sur l'importance de la lecture que Leibniz fait de Clauberg, *cf.* W. Weier, « Leibnitiana bei Johannes Clauberg », *Studia Leibnitiana*, 200, 32, 1, p. 21-42.

C'est dans la même ligne que Clauberg que le P. Poisson écrit son commentaire sur le *Discours* :

> On s'étonnera peut-être, que j'aye détaché la méthode de M. Descartes du lieu où il l'avait placée lui-même, pour la mettre à la teste de toutes ses œuvres sur lesquelles j'ay dessein d'écrire. Mais si on considère que la plupart des Vérités qu'il a fait voir, dépendent d'un certain enchainement de Principe que cette méthode a fait découvrir, on avouera que je n'ay fait que suivre ce qu'il s'était proposé, lors qu'il donna au public les traitez des *Météores*, de la *Dioptrique* et de la *Géométrie* et que, comme il les avait fait précéder d'un *Discours* qui enseignait la méthode qui lui avait servi de guide dans ses études, je ne pouvais mieux faire que de mettre la même méthode au commencement de ses Principes [1].

Suite à la réception de la *Defensio cartesiana*, la philosophie de Descartes se présenta dotée d'une logique et d'une méthode – tirées du *Discours* – à partir desquelles on pouvait suivre et parcourir, de manière unitaire et systématique, l'enchaînement de toutes ses parties.

En ce qui concerne le développement de la pensée de Clauberg, quel est le rapport entre la *Defensio* et l'*Ontosophia* de 1647 ? Apparemment on pourrait répondre qu'il n'y a pas de rapport entre les deux textes, car les thèses métaphysiques de l'*ontologia/ontosophia* disparaissent dans la *Defensio* : dans le texte de 1652, il est, bien sûr, fait référence à des thèses métaphysiques, mais ce sont toujours les thèses de la métaphysique cartésienne. Et pourtant, on peut également remarquer que, si les thèses de l'*Ontosophia* ne sont pas reprises dans la *Defensio*, la « situation » dans laquelle se trouve la métaphysique est toujours la même. Comme dans l'*Ontosophia*, dans la *Defensio* la métaphysique (cartésienne) pose les fondements de la philosophie et garantit ainsi à la fois l'unité et la cohérence de l'ensemble du savoir ; par conséquent, la métaphysique n'est pas introduite par d'autres disciplines et elle est, en effet, première du point de vue formel et matériel. La philosophie première cartésienne s'adresse, selon Clauberg, aux *indocti* et plus précisément aux disciples qui abordent pour la première fois la philosophie : la relation avec la réforme pédagogique coménienne, qui marque fortement le texte de 1647, émerge de

1. N.J. Poisson, *Commentaire ou Remarques sur la Méthode de M. Descartes*, Paris, chez la veuve de C. Thiboust et P. Esclassan, 2e éd., 1671, p. 1-2. *Cf.* à ce propos C. Borghero, « La “Méthode” senza la “Géométrie” : Poisson e la diffusione del metodo cartesiano », dans *Descartes : il metodo e i saggi*, *op. cit.*, p. 587-595.

manière assez évidente dans l'*Assertio* de Tobias Andreae qui s'inspire directement de la lecture claubergienne offerte dans la *Defensio*.

Enfin, le point qui rapproche le plus la situation « métaphysique » esquissée dans la *Defensio* de celle que nous avons reconstruite à propos de l'*Ontosophia*, c'est le rapport entre la logique et la métaphysique. Les adversaires de Descartes, à partir de l'*Admiranda methodus* de Schoock et Voetius jusqu'à la *Statera* de Revius et la *Nova Renati Descartes Sapientia* de Lentulus, soulignaient l'absence d'une logique opérant ouvertement dans l'établissement de la métaphysique. Ainsi ce qui, pour les critiques de la philosophie cartésienne, était une limite constitutive de la philosophie de Descartes, condamnée à un subjectivisme sans appel, pouvait représenter pour Clauberg une réponse à l'exigence de sauvegarder l'autonomie de la métaphysique en lui gardant aussi une priorité du point de vue de l'enseignement. Dans l'interprétation de la méthode et de la métaphysique cartésiennes proposée par Clauberg, nous voyons se réaliser l'équilibre délicat et difficile qu'il avait recherché dans l'*Ontosophia* : la philosophie de Descartes s'adresse à un élève qui n'a aucune connaissance philosophique ; la métaphysique cartésienne se propose comme le premier pas dans l'introduction à la philosophie ; la révision de ses propres opinions par le doute contribue à remplacer la connaissance vulgaire par la connaissance philosophique ; la métaphysique fournit les premiers rudiments de la philosophie et, en même temps, elle pose le fondement de la logique ; la métaphysique fonctionne selon les principes d'une logique et d'une méthode qu'elle fonde sans pour autant devoir les proposer préalablement. Contrairement donc aux accusations que nous avons essayé de reconstruire, l'interprétation de Clauberg affirme que la métaphysique cartésienne obéit à une (vraie) logique, mais qu'elle ne dépend pas de cette logique, car c'est à la métaphysique même de la constituer en fixant le critère de vérité. Ainsi, on peut, bien sûr, lire la suite des *Méditations* en montrant leur cohérence logique – ce que Clauberg ne manque pas de faire – mais le fait que Descartes n'ait pas présenté sa logique ou sa méthode avant la métaphysique ne représente pas une lacune – comme le prétendaient ses détracteurs – car cela respecte l'ordre de l'enseignement le plus approprié pour cette discipline.

Si, en effet, l'adhésion au cartésianisme semble résoudre la difficulté à laquelle s'était heurtée l'*Ontosophia*, il reste encore à montrer l'intégration du contenu de la philosophie cartésienne à celui de la métaphysique de 1647. Autrement dit, il faudra voir comment Clauberg peut maintenir à la fois l'ontologie et la philosophie première cartésienne, en gardant à chacune sa propre forme et sa propre structure. L'adhésion à la philosophie première de Descartes et la publication des deux éditions de l'*Ontosophia* après 1647 (en 1660 avec l'*Ontosophia nova* et en 1664 avec la *Metaphysica de ente*) montrent un redoublement de la métaphysique qui s'articule désormais selon cette double perspective.

Dans le prochain chapitre, nous essayerons d'expliquer cette « architecture » de la métaphysique claubergienne.

CHAPITRE IV

# LA PHILOSOPHIE CARTÉSIENNE ET LA REDÉFINITION DE LA MÉTAPHYSIQUE

Dans les trois premiers chapitres, nous avons reconstruit l'horizon problématique dans lequel se situe l'*Ontosophia* de 1647, et nous avons montré la contribution de Clauberg aux polémiques sur la méthode de Descartes. La première conclusion à laquelle nous sommes parvenus est que le projet de l'*Ontosophia* a besoin, pour se réaliser, d'une voie d'accès, d'une *methodus* au sens propre, qui indique pratiquement à celui qui n'est pas philosophe le chemin pour accéder à la métaphysique. De plus, cette *methodus* ne peut pas être extrinsèque ou antérieure à la métaphysique même. Voilà pourquoi ce que Clauberg cherche est un itinéraire métaphysique qui ne s'appuie pas sur la logique, mais qui, néanmoins, *fonctionne* selon la logique. Cela implique que Clauberg valorise justement un des points les plus problématiques, aux yeux des lecteurs, du cartésianisme : l'absence d'une logique qui guide manifestement l'accès aux premiers principes de la métaphysique. Ce qui, pour beaucoup, est le point faible du cartésianisme, pour Clauberg en est le point fort. Dans la *Defensio cartesiana* de 1652 il propose une reconstruction de la méthode cartésienne : en s'appuyant sur les quatre préceptes de la deuxième partie du *Discours de la méthode*, Clauberg vise à rétablir à la fois la méthode et la logique inventées par Descartes et utilisées par lui dans ses ouvrages.

Cependant, entre l'*ontosophia* et la *methodus cartesiana* il y a sans nul doute un décalage non négligeable et l'on pourrait suspecter qu'avec l'adhésion au cartésianisme Clauberg abandonne la métaphysique « ontologisante » de 1647. Comme nous l'avons déjà rappelé, le fait même que Clauberg ait continué à proposer une ontologie (dans les deux éditions de 1660 et 1664) en concomitance avec la métaphysique cartésienne suffit pour démontrer qu'il n'y a pas eu d'abandon ou de substitution de l'ontologie en faveur du cartésianisme. Mais cela impose en même temps une explication de la coexistence de deux « métaphysiques » dans la pensée claubergienne.

Dans le présent chapitre, nous nous proposons donc de montrer la continuité, voire l'intégration, entre la production « cartésienne » de Clauberg et la tradition de l'ontologie. Ce qu'il faudra comprendre, c'est certes le dédoublement de la métaphysique et le rôle différent qu'assument la philosophie première de Descartes et l'*ontosophia/ontologia*. Nous risquons dès maintenant la réponse à la question que nous nous sommes posée : la métaphysique claubergienne se divise désormais en une philosophie première (cartésienne) et une métaphysique (ontologie) au sens propre. Le maintien de l'ontologie à côté de la philosophie première de Descartes ne crée pourtant pas une situation conflictuelle, car la philosophie cartésienne assure les éléments initiaux du savoir, tandis qu'il appartient à l'ontologie d'établir le cadre complet de la métaphysique. Enfin, nous verrons que, bien que l'apport de la métaphysique cartésienne reste indiscutable, ce qu'elle représente aux yeux de Clauberg est surtout une méthode, dont la valeur didactique n'est pas séparée du cadre formel de l'*ontosophia*, qu'elle parvient à modifier[1]. Les nombreux commentaires de Clauberg des œuvres de Descartes ne représentent pas une adhésion inconditionnée à la philosophie cartésienne, mais montrent la fonction que le philosophe allemand reconnaît à ces œuvres : celle d'être des itinéraires exemplaires, dont l'imitation de la part des étudiants s'inscrit dans la pédagogie de l'enseignement universitaire. Pour Descartes aussi, bien évidemment, les *Meditationes* avaient une fonction « didactique », mais pas dans le sens que cette fonction prend chez Clauberg. La valeur propédeutique et introductive que Descartes attribue à l'itinéraire des *Meditationes* ne s'inscrit pas dans le cadre social et civil des Universités réformées, tandis que Clauberg essaye à tout prix de garantir, par exemple, la compatibilité du doute de la première méditation avec la vie civile et l'obéissance aux institutions.

Cette articulation de la métaphysique en philosophie première, au sens cartésien, et ontologie doit encore être prouvée, mais les points que nous venons d'indiquer sont largement présents dans les textes publiés par Clauberg après sa rencontre avec le cartésianisme. En particulier, il est

1. Pour une comparaison entre l'édition de 1647 et les suivantes, *cf.* V. Carraud, « L'ontologie peut-elle être cartésienne ? », dans *Johannes Clauberg (1622-1665)*, *op. cit.*, p. 16-23.

important de souligner que la comparaison entre les différentes éditions de l'*Ontosophia* montre la suppression, dans le cadre de l'œuvre, de la *Diacritica*, des *Prolegomena* et de la section intitulée *De usu*. Faut-il donc en conclure que le problème de l'instauration de la philosophie n'intéresse plus Clauberg et qu'il l'a donc abandonné? Pas du tout, car il prend toute son importance du fait que Clauberg aborde cette question dans une de ses œuvres les plus importantes: l'*Initiatio philosophi, sive dubitatio cartesiana ad Metaphysicam certitudinem viam aperiens*[1].

Mais, avant de passer à la considération de l'*Initiatio*, il faut prendre en compte un autre texte qui nous confirme que la position de Clauberg n'a pas changé après son adhésion au cartésianisme. Il s'agit de la dispute qui ouvre le *De cognitione Dei et nostri*[2], intitulée *De utilitate philosophandi*. Le titre évoque clairement le *De utilitate credendi* d'Augustin et, en effet, le texte représente une apologie de la nature théorique de la philosophie, contre tous ceux qui voudraient la réduire à la logique. À la question de savoir si l'étude de la logique est suffisante pour l'appréhension de la philosophie, Clauberg répond clairement:

> En effet, c'est ce que voudraient les ennemis de la philosophie. Je réponds. Ceux qui croient qu'à ceux qui étudient la philosophie il suffit d'apprendre la logique, ceux-là, dis-je, non seulement ignorent la philosophie, qui est un don privilégié de Dieu, mais ils n'ont même pas appris la logique elle-même. Car s'ils avaient appris celle-ci, ils sauraient qu'elle ne s'apprend pas pour elle-même, mais pour les autres disciplines plus fondamentales. [...] Et certainement quelqu'un ne deviendra pas un logicien parfait et accompli, si (comme d'autres ont déjà enseigné) il n'a pas bien appris la philosophie première ou métaphysique, dans laquelle les notions secondes sont rendues aptes à diriger la raison[3].

1. L'œuvre parut à Duisburg, chez l'éditeur A. Wyngaerden en 1655.

2. Le titre complet est: *De cognitione Dei et nostri, quatenus naturali lumine, secundum veram Philosophiam, potest comparari, Exercitationes centum*. Ce texte regroupe une centaine de *disputationes* que fit soutenir Clauberg. Il fut édité à Duisburg chez Wyngaerden en 1656. Une nouvelle édition fut publiée à Franeker chez Strik en 1685.

3. « Nam et hoc voluere Philosophiae inimici. Resp. Qui Philosophiae studiosis sufficere putant, ut Logicam discant, illi non modo Philosophiam, quae eximium Dei donum est, prorsus ignorant, sed ne Logicam quidem ipsam didicere. Nam si hanc didicissent, scirent illam non propter se addisci, sed propter alias disciplinas magis principales. [...] Nec sane perfectus quis et consummatus evadet Logicus, nisi primam Philosophiam seu Metaphysicam, in qua notiones secundae rationi dirigendae habiles fundantur, (ut jam alii docuerunt) probe didicerit », J. Clauberg, *De cognitione Dei et nostri*, I, § 6, *Opera Omnia Philosophica*, II, p. 592.

Pour l'appréhension de la philosophie, l'étude de la logique est non seulement inefficace, mais tout simplement dangereuse, car cela – c'est-à-dire étudier la logique avant la philosophie – empêcherait une approche correcte tant de la philosophie, que de la logique elle-même. La question abordée ici est donc la même que celle rencontrée dans l'analyse de l'œuvre de 1647. Le fait même que Clauberg aborde une telle question dans la première *exercitatio* du *De cognitione dei et nostri* suggère qu'il veut reprendre dans ce contexte le discours là où il s'était arrêté en 1647. En outre, nous devons remarquer que la position de Clauberg à l'égard des rapports entre métaphysique et logique est la même : on y trouve l'affirmation de la valeur purement instrumentale de la logique, sa suppression du cadre des disciplines philosophiques, l'affirmation de sa dépendance vis-à-vis de la métaphysique et, enfin, sa collocation après elle dans l'ordre de l'enseignement.

## L'INITIATION À LA PHILOSOPHIE
## DOUTE CARTÉSIEN ET *METHODUS CARTESIANA*

### *Doute cartésien et initiation à la philosophie*

On peut ainsi voir que, après son adhésion au cartésianisme, Clauberg continue à affirmer que l'enseignement de la logique doit suivre celui de la métaphysique, dans laquelle elle trouve son fondement. Mais, par rapport à 1647, dans le *De cognitione Dei et nostri* le commencement de la philosophie n'est plus représenté par l'*ontosophia* mais par la philosophie première de Descartes, qui s'adapte parfaitement à l'esprit de celui qui n'a aucune connaissance philosophique. Les implications de cette position ne sont pas méconnues par Clauberg, car le problème que nous avons mis en évidence à propos de l'*incipit* de la philosophie [1] se présente ici de nouveau, puisqu'il faut encore éclaircir *comment* il est possible de discerner les premiers principes de la philosophie sans qu'ils soient garantis par des instruments capables de produire des démonstrations :

> Mais, puisqu'il n'y a pas de démonstration qui puisse manquer de prémisses et de choses déjà connues, de fait celui qui commence à philosopher, en tant que tel, n'a jusque-là rien connu préalablement, il n'a mis à l'avance aucun apparat philosophique à partir duquel produire des démonstrations certaines. Ici surgit une difficulté : comment donc

1. *Cf.* chap. I, *supra*, p. 64.

l'existence de Dieu peut-elle être démontrée dans la philosophie première ?[1].

La *difficultas* relevée par Clauberg est la même que celle que nous avons mise en évidence dans l'analyse de l'*Ontosophia*, et que, désormais, il est à même d'affronter. La réponse qu'il donne montre en effet la portée décisive de la philosophie cartésienne, sans qu'il reste trace des réponses évasives qu'il avait proposées en 1647 :

> Quand, au début de la philosophie première, l'esprit humain pense vouloir suspendre le jugement sur toutes les choses et ne rien faire valoir sinon selon la proportion et l'augmentation de sa perception (comme il a été montré dans le livre l'*Initiation du philosophe*), il ne peut cependant ne pas juger qu'il existe et qu'il pense, pour le fait même qu'il pense ne vouloir rien juger des autres choses avant de les avoir perçues [2].

La philosophie commence donc par la philosophie première, et plus précisément par la philosophie première cartésienne. Dans celle-ci les différentes figures de la *dubitatio* fournissent les étapes d'un processus à travers lequel se réalise l'initiation à la philosophie. À la place de la logique, qui n'est pas encore admise car elle doit être fondée, le moyen par lequel les vérités métaphysiques essentielles sont découvertes est représenté par l'itinéraire cartésien des *Meditationes*.

En ce sens, le renvoi à l'*Initiatio philosophi* (« quemadmodum in libro *de Initiatione Philosophi et c.* ostensum fuit ») nous permet de comprendre le statut de cette œuvre dans le cadre de la production de Clauberg. D'abord, il s'agit certainement d'une œuvre apologétique, d'une défense du cartésianisme à l'égard d'un des sujets les plus controversés, celui du doute[3]. Mais tout cela est ramené par Clauberg au problème qui l'intéresse, celui de

1. « At quia nulla demonstratio esse potest nisi ex quibusdam praemissis et praecognitis, is vero qui philosophari incipit, quatenus talis, nihil adhuc praecognovit, nihil praemisit Philosophici apparatus, ex quo certas demonstrationes concinnet, difficultas hic oritur, quomodo ergo in prima Philosophia Dei existentia possit demonstrari ? », J. Clauberg, *De cognitione Dei et nostri*, II (« Naturalis Dei cognitio Philosophiae principium, medium, finis »), § 10, *Opera Omnia Philosophica*, II, p. 597.

2. « Quando primae Philosophiae initio mens humana cogitat, se velle judicium de cunctibus rebus suspendere, neque exserere nisi pro modo et incremento perceptionis suae (quemadmodum in libro de Initiatione Philosophi et c. ostensum fuit) non potest tamen non iudicare, semet ipsam existere et cogitare, eo ipso quo cogitat se nolle iudicare de reliquis antequam perceperit », J. Clauberg, *De cognitione Dei et nostri*, II, § 11, *Opera Omnia Philosophica*, II, p. 597.

3. *Cf.* à ce propos, C. Borghero, « Discussioni sullo scetticismo di Descartes », *Giornale critico della filosofia italiana*, LXXVII, 1, 1998, p. 1-25.

l'instauration de la philosophie. Ce n'est qu'ainsi que l'on peut comprendre le sens de l'opération accomplie par Clauberg, consistant dans le fait de rendre le doute de la première méditation compatible avec la fonction d'introduction à la philosophie qu'il doit exercer. Le doute est alors présenté comme le prolongement naturel de la position de celui qui commence une activité ou une expérience qu'il ne connaît pas, et qui, donc, hésite, vacille, revoit et réexamine ses propres connaissances. Autrement dit, l'*Initiatio Philosophi* ne répond pas seulement à une exigence apologétique à l'égard de la philosophie cartésienne, mais aussi à la recherche de la part de Clauberg d'une solution au problème que nous venons d'évoquer : pour que l'accès à la métaphysique ne reste pas sans la garantie d'une voie sûre et efficace, il faut que l'élève soit guidé sans que, cependant, lui soit imposée une doctrine ou discipline préalable.

L'itinéraire du doute cartésien est l'itinéraire du *discipulus* qui accède à l'étude de la philosophie, et la première méditation acquiert une fonction didactique qu'elle n'a pas dans l'économie de la pensée de Descartes. Clauberg superpose la figure du méditant de la première méditation à celle du disciple, figures qui sont unies par la difficulté d'accéder à la métaphysique sans avoir aucune connaissance philosophique préalable :

> Même les disciples de la vraie philosophie doivent commencer par la métaphysique : en effet, c'est pour cette raison que l'auteur a voulu montrer dans ce *Discours* un échantillon de sa métaphysique avant un échantillon de sa physique, et c'est pour cette raison qu'il a produit les *Méditations sur la philosophie première* avant les *Principes de la philosophie*, et c'est aussi pour cette raison qu'à l'intérieur des *Principes* il a donné la première place à la métaphysique [1].

Dans un autre passage des *Prolegomena* placés au début de l'*Initiatio*, Clauberg affirme l'utilité du doute de la première méditation comme itinéraire exemplaire que les *discipuli* doivent imiter :

> Bien que cette façon de commencer soit difficile, bien que l'auteur de notre philosophie n'ait jamais douté comme il semble le faire voir ostensiblement dans la première méditation, bien qu'aussi les disciples n'aient pas la force d'imiter et de suivre entièrement une telle dubitation, [...] je soutiens

1. « Etiam discipuli verae Philosophiae incipere debent a Metaphysica. Nam ideo author et in hac Dissertatione specimen prius Metaphysicae suae quam Physicae exhibere voluit, et meditationes de Prima philosophia prius in lucem misit quam Philosophiae principia, imo etiam in his ipsis primum locum dedit Metaphysicae », J. Clauberg, *Initiatio philosophi*, chap. 5, § 11, *Opera Omnia Philosophica*, II, p. 1154.

néanmoins que cette initiation à travers une dubitation générale a été décrite par Descartes avec grande utilité et conformément aux lois de la vraie sagesse [1].

La valeur propédeutique que Clauberg confère au doute comporte, par conséquent, une série de restrictions à l'égard de la *dubitatio* des *Meditationes*, lui permettant d'être compatible avec l'enseignement offert dans les Universités. En ce sens, l'*Initiatio* fournit des indications sur les caractéristiques que doit avoir le *discipulus* qui accède à la philosophie, comme, par exemple, l'âge [2] ou la préparation qu'il doit posséder [3]. Une autre restriction concerne le domaine d'application de la *dubitatio*, qui ne touche ni les croyances religieuses, ni les connaissances fondées sur l'Écriture [4]. Le doute n'a rien à voir non plus avec la morale ou la religion [5], mais concerne la *theoria* pure et simple [6]. Parmi les disciplines théoriques, en outre, le doute n'opère qu'au début de la métaphysique, sans toucher à la géométrie ou à la physique : « La dubitation cartésienne dont nous traitons ne s'étend pas à toutes les disciplines qu'il [Descartes] a enseignées : elle ne

1. « Quantumvis arduus iste sit initiandi modus, quantumvis Philosophiae nostrae Author nunquam ita dubitaverit, uti Prima Meditatione prae se ferre videtur, quantumvis etiam discipuli non valeant talem omnino dubitationem imitari et assequi, [...] nihilominus pertendo, quod ejusmodi per generalem dubitationem initiatio magna cum utilitate ac verae sapientiaae legibus congruenter a Cartesio fuerit descripta », J. Clauberg, *Initiatio philosophi*, *Prolegomena*, § 26, *Opera Omnia Philosophica*, II, p. 1127-1128.

2. « Quaeritur, an etiam discipulus huius Philosophiae tam diu debeat exspectare quam diu exspectavit Author ? Resp. Non eadem est ratio disciplinam inventam discentis, quae primi inventoris. Ipse glaciem aliis fregi, facilius aliis erit sequi, quam ipsi fuit praeire. Requiritur tamen aliqua aetatis maturitas, quia iuvenilis aetatis praeiudicia ad maturam rationem debent exigi atque expendi », J. Clauberg, *Initiatio philosophi*, chap. 9, § 3, F, *Opera Omnia Philosophica*, II, p. 1175.

3. « Praeparare debet unusquisque suum debet ingenium, uti fecit Author studio Matheseos, aut simili aliqua ratione », *ibid.*

4. « Non quaeri an mens hominis Christiani de rebus salutis ex verbo Dei edocta, debeat eas opiniones, quas de religione habet et quae divinae sunt revelationis, deponere », J. Clauberg, *Initiatio philosophi*, *Prolegomena*, § 12, *Opera Omnia Philosophica*, II, p. 1126.

5. « Non etiam quaeri, an de rebus dubitandum sit in ordine ad πρᾶξιν vel ποίησιν, hoc est, quatenus actionibus moralibus et vitae, huius usibus subjiciuntur », J. Clauberg, *Initiatio philosophi*, *Prolegomena*, § 12, *Opera Omnia Philosophica*, II, p. 1126.

6. « Quaeri duntaxat, an judicium de opinionibus omnibus, praeconceptis ante maturum rationis usum, semel initio Philosophiae suspendi possit ac debeat in ordine ad puram puta θεωρίαν sive contemplationem philosophicam, quando, quatenus et quam diu tantum investignadae lumine naturali scientiae incumbimus », *ibid.*

s'étend pas à la physique, ni aux écrits de géométrie, ni même à la métaphysique entière, mais seulement à son commencement »[1].

*Doute « méthodique » et logique « cartésienne »*

Pour que l'itinéraire cartésien ait un caractère exemplaire, il faut surtout qu'il ne soit pas purement arbitraire, mais qu'il obéisse à une logique implicite, qui doit conférer une valeur non subjective au parcours décrit dans les *Meditationes*. Cela ressort de manière particulièrement évidente du commentaire aux trois textes cartésiens (quatrième partie de la *Dissertatio de methodo*, *Meditatio Prima* et première partie des *Principia*) dans lesquels il est question de la *dubitatio*. Dans ce commentaire, Clauberg ramène plusieurs moments du doute cartésien aux préceptes énoncés dans la *Logica vetus et nova*, en « justifiant », pour ainsi dire, le parcours dubitatif[2]. Ainsi, par exemple, pour défendre la narration à la première personne et le choix de la forme littéraire de la méditation, Clauberg renvoie à l'article de la *Logica vetus et nova* dans lequel il prend en considération les formes d'argumentation qui ne s'appuient pas sur le syllogisme[3]. Ou encore, en commentant le *plane certa et indubitata* qui caractérise les vérités recherchées par Descartes en métaphysique, Clauberg se soucie de distinguer les différents degrés de certitude par

1. « Dubitatio cartesiana, de qua agimus, non pertineat ad omnes disciplinas ab ipso traditas, non ad Physica, non ad Geometrica ejus scripta, imo neque ad metaphysicam totam, sed ad initium ejus duntaxat », J. Clauberg, *Initiatio philosophi*, chap. XI, § 28, *Opera Omnia Philosophica*, II, p. 1209.

2. La *Logica vetus et nova* est le texte le plus fréquemment cité par Clauberg dans l'*Initiatio philosophi*. Les renvois et les citations sont surtout présents dans les notes aux textes de Descartes. Voici une liste des renvois à la *Logica* qui se trouvent dans les notes du commentaire à la *Meditatio prima* (« n » indique la note, « a » l'article et « p » la page des *Opera Omnia Philosophica*) : a. 3, p. 1166 ; a. 9, p. 1166 ; n. A, a. 1, p. 1170 ; n. O, a. 1, p. 1171 ; n. X, a. 1, p. 1172 ; n. B, a. 2, p. 1173 ; n. I, a. 2, p. 1174, n. C, a. 3, p. 1175 ; n. F, a. 3, p. 1175 ; n. H, a. 3, p. 1175 ; n. E, a. 5, p. 1177, n. H, a. 7, p. 1180 ; n. B, a. 10, p. 1182, n. A, a. 26, p. 1189 ; n. A, a. 33, p. 1192.

3. En commentant le début de la première méditation (« Animadverti… », AT VII 17, l. 1 ; B Op I, p. 702), Clauberg renvoie au § 181 de la première partie de la *Logica*, où sont recensés les types d'argumentation qui ne se fondent pas sur le syllogisme. Parmi eux se trouve aussi le soliloque : « Interdum mens *ad res* tantum conversa ratiocinando progreditur, saepe insuper *ad semetipsam reflexa* accuratioris inquisitionis ergo soliloquium quoddam instituit, se interrogando, sibi opponendo, sibi respondendo », J. Clauberg, *Logica vetus et nova*, I, chap. XVII, § 181, *Opera Omnia Philosophica*, II, p. 812 (trad. Lagrée et Coqui, *op. cit.*, p. 118).

rapport aux différents domaines du savoir[1]. Ainsi, le doute ne fonctionne que dans le domaine de la métaphysique, et non dans celui de la religion ou de la morale, qui ne requièrent pas une certitude absolue.

Ces limitations permettent au doute d'assumer la fonction didactique et pédagogique d'introduction à la philosophie que Clauberg lui confie. En ce sens, le doute représente une forme de logique primitive, qui est pourtant cohérente avec la logique bien plus articulée et développée de la *Logica vetus et nova*. Plus exactement, il faut dire que Clauberg interprète la *dubitatio cartesiana* d'après les préceptes de la méthode qu'il avait largement commentée dans la *Defensio*.

Le thème du doute est donc fermement lié par Clauberg à la *methodus cartesiana* qu'il avait analysée de façon très détaillée dans l'œuvre publiée en 1652 : « Et ainsi, selon cette même méthode qui est enseignée par tous les logiciens, dans la recherche du vrai il faut douter au commencement »[2]. Dans l'*Initiatio* se trouve aussi un commentaire de la *Dissertatio de Methodo* dans lequel Clauberg montre la correspondance entre les règles de la méthode et le doute par lequel commence la recherche métaphysique. Si, dans la vie pratique, il y a beaucoup de croyances et d'opinions qu'il faut suivre fermement, il faut agir autrement en ce qui concerne la recherche de la vérité : « Il a cru devoir faire tout le contraire, selon la première règle de sa méthode : ne jamais rien admettre comme vrai à l'exception de ce qui sera connu certainement et évidemment être vrai »[3]. C'est ainsi que, par obéissance à la première règle de la méthode, le doute devient un instrument acceptable du point de vue épistémologique et pédagogique, absolument nécessaire au début de la métaphysique. De la même façon, Clauberg montre que la décision de ne pas prendre en considération toutes les notions une par une, mais de les analyser par genre, découle de la deuxième norme, de même que la décision de commencer par les réalités les plus simples et les plus faciles à connaître dérive du troisième précepte :

> Puisqu'en effet il ne peut pas examiner toutes les difficultés en même temps, il est nécessaire qu'il les divise en parties, selon le deuxième

1. Il renvoie en effet au chap. 12 de la première partie de la *Logica*, où il distingue la certitude morale de la certitude métaphysique. Cf. *Logica vetus et nova*, I, chap. XII, *Opera Omnia Philosophica*, II, p. 801-803 (trad. cit., p. 97-101).

2. « Itaque ex hac ipsa methodo, quam omnes Logici tradunt, in veri inquisitione initio dubitandum est », J. Clauberg, *Initiatio philosophi*, chap. I, § 11, *Opera Omnia Philosohica*, II, p. 1133.

3. « Putavit sibi plane contrarium esse faciendum, ex regula prima suae Methodi, ut nihil unquam veluti vero admitteret, nisi quod certo et evidenter verum esse cognosceret », *ibid.*, chap. V, § 41, II, p. 1160.

> précepte de la méthode, et le troisième précepte prescrit que dans la connaissance de ces parties il faille commencer par les plus simples et les plus faciles. Pendant qu'il commence alors la philosophie première à partir de telles choses (c'est-à-dire des choses les plus simples et les plus faciles aussi bien selon son jugement que selon la vérité de la chose), il a décidé d'écarter pendant tout ce temps les choses qui concernent le sens, les démonstrations géométriques, le sommeil et la veille et de les examiner seulement en temps et lieu opportuns [1].

Il y a donc, selon Clauberg, une correspondance parfaite entre les trois premiers préceptes de la méthode et l'itinéraire du doute dans la *Première Méditation*, dans la quatrième partie du *Discours* et de la *Dissertatio*, et dans le début des *Principia*.

L'interprétation du doute comme méthode de la métaphysique cartésienne est largement présent dans les *Objectiones* de Bourdin [2] comme dans la *Disquisitio metaphysica* de Gassendi [3] : souvent, dans les réponses, Descartes s'exprime en s'adaptant à ses interlocuteurs [4], mais, dans ce cas, le mot *methodus* est utilisé dans un sens assez large pour indiquer la procédure ou l'argumentation utilisée dans la première méditation et c'est pour cette raison que Descartes fait sien le mot *methodus* sans aucune objection [5]. Nous ne voulons pas nier ici le fait, assez évident, que le doute

1. « Cum enim non possit difficultates omnes simul examinare, necessum est, ut eas in partes dividat, ex praecepto methodi secundo, atque in his partis cognoscendis incipiendum esse a simplicissimis et facillimis praeceptum Methodi tertium sancit. Dum igitur a talibus (id est, simplicissimis ac facillimis, et suo iudicio et in rei veritate) primam philosophiam inchoat, ad sensum, ad demonstrationes Geometricas, ad somnum et vigiliam spectantia tantisper seponere et suo demum loco ac tempore examinare decrevit », J. Clauberg, *Initiatio philosophi*, chap. VI, § 5, *Opera Omnia Philosohica*, II, p. 1161.

2. *Cf.* par exemple AT VII 466; B Op I, p. 1266 : « An bona sit methodus philosophandi per abdicationem eorum omnium, quae quovis modo dubia sunt. Hanc nisi methodum fusius aperias, non est quod a me responsum expectes ; sic vero facis ».

3. *Cf.* la *Dubitatio unica* sur la première méditation : « De methodo, qua omnis cognitio, seu vera, seu falsa, etiam adhibits machinis, iubetur extrudi », *Disquisitio Metaphysica*, dans *Opera Omnia in sex tomos divisa*, Lugduni, Sumptibus Laurentii Anisson, & Ioan. Bapt. Devenet, 1658, 6 vol., vol. III, p. 278 (réimp. anast. Stuttgart-Bad Cannstatt, Fromann-Holzboog, 1964).

4. Ce qui se passe dans les réponses à Bourdin : « Considerandus est Actor noster tanquam vir gravis et doctus, qui, ad impugnandam eam Methodum quaerendae veritatis, quae jubet ut, rejectis omnibus incertis, incipiamus a cognitione propriae existentiae [...] probare conatur per hanc viam nullum aditum patere ad ulteriorem cognitionem », AT VII 513-514; B Op I, p. 1332.

5. Janet Broughton a consacré un livre à la méthode du doute chez Descartes (*Descartes method of doubt*, Princeton, Princeton UP, 2002). Malgré l'affirmation résolue de l'existence

fonctionne comme une procédure méthodique, au sens le plus large, que Descartes met en œuvre pour détacher l'esprit des sens (*abducere mentem a sensibus*), mais si nous prenons le concept de méthode dans le sens propre que lui donne Descartes, il est assez difficile de considérer le doute comme une « méthode » ou bien comme « la » méthode de Descartes[1]. Chez Clauberg l'association entre le doute et la méthode cartésienne s'appuie sur une reconstruction de la logique de Descartes et vise à montrer que le doute est l'application sur le plan pratique d'un ensemble de préceptes qui opèrent de manière implicite, mais néanmoins exacte et contrôlée.

*Doute « méthodique » et restriction du doute cartésien*

Le lien étroit que Clauberg reconstruit entre le doute de la *Première Méditation* et la *methodus cartesiana* n'est donc pas sans conséquence. Comme nous l'avons vu en commentant les chapitres de la *Defensio* sur la méthode de Descartes, Clauberg avait anticipé l'affirmation de la *regula veritatis* en la détachant du *cogito*, et en la plaçant en tête de la logique. L'affirmation au sens absolu, sans l'itinéraire du *cogito* et la démonstration de la véracité divine, que tout ce que nous concevons clairement et distinctement est vrai – puisqu'entre l'entendement et la réalité il n'y a besoin d'aucune médiation – pose les bases de la logique et de la méthode que Clauberg dessine à partir de Descartes et règle le déroulement de la recherche métaphysique, y compris le doute. La première conséquence de cette lecture est que le doute ne concerne pas les notions simples, mais seulement les notions complexes, car, pour comprendre la vérité des notions simples, il suffit de les considérer avec attention[2] : « Il n'a jamais

d'une « méthode du doute » chez Descartes (*cf.* note 1, p. 2-3), l'auteur n'aborde pas la question de l'absence d'une thématisation du doute comme une méthode de la part de Descartes. La seule évidence textuelle apportée est celle de l'expression « méthode de douter de tout » que Descartes emprunte aux objecteurs lorsqu'ils résument la *Disquisitio* de Gassendi, *cf.* l'*Avertissement de l'auteur touchant les cinquièmes Objections*, AT IX-1 203 ; B Op I, p. 1400. Mais il s'agit justement d'une expression qui n'est pas de Descartes.

1. *Cf.* par exemple la définition de *methodus* que Descartes propose dans la *Regula IV* : AT X 371-372 ; B Op II, p. 698. Voir aussi à ce propos, D. Garber, « La méthode du *Discours* », dans *Le Discours et sa méthode*, *op. cit.*, p. 65-87 ; P. Dear, « Method and the Study of Nature », dans M. Ayers, D. Garber (éds.), *The Cambridge History of Seventeenth-Century Philosophy*, Cambridge, Cambridge UP, 1998, vol. I, p. 147-177 (en particulier p. 159). Sur le statut problématique du concept de méthode chez Descartes, voir l'*Introduction*.

2. L'attention devient ainsi l'instrument essentiel pour bien juger, et Clauberg le rappelle dans l'*Initiatio* en parlant du doute comme d'un moyen utile pour apprendre aux étudiants à éviter la précipitation dans la vie civile ou politique : « Ad haec omnia [éviter la précipitation

rejeté les idées ou les notions simples de ces choses, mais les opinions et les préjugés »[1].

Le doute sur les mathématiques est restreint alors aux argumentations des géomètres fondées sur l'imagination, et l'hypothèse du Dieu trompeur n'atteint pas la dimension radicale qui se trouve dans les *Meditationes*. L'*Initiatio* contient aussi un commentaire à la *Première Méditation*, et Clauberg y montre comment Descartes a commencé à douter des sens et des représentations des rêves, qui nous font souvent adhérer à des réalités fictives. À partir de ces doutes, il parvient à la considération des sciences qui traitent *de simplicissimis et maxime generalibus rebus*, comme les mathématiques pures. Ces sciences dérivent des notions les plus simples et universelles et sont accompagnées d'une évidence telle que notre assentiment est porté à y adhérer. Elles ont une évidence intellectuelle que même l'hypothèse du sommeil ne peut pas entamer : « Soit que je veille ou que je dorme, deux et trois joints ensemble formeront toujours le nombre de cinq » (« sive vigilam, sive dormiam, duo et tria simul iuncta sunt quinque »). Pour Clauberg, ces vérités sont mises en question par Descartes à travers une dernière *ratio dubitandi*, qui veut frapper les sceptiques dans les prémisses de leur doctrine. L'argumentation cartésienne se base alors sur le fait que l'athée ou le sceptique ne peut pas démontrer la perfection de l'entendement humain et, donc, ne peut pas être sûr que ce qui lui semble clair soit effectivement vrai : « Tu fais encore confiance à la clarté de ton entendement, mais il faut voir si ton entendement, sur lequel tu t'appuies,

et la prévention] sensim disponitur ac paratur philosophiae nostrus discipulus, cum nulla logicae regulas toties ei in philosophando inculcetur, quam ne temere et praepropere iudicium ferat, sed cohibeat animi inpetum, donec rem debita cum attentione ad rectae rationis trutinam ponderavit. Et hac de causa contra receptum Logicorum morem caput integrum de *Attentione*, item aliud de praecipua iudicandi regula in logica mea quam potui diligentissime conscripsi », *Initiatio philosophi*, chap. I, § 20, *Opera Omnia Philosophica*, II, p. 1136. Dans la *Logica vetus et nova* le chapitre III de la première partie affirme que « Ad perceptionem claram et distinctam reddendam primum et maxime necessario requiritur Attentio debita », *Logica vetus et nova*, I, chap. III, *Opera Omnia Philosohica*, II, p. 786 ; trad. fr., p. 66. *Cf.* à ce propos le chapitre V, *infra*, p. 226-236.

1. « Nunquam abiecit ideas seu simplices earum rerum notiones, sed opiniones et praeiudicia », *Defensio cartesiana*, chap. XVIII, § 15, *Opera Omnia Philosohica*, II, p. 1002. La restriction de la *dubitatio* aux seules notions complexes est affirmée aussi dans l'*Initiatio philosophi*. Dans le chapitre IV, intitulé *De Metaphysicae dubitationis generalitate et latitudine*, Clauberg affirme que « non ad notiones simplices ex animo eliminandas pertineat ista dubitatio, sed ad iudicium de complexis suspendendum », *Initiatio philosophi*, chap. IV, § 7, *Opera Omnia Philosohica*, II, p. 1149.

est parfait à tel point que tu puisses, en de telles choses, compter sur lui avec une sûreté suffisante, ce que tu n'as pas encore démontré »[1]. La *vetus opinio* d'un Dieu qui peut tout devient, dans ce cas, une hypothèse capable de provoquer chez le sceptique une nouvelle raison de douter, et devrait le pousser à apercevoir la faiblesse de sa position.

Il faut par conséquent interpréter le doute fondé sur la figure du Dieu trompeur (et aussi celle du malin génie) comme un argument apologétique adressé contre les sceptiques, mais qui en réalité ne dit rien sur le rapport entre évidence et vérité. Ainsi, encore une fois, Clauberg établit une interprétation « faible » du doute, qui élimine une mise en question de notre propre rationalité[2]. Par conséquent, le doute sur les *magis simplicia et universalia* est interprété par Clauberg selon une perspective éminemment psychologique et non métaphysique, comme nous l'avons déjà vu[3] : loin de renvoyer à la possibilité de ce qui pourrait sembler un surcodage[4] – hypothèse selon laquelle, malgré la parfaite cohérence et évidence, la raison adhère à des notions qui ne sont pas vraies, mais qui pour elle sont tout à fait claires – Clauberg rapporte l'erreur sur les mathématiques, qui intervient « quoties duo et tria simul addo », à l'erreur sur les paralogismes des géomètres qui se trouve dans le *Discours*. En commentant le passage où Descartes affirme qu'il pourrait être trompé par le Dieu tout-puissant même dans les additions les plus simples (« Supple ex praecedentibus, *unde scio illum non fecisse* [...], ut quemadmodum alii, ita ego fallar etc. »), Clauberg commente :

> Il a exprimé cela plus clairement au début de la IVe partie du *Discours de la méthode* avec ces mots : « Et parce qu'il y a des hommes qui se méprennent en raisonnant, même touchant les plus simples matières de Géométrie, et y font des Paralogismes, jugeant que j'étais sujet à faillir, autant qu'aucun

1. « Tu fides adhuc intellectus tui claritati, sed videndum an tuus intellectus, quo niteris, sit adeo perfectus, ut fidere ei tuto satis in talibus possis, quod ipsum nondum demonstrasti », *Initiatio philosophi*, chap. IX, § 31, *Opera Omnia Philosophica*, II, p. 1191.

2. Il est donc inadmissible, d'après la lecture claubergienne, de concevoir et interpréter le doute sur le Dieu trompeur comme fondé sur la transcendance de Dieu par rapport aux vérités éternelles et à tout être créé. Le lien entre la question des vérités éternelles et le doute métaphysique de la première Méditation a été argumenté par J.-L. Marion, *Sur la théologie blanche*, *op. cit.*, voir en particulier le chap. 14, « L'envers du code : le doute sur le fondement », p. 313-346.

3. *Cf.* à cet égard, chapitre III, p. 135-137.

4. L'expression, très efficace, est de J.-L. Marion, *Sur la théologie blanche*, *op. cit.*, p. 314.

autre, je rejetai comme fausses toutes les raisons que j'avais prises auparavant pour Démonstrations »[1].

Pourquoi Descartes s'est-il exprimé plus clairement dans le *Discours/ Dissertatio* que dans les *Meditationes*? Cette affirmation n'est pas anodine de la part d'un connaisseur des textes cartésiens comme Clauberg, vu que Descartes affirme toujours que le *Discours* est un texte moins fiable et moins exact que les *Meditationes*[2]. Pour revenir à la question que nous avons posée, ce qui change entre les deux passages comparés par Clauberg (celui des *Meditationes* et celui du *Discours*), ce n'est pas le niveau auquel se situe l'erreur (dans le deux cas il s'agit d'erreurs portant sur des « évidences »), mais son origine : dans le cas des *Meditationes* il est évident que ce qui gêne Clauberg – au point qu'il met le texte en italique (*unde scio illum non fecisse*) – c'est que l'origine du décalage – ou de la non-correspondance – entre ce qui paraît évident et ce qui est vrai c'est Dieu, ou l'opinion que nous avons de Dieu (la *vetus opinio*). Au contraire, dans le texte du *Discours/Dissertatio*, qui pour Clauberg est plus clair et donc fait référence, l'origine du même décalage est attribuée à la faiblesse de l'entendement (*nonnullos etiam circa res Geometriae facillimas errare, ac paralogismos admittere*). Pour comprendre le sens de ce retour au texte du *Discours*, il faut exclure que Clauberg veuille éviter ici d'attribuer à Dieu une tromperie, car il s'est déjà longuement arrêté dans l'*Initiatio philosophi*[3] sur la figure du Dieu trompeur pour montrer que Descartes ne parle pas du vrai Dieu, mais seulement d'un Dieu conçu par le moyen d'une opinion, donc d'un dieu qui n'est pas connu et qui, par conséquent, peut être imaginé comme trompeur. Le fait qu'un dieu qui n'est pas Dieu puisse nous tromper n'est donc pas gênant.

La question du retour au texte du *Discours* a alors une seule réponse : ce n'est pas pour préserver Dieu (dont ici il n'est pas question), mais c'est pour

1. « Clarius hoc expressit Dissert. de Meth, initio IV sect. his verbis : *Et quia videram aliquando nonnullos etiam circa res Geometriae facillimas errare, ac paralogismos admittere, sciebamque idem mihi posse accidere quod cuiquam alii potest, illas etiam rationes omnes, quas antea pro demonstrationibus habueram, tamquam falsas rejeci* », *Initiatio philosophi*, chap. IX, § 33, A, *Opera Omnia Philosophica*, II, p. 1192 (le texte français cité dans notre traduction est celui de Descartes).

2. *Cf.* par exemple, outre la *Praefatio ad lectorem* des *Meditationes* (AT VII 7; B Op I, p. 688), les lettres : Descartes à X***, mars 1637, AT I 353, l. 8-10, B 103, p. 363; Descartes à Mersenne, vers le 20 avril 1637, AT I 350, l. 5-11, B 104, p. 367; Descartes à Vatier, 22 février 1648, AT I 560, l. 13-22, B 149, p. 549. Mais on peut voir plus en général la *Nota Introduttiva* d'I. Agostini et G. Belgioioso aux *Meditationes*, dans B Op I, p. 661-663.

3. *Initiatio philosophi*, chap. IX, § 31, A-C, *Opera Omnia Philosohica*, II, p. 1191.

ne pas mettre en question le statut de la rationalité même de l'entendement humain. En effet ce qui change considérablement dans les deux perspectives c'est que, dans les *Meditationes*, même si je pense correctement et que je ne *me* trompe pas, je me trompe car je suis trompé ; dans le *Discours*, par contre, il s'agit justement de paralogismes, c'est-à-dire d'erreurs *de ma part* dues à un manque d'attention, à la faiblesse de la mémoire, etc. Le fait que le doute sur les mathématiques soit rattaché au mauvais usage de ses propres facultés permet d'exclure exactement ce que la figure du Dieu trompeur permet d'envisager, c'est-à-dire une rationalité pour laquelle évidence et vérité sont *structurellement* dissociées. Pour Clauberg, le doute ne touche pas le rapport entre évidence et vérité et la *Première Méditation* devient une révision conduite méthodiquement des opinions et des jugements que nous avons embrassés depuis l'enfance.

Il ne s'agit donc plus de la recherche d'un fondement inébranlable, mais plutôt d'une « inspection des choses sur lesquelles nous avons porté notre jugement quand nous étions enfants et dans les années de la jeunesse, afin que, en remarquant les choses que nous avons bien jugées et les choses que nous avons mal jugées, nous assumions, en philosophant, certaines choses et nous en rejetions d'autres »[1].

Le doute méthodique hérite ainsi de toutes les caractéristiques de la bonne méthode, qui sont énoncées dans la *Logica vetus et nova*[2]. Il devient une méthode brève et facile, qui ne doit pas durer longtemps, et qui est sûre, car elle ne met en question ni les vérités de foi, ni les notions simples. À travers les limitations et les objectifs que Clauberg pose à la recherche philosophique, et au moyen de la récupération du doute comme moment de la *disputatio* dans lequel le jugement est suspendu, le doute de Descartes devient une méthode, un instrument contrôlé qui nous permet finalement d'inaugurer le discours philosophique et d'abandonner les préjugés de l'enfance. À la question du pourquoi le doute se trouve placé au début de la

1. « Recognitio eorum quae ineunte aetate et iuvenilium annorum tempore iudicavimus, ut animadvertentes quae recte iudicata, quae secus, alia quidem assumamus in philosophando alia reiiciamus », *Initiatio philosophi*, chap. I, § 32, *Opera Omnia Philosohica*, II, p. 1139.

2. Dans le chapitre II de la première partie de la *Logica vetus et nova* Clauberg répond à la question : « Ut autem bonus sit cognoscendi modus, quid requiritur ? ». La réponse trace les traits fondamentaux de la bonne méthode, qui doit être brève, facile et sûre. Ces caractéristiques seront attribuées par Clauberg au doute de Descartes tout au long du chapitre I, qui contient vingt-cinq *defensiones* de la *dubitatio*, et du chapitre IV, qui traite *de Metaphysica dubitatione generalitate et latitudine*. Cf. *Logica vetus et nova*, I, chap. II, § 11, *Opera Omnia Philosophica*, II, p. 785 (trad. cit., p. 64) ; *Initiatio philosophi*, chap. I et IV, *Opera Omnia Philosophica*, II, p. 1131-1140 et 1148-1153.

métaphysique sans être repris en physique ou en géométrie, Clauberg répond : « La réponse, qui émerge de tout ce livre, est claire : puisque la métaphysique est la première des sciences, elle est le commencement de la philosophie. Mais avant le premier commencement de la philosophie, il ne peut rien y avoir de philosophiquement determiné dans l'esprit humain : c'est pourquoi la suspension générale du jugement est nécessaire »[1]. Le doute placé par Descartes au début de la métaphysique n'a donc aucune valeur épistémologique et il n'est d'aucun usage en physique ou en mathématique, mais il est limité à l'initiation du disciple à la philosophie : il s'agit d'un outil pédagogique qui permet d'accéder à une première métaphysique (la philosophie première cartésienne) qui pose les fondements de la philosophie.

Nous pouvons alors tirer une conclusion : il est insuffisant de limiter la considération de la *methodus cartesiana* aux règles esquissées par Clauberg dans la *Defensio* et à l'ensemble des préceptes de la *Logica vetus et nova* qui dérivent d'elles. On peut, au contraire, remarquer que dans la réflexion métaphysique de Clauberg trouve place une méthode ayant la fonction de guider le sujet dans l'accès au savoir. Autrement dit, la *methodus cartesiana* acquiert chez Clauberg une double acception : elle est d'une part un procédé qui sert à accéder à la philosophie, et qui coïncide avec la *dubitatio* des *Meditationes*, et, d'autre part, une *methodus* consistant dans une série de règles qui forment les principes épistémologiques de la vraie logique. La première méthode est provisoire, elle contient seulement des indications pratiques qui ne s'appuient formellement sur aucun principe, et son application est valable uniquement à l'égard des vérités métaphysiques. La deuxième a une validité permanente, elle contient des énoncés formels qui définissent les critères pour la formation des jugements, et concerne toutes les disciplines philosophiques. L'une ne présuppose aucune certitude philosophique, l'autre requiert la connaissance, au moins, de la philosophie première.

Après avoir éclairci la continuité et le développement de la pensée de Clauberg par rapport à l'*Ontosophia*, avec l'apport essentiel de la *methodus cartesiana*, il nous reste à examiner le dédoublement de la métaphysique claubergienne en philosophie première et ontologie.

1. « Responsio ex toto hoc libro clara est, nempe quia Metaphysica est scientiarum prima, est Philosophiae initium. Sed ante primum Philosophiae initium nihil esse potest in mente humana Philosophice determinatum, hinc generalis judicii suspensio », *Initiatio philosophi*, chap. XI, § 28, *Opera Omnia Philosophica*, II, p. 1208.

## LE DÉDOUBLEMENT DE LA MÉTAPHYSIQUE CHEZ CLAUBERG

### *Acceptions « vulgaires » et acception cartésienne de la philosophie première chez Clauberg*

La distinction entre philosophie première et métaphysique est proposée par Clauberg dans l'*Initiatio* afin de distinguer entre la philosophie première de Descartes [1] et celle communément reçue [2] :

> Il faut de fait remarquer que, par le nom de philosophie première, Descartes indique autre chose que ce qui est indiqué communément. L'on appelle communément philosophie première celle qui traite des vérités abstraites et plus universelles, de l'étant en tant qu'étant, ou bien aussi de Dieu et des intellects créés, de l'intellect angélique et humain en commun [3].

En ce qui concerne l'acception de philosophie première que Clauberg qualifie de « vulgaire » – c'est-à-dire ordinaire –, il est nécessaire de faire quelques remarques. Clauberg réunit ici deux acceptions de la *prima Philosophia*, qu'il reconnaît d'ailleurs comme distinctes, car il les sépare par la conjonction *vel* (« *Prima philosophia* [...] quae agit [...] de Ente quatenus ens est, vel etiam de Deo »). Commençons par la seconde, qui est celle qui reconnaît comme objet de la philosophie première, aussi bien l'*ens in quantum ens*, que Dieu et les intelligences séparées. Il s'agit de la définition la plus commune et la plus usuelle, qui fonde la primauté de la philosophie première sur la perfection de l'objet qu'elle prend en considération. En ce sens, elle est dite première car elle traite des substances les

1. Le choix du titre *Meditationes de prima philosophia* est motivé par Descartes dans deux lettres à Mersenne : « J'ai envoyé dès hier ma Métaphysique à M. de Zuylichem [C. Huygens] pour vous l'adresser; mais il ne l'enverra que dans huit jours, car je lui ai donné ce temps pour la voir. Je n'y ai point mis de titre, mais il me semble que le plus propre sera de mettre *Renati Descartes Meditationes de prima Philosophia*; car je ne traite point en particulier de Dieu et de l'Âme, mais en général de toutes les premières choses qu'on peut connaître en philosophant » (Descartes à Mersenne, 11 novembre 1640, AT III, p. 235; B 283, p. 1324). Dans une autre lettre à Mersenne, Descartes confirme cette motivation pour le choix du titre : *cf.* Descartes à Mersenne, 11 novembre 1640, AT III, p. 239; B 285, p. 1328.

2. *Cf.* à ce propos la recherche menée par J.-L. Marion sur les différentes acceptions du terme « prima philosophia » dans la première moitié du XVII^e siècle, *Sur le prisme métaphysique de Descartes*, *op. cit.*, p. 34-59.

3. « Notandum vero, aliud vulgo nomine primae Philosophiae, aliud Cartesio designari. Vulgo *Prima philosophia* appellatur quae agit de veritatibus abstractis et universalissimis, de Ente quatenus ens est, vel etiam de Deo et Mentibus creatis, angelica et humana in communi », J. Clauberg, *Initiatio philosophi*, chap. VIII, § 5, *Opera Omnia Philosophica*, II, p. 1166.

plus parfaites[1], à savoir Dieu et les intelligences séparées. Cette acception est la plus répandue au sein de la scolastique et on la retrouve par exemple chez Suárez[2], Abra de Raconis[3], Fonseca[4], Eustache de Saint-Paul[5].

À l'inverse de cette seconde acception, la première pose comme objet de la *philosophia prima* exclusivement l'étant en tant que tel. Cette signification n'est donc pas seulement différente de celle adoptée par Suárez, mais, plus précisément, elle renverse le rapport entre métaphysique et philosophie première, en fondant la primauté sur l'universalité. Toutefois, cette acception aussi appartient à la scolastique[6], car elle avait été adoptée par Pereira dans le *De communibus omnium rerum naturalium principiis et affectionibus libri quindecim* (1576). Dans ce texte, Pereira distinguait deux sciences qui formaient l'ensemble de la métaphysique : « Il est nécessaire qu'il y ait deux sciences distinctes entre'elles. L'une qui traite des transcendentaux et des choses les plus universelles. L'autre qui traite des intellects. La première est dite philosophie première et science universelle, la deuxième sera appelée proprement métaphysique, théologie, sagesse, science divine »[7]. L'œuvre de Pereira permet donc d'insérer légitimement, parmi les acceptions de l'appellatif *philosophia*

1. *Cf.* J.-L. Marion, *Sur le prisme métaphysique de Descartes*, *op. cit.*, p. 43-46.

2. F. Suarez, *Disputationes Metaphysicae*, I, s. 3, § 9 : « Nihilominus asserendum est cum communi sententia, metaphysicam simpliciter esse unam scientiam specie. Haec enim videtur clara mens Aristotelis in toto prooemio seu c. I e 2 lib. I Metaphys., ubi semper de hac scientia tanquam de una specie loquitur, eique tanquam uni et eidem attribuit nomina et attributa quae partim illi conveniunt secundum quod versatur circa Deurn et intelligentias ; sie enim vocatur theologia, seu scientia divina et prima philosophia ; partim ut versatur circa ens in quantum ens et prima principia ejus, qua ratione dicitur scientia universalis et metaphysica. Sapientia autem vocatur quatenus haec omnia eomplectitur, et prima principia primasque rerum causas contemplatur », *Opera Omnia*, C. Berton (éd.), Paris, Vivès, t. 25, 1866, p. 24.

3. Ch.-Fr. d'Abra de Raconis, *Totius Philosophiae ... brevis tractatio, Praeludium primum*, Parisiis, sumptibus D. de La Noüe, 1622, p. 2.

4. P. Fonseca, *Commentarii in libros Metaphysicorum Aristotelis. Proemium*, III, Hildesheim, Olms, 1964 (rééd. éd. Cologne, L. Zetzner, 1615), t. 1, p. 29.

5. E. de Saint-Paul, *Summa Philosophiae quadripartita...*, *quarta pars quae est Metaphysica*, *Praefatio*, q. 2, Parisiis, Chastellain, 1609, p. 3.

6. *Cf.* à ce propos, J.-F. Courtine, *Suarez et le système de la métaphysique*, *op. cit.*, p. 469-481.

7. « Necesse esse duas scientias distinctas inter se. Unam quae agat de transcendentibus et universalissimis rebus. Alteram quae de intelligentiis. Illa dicitur prima Philosophia et scientia universalis, haec vocabitur proprie Metaphysica, Theologia, sapientia, Divina Scientia », B. Pereira, *De communibus omnium rerum naturalium principiis et affectionibus libri quindecim* Romae, apud F. Zanettum et B. Tosium, 1576, p. 14. Pour la littérature critique à ce propos, cf. *supra*, note 3, p. 25.

*prima*, celle d'une science ayant précisément comme objet propre et exclusif l'*ens in quantum ens*. Dans le milieu réformé, Goclenius avait introduit la distinction avancée par Pereira[1]; dans l'article 5 de la *Praefatio* à l'*Isagoge in peripateticorum et scholasticorum prima philosophia* (1598) on trouve en effet la distinction entre philosophie première et métaphysique avec l'indication, de la part de Goclenius, d'une préférence pour un traitement séparé des deux disciplines : « Bien que les philosophes y [dans la métaphysique] traitent habituellement non seulement de l'étant pris universellement, mais encore de Dieu et des intellects créés (la théologie humaine), toutefois je ne serais pas contraire à ce que l'on traite séparément la doctrine des intellects et que l'on distingue la métaphysique de la philosophie première en faisant une telle distribution »[2]. La prudence manifestée dans ce passage (*tamen non displicet mihi*) indique que l'auteur a pleinement conscience de l'aspect novateur de la séparation qu'il propose entre une science qui traite de l'*ens universe sumpto* et une science qui traite des intelligences (*de Deo et creatibus mentibus*). Le rôle de Goclenius dans l'institution d'une distinction disciplinaire entre philosophie première et métaphysique a été souligné à plusieurs reprises[3], et l'on peut conclure qu'entre la fin du XVI^e^ siècle et la moitié du XVII^e^, au moment où Clauberg écrit, l'acception de philosophie première comme science qui traite des déterminations les plus universelles de l'étant s'était largement diffusée. Il faut d'ailleurs remarquer que cette conception de la *philosophia prima* est celle que propose Clauberg dans l'*Ontosophia* en 1647 :

1. Voir à cet égard E. Vollrath, « Die Gliederung der Metaphysik in eine *Metaphysica generalis* und eine *Metaphysica Specialis* », *Zeitschrift für philosophische Forschung*, 1962, 16, p. 258-284; E. Rompe, *Die Trennung von Ontologie und Metaphysik*, *op. cit.*; J.-F. Courtine, « Ontologie ou métaphysique ? », *Giornale di metafisica*, 1985, 7, p. 3-24, et *Suarez et le système de la métaphysique*, *op. cit.*, p. 408-410. Pour une comparaison entre Pereira et Goclenius, *cf.* M. Lamanna, « *De eo enim Metaphysicus agit logice* », art. cit.; sur Pereira, en outre, *cf.* P.R. Blum, « Benedictus Pererius : Renaissance Culture at the Origins of Jesuit Science », *Science & Education*, 2006, 15, p. 279-304.

2. « Etsi autem soleant in ea [Metaphysica] Philosophi tractare non tantum de Ente universe sumpto : sed etiam de Deo et creatis mentibus, quae humana Theologia est : tamen non displicet mihi, si doctrina de mentibus separatim tractetur, et Metaphysica a prima philosophia distinguatur, ac fiat talis distributio », R. Goclenius, *Praefatio*, dans *Isagoge in peripateticorum et scholasticorum prima philosophiam, quae vulgo dicitur Metaphysica*, Francofurti, prostat in Officina Zachariae Palthenij, 1598 (rééd. Hildesheim, Olms, 1976), p. 8.

3. Outre les études que nous avons mentionnées ci-dessus, note 1, *cf.* M. Wundt, *Die deutsche Schulmetaphysik*, *op. cit.*, p. 57-59; P.-F. Moreau, « Wolff et Goclenius », *Archives de Philosophie*, 2002, 65, 1, p. 7-14; M. Lamanna, *La nascita dell'ontologia*, *op. cit.*, p. 60-77.

> D'après ce que nous avons dit, on voit bien maintenant quelle est la nécessité de poser cette philosophie première, on voit bien ce qu'elle est et en quoi elle est distincte des autres sciences. Aristote a exprimé tout cela brièvement dans le livre 3, chapitre 1 de la *Métaphysique* par ces mots : « Il y a une science qui étudie l'Être en tant qu'être, et les choses qui lui appartiennent essentiellement » [1].

Dans l'*Oratio inauguralis* prononcée à l'université de Herborn en 1650, parmi les auteurs que Clauberg cite pour avoir manifesté l'exigence d'une *philosophia prima* contenant les axiomes généraux communs à toutes les sciences, se trouve aussi Bacon :

> La contemplation de cette chose [la communion entre les arts et les sciences] a poussé l'illustre Bacon de Verulam à mettre parmi les choses attendues, dans son livre *Sur l'accroissement des sciences*, une certaine philosophie première, vraiment universelle, qui serait le réceptacle des axiomes qui ne sont pas propres aux sciences particulières, mais qui, en commun, s'accordent à plusieurs d'entre elles [2].

Bacon traite de la philosophie première [3] dans le troisième livre du *De augmentis scientiarum*, où il divise la philosophie en trois parties, qu'il compare aux trois branches d'un arbre. Le tronc d'où partent les branches est appelé philosophie première [4] : il s'agit de la partie de la philosophie qui

1. « Ex dictis nunc liquet, quae sit necessitas primae huius Philosophiae ponendae, quid illa sit et quomodo ab aliis scientiis distincta : quae omnia Aristotelis lib. 3. Met. cap. I. sic breviter expressit : est quaedam scientia quae speculatur Ens, prout Ens est, et quae ei per se insunt », J. Clauberg, *Ontosophia*, *Prolegomena*, § 10, p. 4.

2. « Huiusce rei contemplatio Illustrem Baconem de Verulamio movit, ut in suo de augmentis scientiarum libro inter desiderata poneret *Philosophiam aliquam primam*, vere universalem, quae receptaculum esset axiomatum, quae particularium scientiarum non sint propria, sed pluribus, earum in communi competant », J. Clauberg, *De cognitione Dei et nostri*, LIX, § 13, *Opera Omnia Philosophica*, II, p. 693.

3. *Cf.* à cet égard, L. Jardine, *Francis Bacon : discovery and the art of discourse*, Cambridge, Cambridge UP, 1974, p. 101-108 ; J.C. Morrison, « Philosophy and History in Bacon », *Journal of the History of Ideas*, 1977, 38, 4, p. 585-606 (en particulier p. 588-590) ; A. Kremer-Marietti, « *Philosophia Prima* et *Scala Intellectus*. Concepts en devenir chez Bacon et chez Comte », dans M. Malherbe, J.-M. Pousseur (éds.), *Francis Bacon. Science et Méthode*, Paris, Vrin, 1985, p. 179-199 ; S. Kusukawa, « Bacon's classification of knowledge », dans M. Peltonen (éd.), *The Cambridge Companion to Bacon*, Cambridge, Cambridge UP, 1996, p. 47-74 (en particulier p. 54-55).

4. « Quoniam autem partitiones scientiarum non sunt lineis diversis similes, quae coëunt ad unum angulum ; sed potius ramis arborum, qui conjunguntur in uno trunco (qui etiam truncus ad spatium nonnullum integer est et continuus, antequam se partiatur in ramos) ; idcirco postulat res, ut priusquam prioris partitionis membra persequamur, constituatur una Scientia Universalis, quae sit mater reliquarum, et habeatur in progressu doctrinarum

rassemble à la fois les axiomes communs aux sciences et les termes les plus généraux et communs[1]. La distinction entre philosophie première et métaphysique – celle-ci étant la science qui s'occupe d'étudier la forme prise dans un sens concret et opératoire – est ensuite posée :

> Il résulte, de ce que nous avons exposé jusqu'ici, que nous séparons la philosophie première de la métaphysique, lesquelles, jusqu'à maintenant, ont été considérées comme une seule et même chose. Nous avons posé celle-là comme la mère commune des sciences et celle-ci comme une partie de la philosophie naturelle. Or, c'est à la philosophie première que nous avons assigné les axiomes communs et généraux de toutes les sciences [2].

Et cependant, tout en décrivant cette discipline, Bacon laisse la philosophie première parmi les *desiderata* du *De augmentis scientiarum*[3].

Ainsi, bien que Bacon soit un auteur bien connu par Clauberg et qu'il soit cité par lui à ce sujet, le peu de lignes écrites par le chancelier anglais sur la philosophie première ainsi que sa conception de la métaphysique (considérée comme une partie de la philosophie naturelle) apparaissent assez lointaines de la position de Clauberg, qui présente à ce sujet un traitement beaucoup plus large. En outre, d'après les passages dans lesquels Bacon se réfère à la philosophie première, il apparaît qu'elle ne se constitue pas à partir d'un objet propre (l'étant en tant que tel), mais à partir de la fonction qu'elle assure de réceptacle des axiomes et des termes les plus communs, en contribuant de manière significative à l'unité de la science[4].

tanquam portio viae communis antequam viae se separent et disjungant. Hanc Scientiam Philosophiae Primae, sive etiam Sapientiae (quiae olim rerum divinarum atque humanarum scientia definiebatur), nomine insignimus », F. Bacon, *De Augmentis Scientiarum*, III, dans *The works of Francis Bacon*, *op. cit.*, vol. I, p. 540.

1. « Est et alia hujus Philosophiae Primae pars, quae si ad vocabula respicias, vetus est ; si ad rem quam designamus, nova. Est autem inquisitio de conditionibus adventitiis Entium (quas Transcendentes dicere possumus), Pauco, Multo ; Simili, Diverso ; Possibili, Impossibili ; etiam Ente, et Non Ente ; atque ejusmodi », *ibid.*, p. 543. Une liste plus longue des termes faisant partie de la philosophie première est donnée dans le livre V : « Majus, Minus ; Multum, Paucum ; Prius, Posterius ; Idem, Diversum ; Potentia, Actus ; Habitus, Privatio ; Totum, Partes ; Agens, Patiens ; Motus, Quies ; Ens, Non Ens ; et similia » (p. 642).

2. « Patet ex iis que supra disseruimus, disjungere nos Philosophiam Primam a Metaphysica, quae hactenus pro re eadem habitae sunt. Illam Communem Scientiarum Parentem, hanc Naturalis Philosophiae Portionem posuimus. Atqui Philosophiae Primae, communia et promiscua Scientiarum Axiomata assignavimus », *ibid.*, p. 550.

3. « Hanc ipsam utrum inter Desiderata reponere oporteat, hesito ; sed arbitror tamen poni debere », *ibid.*, p. 540.

4. *Cf.* à ce propos, R. McRae, *The Problem of the Unity of the Sciences : Bacon to Kant*, Toronto, Toronto UP, 1961, p. 27-28.

Il faut, pour ces raisons, exclure que Bacon ait eu quelque influence sur la *philosophia prima* claubergienne.

Pour revenir au passage de l'*Initiatio* que nous avons cité, il faut remarquer que Clauberg rassemble les diverses acceptions de la philosophie première, en distinguant d'elles le sens proprement cartésien, auquel il se rattache :

> De fait, Descartes commence la philosophie non pas à partir de l'étant, mais de l'esprit [*a mente*], non pas à partir de n'importe quel esprit, mais du sien, une chose singulière et existante ; il progresse de celui-ci à Dieu, qui ne doit pas être considéré absolument selon tous les attributs, comme c'est la coutume chez les autres métaphysiciens, mais en vérité seulement selon les attributs qui concernent les principes et les fondements de la philosophie [1].

Par rapport aux acceptions *vulgares*, Clauberg reconnaît l'originalité du sens donné par Descartes à cette discipline dans le fait de ne pas vouloir commencer *ab ente*, mais *a mente*, c'est-à dire par la connaissance de sa propre nature en tant que substance finie, existante et capable de penser. En cela il s'oppose non seulement à la tradition qui remonte à Pereira et à Goclenius, mais surtout à sa propre position telle qu'elle avait été formulée dans l'*Ontosophia*. En outre, il faut observer que la philosophie première cartésienne ne se limite pas à traiter de la *mens*, mais qu'elle propose aussi la connaissance de Dieu en tant que créateur et conservateur. Toutefois, selon Clauberg, la philosophie première de Descartes ne se constitue pas, à proprement parler, à partir d'un ou de plusieurs objets (Dieu, la *mens*), car ceux-ci lui sont donnés en fonction du processus d'initiation à la philosophie. Ils sont qualifiés, en effet, comme les premières choses qui sont données à la connaissance dans un parcours dont les étapes sont liées à la situation de celui qui veut commencer à philosopher sans rien admettre à l'avance. Dans la première des *Exercitationes* qui constituent le *De cognitione Dei et nostri* Clauberg définit ainsi la philosophie première cartésienne :

> De quelles choses traite la *Métaphysique*, c'est-à-dire philosophie première, spécialement celle qui a été donnée par René Descartes au public ? Je réponds. Elle traite des principes de la connaissance humaine, à savoir des premiers commencements et fondements de toute la science que nous

1. « Cartesius vero incipit Philosophiam non ab ente, sed a mente, non a mente qualibet, sed a sua propria, re singulari et existente, ab hac ad Deum progreditur, non absolute secundum omnia attributa considerandum, ut aliis metaphysicis in more positum ; verum secundum ea tantum, quod pertinent ad principia et fundamenta Philosophiae », J. Clauberg, *Initiatio philosophi*, chap. VIII, § 5, *Opera Omnia Philosophica*, II, p. 1166.

pouvons puiser par la lumière naturelle. Ainsi, l'esprit de chaque homme qui va philosopher commence d'abord par la connaissance de son existence, dont il n'y a rien qui puisse être plus connu par lui. De la connaissance de soi il est mené à la connaissance du Dieu créateur et conservateur, il démontre que celui-ci existe nécessairement et qu'il est la source de toute lumière [1].

Puisque la philosophie première de Descartes traite de l'approche à la connaissance philosophique, les objets que l'on y trouve ne sont pas nécessairement examinés d'une manière propre et exhaustive, mais seulement, pour ainsi dire, en raison de la fonction et de la circonstance. En ce sens, la philosophie première se rattache au concept proprement coménien de *Janua*, c'est-à-dire la porte qui donne l'accès propre à une discipline, et ainsi les sujets qui y sont traités ne sont pas seulement des objets de connaissance *per se*, mais aussi en mesure de leur rapport à la situation particulière de celui qui s'y applique [2].

Il faut alors conclure que la primauté que Clauberg réserve à cette partie de la philosophie ne dépend ni de l'universalité de son objet, ni de son excellence. La métaphysique de Descartes est aux yeux de Clauberg une

1. « Quibus de rebus tractat *Metaphysica* sive prima Philosophia, illa inprimis quae a Renato Cartesio publico data ? Resp. Tractat de principiis cognitionis humanae, sive de primis initiis et fundamentis omnis nostrae scientiae, quam ex naturae lumine possumus haurire. Ita mens cuiusque hominis philosophaturi primo incipit a cognitione suae existentiae, qua nihil ei notius esse potest. E sui notitia provehitur deinde in cognitionem Dei creatoris et Conservatoris, hunc necessario existere, omnisque datorem luminis esse demonstrat », J. Clauberg, *De cognitione Dei et nostri*, I, § 9, *Opera Omnia Philosophica*, II, p. 592.

2. Dans la *Janua rerum* de 1681, Comenius met en relation sa philosophie première avec la situation de celui (le *puer*) qui accède à la métaphysique : « Nos quia sapientiae studia facilitate donandi [...] nobis jam ante annos 40 sumseramus operam, hanc etiam sapientiae partem, imo portam, a spinis liberandi nobis incumbere putavimus necessitatem. Agressi ergo jam tum rem, ab imis fundamentis omnia pleniora, concinniora, solidiora rebusque ipsis examussim satisfacientia constituere tentavimus : ad eam facilitatem reductis omnibus, ut haec vel pueris [...] prorsus pervia essent omnia », J. Comenius, *Janua rerum hoc est Sapientia prima*, *Opera Omnia*, *op. cit.*, vol. 18, p. 156-157. Le texte eut une longue gestation et la première édition parut après la mort de Comenius en 1681, bien que des rédactions partielles furent publiées à partir des années 1630 : *cf.* pour la « préhistoire » de cet ouvrage, l'introduction au texte dans les *Opera Omnia*, *op. cit.*, vol. 18, p. 222-223. Le titre choisi associe la *Janua rerum* à la *Janua linguarum* et il souligne avec force la spécificité du moment de l'*introitus* dans la discipline : « Idealem vero hanc scientiam visum est JANUAM RERUM potius quam Metaphysicam appellare. Tum quia vox metaphysicae [...] intentioni exprimendae parum accomodata eoque nonnullis jam exosa facta est : Januae vero rerum appellatio directe id quod quaeritur (nempe ut in rerum omnium cognitionem fundamentalem introitum habeamus) promittit » (*ibid.*, p. 160). Dans l'*Ontosophia* de 1647, Clauberg utilise également le mot *janua* pour indiquer la philosophie première : cf. *supra*, chap. I, p. 32 et note 4.

« philosophie première » car elle permet de poser les principes et les fondements de la philosophie. Autrement dit, pour Clauberg, la *prima philosophia* assure la fonction d'introduction à la vraie philosophie, et, en ce sens, elle est marquée davantage par une priorité que par une primauté, ou mieux, sa primauté est fonction de sa priorité.

*Philosophie première et ontologie*

Cette interprétation est confirmée par deux éléments qui différencient la métaphysique claubergienne de celle de Descartes.

a) En premier lieu le fait que, pour Clauberg, la connaissance philosophique de Dieu[1], qui se trouve dans les *Meditationes*, n'est pas exhaustive mais couvre seulement une partie de la théologie rationnelle, car Dieu n'y est pas considéré *absolute*, mais seulement par rapport à la fonction qu'il y assume, à savoir celle de fondement des principes de la philosophie (« Il progresse vers Dieu, qui ne doit pas être considéré absolument selon tous les attributs [...] mais en vérité seulement selon les attributs qui concernent les principes et les fondements de la philosophie »[2]). Le fait que les thèses cartésiennes sur Dieu couvrent seulement une partie de la théologie rationnelle signifie donc qu'il faut envisager une autre partie de la philosophie qui s'occupe de les compléter :

> En effet, au commencement de la philosophie, on traite de Dieu seulement dans la mesure où sa connaissance est recherchée pour jeter les fondements de toute science humaine. Mais, à la fin, on pose une étude complète de Dieu et tous ses attributs (ceux qui peuvent être connus par la lumière naturelle) sont considérés avec soin. Cela n'était pas nécessaire au commencement, puisque les attributs de Dieu ne sont pas, tous, les principes des choses créées et ceux qui sont susceptibles de cette relation, il ne faut pas toutefois les expliquer plus absolument ou pleinement qu'il n'est requis par cette relation d'origine[3].

1. *Cf.* sur ce sujet, A. Goudriaan, « Die Erkennbarkeit Gottes in der Philosophie Claubergs », dans *Johannes Clauberg (1622-1665)*, *op. cit.*, p. 39-59.

2. « Ad Deum progreditur, non absolute secundum omnia attributa considerandum, [...] verum secundum ea tantum, quod pertinent ad principia et fundamenta Philosophiae », J. Clauberg, *Initiatio philosophi*, chap. VIII, § 5, *Opera Omnia Philosophica*, II, p. 1166.

3. « Nam initio Philosophiae non ulterius agitur de Deo, quam quatenus eius cognitio ad iacienda omnis scientiae humanae fundamenta desideratur. Sed in fine absoluta de Deo tractatio instituitur, omniaque eius attributa, quae ex naturae lumine cognosci queunt, expenduntur, quod initio necessarium non erat, quoniam non omnia Dei attributa se habent ut prin-

Les attributs de Dieu ne servent pas tous à fonder la connaissance humaine et par conséquent selon Clauberg la philosophie première de Descartes n'était pas censée les recenser tous : un traitement complet et systématique de la théologie rationnelle est donc renvoyé à la fin de la philosophie (*in fine* [*philosophiae*] *absoluta de Deo tractatio instituitur*)[1]. Cela tient à ce que la connaissance de Dieu dépend aussi, pour Clauberg, de celle des êtres créés, et pas seulement de l'idée claire et distincte qui se présente dans la *Troisième Méditation* : « Je dis que par la philosophie tout entière est diffusée une théologie naturelle, car, pendant que nous sommes occupés à bien contempler les œuvres de Dieu, il n'est pas possible que, en admirant partout la puissance, la bonté, la sagesse du créateur lui-même, nous n'avancions de plus en plus dans sa connaissance »[2]. Comment cette position peut-elle être conciliée avec celle de Descartes, qui fait dépendre la connaissance de Dieu seulement de l'idée claire et distincte que nous en avons[3] ? Il est vrai que Descartes annonce dans le début de la *Cinquième Méditation* un traitement ultérieur des attributs de Dieu[4], mais en aucune manière ce traitement est annoncé comme différent, dans l'approche, de celui qui gouverne les *Meditationes* et qui consiste dans la méditation de ce

cipia rerum creatarum, et quae huiusmodi relationem possunt recipere, non tamen absolute ideo aut plenius, quam originis illa relatio postulat, opus est explicare », J. Clauberg, *De cognitione Dei et nostri*, II, § 7, *Opera Omnia Philosophica*, II, p. 596.

1. En effet, cela confirme la partition de la philosophie proposée dans l'*Ontosophia* de 1647, dans laquelle la théologie, en tant que discipline qui traite *de ente increato*, est rangée après l'*ontologia* et la *ctismatologia* (la discipline qui traite *de ente creato*), cf. *Ontosophia*, *Diacritica*, p. 242-253.

2. « Dico *per universam philosophiam* diffusam esse Theologiam naturalem, quia dum in operibus Dei rite contemplandis occupamur, fieri nequit, quin ipsius Opificis potentiam, bonitatem, sapientiam passim admirando, in ejus notitiam magis magisque assurgamus », J. Clauberg, *De cognitione Dei et nostri*, II, § 2, *Opera Omnia Philosophica*, II, p. 596. Mais *cf.* aussi le § 4 dans la même page : « Ajo denique, uberrimam de Deo cognitionem posse demum haberi *in fine Philosophiae* ; nam postquam vox Dei sonans in qualibet re naturali, hoc est in omnium rerum natura, percepta et cognita fuit, et quomodo non coeli tantum ejus enarrent gloriam, sed universa opera in suo artifice laudando Jucundissima armonia quasi concinant, perspectum, tum demum clarissimi immensi Creatoris majestas, quantum in hac mortalitate fieri potest, radiis suis animos nostros illustrabit ».

3. Cf. *Principia philosophiae*, I, art. 22, AT VIII-1 13 ; B Op I, p. 1726.

4. « Multa mihi supersunt de Dei attributis, multa de mei ipsius sive mentis natura investiganda ; sed illa forte alias resumam », AT VII 63 ; B Op I, p. 764. Voir sur ce passage le commentaire de L. Devillairs, *Descartes et la connaissance de Dieu*, Paris, Vrin, 2004, p. 103-104. On doit remarquer que Clauberg renvoie à ce texte de Descartes pour affirmer l'accord de sa pensée avec celle de l'auteur des *Meditationes* à propos d'un traitement différé des attributs divins (*cf.* J. Clauberg, *De cognitione Dei et nostri*, II, § 16, *Opera Omnia Philosophica*, II, p. 597).

qui est compris dans l'idée de Dieu. Bien au contraire, dans la deuxième des *Exercitationes* Clauberg annonce non seulement la nécessité de traiter ultérieurement de Dieu (ce qui, en soi, ne serait pas forcément contraire à la pensée de Descartes), mais encore de le faire en intégrant la connaissance qui est offerte dans la philosophie première, et qui découle donc de la seule idée de Dieu, avec celle qui est suscitée par la connaissance de ses œuvres. Bien que Clauberg n'arrive pas à offrir cette théologie naturelle accomplie, il n'en reste pas moins que la philosophie première de Descartes voit son importance se réduire fortement, car il paraît clair qu'elle ne représente que le début de la philosophie [1].

b) En deuxième lieu, la philosophie première que Clauberg reprend de Descartes n'épuise pas la métaphysique, pour la simple raison que l'auteur de l'*Ontosophia* garde, à côté de la philosophie première, une ontologie qui dépasse le cadre de la philosophie de Descartes. Cela est attesté non seulement par les deux éditions des *Elementa philosophiae sive Ontosophia* publiées en 1660 et en 1664 sous les titres de *Ontosophia nova* et de *Metaphysica de ente* [2], mais encore par le fait que c'est dans le *De cognitione Dei et nostri* que Clauberg annonce que Dieu et la créature peuvent être saisis sous un concept commun.

À ce propos, nous avons déjà fait référence à l'*Exercitatio* LXIII dans le chapitre I [3], mais il est opportun de reprendre ici la question pour mieux comprendre l'importance des *Exercitationes* consacrées à ce sujet. Après l'*Exercitatio* portant sur l'accord et sur l'harmonie entre toutes les sciences (LIX), Clauberg consacre neuf *Exercitationes* (LX-LXVIII) au traitement de la *similitudo* et de la *convenientia* qui se trouvent entre Dieu et la créature. Cela n'est pas sans importance si l'on tient compte de ce que

1. Tout en restant difficilement conciliable, voire contradictoire, avec la pensée de Descartes à ce propos, le projet de Clauberg d'intégrer la théologie de la philosophie première cartésienne avec une connaissance de Dieu à partir de la création fut repris à l'intérieur du cartésianisme néerlandais : *cf.* entre autres, Irenaeus Philalethius (pseudonyme de A. Heidanus), *Bedenkingen, op den Staat des Geschils, over de Cartesiaensche philosophie, en op de nader openinghe over eenige stucken de theologie raeckende*, Rotterdam, Bertingh, 1656, p. 67-71 ; Ch. Wittich, *Annotationes ad Renati Descartes Meditationes*, Dordrecht, ex officina viduae Caspari et Theodori Goris, 1688, p. 113, note *b* (je tiens à remercier Igor Agostini qui m'a signalé ce passage dans lequel, bien que Clauberg ne soit pas cité, son argument est repris presque à la lettre).

2. Pour les références bibliographiques, *cf.* note 2, chap. I, *supra*, p. 25. Dorénavant nous ferons référence à ces éditions respectivement avec les titres de *Ontosophia nova* et de *Metaphysica de ente* pour les distinguer de l'ouvrage publié en 1647.

3. Cf. *supra*, p. 50.

Clauberg affirme au début de l'*Exercitatio* LX: « Nous mènerons une enquête sur cela [la *similitudo et convenientia* entre Dieu et les créatures] à travers quelques exercices (écrits il y a plusieurs années, quand je n'avais pas encore été éclairé par la lumière de la philosophie cartésienne), afin que notre esprit soit davantage affermi sur la consonance et la parenté de toutes les choses »[1]. Il s'agit donc de textes écrits avant l'adhésion de Clauberg au cartésianisme et, probablement, antérieurs à 1647[2]: Clauberg y affirme qu'il y a des noms communs à Dieu et aux créatures qui sont prédiqués de l'un et des autres de manière propre et non tropique. La liste, dressée par Clauberg à titre d'exemple, compte l'*ens*, l'*aliquid*, la *res*, la *substantia*, la *causa*, l'*efficiens*, le *perfectum*. La possibilité de saisir des noms communs à Dieu et créatures est fondée sur la *similitudo* qu'il y a entre eux[3]: la distance infinie entre Dieu et la créature – affirmée par Clauberg (*Exercitatio* LXI) – doit être comprise au sens d'une impossibilité d'établir une proportion exacte entre l'essence de l'être infini et celle de créatures[4]. Cela n'empêche pas, pour Clauberg, de réunir Dieu et les êtres finis sous des noms communs qui leur sont attribués dans une mesure incomparablement différente.

1. « In hanc rem Exercitationibus aliquot (conscriptis quidem ante plures annos, quo tempore Cartesianae Philosophiae lux mihi nondum illuxerat) inquiremus, ut de rerum omnium consonantia atque cognatione [...] mens nostra amplius confirmetur », J. Clauberg, *De cognitione Dei et nostri*, LX, § 1, *Opera Omnia Philosophica*, II, p. 694.

2. Dans l'*Exercitatio* LXV, § 4, Clauberg affirme « De quibus omnibus [la science qui s'occupe de l'*ens abstracte sunto* et de ses attributs] actum est a me in libro nondum edito *de Ontosophiae constitutione* » (*Opera Omnia Philosophica*, II, p. 703). Puisque les *Elementa philosophiae sive Ontosophia* furent publiés en 1647 et qu'ils traitent justement de cette question, il est possible qu'avec le titre *De Ontosophiae constitutione* Clauberg se réfère au texte de 1647.

3. « Separemus paulisper cogitationem nostra a nominibus, et ad solam illam similitudinem, quae inter increatum et creata entia [...] intercedit, oculos transferamus. Apparebit illam ipsam, quae ratio et causa fuit, cur communia Deo creaturaeque nomina tribuerentur, jam ante et potiori quodammodo jure causam esse, cur uno communi conceptu ab humano intellectu apprehendantur », J. Clauberg, *De cognitione Dei et nostri*, LXIV, § 1, *Opera Omnia Philosophica*, II, p. 701. La fondation de ces concepts prédiqués univoquement sur la similitude intrinsèque entre tous les étants rappelle la réflexion d'Abraham Calov : celui-ci avait fondé les deux disciplines qui accompagnent l'ontologie (la *gnostologia* et la *noologia*) sur l'*affinitas* qu'il y a entre toutes les choses en raison de leur racine commune en Dieu. *Cf.* à cet égard, M. Savini, « Una metafisica sotto tutela : *gnostologia*, *noologia* e *ontologia* nel pensiero di Abraham Calov », art. cit.

4. « Deus et creatura non possunt aliter dici differre modis infinitis, nisi quatenus absolute impossibile est, ut aequalis sint perfectionis, sive ut mensurari divina queat perfectio, sicuti potest creata », J. Clauberg, *De cognitione Dei et nostri*, LXI, § 7, *Opera Omnia Philosophica*, II, p. 697.

Comme on peut le voir, Clauberg n'avance pas ici, à propos de l'ontosophie, des thèses nouvelles par rapport à l'ouvrage de 1647. Mais ce qui est significatif c'est que, au cœur même du *De cognitione Dei et nostri* – fortement marqué, à partir du titre même, par l'adhésion aux thèses de la philosophie première cartésienne –, Clauberg manifeste l'exigence d'ouvrir le discours sur l'ontosophie/ontologie. Le dédoublement de la métaphysique opéré par Clauberg apparaît ainsi clairement : d'un côté se trouve la *philosophia prima* qui coïncide, dans l'ensemble, avec le contenu des *Meditationes*, de l'autre il y a une ontologie qui reprend le texte de 1647. Clauberg réussit pourtant à maintenir ensemble ces deux métaphysiques en distinguant leurs rôles : à la première il appartient de fonder la philosophie, en fournissant les premiers principes sur lesquels s'appuie aussi l'ontologie, tandis qu'à la seconde il appartient de constituer la science contemplative ayant comme objet l'*ens in quantum ens*. Un tel dédoublement est exprimé aussi dans les publications de Clauberg, car à chacune des deux disciplines est consacrée une œuvre spécifique. Les contenus de la philosophie première sont rassemblés dans le *De cognitione Dei et nostri*[1], tandis qu'à l'ontologie sont consacrées l'*Ontosophia nova* publiée en 1660 et la *Metaphysica de ente* publiée en 1664.

Mais, en même temps, la philosophie première de Descartes et l'ontologie ne sont pas deux « discours » métaphysiques indépendants, car ils sont ordonnés de manière que l'un (la philosophie première) permet d'accéder à une série de vérités philosophiques minimales, tandis que l'autre réalise la vocation vraiment universelle de la métaphysique en s'occupant des noms communs à tous les étants. Cet ordre implique aussi une succession dans l'appréhension des deux disciplines : la philosophie première représente le premier pas en philosophie, tandis que l'ontologie se présente comme l'achèvement du parcours philosophique, car elle offre la connaissance de tout ce qui est commun à tous les étants. Il s'agit là d'un vrai renversement par rapport à la position soutenue par Clauberg en 1647, car à cette époque l'ontosophie était la discipline qui ouvrait la philosophie sans être précédée d'aucune autre (en particulier la logique, habituellement enseignée la première). Ce résultat paradoxal est confirmé dans les *Prolegomena* à la *Metaphysica de ente* :

1. Clauberg affirme clairement que l'exposition complète de la *philosophia prima* se trouve dans les *Exercitationes* : « Praecipua totius primae Philosophiae dogmata, non minus utilitate quam subtilitate insignia [...] cernes [scil. dans ce text] », J. Clauberg, *De cognitione Dei et nostri*, *Praefatio*, *Opera Omnia Philosophica*, II, p. 588.

> Puisqu'en vérité, parmi les lois de la méthode, il y a celle-ci : que chaque doctrine soit adaptée à l'âge de l'homme, et puisque, d'autre part, le premier âge est reconnu comme le plus apte à la connaissance des choses particulières, je préfère, à l'exemple des anciens, que ceux qui étudient la philosophie accèdent à l'ontosophie seulement quand ils auront, en quelque sorte, instruit l'esprit avec la science des choses particulières [1].

L'absence, dans le texte de 1664, de la plus grande partie de l'ouvrage de 1647 – correspondant aux trois parties des *Prolegomena*[2], de la *Diacritica* et du *De usu* – se double aussi d'une révision radicale de la position de l'ontologie/ontosophie : celle-ci n'a plus la tâche d'accompagner le *discipulus* dans l'*introitus* à la philosophie, mais elle devient comme le couronnement de tout le parcours philosophique. Ne devant plus introduire à la philosophie, l'ontologie ne garde pour elle que la fonction « traditionnelle » de science contemplatrice de l'*ens in quantum ens*. Ce retour à une « tradition » dont Clauberg s'était éloigné en 1647 est profondément senti dans la *Metaphysica de ente* et il est témoigné non seulement par le renvoi à la vielle collocation de la métaphysique – *ad instar Veterum* – contenu dans le passage des *Prolegomena* que nous avons cité, mais aussi par l'*incipit* du texte de 1664 qui est une citation manifeste du livre Γ de la *Métaphysique* d'Aristote : *est quaedam scientia, quae contemplatur ens quatenus ens est*[3].

L'ontologie est donc bien une « métaphysique », mais elle ne peut certainement pas être une philosophie première, car cette discipline s'identifie désormais – en son sens proprement claubergien – avec le parcours des *Meditationes* : voilà pourquoi, bien que les thèses de fond ne changent pas par rapport à 1647, dans la *Metaphysica de ente* Clauberg se soucie de bien régler et d'ordonner l'articulation entre philosophie première et ontologie. Cela apparaît clairement dès les premières lignes

1. « Quoniam vero inter methodi leges haec est, ut omnis doctrina sit attemperata hominis aetati, prima autem aetas rebus particularibus cognoscendis magis idonea deprehenditur, malim Philosophiae Studiosos, ad instar Veterum, tum demum ad Ontosophiam accedere, cum rerum particularium scientia quodammodo animum instruxerint », J. Clauberg, *Metaphysica de ente*, *Prolegomena*, § 6, *Opera Omnia Philosophica*, I, p. 281.

2. Comme nous venons de le dire, il y a aussi des *Prolegomena* à l'édition de 1664, mais ceux-ci ne sont pas comparables à ceux de 1647 : aux 37 pages et 110 articles des *Prolegomena* de 1647 correspondent 1 page et 6 articles en 1664 !

3. J. Clauberg, *Metaphysica de ente*, I, § 1, *Opera Omnia Philosophica*, I, p. 283. La citation d'Aristote est signalée par V. Carraud, « L'ontologie peut-elle être cartésienne ? », art. cit., p. 16. Pour Aristote, cf. *Metaphysica*, Γ, 1, 1003a20. Le même passage de la *Métaphysique* est cité, mais avec le renvoi explicite à Aristote, dans l'*Ontosophia*, *Prolegomena*, § 10, p. 4.

de l'ouvrage lorsque Clauberg présente l'*ens cogitabile* – équivalent de l'*intelligibile* timplerien de 1647[1] – comme ce qui correspond, au sein de l'ontologie, à la *mens cogitans* de la philosophie première :

> Pour mieux préparer la connaissance de celui-ci [de l'*ens* en tant que *res*], nous proposerons à l'avance plusieurs choses à propos de l'étant dans la première [l'*ens* en tant que *cogitabile*] et dans la deuxième acception [l'*ens* en tant que *aliquid*], en commençant la philosophie universelle par l'étant pensable, de même que, en commençant par l'étant singulier, la philosophie première ne considère rien d'autre que l'esprit [*mens*] pensant[2].

Dans la note que Clauberg insère sur les mots « prima philosophia », il précise encore, s'il en était besoin, « ainsi dite non pour l'universalité de l'objet dont elle s'occupe, mais parce que celui qui va philosopher sérieusement doit commencer par elle. À savoir, par la connaissance de son esprit, de Dieu, etc. Cette philosophie première est contenue dans les six *Méditations* de Descartes. La première partie des *Principes* aussi en montre la somme »[3]. Ainsi, si à l'intérieur du texte nous trouvons les thèses de 1647, c'est aux notes que Clauberg confie l'accord entre les deux « métaphysiques » dont son « système » se compose. Le cas le plus important est sans aucun doute celui qui concerne le premier principe de la philosophie : après avoir posé le principe de non-contradiction comme le premier principe – découlant immédiatement de l'opposition entre *ens* et *non-ens* – Clauberg ajoute une longue note dans laquelle il compare celui-ci avec le premier principe de Descartes, qu'il identifie avec la proposition *ego sum*. Bien que Descartes aborde la même question dans une lettre à Clerselier de juin-juillet 1646[4], et que Clauberg ait été en contact avec Clerselier dès son

1. Sur le passage de *l'intelligibile* au *cogitabile*, *cf.* l'article de V. Carraud, « L'ontologie peut-elle être cartésienne ? », art. cit., p. 16.

2. « Ad meliorem huius notitiam comparandam nonnulla de ente in prima et secunda acceptione praemittemus, inchoaturi universalem philosophiam ab *Ente cogitabili*, quaemadmodum a singulari incipiens prima philosophia nihil prius considerat *Mente cogitante* », J. Clauberg, *Metaphysica de ente*, I, § 5, *Opera Omnia Philosophica*, I, p. 283.

3. « Sic dicta non propter universalitatem objecti, de quo agit; sed quod serio philosophaturus ab ea debeat incipere. Nempe a cognitione suae mentis et Dei etc. Haec prima philosophia sex Meditationibus Cartesii continetur. Summam ejus etiam prima pars Principiorum exhibet », J. Clauberg, *Metaphysica de ente*, I, note *e*, *Opera Omnia Philosophica*, I, p. 283.

4. La question du premier principe n'est pas abordée par Descartes de manière systématique dans les ouvrages qu'il a publiés : il ne l'aborde ni dans les *Meditationes* ni dans les *Principia* ni dans le *Discours*. Il utilise cette expression dans la *Recherche de la vérité* (AT X 518 et 527 ; B Op II, p. 854 et 870) et il l'aborde expressément dans la lettre à Clerselier de juin-juillet 1646 (AT IV 444-445 ; B 564, p. 2226). Du fait que le texte latin de la *Recherche*

premier voyage en France [1], il paraît difficile qu'il ait connu cette lettre, car, outre qu'il énonce différemment le principe, Clauberg valorise précisément, dans le *ego sum*, la formulation à la première personne (Descartes formule le principe à la troisième personne), qui montre l'individualité de la *mens cogitans* comme premier objet de la pensée. Autrement dit, la connaissance de sa propre existence en tant qu'esprit capable de penser s'offre à la *mens* comme une vérité plus simple et immédiate, ne dépendant de rien d'autre que de l'acte performatif qui l'exhibe à soi-même [2]. La connaissance du principe de non-contradiction, par contre, dépend dans une certaine mesure de l'existence de quelque chose [3] et présuppose la connaissance philosophique des termes qui le composent (*impossibile*, *idem …*) [4].

est une traduction, il n'est pas sûr que l'expression « premier principe » – par laquelle Descartes qualifie le *cogito* – soit précisément de Descartes. Il faut donc prendre la lettre à Clerselier comme le texte cartésien le plus fiable : dans ce contexte, Descartes compare le principe de non-contradiction et le premier principe de « sa » philosophie, qu'il identifie avec la proposition « *notre Âme existe* ». Le principe de non-contradiction a le statut de principe puisqu'il est « *une notion commune*, qui <est> si claire et si générale qu'elle <peut> servir de principe pour prouver l'existence de tous les Êtres, les *Entia*, qu'on connaîtra par après ». En ce sens, ce principe n'est pour Descartes d'aucune utilité, car il sert seulement à nous confirmer la vérité d'une chose qu'on a déjà connue. Par contre la proposition « notre Âme existe » est un principe du fait que c'est la chose la plus connue et c'est à partir d'elle que nous pouvons découvrir d'autres vérités. Sur la question du premier principe chez Descartes, surtout par rapport au texte de la *Recherche*, *cf.* É. Mehl, « La question du premier principe dans *La Recherche de la Vérité* », *Nouvelles de la République des lettres*, 1999-I, p. 77-97.

1. L'amitié entre Clauberg et Clerselier est attestée par Clauberg lui-même à plusieurs reprises, lorsqu'il fait mention d'une vaste correspondance entretenue avec le premier « éditeur » de Descartes : cf. *Opera Omnia Philosophica*, II, p. 631-632, 640, 1129, 1256. Si l'on fait confiance au témoignage donné par Martin Hund dans l'*Oratio funebris* prononcée à l'occasion de la mort de Clauberg, celui-ci connut Clerselier pendant son séjour à Paris lors de son voyage en France et en Angleterre (1646-1648) : *cf.* M. Hund, *Oratio funebris in obitum* […] *Johanni Claubergii* […] *habita die VI febr. a. C. MDCLXV*, Duisburgi ad Rhenum, apud Franconem Sas, Academ. typographum, 1665, p. 14.

2. « Cartesianum axioma de semetipso pronunciat unusquisque philosophaturus, quatenus cogitat et mentem habet. Mens enim cogitans intelligitur voce, *Ego*. Atqui mens quique notior est (saltem, quod sit) quam aliud quodcumque », J. Clauberg, *Metaphysica de ente*, I, note *p*, *Opera Omnia Philosophica*, I, p. 286.

3. « Cartesianum axioma demonstrat existentiam alicujus rei. Utique enim initio philosophiae ostendendum est, dari subjectum, de quo philosophemur. Generale illud, *impossibile est* etc., per se nullius rei existentiam probat. Potius praesupponere videtur, aliquid esse, quod probandum erat in prima philosophia », *ibid.*

4. « Cartesianum, *Ego* scil. *cogitans existo*, nihil praesupponit, cum ab eo, qui reliqua omnia in dubium revocavit ac seposuit, pronuncietur. Et nunquid hi termini, *ego* et *sum* notiores mihi quam illi, *impossibile*, *idem*, *simul*, etc. », *ibid.*

Le souci de Clauberg d'articuler les principes de ses deux « métaphysiques » montre bien la perspective de l'opération qu'il est en train d'accomplir : le dédoublement de la métaphysique impose de structurer l'ensemble du savoir de manière harmonique sous peine d'entamer l'unité de la science. Il faut alors que la philosophie première et l'ontologie s'organisent en gardant chacune sa propre spécificité et ses propres prérogatives : cela veut dire, par exemple, qu'il faut montrer comment il est possible de garder deux premiers principes sans qu'ils entrent en contradiction. Et, en effet, la note de Clauberg sur le premier principe ne prétend pas montrer que le *vrai* premier principe est celui de Descartes au détriment du principe de non-contradiction. Le principe cartésien jouit, bien sûr, d'une supériorité en termes de simplicité et d'évidence, mais c'est en raison de l'ordre « matériel » de la connaissance et non du point de vue formel de l'organisation interne de l'ontologie. Cela est tout à fait évident pour la simple raison que le principe cartésien ne se présente d'aucune manière à l'intérieur du cadre de l'ontologie : celle-ci s'organise en toute autonomie autour du concept d'*ens* pris dans toute son amplitude et ce concept permet de déduire des principes et des axiomes parmi lesquels on trouve, en premier, le principe de non-contradiction, mais l'on ne trouve pas – et l'on ne doit pas trouver ! – le principe (d'après Clauberg) cartésien de l'*ego existo*. Ainsi, le principe de non-contradiction peut bien garder son universalité et son éminence sans devoir dépendre formellement du principe cartésien : ce dernier, par contre, est reconnu supérieur, mais seulement du point de vue matériel de la constitution du savoir philosophique. Celui qui commence à philosopher rencontre comme première vérité le *ego sum <cogitans>* cartésien, mais, à la fin du parcours philosophique, la dernière discipline qui couronne l'encyclopédie du savoir lui montre l'unité des sciences d'un autre point de vue, fondé sur l'univocité et l'universalité du concept d'étant.

La science acquiert ainsi une double unité et unification : il y a l'unité (cartésienne) de l'arbre de la philosophie évoqué par Descartes dans la *Lettre-Préface*[1], qui est l'unité organique de l'accroissement du savoir dans le parcours accompli par la *mens*, à partir de la philosophie première jusqu'à la morale et à la médecine, et il y a l'unité onto-logique qui « soude » les disciplines entre elles par le moyen des concepts communs les plus universels et abstraits[2]. La première unité est verticale et fondée sur la

1. *Cf.* AT IX-2 14 ; B Op I, p. 2230.

2. Cet aspect est développé aussi à l'intérieur de la *Logica vetus et nova*, cf. *infra*, chap. V, p. 235-236.

*mens cogitans*, la deuxième est une unité horizontale fondée sur le concept d'*ens cogitabile*. Au moment où ces deux « ordres » se superposent, comme dans le cas du « premier principe », il faut les articuler et les organiser de manière à ce qu'il ne se produise pas un court-circuit. En cela, Clauberg met en évidence le privilège qu'il accorde à la philosophie première cartésienne : la constitution de l'ontologie ne peut pas se passer du fait qu'elle présuppose le parcours que, d'une certaine manière, elle achève. Autrement dit, même lorsque l'on a accès à la connaissance de la *cognatio* qu'il y a entre toutes les choses, on ne peut pas faire abstraction du fait que c'est bien la *mens* qui est le sujet opératoire de cette connaissance.

*« Ab ineunte aetate »*

En ce sens, la considération de la situation historique, individuelle et concrète du sujet connaissant est toujours un point essentiel de la réflexion claubergienne; c'est parce que nous ne sommes pas nés philosophes qu'entre la philosophie première et l'ontologie il existe non seulement un décalage, mais encore un ordre de prééminence. En d'autres termes, si le problème de l'initiation à la philosophie est celui qui explique la spécificité de la philosophie première claubergienne, on ne peut pas dire que ce thème soit absent ou dépassé dans l'ontologie : il n'est pas thématisé ouvertement, mais il est, en tout cas, toujours présupposé car il surdétermine la collocation de l'ontologie comme dernière des disciplines philosophiques et il organise l'articulation et la confrontation avec la philosophie première. Cela est tout à fait évident dans les notes, comme nous l'avons déjà vu, mais aussi, et de manière explicite, au tout début de la *Metaphysica de ente*, dans le premier des *Prolegomena* :

> De même que, dès le plus jeune âge, la pensée de l'homme s'applique aux choses singulières avant de s'appliquer aux choses universelles, et qu'elle contemple plutôt les choses matérielles que les choses séparées de la matière, de même le premier âge de la philosophie s'est consacré surtout aux disciplines qui sont plus proches des choses singulières, et il a recherché davantage la connaissance des choses physiques et qui se présentent aux sens que celle des choses qui échappent aux sens [1].

1. « Quemadmodum ab ineunte aetate circa singularia prius quam universalia versatur humana cogitatio, ac potius res materiales, quam a materia secretas contemplatur : ita prima philosophorum aetas iis potissimum disciplinis dedita fuit, quae minus recederent a singularibus, magisque rerum in sensum incurrentium et physicarum cognitionem quaesivit, quam

*Ab ineunte aetate* : la formule cartésienne est trop claire pour que nous ne reconnaissions pas dans ce passage – outre une justification de la priorité de la physique sur la métaphysique ancienne – la raison profonde de la collocation de l'ontologie et sa situation par rapport à la philosophie première. Les préjugés de l'enfance justifient le dédoublement de la métaphysique. Ils sont également la raison pour laquelle il faut « régler » l'accès à la connaissance philosophique, en offrant au disciple un parcours qui coïncide avec une révision générale de ses propres opinions. Nous touchons là, certainement, un thème qui a été largement évoqué dans le premier chapitre, mais ce qu'il nous faut remarquer ici c'est le changement d'horizon de la réflexion claubergienne sur la situation pré-philosophique du *discipulus*. Si, en 1647, sous l'influence de Comenius, Clauberg posait le problème de l'accès à la métaphysique en restant dans un horizon fondamentalement didactique, avec l'adhésion au cartésianisme il reconsidère essentiellement le problème de la pensée pré-philosophique. La théorie cartésienne des préjugés et du rôle de l'enfance dans la formation des opinions fournit un cadre interprétatif beaucoup plus large et systématique à l'exigence de tenir compte de la condition concrète et particulière du sujet philosophant. Ainsi, la difficulté de 1647 d'articuler l'enseignement de la métaphysique, en sauvegardant sa primauté du point de vue matériel et formel, est interprétée par Clauberg dans le cadre général d'une théorie des préjugés que la philosophie de Descartes lui fournit.

Autrement dit, le cartésianisme permet à Clauberg de reconnaître la présence d'obstacles qui rendent impossible une instauration directe de la métaphysique et, donc, la nécessité d'une *emendatio* préalable pour la raison qui s'approche de la philosophie. Si, dans l'*Ontosophia*, Clauberg ne prend pas en considération la possibilité d'une « correction » de l'intellect, après son adhésion au cartésianisme il voit la nécessité d'une « initiation » à la philosophie qui rende la raison « capable » des principes métaphysiques. Ainsi la *dubitatio*, en tant que commencement de la philosophie, assume la tâche de restituer à la raison la capacité naturelle de philosopher que le régime corporel lui a soustraite :

> Si l'entendement de l'homme qui accède à la philosophie pour la première fois était comme une table rase, ou, comme on dit maintenant, un papier blanc, il n'aurait pas fallu commencer la philosophie comme nous le faisons maintenant et, donc, c'est par accident que nous accédons à la philosophie en doutant de cette manière, car avant <d'avoir obtenu> le

earum quae sensus fugiunt », J. Clauberg, *Metaphysica de ente*, *Prolegomena*, § 1, *Opera Omnia Philosophica*, I, p. 281.

> plein usage de la raison nous avons jugé des choses que seule la raison pleinement développée est capable de juger [1].

L'*abducere mentem a sensibus* est donc la formule qui guide la réforme de la *mens* : il n'est pas, en premier lieu, un précepte logique, mais un précepte existentiel, valable au moment où le « non-philosophe » veut accèder à la philosophie. La découverte des premiers principes comporte l'élimination préalable des obstacles et des opinions fallacieuses qui obscurcissent l'entendement. On peut alors saisir pleinement la caractéristique de la *methodus* adoptée par Descartes au début des *Meditationes*. Elle ne sert pas seulement à montrer les fondements de la philosophie, mais aussi à « réhabiliter » la raison :

> On ne peut remédier mieux et plus soigneusement à cette cause d'erreur [les préjugés de l'enfance] qu'avec la méthode cartésienne, par laquelle nous mettons à l'écart et éloignons en tant que tels tous les corps, tout ce qui est corporel, tout ce qui a une relation avec le corps. Nous ne considérons tout cela, du moins au début de la philosophie, que comme s'il n'était pas ou s'il n'avait jamais été, afin que nous ne nous appuyions pas sur cela ni que nous ne nous en servions d'aucune manière pendant que nous sommes absorbés dans la contemplation de l'esprit [2].

En ce sens, le dédoublement de la métaphysique que nous avons évoqué est lié à un tournant de la pensée de Clauberg, pour qui la métaphysique – aussi bien au sens de philosophie première que, surtout, d'ontologie – ne peut pas se réaliser sans l'élimination des préjugés et de leurs causes. La possibilité de penser les concepts les plus abstraits et les plus éloignés de ce qui est individuel et particulier présuppose l'*emendatio* de l'entendement que réalise la *methodus cartesiana* dans sa double acception : la *dubitatio* des *Meditationes* et la logique issue de la deuxième partie du *Discours de la méthode*. Mais la logique annoncée dans la *Defensio cartesiana* est fondée

1. « Si intellectus hominis primum ad philosophandum accedentis se haberet instar tabulae rasae, sive, uti nunc loquimur, chartae purae, non opus esset philosophiam tali omnino modo ordiri, quo nunc facimus, ac proinde quod sic dubitantes ad philosophandum accedamus, ex accidenti est, quia ante maturum rationis usum judicavimus de iis rebus, de quibus matura demum ratio judicare apta est », J. Clauberg, *Initiatio philosophi*, chap. XI, § 32, *Opera Omnia Philosophica*, II, p. 1209.

2. « Huic errandi causae non melius vel accuratius obviam iri potest, quam methodo Cartesiana, qua corpora omnia et quicquid corporeum est, quicquid relationem ad corpus habet, quatenus tale, seponimus ac removemus, haut aliter totum illud, initio quidem Philosophiae, spectantes ac si non esset nec fuisset unquam, ut eo non utamur neque nitamur ullo modo, dum in contemplatione mentis defixi sumus », J. Clauberg, *De cognitione Dei et nostri*, IV, § 25, *Opera Omnia Philosophica*, II, p. 601.

sur la philosophie première non seulement parce qu'on y découvre le critère de vérité qui est son fondement, mais aussi parce que dans les *Meditationes* se produit l'*emendatio* de l'intellect qui rend possible la *perceptio clara et distincta*. La logique cartésienne élaborée par Clauberg implique les acquisitions de la métaphysique, tant en ce qui concerne son contenu qu'en ce qui concerne sa possibilité d'opérer, car une logique fondée sur la perception claire et distincte présuppose la possibilité de ce type de perceptions. Le doute ne fournit donc pas seulement le critère de vérité qui fonde la logique, mais le sujet même qui est l'opérateur de cette logique.

Le détachement de l'esprit des sens réalise l'amendement de l'entendement qui permet au disciple, à l'*indoctus*, d'accéder à la connaissance philosophique. Mais une fois que l'*emendatio* est acquise, la « méthode du doute » n'a plus de raison d'être et, comme nous l'avons déjà vu, Clauberg s'efforce de montrer l'accord de la *dubitatio* avec l'ensemble de la logique. Autrement dit, si le doute est le moment initial de la philosophie, il reste quand même « *un* » moment qu'il faut abandonner en raison de l'acquisition, par la philosophie première, du fondement de la logique. La *methodus cartesiana*, qui commence par le doute, s'accomplit dans la logique et celle-ci fournit le cadre général et stable à l'intérieur duquel la *mens* est guidée dans la connaissance des choses. La logique n'a donc d'autre but que celui de soutenir et de guider l'entendement dans l'évaluation et la formation de ses propres perceptions, dans le consentement qu'on leur accorde (le jugement) et enfin dans le passage que l'on fait des unes aux autres (le raisonnement)[1]. Ainsi la possibilité, pour la *mens*, de progresser de la philosophie première jusqu'à l'ontologie est donnée par la mise au point d'un instrument qui la supporte dans les perceptions des idées, même les plus abstraites et les plus communes, comme celles qui découlent de la considération de l'*ens in quantum ens*.

1. « Quem usum habet logicam ? Resp. [...] Logica quippe docet quomodo recta ratione nostra uti oporteat, quemadmodum in confesso est apud omnes. At rectus rationis usus non in eo solum neque praecipue consistit, ut cum adversario contendas, [...] verum ut ubique, sive tecum sive cum alio agas, sive ad res sive ad personas de rebus loquentes animum convertas, recte ratiocineris, recte judices, recte percipias », J. Clauberg, *De cognitione Dei et nostri*, I, § 5, *Opera Omnia Philosophica*, II, p. 591.

## CHAPITRE V

# LA *LOGICA VETUS ET NOVA* DE LA MÉTHODE À L'HERMÉNEUTIQUE

## LA CONSTITUTION DE LA *LOGICA VETUS ET NOVA* ENTRE 1647 ET 1658

Le rapport entre la méthode cartésienne reconstruite par Clauberg en 1652 et la *Logica vetus et nova* publiée en 1654[1] et 1658[2] se trouve établi dès la *Defensio cartesiana*. Dans le chapitre XVII de la *Defensio*, qui conclut le traitement de la *methodus cartesiana*, Clauberg s'arrête sur la logique que Descartes n'a pas écrite. Comme nous l'avons déjà vu[3], la défense préparée par Clauberg consistait à affirmer qu'il y avait une logique inhérente à la méthode cartésienne, sans que Descartes l'ait pleinement élaborée.

1. J. Clauberg, *Logica vetus et nova, quadripartita, modum inveniendae ac tradendae veritatis, in Genesi simul et Analysi, facili methodo exhibens*, Amstelodami, apud L. Elzevirium, 1654. Une traduction néerlandaise de la première partie parut à Amsterdam en 1657 : *Redenkonst het menschelijk verstand in de dingen te beghrijpen, oordeelen, en onthouden, stierende*, t'Amsterdam, by Jan Rieuwertsz, 1657.

2. J. Clauberg, *Logica vetus et nova, quadripartita, modum inveniendae ac tradendae veritatis, in Genesi simul et analysi, facili methodo exhibens*, Amstelaedami, ex officina Elzeviriana, 1658. Dans la préface au lecteur, Clauberg déclare que l'édition de 1658 est la troisième de la première partie et la deuxième des autres : il faut en effet compter la *Redenkonst* comme une édition partielle. Une traduction française du texte de l'édition de 1658 a été publiée en 2007 : J. Clauberg, *Logique ancienne et nouvelle*, présentation, traduction et notes par J. Lagrée et G. Coqui, Paris, Vrin, 2007 (nous citerons cette traduction en indiquant en note la pagination).

3. Cf. *supra*, chap. III, p. 117 *sq.*

À la fin du chapitre XVII, donc, Clauberg expose le plan complet de la logique, qui contient aussi les préceptes de la méthode de Descartes. Il s'agit en effet de la *Logica vetus et nova quadripartita*, qui est annoncée comme complément nécessaire de la *methodus cartesiana*. Elle est composée de deux parties principales, qui sont respectivement la *Genetica* et l'*Analytica*. La première concerne la correcte formation de ses propres pensées, tandis que la seconde guide l'intellect dans la « résolution » (compréhension) des pensées des autres : « La logique est ou *Génétique*, dirigeant l'intellect dans la formation ou *genèse* de ses pensées, ou *Analytique*, dirigeant l'intellect dans la résolution appropriée ou *analyse* des pensées d'autrui »[1]. En cela, comme il a été montré dans les études critiques[2], Clauberg reprend la terminologie ramiste qui s'était diffusée à travers les *Aristotelicae animadversiones*[3], les *Dialecticae libri duo* et aussi les commentaires à ces textes fabriqués par les ramistes[4]. Dans la

1. « Logica est vel *Genetica*, quae intellectum dirigit ad rectam formationem seu γένεσιν suarum cogitationum ; vel *Analytica*, quae intellectum dirigit ad convenientem resolutionem seu ἀνάλυσιν alienarum cogitationum », J. Clauberg, *Defensio*, chap. XVII, § 10, *Opera Omnia Philosophica*, II, p. 998.

2. *Cf.* L. Danneberg, « Die Auslegungslehre des Christian Thomasius in der Tradition von Logik und Hermeneutik », dans Fr. Vollhardt (éd.), *Christian Thomasius (1655-1728). Neue Forschungen im Kontext der Frühaufklärung*, Tübingen, Niemeyer, 1997, p. 253-316, et « Logik und Hermeneutik : die *Analysis Logica* in den ramistischen Dialektiken », dans U. Scheffler, K. Wuttich (éds.), *Terminigebrauch und Folgebeziehung*, Berlin, Logos Verlag, 1998, p. 129-157 ; K Petrus, *Genese und Analyse : Logik, Rhetorik und Hermeneutik im 17. und 18. Jahrhundert*, Berlin, de Gruyter, 1997.

3. P. de La Ramée, *Animadversionum aristotelicarum libri XX*, Parisiis, apud Andream Wechelum, 1556, *cf.* en particulier les livres IX et X. Les *Aristotelicae animadversiones* eurent onze éditions entre 1543 et 1569, avec plusieurs changements. Pour une analyse comparée des différentes éditions *cf.* N. Bruyère, *Méthode et dialectique dans l'œuvre de La Ramée*, Paris, Vrin, 1984, p. 23-37. Sur l'élaboration progressive de la *methodus* ramiste *cf.* en particulier p. 43-201.

4. *Cf.* entre autres, P. Beurhaus (Beurhusius), *P. Rami Dialecticae libris duobus, et Philippi Melan. Dialecticae libris quatuor descriptae, comparatio*, Francofordiae, ex Officina Paltheniana, sumtibus Petri Fischeri, 1585, et *Ad P. Rami Dialecticae praxin generalis introductio et specialis illustrium exemplorum, naturali artis progressu, inductio*, Coloniae, Cholinus, 1596 ; A. Richardson, *The Logicians School-Master : Or a comment upon Ramus Logicke*, printed for John Bellamie at the three golden Lyons in Cornhill, London, 1629. *Cf.* sur l'importance de ces textes à l'égard du rapport entre le ramisme et la tradition naissante de l'herméneutique, L. Danneberg « Logik und Hermeneutik im 17. Jahrhundert », dans J. Schröder (éd.), *Theorie der Interpretation vom Humanismus bis zur Romantik*, Stuttgart, Franz Steiner Verlag, 2001, p. 75-131. Sur la diffusion du ramisme dans l'Europe centrale, *cf.* J.S. Freedman, « The Diffusion of the Writings of Petrus Ramus in Central Europe, c. 1570-c. 1630 », *Renaissance Quarterly*, 1993, 46, 1, p. 98-152. Sur les transformations et

tradition ramiste il était proposé une partition de la logique en conformité avec la pratique de la compréhension et de l'exposition d'un discours, aussi bien parlé qu'écrit [1]. Cette conception liait la dialectique à l'analyse et à la construction du *sermo*, en exprimant une acception purement « pratique » de la logique. Cela dit, il ne faut pas surestimer l'influence du ramisme sur Clauberg : la partition de la logique en *Genetica* et *Analytica* s'explique en raison de la fonction purement instrumentale qu'elle assume chez Clauberg [2]. La logique n'est pas une *scientia* et elle n'a pas, à proprement parler, d'objet. Elle doit tout simplement nous offrir une série de règles utiles pour conduire la raison dans la pratique de la compréhension et de la formation des pensées. Paradoxalement, donc, aussi bien La Ramée que Clauberg, tout en défendant des positions très différentes en métaphysique [3], partagent l'idée que la logique est essentiellement un instrument pratique.

En revenant sur la division de la *Logica vetus et nova*, on observe que la *Genetica* et l'*Analytica* se divisent chacune en deux parties : la première partie de la *Genetica* guide la raison dans la formation de ses propres pensées, tandis que la deuxième apprend comment les communiquer aux autres [4]. À son tour, l'*Analytica* assiste la raison dans la compréhension et l'interprétation du discours d'autrui et montre comment l'on peut examiner le sens du discours pour le juger vrai ou faux [5]. Ces quatre parties constituent les sections de la logique *quadripartita* annoncée par Clauberg dans la *Defensio*.

les « ramifications » du ramisme on peut voir la monographie de H. Hotson – *Commonplace learning. Ramism and its german ramifications (1543-1630)*, Oxford, Oxford UP, 2007 – qui aborde l'étude de la tradition ramiste jusque dans son intégration dans les systèmes de Keckermann et dans l'encyclopédie d'Alsted. On pourrait donc élargir cette « tradition » ramiste jusqu'à y intégrer Comenius et Clauberg lui-même.

1. *Cf.* à ce propos W. Ong, *Ramus, method and the decay of dialogue*, *op. cit.*, p. 263-267.

2. Cela est bien établi dès 1647 : « Partitio logicae a fine et usu petenda est » (*Ontosophia*, *Diacritica*, § 81, p. 274).

3. En ce qui concerne en particulier le rapport entre métaphysique et logique, cf. *supra*, chap. I, p. 52-67.

4. « Operae igitur pretium erit in tradendis Geneticae Logicae praeceptis partem priorem a posteriore separari, quia sermo […] internus et externus, sive ratio et oratio, sunt res distinctissimae », J. Clauberg, *Logica vetus et nova*, *Prolegomena*, chap. VI, § 118, *Opera Omnia Philosophica*, II, p. 781 (trad. cit., p. 55-56).

5. « Analytica dirigit mentem in resolutione eorum, quae composita sunt, primo, ut intelligamus, quaenam illa sint, sive, ut verum sensum cognoscamus externi sermonis : deinde, ut percipiamus, an talia sint, qualia esse debent, sive, ut verum a falso, consequens ab inconsequente, etc. in sermone interno dignoscamus », J. Clauberg, *Logica vetus et nova*, *Prolegomena*, chap. VI, § 120, *Opera Omnia Philosophica*, II, p. 781 (trad. cit., p. 56).

Toutefois, le projet d'une telle logique doit être considéré comme antérieur à la réflexion sur la méthode cartésienne, car Clauberg en fait déjà mention, plus brièvement, dans l'*Ontosophia*: « La logique se divise d'abord en Génétique et Analytique. Car l'on apprend la logique en premier lieu pour qu'elle dirige l'intellect ou vers la correcte formation (*genèse*) de ses propres pensées et concepts, ou vers la résolution appropriée (*analyse*) des pensées d'autrui ou des pensées qui sont déjà formées »[1]. Dès 1647, Clauberg avait donc déjà au moins esquissé le plan de la logique qui devait suivre et accompagner l'*ontosophie*; en décrivant les parties qui composent la logique, il montre avoir établi une division assez définie et en même temps novatrice, car il considère la première partie de la *Genetica* comme la logique *stricte dicta*, tandis que la deuxième est définie comme *Logica Hermeneutica seu Interpretativa*. De la même façon, l'*Analytica* se divise, mais inversement[2], en une première partie qui est l'*Analytica Hermeneutica* (III^e^ partie de la logique) et une deuxième qui est l'*Analytica stricte dicta* (IV^e^ partie de la logique). Si donc, d'une part, Clauberg réserve le traitement de la logique proprement dite à la première partie de la *Genetica*, de l'autre il montre qu'il veut intégrer de manière systématique les normes de l'interprétation au sein de la logique, en achevant ainsi la constitution d'une herméneutique générale à l'intérieur de la logique[3].

Mais de quoi s'occupe la logique *stricte dicta*?

> La logique au sens strict dicte enseigne les modalités et les manières de diriger l'intellect: 1. Absolument et sans aucun égard à une matière déterminée, ce qui est traité d'abord dans les *Premiers Analytiques* d'Aristote;

1. « Logica primo dispescitur in Geneticam et Analyticam. Addiscitur enim Logica primo, ut dirigat intellectum vel ad rectam formationem seu γένεσιν suarum cogitationum et conceptuum; vel ad convenientem resolutionem seu ἀνάλυσιν alienarum cogitationum, seu earum quae jam formatae sunt », J. Clauberg, *Ontosophia*, *Diacritica*, § 82, p. 274.

2. L'analytique herméneutique est la première partie de l'*Analytica*, tandis que la génétique herméneutique est la deuxième de la *Genetica*. En remarquant ce renversement, Clauberg commente « Quia enim postremum est in genesi, primum est in analysi » (*Ontosophia*, *Diacritica*, § 86, p. 276).

3. Dans ce parcours qui porte à l'intégration de la théorie de l'interprétation dans la logique, on peut mentionner aussi B. Keckermann et, bien sûr, J.C. Dannhauer, *cf.* à ce propos L. Danneberg, « Logik und Hermeneutik im 17. Jahrhundert », art. cit., en particulier p. 89-105. R. Sdzuj (*Historische Studien zur Interpretationsmethodologie der frühen Neuzeit*, Würzburg, Königshausen & Neumann, 1997, p. 125-126) mentionne également Justus Brawen comme « précurseur » de l'opération accomplie par Clauberg : J. Brawen, *Commonefactio logica, pro usu nativo logicae : tam analysin interpretativam & criticam, quam universam & privam synthesin, per praecepta exhibens*, Rostochii, impensis Johannis Hallervordii, Typis Nicolai Kilii, 1643.

2. Par rapport à un objet nécessaire dans une discipline déterminée, ce qui est traité dans les *Seconds Analytiques*; 3. Par rapport à ce qui est probable dans l'usage ordinaire de la raison, ce qui est traité dans les *Topiques* [1].

Ainsi, la première partie de la *Genetica* devait traiter les sujets développés dans une partie des textes composant l'*Organon* aristotélicien, en particulier les *Analytiques* (I et II) et les *Topiques*: c'est évidemment pour cette raison que Clauberg appelle cette partie de la discipline la logique *stricte dicta*. En outre, pour les *Catégories*, nous avons déjà examiné la critique claubergienne visant à les remplacer par l'*ontosophia* [2]; en ce qui concerne le *De Interpretatione*, il est intégré dans la deuxième partie de la *Genetica*: « L'herméneutique génétique, ou logique interprétative, montre les moyens qui servent au logicien pour communiquer aux autres, par un discours approprié, les choses qu'ont été bien organisées entre elles au moyen de la précédente partie de la logique » [3].

On peut donc considérer la logique esquissée en 1647 comme une logique visant à compléter une grande partie de l'*Organon* d'Aristote avec l'herméneutique développée dans la première moitié du XVII^e siècle. Dans les *Prolegomena* à l'édition de 1658 de la *Logica vetus et nova*, Clauberg reconnaîtra l'originalité de l'insertion de l'analytique herméneutique à l'intérieur de la logique : « Nous reconnaissons cependant que cette analytique herméneutique n'a pas été également nécessaire à tout âge. Car les anciens, chez qui il ne restait que peu ou pas de monuments écrits, en avaient moins besoin. C'est la raison pour laquelle ils n'en ont pas traité, et Aristote, dans le livre *De l'interprétation*, en a juste esquissé les premiers linéaments » [4]. Ce qui apparaît également novateur, c'est l'idée d'une

1. « Logica stricte sic dicta rationes ac modos tradit, quibus dirigitur intellectus. 1. Absolute et sine respectu ad certam materiam, quo pertinent imprimis Aristotelis Analytica priora. 2. Cum respectu ad materiam necessariam in certa disciplina, quo spectant Analytica posteriora. 3. Cum respectu ad materiam probabilem in populari rationis usu, de quo in Topicis », J. Clauberg, *Ontosophia*, *Diacritica*, § 84, p. 275.

2. Cf. *supra*, chap. I, p. 55-62.

3. « Hermeneutica Genetica seu Logica Interpretativa monstrat media Logico inservientia ad ea, quae per antecedentem Logicae partem recte in se composita sunt, aliis apta oratione communicanda », J. Clauberg, *Ontosophia*, *Diacritica*, § 85, p. 276.

4. « Fatemur interim Hermeneuticam illam analyticam non fuisse omni aevo aeque necessariam. Nam Veteres, apud quos aut nulla aut pauca admodum exstabant monumenta scripta, minus ea indigebant. Quae causa est, cur ab illis non fuit tradita, et ab Aristotele in lib. de Interpretatione vix primis lineamentis adumbrata », J. Clauberg, *Logica vetus et nova*, *Prolegomena*, chap. VI, § 124, *Opera Omnia Philosophica*, II, p. 782 (trad. cit., p. 57).

herméneutique générale, valable pour tout type de texte et de discipline, de la théologie à la jurisprudence ; Clauberg en est parfaitement conscient :

> Bien que les théologiens, quand il est question de l'Écriture Sainte, aient coutume de s'occuper de son interprétation, et que les juristes, aussi, traitent de l'interprétation des lois, il ne faut pas en conclure que la méthode correcte d'interprétation regarde plutôt ces disciplines prises séparément que la logique. Car il y a beaucoup de règles d'investigation du sens vrai, règles très utiles, qui sont communes au théologien, au jurisconsulte et à d'autres. […] Ces lois communes de l'interprétation ne peuvent être traitées ailleurs que dans la logique, parce que la manière de bien interpréter est la manière de connaître le sens vrai d'un discours quelconque [1].

L'*hermeneutica*, comme l'*ontologia*, naît, à la fois comme terme et comme discipline, dans la première moitié du XVII^e^ siècle. Bien qu'une doctrine de l'interprétation existât dans le milieu protestant, surtout pour ce qui concerne les textes sacrés ou les textes juridiques, elle était cependant déterminée en fonction du type de texte. Il y avait donc une herméneutique biblique ou juridique, mais il n'y avait pas une herméneutique générale. Celle-ci fut inaugurée par Johann Conrad Dannhauer dans l'*Idea boni interpretis et malitiosi calumniatoris*, qui fut publiée à Strasbourg en 1630 [2] et qui représente l'aboutissement de la réflexion, développée dans le

1. « Quamvis autem Theologi in loco de Scriptura sacra de eius interpretatione soleant agere, quamvis etiam Jurisperiti de Legum interpretatione tractent, non tamen inde licet concludere, rectam interpretandi methodum ad singulas potius disciplinas, quam ad logica spectare. Nam verum sensum investigandi regulae multae sunt, eademque utilissimae, Theologo, Jurisconsulto et aliis omnibus communes. […] Non possunt autem communes isti interpretandi canones alibi tradi quam in Logica, quia modus interpretandi est modus verum alicuius dicti sensum cognoscendi », J. Clauberg, *Logica vetus et nova*, *Prolegomena*, chap. VI, § 123, *Opera Omnia Philosophica*, II, p. 781-782 (trad. cit., p. 57).

2. J.C. Dannhauer, *Idea boni interpretis et malitiosi calumniatoris*, Argentorati, typis Wilhelmi Christiani Glaseri, 1630. Les travaux sur la naissance de l'herméneutique sont aujourd'hui nombreux. Outre l'étude pionnière de H.E. Hasso Jaeger (« Studien zur Frügeschichte der Hermeneutik », *Archiv für Begriffsgeschichte*, 1974, 18, p. 35-84), on peut également citer R. Sdzuj, *Historische Studien zur Interpretationsmethodologie der frühen Neuzeit*, *op. cit.* ; W. Alexander, Hermeneutica generalis. *Zur Konzeption und Entwicklung der allgemeinen Verstehenslehre im 17. und 18. Jahrundert*, Stuttgart, M&P, 1993 ; A. Bühler (éd.), *Unzeitgemässe Hermeneutik. Verstehen und Interpretation im Denken der Aufklärung*, Francfort-sur-le-Main, Klostermann, 1994 ; J. Schönert, F. Vollhardt (éds.), *Geschichte der Hermeneutik und die Methodik der textinterpretierenden Disziplinen*, Berlin, de Gruyter, 2005 ; O.R. Scholz, *Verstehen und Rationalität. Untersuchungen zu den Grundlagen von Hermeneutik und Sprachphilosophie*, Francfort-sur-le-Main, Klostermann, 1999 ; J.-Cl. Gens (éd.), *La logique herméneutique du XVII^e^ siècle*, Paris, Le Cercle Herméneutique, 2006.

milieu protestant et réformé, sur la nécessité d'une discipline réglant l'interprétation des textes.

Dans leurs œuvres, Matthias Flacyus Illyricus[1] et Amandus Polanus a Polansdorf[2] avaient, dès la fin du XVI^e^ siècle, élaboré toute une série de normes et de préceptes qui devaient guider l'interprétation du texte sacré[3]. Le principe essentiel de l'exégèse protestante est celui de la *perspicuitas Scripturae*, selon lequel le sens de l'Écriture est clair en soi (*perspicuus*), et l'interprétation de ce sens n'est déléguée à aucune autorité. L'obscurité du texte et la nécessité de normes d'interprétation dérivent alors, non pas du texte même, mais de la condition humaine, proche du péché, ou de la distance temporelle qui nous sépare de sa rédaction. Conformément à cette norme fondamentale, l'exégèse protestante a justifié une caractéristique essentielle de la Bible : elle est *Sui ipsius interpres*, c'est-à-dire que l'Écriture ne nécessite pas d'un support extérieur (le Pape, ou la raison humaine) pour transmettre au fidèle le contenu de la Révélation[4].

1. M. Flacyus Illyricus, *Clavis Scripturae Sacrae seu de Sermone sacrarum literarum*, Basileae, per S. Henricpetri, 1617.

2. A. Polanus a Polansdorf, *De ratione legendi cum fructu autores, in primis sacros et dignoscendi in illis proposita, themata et argumenta tractatus cui adjuncta est Analysis logica et Exegesis theologica psalmorum tredecim*, Basileae, typis C. Waldkirchii, 1603.

3. Si les recherches de Jaeger ont montré, suite aussi à l'influence de Gadamer, l'apport de l'herméneutique biblique à l'égard de la génèse d'une herméneutique générale, de nombreuses études ont dans les dernières années souligné l'importance de la réflexion interne à la logique et aux commentaires des auteurs anciens, *cf.* surtout L. Danneberg, « Logik und Hermeneutik im 17. Jahrhundert », art. cit. ; L. Bianchi, « "Interpretare Aristotele con Aristotele" : percorsi dell'ermeneutica filosofica nel Rinascimento », dans *Studi sull' Aristotele del Rinascimento*, Padoue, Il Poligrafo, 2003, p. 185-208.

4. Parmi les nombreux auteurs réformés qui ont soutenu ce principe, *cf.* F. Hommius, *LXX Disputationes theologicae adversus pontificios*, Lugduni Batavorum, apud Johannem Orlers, And. Cloucq et Ioannem Maire, 1614 : « Ipsa S. Scriptura sui ipsius optima est interpres, et certissima controversias omnes decidendi regula, utpote in qua quod uno loco obscurius aut figurate dicitur, alio loco clarius et propriis verbis explicatur » (p. 22). *Cf.* aussi A. Walaeus, *De S. Scripturae perspicuitate et interpretatione*, dans I. Polyanderus, A. Rivet, A. Walaeus, A. Thysius, *Synopsis purioris theologiae, disputationibus quinquaginta duabus comprehensa*, Lugduni Batavorum, ex officina Elzeviriana, 1632, p. 56-57 : « Ut ergo haec quaestio secundum verbi Dei normam recte explicetur, dicimus ; S. Scripturam esse sui ipsius Interpretem, vel potius Deum in Scripturis et per Scripturas loquentem, qui in locis clarioribus et necessariis voluntatem suam fidelibus aperte indicat, ut antea est demonstratum : in locis vero obscurioribus per comparationem eorum cum clarioribus eandem voluntatem suam iis magis ac magis confirmat ». Une position moins radicale est celle d'André Rivet, qui limite la *perspicuitas* de l'Écriture à « ea quae necessaria sunt », « Quoniam ergo ea quae necessaria sunt, invenire licet in sacrarum scripturarum locis perspicuis et apertis, de quorum sensu nemo qui verba intelligat, ambigere potest, nemo potest de scripturarum obscuritate conqueri »

Pour garantir à la fois la prééminence du texte sacré et la *libertas prophetandi*, c'est-à-dire le droit de chaque croyant à être directement inspiré par l'Écriture, l'exégèse protestante avait défendu le principe de la complète autosuffisance de la Bible, dont les normes d'interprétation ne dérivaient ni de la *recta ratio* [1] ni d'une institution spécifique, par exemple la papauté, qui s'arrogeait le droit de déterminer le contenu des dogmes de la foi.

Grâce à l'Écriture, donc, Dieu parle directement au fidèle et la méditation du texte sacré suffit à ce dernier pour accueillir le message du salut. En ce sens, les normes d'interprétation ne sont pas des « clefs » d'interprétation, mais des « aides » pour faciliter l'approche du fidèle au texte sacré : puisque la révélation se situe à l'intérieur de l'histoire, et que Dieu s'approche de la condition humaine, en s'accommodant à elle, la Bible a toutes les caractéristiques d'un texte rédigé à un moment et dans un lieu précis, en utilisant une langue particulière, dont le fidèle doit tenir compte. Les critères d'interprétation ne définissent donc pas le contenu de la révélation, mais ils sont plutôt des instruments nécessaires au lecteur pour accéder au texte.

Cependant, ni Flacyus Illyricus, ni Polanus n'avaient considéré comme universellement valables les normes interprétatives propres de l'Écriture, en distinguant les critères d'interprétation par rapport au type de texte auquel ils devaient être appliqués. L'herméneutique n'existait donc pas en tant que discipline spécifique, mais les principes relatifs à la compréhension des textes étaient déterminés selon le genre du texte : l'herméneutique biblique était ainsi distinguée, par exemple, de l'herméneutique juridique [2].

(A. Rivet, *Isagoge, seu introductio generalis, ad Scripturam Sacram Veteris et Novi Testamenti*, Lugduni Batavorum, in Bibliopolo Isaaci Comellini, 1627, p. 352).

1. Dans la *Philosophia S. Scripturae Interpres* (Eleutheropolis, 1666), Lodewijck Meyer revendiquera pour la raison le rôle de critère ultime pour l'interprétation de l'Écriture. La publication de l'œuvre de Meyer, anonyme, marqua le début d'une polémique dans laquelle furent impliqués plusieurs cartésiens. Sur la figure de Meyer, *cf.* R. Bordoli, *Ragione e Scrittura tra Descartes e Spinoza. Saggio sulla « Philosophiae Sacrae Scripturae Interpres » di Lodewijk Meyer e sulla sua ricezione*, Milan, Angeli, 2 vol., 1997-2001 ; Th. Verbeek, « Probleme der Bibelinterpretation : Voetius, Clauberg, Meyer, Spinoza », dans *Geschichte der Hermeneutik*, *op. cit.*, p. 187-201.

2. Sur le développement d'une théorie de l'interprétation des textes juridiques, *cf.* O.R. Scholz, « Ius, Hermeneutica iuris und Hermeneutica generalis – Verbindungen zwischen allgemeiner Hermeneutik und Methodenlehre des Rechts im 17. und 18. Jahrhundert », dans J. von Schröder (éd.), *Entwicklung der Methodenlehre in Rechtswissenschaft und Philosophie vom 16. bis zum 18. Jahrhundert*, Stuttgart, Steiner, 1998, p. 85-99 ; I. Maclean, *Interpretation and Meaning in the Renaissance. The Case of Law*, Cambridge, Cambridge UP, 1992.

Le passage d'une herméneutique spécifique pour chaque discipline à une *hermeneutica generalis* est dû, comme nous l'avons déjà dit, au théologien luthérien Johann Conrad Dannhauer, qui, d'ailleurs, utilisa pour la première fois le terme latin *hermeneutica*[1]. Dans l'*Idea boni interpretis et malitiosi calumniatoris*, Dannhauer avait présenté le projet d'une herméneutique générale, considérée comme une partie de la logique qui n'avait pas été cultivée, mais seulement vaguement esquissée (*adumbrata*), par les anciens : « Il y a sans aucun doute une certaine partie de la logique, qui jusqu'à aujourd'hui n'a pas été, ou presque pas, cultivée, ou qui a été ébauchée seulement dans ses premiers traits : l'herméneutique, la raison et le moyen d'interpréter »[2]. Dannhauer est donc tout à fait conscient de fonder *ex novo* une discipline, qui n'avait pas été développée par les anciens. Le *De interpretatione* d'Aristote représente seulement une ébauche de cette discipline, qui, pour le théologien luthérien, constitue le complément nécessaire de la logique. L'*hermeneutica* se propose donc comme l'achèvement de la logique aristotélicienne, et Dannhauer en montre la nécessité à travers un syllogisme : « Tout connaissable a une science philosophique qui lui correspond / La manière d'interpréter est quelque chose de connaissable / La manière d'interpréter a donc une science philosophique qui lui correspond »[3].

Le fondement de l'argument de Dannhauer consiste dans le fait que les normes adoptées dans les disciplines particulières pour l'interprétation des textes ont une nature commune et transgénérique. Elles ne dépendent donc

1. Le terme latin *hermeneutica*, dérivant par translittération des mots grecs ἑρμηνεία, ἑρμηνεύειν est employé pour la première fois dans l'*Idea boni interpretis et malitiosi calumniatoris* (Argentorati, typis Wilhelmi Christiani Glaseri, 1630), tandis qu'il est inséré par Dannhauer dans le titre d'un ouvrage en 1654 seulement : *Hermeneutica sacra* (Argentorati, sumpt. J. Staedelii, 1654). Sur la première utilisation du terme *cf.* H.-E. Hasso Jaeger, « Studien zur Frühgeschichte », art. cit., p. 36-44. Nous citerons l'*Idea boni interpretis* de Dannhauer à partir de la quatrième édition publiée en 1652 (Argentorati, typis Josiae Staedelii), dont est disponible la réimpression anastatique (W. Sparn (éd.), Hildesheim-Zurich-New York, Olms-Weidmann, 2004).

2. « Dari omnino aliquam partem logicae, hactenus vel prorsus inexcultam, vel certe primis solis lineamentis adumbratam, nimirum Hermeneuticam, rationem ac modum interpretandi », J. C. Dannhauer, *Idea boni interpretis*, *op. cit.*, p. 1.

3. « Omne scibile habet aliquam sibi respondentem scientiam philosophicam / Modus Interpretandi est aliquod scibile / Ergo Modus Interpretandi habet aliquam sibi respondentem scientiam philosophicam », *ibid.*, p. 4. L'inclusion de l'herméneutique à l'intérieur de la logique est justifiée par un deuxième syllogisme : « Omnis modus sciendi est pars logicae / Modus interpretandi est modus sciendi / Ergo [...] », J. C. Dannhauer, *Idea boni interpretis*, *op. cit.*, p. 4.

pas du type de texte auquel elles se réfèrent, mais plutôt de la finalité pratique à laquelle elles obéissent, à savoir celle de repérer le vrai sens d'un discours. L'herméneutique de Dannhauer se présente alors comme une *analysis* du sens du discours, en analogie avec l'*analytica* d'Aristote, qui apprend les principes fondamentaux de l'argumentation :

> L'herméneutique a d'ailleurs quelque chose en commun avec la partie analytique de la logique, puisque l'une et l'autre trouvent la juste direction vers la vérité, l'une et l'autre enseignent à réfuter la fausseté : mais elles diffèrent entre elles, puisque l'herméneutique enseigne à rechercher aussi le sens vrai d'un passage très faux, la logique déduit la vérité de la conclusion à partir de principes très vrais [1].

Le lien entre l'*analytica* et l'*hermeneutica* se base donc sur le fait que toutes les deux permettent de « remonter » à la vérité du discours. Leur différence consiste en ce que l'*analytica* prend en considération la vérité du discours relativement à l'objet dont il est question et, donc, par rapport à la vérité des principes dont il dépend, tandis que l'*hermeneutica* considère seulement le vrai sens du discours, qui, du point de vue de la logique, pourrait aussi être faux. Ainsi, quand Clauberg affirme qu'il faut traiter des normes de l'interprétation dans la logique – « la manière d'interpréter est la manière de connaître le sens vrai d'un discours quelconque » (« modus interpretandi est modus verum alicuius dicti sensum cognoscendi ») – il ne fait, au fond, que reproposer le même argument avancé dans le syllogisme de Dannhauer : puisque l'herméneutique apprend à connaître (en général) un certain type de vérité (celle du sens du discours prononcé par autrui), il faut qu'une place spécifique lui soit réservée à l'intérieur de la logique.

Voilà donc la « situation » de la logique claubergienne en 1647. Quel est alors l'apport de la philosophie cartésienne à l'égard de cette logique ébauchée par Clauberg avant son adhésion au cartésianisme ? Ou bien : si le projet de cette logique remonte à 1647 (ou probablement aux années précédentes), doit-on conclure que la logique de Clauberg est seulement en apparence une logique cartésienne ? À cette question, c'est Clauberg lui-même qui nous offre une réponse :

> Mais, puisqu'en vérité Descartes, en recherchant la méthode, n'avait pas l'intention d'apprendre des autres, pour cette raison il laissa aux autres

1. « Habet autem hermeneutica cum parte logicae analytica commune, quod ad veritatem utraque collineet, falsitatem refellere doceat utraque : sed differunt inter se, quod illa verum loci etiam falsissimi sensum inquirere doceat; haec veritatem conclusionis e principiis verissimis deducat », *ibid.*, p. 12.

> toute la logique que j'ai appelée analytique comme si elle était étrangère à son propos. Puisqu'également, à cette époque, il n'avait pas établi d'enseigner aux autres, mais qu'il voulait seulement former son propre esprit par la connaissance et s'appliquer par lui-même à apprendre, il est manifeste qu'en laissant de côté les préceptes de la dernière partie de la logique génétique, il a dû choisir seulement ceux qui appartiennent à la première. [...] Il faut cependant remarquer que dans l'explication de ces préceptes, pour montrer leur emploi plus riche, j'ai pris en considération en plusieurs endroits les parties restantes de la logique [1].

Ce passage atteste donc que, des parties de la logique, celle qui est le plus influencée par la philosophie de Descartes est la première, fondée sur les préceptes de la méthode que Clauberg avait largement commentés dans la *Defensio*. Par contre, Clauberg apporte une contribution originale et significative dans les autres parties de la logique, et en particulier par la deuxième partie de la *Genetica* et la première de l'*Analytica*, qui constituent l'ensemble de l'*hermeneutica*. On peut alors conclure que le développement de la logique de Clauberg à partir de 1647 jusqu'en 1652 (*Defensio cartesiana*) et en 1654 (première édition de la *Logica vetus et nova*) consiste dans la reconstruction de la première partie de la *Genetica* qui est désormais fondée non plus sur les *Analytiques* d'Aristote, mais sur la méthode cartésienne définie dans la *Defensio*.

En ce sens, la *Logica vetus et nova* apparaît doublement originale : en effet, elle est non seulement une des premières logiques qui développe une herméneutique, mais aussi la première logique « cartésienne ». En 1647, quand il introduit l'herméneutique à l'intérieur de la logique, Clauberg prend une décision assez originale, en suivant en cela l'*Idea boni interpretis*. Mais, à la différence de Dannhauer, Clauberg affirme en 1652 sa volonté de fonder l'herméneutique sur les préceptes de la méthode cartésienne. L'herméneutique représente ainsi, à l'intérieur de la *Logica vetus et nova*, le développement de la *methodus cartesiana*.

Toutefois, avant d'aborder l'analyse de la *Genetica* et, ensuite, de l'herméneutique claubergienne, nous devons considérer l'influence de

1. « Cum vero Cartesio Methodum investiganti non esset propositum ab aliis discere, ideo totam logicam, quam vocavi analyticam, tanquam a suo instituto alienam aliis reliquit. Cum etiam docere alios eo tempore non institueret, sed tantum mentem propriam vellet cognitione informare, et studio discendi ex semetipso incumbere, manifestum est quod omissis posterioris Geneticae Logicae praeceptis sola debuerit eligere, quae ad priorem pertinent. [...] Observandum tamen est, me in explanatione istorum praeceptorum [...] ut usum eorum uberiorem patefacerem, etiam ad reliquas logicae partes multis in locis respexisse », J. Clauberg, *Defensio cartesiana*, chap. XVII, § 11-12, *Opera Omnia Philosophica*, II, p 998.

Descartes par rapport à un autre sujet, celui de l'origine des préjugés et de la logique comme *medicina mentis*.

## LA LOGIQUE EN TANT QUE *MEDICINA MENTIS*[1]

Sur la base de ce que nous avons conclu dans le chapitre précédent, le thème du rôle des préjugés dans l'accès au savoir révèle une influence directe des textes cartésiens. La lecture de Descartes fournit à Clauberg une théorie précise sur la difficulté inhérente à l'instauration de la philosophie. Comme nous l'avons déjà vu, ce qui manque en 1647 c'est une théorie générale des préjugés et de la pensée préphilosophique, théorie qui est d'ailleurs nécessaire pour une doctrine qui prétend marquer fortement l'*incipit* de la philosophie à travers une fondation radicale qui la distingue de la pensée préphilosophique.

Descartes explicite à plusieurs reprises les raisons qui justifient, et qui rendent même nécessaire, le parcours « fondateur » des *Meditationes*. La métaphysique *doit* commencer par l'élimination des préjugés, parce que la « situation » du sujet qui cherche une connaissance absolument claire et évidente est caractérisée par une indisposition à l'égard des principes de cette science. Comme Descartes lui-même l'explique dans la *Synopsis* qui précède l'œuvre, le doute marque le début des *Meditationes* en raison de la nécessité de détacher l'esprit des sens :

> Or, bien que l'utilité d'un doute si général ne paraisse pas d'abord, elle est toutefois en cela très grande, qu'il nous délivre de toute sorte de préjugés, et nous prépare un chemin très facile pour accoutumer notre esprit à se détacher des sens, et enfin, en ce qu'il fait qu'il n'est pas possible que nous puissions plus avoir aucun doute, de ce que nous découvrirons après être véritable[2].

Celui qui s'approche du savoir ne doit donc posséder aucune « aptitude » – pour Descartes, en effet, il n'y a pas d'aptitude pour la

1. Nous reprenons là plusieures analyses publiées dans M. Savini, « L'insertion du cartésianisme en logique : la *Logica vetus et nova* de Johannes Clauberg », *Revue de Métaphysique et de Morale*, 2006-I, p. 73-88.

2. « Etsi autem istius tantae dubitationis utilitas primâ fronte non appareat, est tamen in eo maxima quod ab omnibus praejudiciis nos liberet, viamque facillimam sternat ad mentem a sensibus abducendam ; ac denique efficiat, ut de iis, quae postea vera esse comperiemus, non amplius dubitare possimus », AT VII 12 ; B Op I, p. 694 (trad. cit., AT IX 9).

métaphysique, car nous sommes tous initialement inaptes en raison des préjugés qui dérivent des sens –, ni aucun bagage de connaissances déjà acquises[1], mais seulement la volonté de suivre sérieusement le parcours des *Meditationes* : « Je ne conseillerai jamais à personne de le lire sinon à ceux qui voudront avec moi méditer sérieusement, et qui pourront détacher leur esprit du commerce des sens, et les délivrer entièrement de toutes sortes de préjugés ; lesquels je ne sais que trop être en fort petit nombre »[2].

Le début de la philosophie reflète ainsi une situation qui a eu son origine dans le passé et qui rend les premières notions de la métaphysique incompatibles avec les opinions et les croyances qui dérivent de l'enfance :

> Touchant les questions qui appartiennent à la métaphysique, la principale est de concevoir clairement et distinctement les premières notions. Car, encore que de leur nature elles ne soient pas moins claires, et même que souvent elles soient plus claires que celles qui sont considérées par les Géomètres, néanmoins, d'autant qu'elles semblent ne s'accorder pas avec plusieurs préjugés que nous avons reçus par les sens, et auxquels nous sommes accoutumés dès notre enfance, elles ne sont parfaitement comprises que par ceux qui sont fort attentifs et qui s'étudient à détacher, autant qu'ils peuvent, leur esprit du commerce des sens[3].

*Ab ineunte aetate* : la philosophie cartésienne n'assume pas de manière acritique l'exigence de restituer au sujet la capacité de penser clairement et distinctement, mais elle repère une cause spécifique et un moment privilégié par lequel nous sommes tous passés[4] pour expliquer la formation des préjugés et des opinions confuses. Autrement dit, nous devons

1. Il y a certainement des connaissances qui peuvent « préparer » le sujet à penser clairement et distinctement, comme par exemple les mathématiques, mais celles-ci ne sont pas, strictement parlant, nécessaires. L'antériorité doit être comprise ici au sens le plus fort du terme, celui de l'ordre des raisons défini par les *Meditationes*.

2. « Nullis author sum ut haec legant, nisi tantum iis qui serio mecum meditari, mentemque a sensibus, simulque ab omnibus praejudiciis, abducere poterunt ac volent, quales non nisi admodum paucos reperiri satis scio » ; AT VII 9 ; B Op I, p. 690-692 (la traduction citée est celle de Clerselier, publiée dans l'édition de 1661).

3. « In his Metaphysicis de nulla re magis laboratur, quam de primis notionibus clare et distincte percipiendis. Etsi enim ipsae ex natura sua non minus notae vel etiam notiores sint, quam illae quae a Geometris considerantur, quia tamen iis multa repugnant sensuum praejudicia quibus ab ineunte aetate assuevimus, non nisi valde attentis et meditantibus, mentemque a rebus corporeis, quantum fieri potest, avocantibus, perfecte cognoscuntur », AT VII 157 ; B Op I, p. 886 (trad. cit., AT IX 122-123).

4. « Et ainsi encore je pensais que, parce que nous avons tous été enfants avant que d'être hommes, et qu'il nous a fallu longtemps être gouvernés par nos appétits et nos Précepteurs,

tous, une fois dans la vie, douter des opinions et des évidences que nous avons accueillies, afin de dépasser la situation psychologique, culturelle et mentale que nous avons héritée de l'enfance[1]. Le commencement de la première méditation lie, dans une phrase très concise, la métaphysique, le doute, l'enfance et la nécessité de reconstruire l'édifice du savoir :

> Il y a déjà quelque temps que je me suis aperçu que, dès mes premières années, j'avais reçu quantité de fausses opinions pour véritables, et que ce que j'ai depuis fondé sur des principes si mal assurés, ne pouvait être que fort douteux et incertain; de façon qu'il me fallait entreprendre sérieusement une fois en ma vie de me défaire de toutes les opinions que j'avais reçues jusques alors en ma créance, et commencer tout de nouveau dès les fondements, si je voulais établir quelque chose de ferme et de constant dans les sciences[2].

Descartes revient dans plusieurs passages de son œuvre[3] sur le thème de l'enfance comme moment où l'esprit est dominé par le régime corporel : l'entendement peut distinguer entre les réalités matérielles et les réalités spirituelles, mais, en fait, il n'y arrive pas en raison de la prédominance des intérêts corporels liés à la conservation de la vie[4]. L'enfant est tellement

qui étaient souvent contraires les uns aux autres, et qui, ni les uns ni les autres, ne nous conseillaient peut-être pas toujours le meilleur, il est presqu'impossible que nos jugements soient si purs, ni si solides qu'ils auraient été si nous avions eu l'usage entier de notre raison dès le point de notre naissance, et que nous n'eussions jamais été conduits que par elle », *Discours de la méthode*, II^e^ partie, AT VI 13; B Op I, p. 36.

1. Le rôle de l'enfance dans la formation des préjugés a été l'objet de plusieurs études, parmi lesquelles nous retiendrons : G. Rodis-Lewis, *L'anthropologie cartésienne*, Paris, PUF, 1990; F. Bonicalzi, « Sensi, infanzia e il sapere del corpo », dans *Descartes : Principia philosophiae* (1644-1994), *op. cit.*, p. 53-66; F. Bonicalzi, *A tempo e luogo. L'infanzia e l'inconscio in Descartes*, Milan, Jaca Book, 1998.

2. « Animadverti jam ante aliquot annos quàm multa, ineunte aetate, falsa pro veris admiserim, et quàm dubia sint quaecunque istis postea superextruxi, ac proinde funditus omnia semel in vita esse evertenda, atque a primis fundamentis denuo inchoandum, si quid aliquando firmum et mansurum cupiam in scientiis stabilire », AT VII 17; B Op I, p. 702 (trad. cit., AT IX 13).

3. Parmi les passages dans lesquels Descartes indique l'enfance comme moment privilégié pour la formation des préjugés, cf. *Meditatio I*, AT VII 17 (B Op I, p. 702); *Responsiones VI*, AT VII 441 (B Op I, p. 1234-1236); *Principia*, I, 1, AT VIII-1 5 (B OP I, p. 1712); *Discours*, II, AT VI 13 (B Op I, p. 36).

4. « Quae opiniones [les connaissances correctes des phénomènes] cum plurimum differrent ab iis, quas prius de iisdem rebus habueram, coepi deinde considerare quas ob cuasas aliter antea credidissem; praecipuamque esse animadverti, quod primum ab infantia varia de rebus Physicis, utpote quae ad vitae, quam ingrediebar, conservationem conferebant,

intéressé par son corps qu'il n'arrive pas à le distinguer de l'âme, et, par conséquent, il s'habitue à une pensée qui, bien que capable de clarté, ne parvient jamais à la distinction :

> Dès ma plus tendre jeunesse, j'ai conçu l'esprit et le corps (dont je voyais confusément que j'étais composé) comme une seule et même chose ; et c'est le vice presque ordinaire de toutes les connaissances imparfaites, d'assembler en un plusieurs choses et le prendre toutes pour une même ; c'est pourquoi il faut par après avoir la peine de les séparer, et par un examen plus exact les distinguer les unes des autres [1].

Si l'origine des préjugés est limitée à un laps de temps déterminé, qui se termine avec le passage de l'adolescence à la maturité, il reste encore à éclaircir la motivation de la persistance des préjugés et des opinions infantiles. Une telle persistance est, en effet, la vraie raison qui rend problématique l'accès à la connaissance claire et distincte, car, si la formation des préjugés est liée à la physiologie de l'enfance, il serait licite de conclure que, une fois cette période achevée, l'entendement récupère la faculté de penser distinctement. Il arrive, au contraire, que les *praeiudicatae opiniones* de l'enfance demeurent encore dans l'adulte, et que celui-ci continue à penser comme les enfants, c'est-à-dire confusément. L'article 72 de la première partie des *Principia* met en évidence cet aspect du problème, en énonçant la deuxième cause des erreurs : « Une autre cause d'erreurs est que nous ne pouvons oublier les préjugés » [2].

judicia tulissem, easdemque postea opiniones, quas tunc de ipsis praeconceperam, retinuissem », *Responsiones VI*, AT VII, 441 (B Op I, p. 1234).

1. « A prima infantia mentem et corpus (ex quibus scilicet me compositum esse confuse advertebam) tanquam unum quid concepi ; atque id in omni fere imperfecta cognitione contigit, ut multa simul instar unius apprehendantur, quae postea per accuratius examen sunt distinguenda », *Responsiones VI*, AT VII 445 ; B Op I, p. 1240 (trad. cit., AT IX 243). Descartes précise, dans l'article 47 de la première partie des *Principia*, que l'enfant peut penser clairement, mais pas distinctement. *Cf.* AT VIII-1 22 (B Op I, p. 1742).

2. « Alteram errorum causam esse, quod praeiudiciorum oblivisci nequeamus », AT VIII-1 36 ; B Op I, p. 1766 (trad. cit., p. 173). Mais *cf.* aussi le passage de la première *Méditation* dans lequel Descartes dénonce la persistance des préjugés et affirme la nécessité d'introduire la figure du malin génie pour contrebalancer la force des *consuetae opiniones* : AT VII 22 ; B Op I, p. 708. Dans son commentaire sur ce passage (*Initiatio philosophi*, IX, 40, B, *Opera Omnia Philosophica*, II, p. 1197), Clauberg renvoie à la première des disputes sur les préjugés : cf. *Defensio cartesiana*, XXXII, § 37-40, *Opera Omnia Philosophica*, II, p. 1054. Les disputes seront reprises dans les *Prolegomena* à la *Logica vetus et nova*.

La mémoire conserve l'enfant dans l'adulte[1] et prolonge l'enfance de l'entendement pour une durée indéterminée. Elle ne se limite pas seulement à enregistrer, conserver et rappeler les expériences, mais, étant liée à la conformation matérielle du cerveau, aux plis et aux sillons qui se forment dans l'écorce cérébrale pendant l'enfance, elle conditionne l'expérience. La mémoire fournit des perspectives et des parcours privilégiés pour les nouvelles expériences, en associant ces dernières aux précédentes, lesquelles contribuent à structurer et à organiser l'expérience. Descartes traite de la nature physiologique de la mémoire dans *L'homme*[2]. Elle y est définie comme la persistance des idées provoquées par l'action des esprits animaux sur la glande H[3], en raison de la persistance de la trace matérielle laissée par les esprits. L'action des esprits animaux, qui suscite dans l'âme une certaine perception, est certainement délimitée et circonscrite dans le temps, mais la trace qu'ils ont produite sur l'écorce cérébrale demeure, et rend ainsi possibles l'enregistrement, la conservation et la ré-évocation de l'expérience.

Le rappel des idées et des perceptions est donc lié à la permanence des plis provoqués par les esprits animaux : plus elles sont anciennes, plus elles sont profondes et résistantes, car pendant l'enfance l'écorce est extrêmement souple et malléable. Cela signifie non seulement que la mémoire conserve ou rappelle certaines perceptions, mais encore qu'elle prédispose le sujet adulte à la réception et à l'évaluation de ses propres expériences, en raison du fait que la priorité chronologique des plis formés dans le cerveau pendant l'enfance fournit un bagage persistant d'opinions qui prédisposent

1. *Cf.* à ce propos, F. Bonicalzi, *A tempo e luogo*, *op. cit.*, p. 27-55. Il faut distinguer la mémoire corporelle de la mémoire intellectuelle dont il est question dans la correspondance. *Cf.* les lettres à Mersenne suivantes : 1er avril 1640, AT III 47, l. 19-48, l. 29 (B 248, p. 1172); 11 juin 1640, AT III 84, l. 19-85, l. 2 (B 255, p. 1200); 6 août 1640, AT III 143, l. 3-144, l. 3 (B 265, p. 1248-1250).

2. Le thème revient aussi dans d'autres textes, où il est cependant traité moins diffusément : cf. *Responsiones V*, AT VII 357, ll. 1-6 (B Op I, p. 1156); *Passions de l'âme*, I, art. XLII, AT XI 360, l. 7-26 (B Op I, p. 2370); *Regulae*, XII, AT X 414, l. 16-417, l. 15 (B Op II, p. 750-754). Le thème revient aussi dans la correspondance : *cf.* Descartes à Mersenne, novembre ou décembre 1632, AT I 263, l. 6-8 (B 57, p. 242); Descartes pour Arnauld, 29 juillet 1648, AT V 220-221 (B 665, p. 2576-2578).

3. « Ce qui est cause [l'action des esprits animaux sur la glande H, où se trouve le siège de l'imagination et du sens commun] que ces figures ne s'effacent pas non plus si aisément, mais qu'elles s'y conservent en telle sorte, que par leur moyen les idées qui ont été autrefois sur cette glande, s'y peuvent former derechef longtemps après, sans que la présence des objets auxquels elles se rapportent y soit requise. Et c'est en quoi consiste la *Mémoire* », AT XI 178; B Op II, p. 462.

à un accueil acritique des perceptions sensorielles. Autrement dit, la répétition d'une expérience non seulement ré-évoque l'expérience originelle, car les esprits se déplacent, en quelque sorte, suivant des voies prédéterminées, mais encore elle associe les deux expériences, de la même façon que la mémoire des événements passés structure l'expérience présente[1].

Dans l'ensemble de ses œuvres, Descartes fournit donc une théorie articulée relative à la formation et à la permanence des préjugés, et c'est précisément cette théorie qui justifie la nécessité de fonder la philosophie sur l'élimination des opinions confuses.

Cet aspect de la pensée cartésienne est largement repris par Clauberg, qui le considère comme un présupposé fondamental à la fois de la logique et de la philosophie première. Chez Clauberg, le développement d'une théorie complète sur l'origine des idées confuses est le prélude à une logique prise en un sens pratique, et la neutralisation des préjugés est la tâche principale de la logique cartésienne.

Dans l'édition de la *Logica vetus et nova* publiée en 1658 se trouvent une série de *Prolegomena* qui n'existaient pas dans les éditions précédentes : en reprenant le chapitre XXXII de la *Defensio cartesiana*, Clauberg propose au début de la *Logica* un traitement des causes des erreurs et de la faiblesse de l'esprit humain (*De causis errorum et imbecillitate humanae mentis*).

Dans les *Prolegomena* aux manuels de logique, on traitait de la position de cette discipline à l'égard de la philosophie, on en proposait une brève histoire avec la mention des auteurs les plus significatifs et l'on présentait la division de la matière et la structure du manuel. Si donc Clauberg, en proposant des *Prolegomena*, se rattache à un usage commun et répandu, il faut pourtant remarquer qu'en ce qui concerne le contenu les *Prolegomena* à la *Logica vetus et nova* se différencient complètement de celles des autres traités de logique. Dans les *Prolegomena* aux textes de Burgersdijk, de Keckermann ou de Goclenius nous trouvons une référence à la cause des erreurs et à la faiblesse de l'esprit, pour justifier la nécessité d'un instrument artificiel qui supporte l'entendement. Dans ces textes, cependant, cette cause est représentée par le péché originel, qui empêche l'intellect de

1. « Les objets qui touchent nos sens meuvent par l'entremise des nerfs quelques parties de notre cerveau, et y font comme certains plis, qui se défont lorsque l'objet cesse d'agir ; mais la partie où ils ont été faits demeure par après disposée à être pliée derechef en la même façon par un autre objet qui ressemble en quelque chose au précédent, encore qu'il ne lui ressemble pas en tout », Descartes à Chanut, 6 juin 1647, AT V 57 ; B 624, p. 2472.

parvenir tout seul au savoir[1]. La logique se présente donc comme un instrument qui supplée, partiellement et artificiellement, à l'indisposition de l'entendement : « La gloire de la logique est certainement plus grande en cela : elle s'efforce de porter à une lumière plus claire ce crépuscule qui est resté en nous de l'image divine, et de remédier aux défauts de notre esprit autant qu'il est possible en cette vie et de restituer à notre entendement sa rectitude »[2].

Dans ces textes, cependant, on ne trouve pas une théorie philosophique concernant les causes des erreurs ou des préjugés : le renvoi au péché originel vise seulement à justifier le rôle de la logique comme *ars* nécessaire pour l'intellect, et les *Prolegomena* traitent surtout de la collocation de la logique par rapport aux autres disciplines. C'est Clauberg lui-même qui souligne la partialité et l'inutilité des discussions contenues dans les autres manuels :

> L'on ne voit jamais le dialecticien, au commencement de son manuel, s'attacher à noter les faiblesses de l'esprit humain et à rechercher leurs causes. On entend ici disputer toute la journée de l'être de raison, ou de la question de savoir si la logique est théorique ou pratique. Si c'est un art ou

1. « Qui [scil. intellectus] quidem per reatum primorum parentum varie corruptus, si ad aliquam saltem integritatem restitui debeat, laborem, et curam ingentem requirit, praesertim cum cupiditatibus et affectibus temperamenti corporis, i. humorum in corpore effervescentia varie agitetur ac turbetur, quo minus artis formam, ac praecepta, ita, ut debet possit imbibere. Unde Scriptura Geneseos sexto, *Cogitationes hominis pravas pronuntiat*; et Paulus Ephes. 4. v. 18. dicit homines esse obtenebratarum cogitationum », B. Keckermann, *Gymnasium Logicum*, *op. cit.*, p. 9-10. *Cf.* aussi les *Praecognitorum Philosophicorum libri duo* de Keckermann, dans lesquels le philosophe de Dantzig distingue entre la philosophie *ante lapsum* et celle *post lapsum* : « Et ante lapsum quidem hominis Intellectum, Voluntatem et Affectus ita perficit, ut Philosophiam naturalem, haberet, nec opus esset aliquam de novo invenire aut constituere. [...] Post lapsum, amissa perfectione Intellectus et Voluntatis, quae dicitur imago Dei, Philosophia per partes et gradus paulatim fuit invenienda, et constituenda. Inventa autem fuit et constituta partim reliquiis imaginis divinae post lapsum remanentibus in homine, partim peculiari afflatu Spir. S. Viraque inventae et constitutae Philosophiae causa, nimirum imago Dei, et afflatus Spiritus S. inprimis humani generi parentibus maior et excellentior fuit, quam in eorum posteritate, tum propter situm regionis, in qua vixerunt, tum propter corporis constitutionem, vitaeque modum et longaevitate », B. Keckermann, *Praecognitorum Philosophicorum libri duo*, *op. cit.*, p. 37. Si avant le péché originel une *philosophia naturalis* était encore possible, après le péché d'Adam elle a été presque entièrement perdue, et n'a laissé que quelques traces seulement dans la capacité de juger et dans la mémoire.

2. « In eo quidem Logicae gloria maxima est, quod imaginis divinae crepusculum illud in nobis reliquum, ad lucem clariorem nitatur reducere, atque in ita defectibus mentis nostrae, quantum in hac vita fieri potest, mederi, & rectitudinem intellectui suam restituere », B. Keckermann, *Gymnasium logicum*, *op. cit.*, p. 10.

une science ? Une partie ou un instrument de la philosophie ? etc. Les portes de la logique grincent habituellement du bruit de ces controverses ; c'est par là qu'on pénètre à l'intérieur de cet art. Mais puisque, à mon avis, ce chemin est trop rebattu et rebattu sans grand fruit, il est nécessaire à celui qui désire en savoir plus que la foule des logiciens, d'y pénétrer par une autre voie [1].

Puisque ces prolégomènes traitent habituellement de thèmes comme les êtres de raison, le rapport de la logique par rapport au reste de la philosophie, etc., selon Clauberg ils n'aident pas la logique dans la tâche qui lui est propre : on a trop abordé la logique à partir de ces questions et cela sans fruit (*via ista calcata nimis, et sine magno fructu calcata*). Pour que la logique soutienne efficacement l'entendement dans la connaissance, il faut, par contre, qu'elle prenne son point de départ dans la situation spécifique du sujet et, si elle se propose comme support contre les préjugés et la faiblesse de l'entendement dans la situation préphilosophique, il faut qu'elle tienne compte de la « pathologie » contre laquelle elle doit intervenir.

Clauberg est alors conscient de l'originalité de son introduction [2], et il l'attribue à l'analyse exhaustive des causes des erreurs. L'enquête menée à ce propos devrait conduire à une connaissance plus approfondie de ce phénomène, afin de pouvoir établir les principes d'un *ars* capable d'éliminer, ou, au moins, de limiter, les facteurs qui empêchent la *mens* d'atteindre une connaissance claire et distincte des choses. La logique comme instrument purement artificiel et formel disparaît, chez Clauberg, au profit d'une logique qui doit supporter pratiquement la raison, en la mettant en mesure de récupérer la capacité naturelle qu'elle a de connaître. À cet égard, il faut remarquer que souvent, dans les manuels ordinaires, le thème théologique du péché est lié à la distinction entre la logique naturelle d'Adam et la logique artificielle élaborée par l'homme *post lapsum* :

1. « Nihil minus videas, quam Dialecticum in suarum institutionum limine imbecillitatibus humanae mentis notandis, earumque causis investigandis inhaerere. De rationis ente hic toto die disputari audias, sitne Logica theoretica, an practica ? ars, an scientia ? pars an instrumentum Philosophiae ? etc. His fores Logicae stridere solent controversiis, hac itur ad artis illius penetralia. At quoniam, meo quidem iudicio, via ista calcata nimis, et sine magno fructu calcata, aliam insistere eum necesse est, qui supra vulgus Logicorum sapere cupiat », J. Clauberg, *Logica vetus et nova*, *Prolegomena*, chap. I, § 5, *Opera Omnia Philosophica*, II, p. 769 (trad. cit. légèrement modifiée, p. 30).

2. « Novum hoc esse et insolitum in Logicae vestibulo, nec miror nec moror admodum », J. Clauberg, *Logica vetus et nova*, *Prolegomena*, chap. I, § 4, *Opera Omnia Philosophica*, II, p. 769 (trad. cit., p. 30).

> Et certainement les premiers hommes, [...] étant plus proches de ce premier âge, dans lequel l'homme a été créé à l'image de Dieu, et à l'intégrité de la nature, puisque bénéficiaient aussi d'un air, d'une nourriture et d'une combinaison d'éléments plus salutaires et plus consistants, pratiquèrent aussi pour cette raison par-dessus tout cette logique naturelle, n'ayant pas nécessairement besoin comme nous de la logique artificielle [1].

Avec Clauberg, nous assistons aussi, à cet égard, à un décalage dans la considération du rapport entre logique naturelle et logique artificielle, car la logique naturelle est le fondement auquel la logique artificielle doit continuellement se rapporter. La *logica artificialis* ne doit pas se substituer à la logique naturelle, mais elle doit la supporter, la corriger et la perfectionner (*juvare, corrigere, perficere*) : « La logique naturelle est le fondement de l'artificielle et, confirmée par l'usage, elle a beaucoup de valeur, mais elle n'est pas absolument suffisante si elle n'est aidée, corrigée, perfectionnée par l'art » [2].

La confiance excessive dans la logique naturelle était un élément qui caractérisait la position de Descartes aux yeux des lecteurs réformés [3]. Selon Schoock, l'affirmation selon laquelle la lumière naturelle pouvait saisir la vérité clairement et distinctement et, encore plus, l'affirmation que tout ce que je perçois clairement et distinctement est vrai, posaient des problèmes théologiques quant à la condition de l'homme *post lapsum* et à la possibilité de parvenir par ses propres forces au salut. De ce point de vue, l'opération menée par Clauberg consiste dans la résolution de la difficulté que la théorie cartésienne des erreurs pouvait présenter aux yeux des théologiens réformés. La tentative d'éloigner toute implication théologique dans la considération des erreurs devient claire au moment où Clauberg distingue entre les erreurs concernant la sphère morale, comme les vices ou les péchés, et les erreurs concernant la connaissance. Les premières ont une pertinence théologique, les autres une pertinence logique :

1. « Ac primae quidem aetatis homines [...] cum essent viciniores primaevae isti, in qua homo conditus est, imagini Dei, et naturae integritati, cum etiam aëre, victu, et temperamento corporum fruerentur salubriori et firmiori ; ideo Logicam etiam illam naturalem potissimum exercuerunt, artificiali non ita ut nos necessario egentes », B. Keckermann, *Gymnasium Logicum*, *op. cit.*, p. 16.

2. « Naturalem quidem Logicam fundamentum esse artificialis, et usu confirmatam plurimum valere, non tamen omnino sufficere, nisi arte iuvetur, corrigatur, perficiatur », J. Clauberg, *Logica vetus et nova*, *Prolegomena*, chap. V, § 98, *Opera Omnia Philosophica*, II, p. 778 (trad. cit., p. 50).

3. *Cf.* à ce propos, chap. II.

> Par le nom d'*imperfections de l'esprit humain*, je n'entends pas celles qui regardent les *actions*, c'est-à-dire les péchés et les vices moraux, dont la correction concerne les théologiens et les moralistes. Mais par ce terme, j'embrasse les faiblesses de notre âme dans la *connaissance* des choses, à savoir : en nous, l'erreur, l'oubli et l'ignorance ; dans nos concepts, l'obscurité et la confusion ; dans nos jugements, le faux et l'incertain ; dans nos raisonnements, les conséquences mal tirées. Ce sont leurs causes, dis-je, que doit rechercher le futur *logicien*, c'est-à-dire celui qui veut se servir correctement de la raison ou montrer aux autres son usage correct [1].

La perspective claubergienne montre donc, pour ainsi dire, une « sécularisation » de la théorie relative à l'origine des erreurs et à la faiblesse de l'entendement. Ce changement de perspective marque aussi un changement dans la représentation et dans la considération des erreurs. Chez les auteurs réformés, nous trouvons déjà la description de la corruption de l'intellect en analogie avec la maladie du corps : comme le corps est affaibli quand il est affecté par la maladie, ainsi l'entendement est débilité à cause du péché originel. À l'intérieur de cette métaphore, la logique joue le rôle de la médecine offerte à l'esprit pour qu'il puisse récupérer sa santé : « L'âme a contracté trois grandes maladies et défauts [...], dont le premier est l'éloignement de la chose qu'on doit saisir, le deuxième est l'obscurité [...] et le troisième la confusion [...]. La logique porte remède à ces grands défauts de notre esprit par ses préceptes » [2].

1. « *Imperfectionem humanae mentis* nomine jam non intelligo eas, quae spectant ad res *agendas*, id est, peccata et vitia moralia, de quibus corrigendis Theologorum atque ethicorum est agere ; sed isto vocabulo complector infirmitates animi nostri in rebus *cognoscendis*, nempe quicquid in nobis est erroris, oblivionis atque ignorantiae, quicquid in conceptibus nostris est obscuritatis et confusionis, quicquid in judiciis falsi atque incerti, quicquid in argumentationibus malae consequentiae. Harum causas aio investigandas este futuro *Logico*, hoc est, ei, qui ratione recte velit uti, vel aliis rectum eius usum monstrare », J. Clauberg, *Logica Vetus et Nova*, *Prolegomena*, chap. I, § 3, *Opera Omnia Philosophica*, II, p. 769 (trad. cit., p. 29-30). *Cf.* aussi *Prolegomena*, chap. II, § 19. À propos du rapport entre cartésianisme et théologie réformée, *cf.* Th. Verbeek, « From "learned ignorance" to skepticism », art. cit. ; E. Bizer, « Orthodox reformation and cartesianism », *Journal for Theology and the Church*, 1965, 2, p. 20-82 ; Th. McGahagan, *Cartesianism in the Netherlands, 1639-1676. The New Science and the Calvinist Counter-Reformation*, Thèse, University of Pennsylvania, 1976, p. 270-320.

2. « Anima [...] tres magnos morbos et defectus contraxit [...] quorum primus est aberratio a re apprehendenda, altera est obscuritas, [...] tertia est confusio [...]. Hisce tantis defectibus mentis nostrae dum per praecepta sua medetur logica », B. Keckermann, *Systema logicae majus*, dans *Systema systematum*, I, Hanoviae, apud haeredes Guilielmi Antonii, 1613, 67 v.

Cette métaphore de la logique qui supplée aux affections de l'esprit n'est qu'ébauchée par Descartes dans les *Troisièmes Réponses* et dans la *Lettre à Dinet*[1]. Elle se trouve par contre largement développée chez Johann Conrad Dannhauer. Dans l'*Idea boni interpretis sive malitiosi calumniatoris*, Dannhauer avait souligné l'importance de rechercher les causes des erreurs qui se produisent dans le phénomène de l'interprétation : « Tout défaut d'interprétation qui s'oppose à la juste interprétation peut être quasiment rapporté à un double genre de maladie. L'une est, par rapport au sujet, l'indisposition de l'esprit; l'autre, par rapport à l'objet, l'obscurité dans la chose »[2].

La division de la première partie de l'œuvre, en trois sections, montre l'influence des traités médicaux, car la première section, qui concerne la nature et la finalité de l'herméneutique, est appelée φυσιολογική, la deuxième, qui s'occupe des causes des erreurs d'interprétation, s'appelle παθολογική et enfin la troisième, qui traite des remèdes, s'appelle θεραπευτική[3]. La comparaison entre la médecine et la philosophie avait d'ailleurs des racines anciennes, remontant à la tradition stoïcienne et platonicienne. En particulier, Clauberg cite un texte qui proposait déjà clairement cette comparaison, à savoir les *Tusculanae disputationes* de Cicéron[4].

Cette comparaison exprime, selon Clauberg, le rôle et la dignité que la logique devrait acquérir dans le cadre des différentes disciplines : « Aussi longtemps, en effet, que nous n'examinons pas les maladies de l'âme dans

1. *Cf.* AT VII 172 (B Op I, p. 908) et 574 (B Op I, p. 1440).

2. « Omne vitium interpretationis justae oppositum ad duplex quasi genus morbi referri potest. Unum est ratione subiecti, mentis indispositio; alterum ratione obiecti, obscuritas in re », J.C. Dannhauer, *Idea boni interpretis*, *op. cit.*, p. 30. Dannhauer continuait ensuite en comparant son activité à celle du médecin : « Quia verum nostrum non est Aliptam agere aut Agyrtam, sed Medicum, qui vulnus tangat et manum immittat profundius, qui e solo ac immis radicibus morbum refellat : ideo ante omnia utriusque morbi causas asseremus, quas hoc schematismo includimus », *ibid.*, p. 31.

3. Cette division est présentée par Dannhauer à la fin de la première section, cf. *Idea boni interpretis*, *op. cit.*, p. 30.

4. M.T. Cicero, *Tusculanae Disputationes*, l. III, chap. 1, § 1. Le passage cité par Clauberg dans le chapitre I, § 12 des *Prolegomena* (*Opera Omnia Philosophica*, II, p. 770) est le suivant : « Quidnam esse, Brute, causae putem, cur, cum constemus ex animo et corpore, corporis curandi tuendique causa quaesita sit ars atque eius utilitas deorum inmortalium inventioni consecrata, animi autem medicina nec tam desiderata sit, ante quam inventa, nec tam culta, posteaquam cognita est, nec tam multis grata et probata, pluribus etiam suspecta et invisa? An quod corporis gravitatem et dolorem animo iudicamus, animo morbum corpore non sentimus? Ita fit ut animus de se ipse tum iudicet, cum id ipsum, quo iudicatur, aegrotet ».

leurs origines, ou bien nous repoussons complètement ou bien nous cherchons plus lentement la médecine qui enseigne la manière de soigner la raison »[1]. À travers cette métaphore, l'auteur de la *Logica vetus et nova* décrit les « maladies » de l'âme que la logique doit soigner :

> Les maladies de l'âme, ce sont les erreurs, le doute et les autres imperfections évoquées plus haut, pour lesquelles fut inventée la logique afin qu'elles cèdent à la médecine. Il convient donc de rechercher premièrement leurs causes, et cela d'autant plus diligemment que l'âme est plus noble que le corps et que ses maladies sont plus difficiles à connaître ou qu'elles sont assurément plus rarement recherchées[2].

Dans le deuxième chapitre des *Prolegomena*, Clauberg situe dans l'enfance l'origine des *praeiudicatae opiniones*, qui persistent aussi dans la maturité et qui sont le principal obstacle à l'acquisition d'une connaissance claire et distincte : « Au commencement donc, pour prendre un exorde tiré de ce qui est le plus manifeste, nous, les hommes, ne naissons pas achevés, mais nous sommes d'abord de petits enfants, puis nous grandissons jusqu'à atteindre un âge mûr et affirmé : cela est trop connu pour qu'on puisse l'ignorer »[3]. S'il est clair que Clauberg s'inspire ici directement de

1. « Quantisper enim animi morbos in suis originibus non inspicimus, medicinam, rationis sanandae modum quae tradat, aut prorsus respuimus, aut segnius quaerimus », J. Clauberg, *Logica vetus et nova*, *Prolegomena*, chap. I, § 14, *Opera Omnia Philosophica*, II, p. 770 (trad. cit. légèrement modifiée, p. 32). La réédition de 1691 de la *Logica* porte « sengius » au lieu de « segnius », attesté en 1658 : je lis donc « segnius » (« plus lentement »).

2. « Morbi animi sunt errores, dubitatio, et reliquae supra enarratae imperfectiones, quibus ut medicina paretur, Logica inventa fuit. Prius ergo illorum causas indagare par est, idque tanto diligentius, quanto animus corpore nobilior, quantoque illius morbi sunt cognitu difficiliores, aut certe rarius investigati », J. Clauberg, *Logica vetus et nova*, *Prolegomena*, chap. I, § 11, *Opera Omnia Philosophica*, II, p. 770 (trad. cit., p. 31). Les *Voorleringen* de la *Redenkonst* développent encore plus longuement la comparaison entre la logique et la médecine : cf. *Redenkonst*, *Voorleringen*, § XXXIII-XXXIV, *op. cit.* (p. 14).

3. « Principio igitur, ut a manifestissimis capiatur exordium, non perfectos nos homines nasci, sed esse primum infantes, ac deinceps adolescere, donec ad maturam ac firmatam deveniamus aetatem, notius est, quam ut ignorari queat », J. Clauberg, *Logica vetus et nova*, *Prolegomena*, chap. II, § 20, *Opera Omnia Philosophica*, II, p. 771 (trad. cit., p. 33). Clauberg explique la modalité par laquelle les *praeiudicatae opiniones* se produisent dans l'enfant : de même que l'enfant se sert de ses membres bien qu'il ait des difficultés à les contrôler, de même il arrive qu'il emploie sa raison sans être capable de percevoir clairement et distinctement. De cette façon, il prononce des jugements hâtifs. Mais si les actions du corps produisent des conséquences nuisibles ou favorables, qui permettent à l'enfant d'apprendre à utiliser son corps selon le plaisir ou la douleur conséquents aux actions, le jugement n'a pas ce mécanisme de « feed-back » et souvent l'enfant ne se rend pas compte de l'erreur. Cf. *Prolegomena* chap. II, § 24, p. 771 (trad. cit., p. 34).

Descartes, il faut aussi remarquer que, dans les *Prolegomena*, il reprend presque à la lettre les articles 72-75 de la première partie des *Principia*. La philosophie cartésienne offre donc un traitement essentiel et efficace de la nature des préjugés, et elle permet ainsi à Clauberg de fonder une logique qui se présente comme une médecine de l'esprit. Les articles succincts des *Principia* se développent ici dans une théorie articulée, qui justifie la condition pathologique de la *mens* et la nécessité d'une logique capable d'atténuer les effets de cette condition.

Il faut aussi remarquer l'analogie entre la fonction de la logique et celle du doute qui se trouve dans la première méditation : l'*emendatio* que le doute réalisait, en permettant de découvrir les premiers principes de la philosophie, devient la tâche ordinaire de la logique. Le rapport entre doute et logique se présente comme une implication réciproque : si le doute « fonctionne » en respectant les préceptes de la logique, comme nous l'avons vu [1], la logique opère dans la situation existentielle marquée par le doute, qui est celle d'une faiblesse et d'une difficulté à penser clairement et distinctement. Mais la logique ne se limite pas, comme dans le cas du doute, à *accepter* cette situation et à la considérer comme établie *de facto*. La logique institutionnalise cette situation en la justifiant au moyen d'une théorie complète et exhaustive des préjugés : cela enlève à la fonction « corrective » du doute, dont la logique hérite, toute connotation épisodique ou partielle, en la rattachant à une situation existentielle commune à tous les hommes. Ainsi, la logique peut bien universaliser ou, si l'on veut, « régulariser » la nécessité d'une *emendatio* de l'entendement.

Dans l'article 29 du chapitre II, Clauberg précise l'origine physiologique de la faiblesse de la *mens* qui se produit à l'âge infantile :

> En effet, l'esprit humain, en son premier âge, est si étroitement uni à un corps mou et si profondément immergé (si l'on peut s'exprimer ainsi puisque nous ne pouvons faire autrement) dans un cerveau humide qu'il n'a pas d'autres pensées que celles là seules par lesquelles il sent ce qui affecte et meut le corps ; il ne juge les choses que selon la façon dont elles se rapportent au corps pendant qu'elles lui apportent agrément et désagrément et produisent en lui plusieurs autres sensations [2].

1. *Cf.* chap. IV, *supra*, p. 168-171.

2. « Nempe mens humana in prima aetate tam arcte molli corpori est alligata tamque profunde humido cerebro immersa (liceat nunc ita loqui, quando aliter non possumus) ut non aliis cogitationibus, quam iis solis, per quas eas sentit, quae corpus afficiunt ac movent, neque aliter de rebus iudicet, quam secundum illum modum, quo referuntur ad corpus, dum commodum ei vel incommodum adferunt, pluresve alios sensus in eo efficiunt », J. Clauberg,

Dans les articles suivants, il décrit comment l'entendement juge de la nature des choses à partir des affections qu'elles exercent sur les sens : par exemple, on croit habituellement que la pierre est plus substance que l'air ou l'eau, en raison du fait que, par son poids et sa dureté, la pierre affecte majeurement les sens. Cet exemple, ainsi que les autres fournis par Clauberg, est pris de la première partie des *Principia*, mais on ne doit pas en conclure que Descartes est le seul auteur qui influence la réflexion claubergienne. Le thème de l'humidité du cerveau comme cause de la difficulté à penser distinctement témoigne de l'influence de la théorie des humeurs développée par les auteurs de la Renaissance. Dans la *Defensio cartesiana*, Clauberg renvoie, à ce propos, non pas à Descartes, mais à Héraclite, Piccolomini et Bacon. Héraclite et Francesco Piccolomini sont mentionnés pour avoir considéré l'*humidus* et le *siccus* comme les conditions corporelles qui conditionnent la capacité de la *mens*, tandis que le chancelier anglais est mentionné pour la doctrine des idoles[1]. En ce cas, donc,

*Logica vetus et nova*, *Prolegomena*, chap. II, § 29, *Opera Omnia Philosophica*, II, p. 771 (trad. cit. mod., p. 35).

1. Clauberg cite un long passage de Piccolomini, tiré du chapitre 36 du V^e degré de l'*Universa Philosophia de moribus... nunc primum in decem gradus redacta et explicata* (Venetiis, apud F. de Franciscis 1583) : « In senioribus contemperatus est fervor ille sanguinis, qui turbabat consultationem, pervertebatque iudicium et sententiam rectam, etc. prudentia exposcit temperamentum quoddam ad frigidum et siccum inclinans, etc. et huiusmodi senioribus competit. Ex declaratis similiter elicere valemus, cur mares sint prudentiores foeminis. Nam sententia fuit Heracliti, approbata a Galeno in eo libr. quod animi mores sequantur corporis temperamentum, splendorem aridum, hoc est, spiritus fulgentes, inclinantes ad siccum, reddere animam sapientem et prudentem : spiritus autem feminei sexus, redundante quadam humiditate, crassi et obtusi sunt » (cité dans *Defensio cartesiana*, *Opera Omnia Philosophica*, II, p. 1058). En revanche, le passage de Bacon mentionné par Clauberg est tiré du chapitre 4 du livre V du *De augmentis scientiarum* : « Ad *Elenchos vero Imaginum* sive *Idolorum* quod attinet, sunt quidem *Idola*, profundissimae mentis humanae fallaciae. Neque enim fallunt in particularibus, ut caeterae, Judicio caliginem affundendo, et tendiculas struendo : sed plane ex praedispositione mentis prova ; et perperam constituta, quae tanquam omnes intellectus anticipationes detorquet et inficit. Nem *mens humana* (corpore obducta et obfuscata) tantum abest ut speculo plano, aequali, et claro similis sit, quod rerum radios sincere excipiat et reflectat, ut potius sit instar speculi alicuius incantati, pleni superstitionibus et spectris », F. Bacon, *De augmentis scientiarum*, dans *The works of Francis Bacon*, J. Spedding, R.L. Ellis, D.D. Heath (éds.), Londres, Longman, 1859-1874, vol. I, p. 643. L'image de la *mens* comme *lumen siccum* se trouve dans le livre I du même ouvrage, dans lequel Bacon mentionne aussi le passage d'Heraclite cité par Clauberg : « Omnis enim scientia, et admiratio (quae est semen scientiae), per se iucunda est ; cum autem conclusiones inde deducuntur, quae oblique rebus nostris applicatae vel infirmos metus gignunt vel immodicas cupiditates, tum demum nascitur cruciatus ille et perturbatio mentis qua de loquimur ; tunc enim scientia non est amplius *lumen siccum* (ut voluit Heraclitus ille obscurus,

Clauberg n'hésite pas à compléter la théorie cartésienne avec l'apport d'autres auteurs, car la théorie des préjugés souffre, dans les textes de Descartes, de la perspective « solipsiste »[1] que l'auteur du *Discours* avait conférée à la recherche du savoir. Le chapitre IV des *Prolegomena*, en effet, s'intitule : « Les causes des erreurs ne se trouvent pas seulement dans l'homme considéré isolément ; mais, dans la vie sociale, en raison de la conversation des uns avec les autres, la raison humaine est habituellement corrompue de diverses manières pendant presque toute la vie »[2]. Selon la thèse embrassée par Clauberg, les causes des erreurs ne doivent pas être recherchées seulement dans la période de l'enfance, mais aussi dans la société, dans le *commercium* que chaque homme entretient avec les autres hommes. L'auteur de la *Logica vetus et nova* tient particulièrement à distinguer les causes des erreurs qui dérivent de la société de celles qu'il avait soulignées précédemment :

> Puisque nous sommes ainsi faits que nous ne sommes ni n'aimons être seuls mais que nous vivons avec d'autres, dans la *société* domestique et civile toujours, et parfois aussi dans la communauté scolaire, nous ne pouvons éviter de nous emprunter mutuellement de nombreuses erreurs, puisque nous souffrons tous des préjugés de l'enfance (certains communs à tous, d'autres propres à l'un en particulier) et, de là, de faiblesses et de confusions, qui en découlent[3].

Les causes décrites par Descartes ne concernent donc pas la totalité des causes des erreurs, car elles ne tiennent pas compte du facteur social et civil. En ce sens, Clauberg semble presque reprocher à Descartes de ne pas avoir considéré l'homme dans sa condition réelle, et donc de ne pas avoir proposé un instrument effectivement pratique et efficace : une logique valable pour

*Lumen siccum optima anima*) sed fit lumen madidum, atque humoribus affectuum maceratum », *ibid.*, p. 435-436.

1. *Cf.* à ce propos le passage de la *Defensio* que nous avons cité *supra*, p. 207, n. 1.

2. « Errorum causas non modo in quolibet homine seorsum spectato reperiri ; verum etiam in vitae societate propter conversationem aliorum cum aliis rationem humanam per omnem fere aetatem solere multis modis corrumpi », J. Clauberg, *Logica vetus et nova*, *Prolegomena*, *Opera Omnia Philosophica*, II, p. 777 (trad. cit., p. 46-47).

3. « Quoniam vero ita nobiscum comparatum est, ut soli nec simus, nec esse amemus, sed in *societate* domestica ac civili semper, quandoque etiam scholastica cum aliis vivamus, fieri nequit, quin alii ab aliis plurimos mentis errores hauriamus, cum praejudicatis infantiae opinionibus (quarum aliae communes sunt omnibus, aliae propriae singulorum) atque inde promanantibus infirmitatibus et confusionibus ad unum omnem laboremus », J. Clauberg, *Logica vetus et nova*, *Prolegomena*, chap. IV, § 82, *Opera Omnia Philosophica*, II, p. 777 (trad. cit., p. 46-47).

un homme pris abstraitement est une logique abstraite et Clauberg, sans polémiquer avec Descartes, insiste à plusieurs reprises sur la nécessité de rendre la logique utile et fonctionnelle pour l'homme, et plus précisément pour le disciple qui s'engage dans la recherche du savoir dans un contexte social déterminé.

Dans l'analyse des erreurs de ce type, Clauberg se rattache à la réflexion de Francis Bacon, et il reprend plusieurs arguments présentés dans la première partie du *Novum Organum*, surtout pour ce qui concerne la théorie des *idola fori* [1]. En analogie avec l'ordre suivi dans les chapitres II et III, il propose une description diachronique de cette catégorie de préjugés, à partir de la première enfance jusqu'à la maturité [2]. Une première « figure » de ce type d'opinions est représentée par les nourrices qui racontent aux enfants *fabulae et figmenta*, dans l'intention de les amuser ou de leur faire peur. Le rôle des précepteurs est ensuite déterminant pour l'adolescent, et Clauberg examine le cas où l'enfant n'a pas de précepteur, les cas où il en a un ou plusieurs, et si ceux-ci sont des livres (les maîtres muets) ou des personnes. Puisque souvent les précepteurs sont eux-mêmes sujets à des opinions erronées et confuses, il arrive que l'enfant, loin de bénéficier de leur enseignement, hérite leurs préjugés : le résultat de l'autorité de ces enseignants est que les doctes partagent les mêmes opinions que ceux qui ne sont pas instruits.

L'analyse baconienne des *idola specus* semble être le thème de fond de cette partie des *Prolegomena* [3]. Par exemple, l'affirmation selon laquelle

1. Les *idola fori* dérivent de l'influence du langage sur la raison : les paroles ne sont pas « neutres », mais reflètent souvent la confusion et les suppositions fantastiques des hommes qui les ont créées. Clauberg traite largement ce thème baconien : *cf.* à ce propos les chapitres II-IV de la partie IV de la *Logica vetus et nova*, *Opera Omnia Philosophica*, II, p. 868-872 (trad. cit., p. 236-246). Pour les *idola fori*, *cf.* l'aphorisme 59 de la première partie du *Novum Organum*.

2. « Verum uti supra a prima aetate ad maturam usque errorum in homine separatim considerato ortum, progressum et incrementum deduximus : ita hic in mentis imperfectionibus detegendis, quae nobis accidunt, ut sociis aliorum hominum, similem ordinem sequemur », J. Clauberg, *Logica vetus et nova*, *Prolegomena*, chap. IV, § 84, *Opera Omnia Philosophica*, II, p. 777 (trad. cit., p. 47).

3. Un examen de l'*Opera Omnia Philosophica* de Clauberg nous a permis de repérer trente-quatre citations de Bacon, qui est donc un des auteurs les plus cités. Mais ce n'est pas seulement la quantité des citations qui a retenu notre attention, c'est aussi leur précision et le poids qu'elles revêtent à l'intérieur du texte de Clauberg. Sur la diffusion de l'œuvre de Bacon, et en particulier sur sa réception dans les Provinces-Unies, *cf.* A. Elena, « Baconianism in the seventeenth-century Nederlands : a preliminary survey », *Nuncius*, 6, 1, 1991, p. 33-47 ; P. Dibon, « Sur la réception de l'œuvre de F. Bacon en Hollande dans la première moitié du XVII^e siècle », dans M. Fattori (éd.) *Francis Bacon. Terminologia e fortuna nel XVII secolo. Seminario internazionale (Roma 11-13 marzo 1984)*, Rome, Edizioni dell'Ateneo, 1984,

les hommes aiment souvent se persuader des opinions qui leur semblent les plus conformes aux croyances qu'ils ont déjà accueillies[1], se trouve dans l'aphorisme 46 du premier livre du *Novum Organum*, que Clauberg cite dans la *Defensio cartesiana*[2]. Dans l'article 93, qui traite de l'opposition inutile entre les *Novi* et les *Antiqui*, Clauberg reprend l'aphorisme 56 du texte de Bacon[3]. En associant Bacon et Descartes, Clauberg n'était pas original, et dans l'*Initiatio philosophi*[4] il renvoie à la première des *Lettres* qui accompagnent les *Passions de l'âme*, où l'auteur, anonyme, rappelait la figure de Bacon comme celui qui, avant Descartes, avait eu « les meilleures pensées touchant la Méthode qu'on doit tenir pour conduire la Physique à la perfection »[5].

En conclusion de la recherche systématique sur les causes des erreurs, Clauberg reprend la comparaison avec la médecine qu'il avait proposée dans le premier chapitre et rappelle la nécessité de la logique. La constatation de l'influence exercée par la physiologie de l'enfant sur la raison, impose à la *mens* une correction de ses propres défauts :

p. 91-115 ; S.B. Penrose, *The Reputation and Influence of Francis Bacon in the Seventeenth Century*, Thèse Doctorale, Columbia University, New York, 1934.

1. *Cf.* J. Clauberg, *Defensio cartesiana*, chap. XXXII, § 48, *Opera Omnia Philosophica*, II, p. 1055.

2. *Ibid.*, § 100, p. 1064.

3. La comparaison entre le texte de Clauberg et celui de Bacon montre une forte ressemblance :

| | |
|---|---|
| « Accedit vel *antiquitatis* amor nimius, vel *novitatis* studium ardentius quam par est, cum antiqua, non quia antiqua, neque nova, quia nova, sed quod vera deprehensa, amplecti solum deceat. Et quod aliquando verum est de alicuius rei natura, semper de ea verum est, sive nuper hominibus innotuerit, sive diu fuerit perspectum » (*Prolegomena*, § 93) | « Reperiuntur ingenia alia in admirationem Antiquitatis, alia in amorem et amplexum Novitatis effusa ; pauca vero eius temperamenti sunt, ut modum tenere possint, quin aut quae recte posita sunt ab Antiquiis convellant, aut ea contemnant quae recte afferuntur a Novis : Hoc vero magno scientiarum et Philosophiae detrimento sit, quum studia potius sint Antiquitatis et Novitatis, quam iudicia : Veritatis autem non a feicitate temporis alicuius, quae res varia est ; sed a lumine Naturae et Experientiae, quod aeternum est, petenda est. Itaque abneganda sunt ista studia : et videndum, ne intellectus ab illis ad consensum abripiatur » (Aph. 56, p. 52) |

4. Dans l'*Initiatio philosophi* Clauberg consacre un chapitre entier à la confrontation entre la *dubitatio cartesiana* et la *dubitatio verulamiana*. C'est ici qu'il se déclare d'accord avec l'auteur de la première *Lettre Préface* aux *Passions de l'âme*. *Cf.* J. Clauberg, *Initiatio philosophi, sive dubitatio cartesiana*, *Opera Omnia Philosophica*, II, p. 1212 *sq.*

5. *Passions de l'âme*, AT XI 320 ; B Op I, p. 2322. *Cf.* sur cette comparaison, M. Fattori, « La *Préface* aux *Passions de l'âme* : remarques sur Descartes et Bacon », *Archives de Philosophie*, 1998, 61, 1, *Liminaire du Bulletin Cartésien XXV*, p. 1-13.

> Puisque, donc, nous ne sommes précédés dans l'usage correct de la raison que par un petit nombre de gens ou par personne, que beaucoup nous précèdent mal, il sera nécessaire que l'esprit lui-même, par les forces que lui a laissées sa nature, trouve, dans la mesure du possible, quelque art par lequel il s'efforce de corriger ses défauts. Car l'esprit doit être son propre médecin et doit tout d'abord être attentif à soi-même, se réformer soi-même et ne pas rechercher ailleurs de quoi engendrer et apprêter ce qui relève de ses propres moyens. Voilà ce qui concerne la nécessité de la logique eu égard à l'esprit propre [1].

La logique devient ainsi l'instrument qui rend permanente l'*emendatio* opérée initialement par le doute cartésien, en permettant à la raison de fonctionner correctement. La décision prise par Descartes d'abandonner le savoir des précepteurs pour rechercher, *suo proprio Marte*, une science certaine et évidente, avait amené l'auteur du *Discours* à découvrir les premiers éléments d'une logique artificielle qui était le support réel et adéquat de la logique naturelle dont l'esprit est capable. La solitude recherchée par Descartes avait été la condition fondamentale qui lui avait permis de découvrir le noyau essentiel de sa méthode, mais, en même temps, elle avait été le facteur qui l'avait empêché de parvenir à une logique complète, en négligeant le fait que l'homme vit en société et que, pour cette raison, il doit être guidé tant dans l'expression de ses pensées [2] que dans la compréhension de celles d'autrui [3].

De la *methodus cartesiana* à l'*hermeneutica* nous pouvons donc suivre le développement de la méthode de Descartes qui aboutit à une logique

1. « Quoniam igitur ad rectum rationis usum pauci aut nulli nobis praeeunt, plurimi male praeeunt, necessum erit, uti mens ipsa viribus a natura sibi relictis, quantum fieri potest, intentis artem aliquam inveniat, qua corrigere defectus suos enitatur. Nempe mens sibi ipsi medicus esse debet, et primo e semetipsa studere, semetipsam reformare, nec aliunde petere, quod parere ac parare ipsa sibi proprio Marte valeat. Haec de necessitate Logicae respectu mentis propriae », J. Clauberg, *Logica vetus et nova, Prolegomena*, chap. V, § 100, *Opera Omnia Philosophica*, II, p. 779 (trad. cit., p. 51).

2. « Jam quia in vitae huius societate alii saepe homines veritatis praeceptis imbuendi sunt, certi nulli unquam fallendi, nec voce, nec scripto, nec alio signo ; ideo hinc oritur secunda Logicae necessitas, qua respicit eos, quos docemus, aut quibuscum disserimus », J. Clauberg, *Logica vetus et nova, Prolegomena*, chap. V, § 101, *Opera Omnia Philosophica*, II, p. 779 (trad cit., p. 51).

3. « At cum plures semper inveniantur discentes, quam docentes, aut magis, aut certe non minus necessarius est, nosse artem discendi : quomodo scilicet nos gerere debeamus in aliorum, qui scripto aut viva voces nos docere conantur, dictis examinandis ac dijudicandis. Hic ergo rationis usus, qui est discentium respectu doctorum, tertiam nobis parit Logicae necessitatem », J. Clauberg, *Logica vetus et nova, Prolegomena*, chap. V, § 102, *Opera Omnia Philosophica*, II, p. 779 (trad. cit., p. 51-52).

complète, répondant à l'exigence d'un support pratique et permanent pour la raison qui opère dans un contexte civil et social bien précis. L'herméneutique, que nous examinerons dans le prochain paragraphe, se propose donc comme le complètement de la philosophie cartésienne et si, d'une part, elle est fondée sur des acquis essentiels que Clauberg tire de Descartes, il faut aussi la considérer comme un point privilégié dans lequel se manifeste l'interaction entre le cartésianisme et la scolastique. Nous nous proposons alors d'analyser les éléments de continuité et de rupture (ou d'évolution) avec la philosophie de Descartes.

## LE FONDEMENT DE LA LOGIQUE ET L'HERMÉNEUTIQUE

### *Perceptio, attentio, thema*

La fonction de la logique, de même qu'une logique qui fonctionne, sont fondées, dès la *Defensio cartesiana*, sur la perception claire et distincte. Toute la logique claubergienne s'appuie donc sur ce facteur, qui est aussi un critère de légitimation pour les idées qui peuvent devenir les « éléments » du jugement et de l'argumentation :

> Comment parvient-on à cette *Logique*, qui nous montre une telle manière de connaître, c'est-à-dire facile, brève, maniable, sûre, pleine et accordée à la nature de l'âme humaine ? On y vient par trois degrés : au premier, il faut apprendre comment *percevoir* une chose clairement et distinctement; ensuite, comment *juger* droitement des choses perçues; enfin, comment *garder en mémoire* ce que nous avons perçu et jugé correctement [1].

La validité d'un raisonnement s'appuie sur la relation entre les propositions qui le composent et, fondamentalement, sur la perception des termes qui le constituent. La structure de la logique, fondée sur le rapport entre concepts, jugement et argumentation n'est pas une nouveauté et les manuels de logique de l'époque, surtout ceux d'inspiration éclectique [2], commençaient par le traitement du *thema* ou de l'*apprehensio*. Burgersdijck, par

1. « Quomodo pervenitur ad illam Logicam, quae talem cognoscendi modum, id est facilem, brevem, expeditum, tutum, plenum, naturae mentis humanae consentaneum, nobis exhibet ? Resp. Tribus gradibus eo venitur : nam primum discendum est, quomodo quid clare ac distincte *percipere*; deinde quomodo de iis, quae percepimus, recte *judicare*; denique quomodo ea, quae recte percepimus ac judicavimus, *memoria retinere* oporteat », J. Clauberg, *Logica vetus et nova*, I, chap. 2, § 16, *Opera Omnia Philosophica*, II, p. 786 (trad. cit., p. 65-66).

2. *Cf.* à ce propos, *supra*, chap. I, p. 36-40.

exemple, divisait la logique en deux parties : la *Thematica* et l'*Organica*, l'une concernant les *themata*, l'autre les instruments comme la définition, la division, le syllogisme et la méthode [1]. Le *thema*, qui est l'élément premier à partir duquel se constituent les jugements, est défini par Burgersdijck comme « ce qui peut être proposé à la connaissance de l'entendement » (« quod intellectui cognoscendum proponi potest ») [2]. Une définition semblable se trouve dans la *Logica* d'Alstedt : « Le *thema* est le terme ou l'instrument noétique qui dirige la matière dont il faut disserter » [3]. En ce qui concerne l'*apprehensio*, nous renvoyons à la définition fournie par Gijsbert von Isendoorn dans le *Cursus logicus* : « L'appréhension simple est la connaissance par laquelle l'intellect connaît la chose proposée avec un simple regard [*intuitus*] sans un jugement déterminé » [4]. Si l'on considère ces définitions, la nouveauté apportée par la *Logica vetus et nova* apparaît claire : elle consiste en premier lieu dans la substitution de l'objet de la première partie de la logique, à savoir le *thema* ou l'*apprehensio*, par la *perceptio*.

Dans la *Theoria corporum viventium*, Clauberg définit les perceptions comme passions de l'âme :

> Tandis que certaines pensées semblent être des actions de notre esprit, d'autres doivent plutôt être considérées comme ses passions. [...] J'appelle généralement passion tout genre de *perception* qui se trouve en nous, parce qu'il arrive souvent que notre esprit [*animus*] ne la produise pas telle qu'elle est et que nous la recevons toujours des choses qui, en connaissant, sont représentées [5].

1. « Logicae partes duae sunt, thematica et organica. Thematica dicitur, quae agit de thematibus eorumque variis affectionibus et notionibus secundis [...]. Organica vocatur, quae agit de ipsis organis sive instrumentis, quibus intellectus thema tractat », F. Burgersdijck, *Institutionum logicarum*, *op. cit.*, p. 6.

2. *Ibid.*, p. 7.

3. « Thema est terminus seu instrumentum noëticum, quod materiam de qua disserendum est, dirigit », J.H. Alsted, *Logicae systema harmonicum*, Herbornae, typis G. Corvini, 1614, p. 28.

4. « Simplex apprehensio est cognitio, qua rem propositam simplici intuitu cognoscit intellectus, absque determinato iudicio », G. von Isendoorn, *Cursus logicum systematicus et agonisticus*, Hardevici, J. Tollius, 1654, p. 33.

5. « Videntur autem cogitationum aliae actiones animi nostri, aliae ejus passiones potius existimandae. [...] Passionem generaliter appello omne genus *perceptionis*, quae in nobis invenitur, quia saepe accidit, ut animus noster eam talem non faciat, qualis est, et semper eam recipimus ex rebus, quae cognoscendo repraesentantur », J. Clauberg, *Theoria corporum viventium*, chap. XXVII, § 650-652, *Opera Omnia Philosophica*, I, p. 190.

Cette définition reprend clairement la définition donnée par Descartes dans l'article 17 de la première partie des *Passions de l'âme*, où les passions de l'âme y étaient définies comme « toutes les sortes de perceptions ou connaissances qui se trouvent en nous, à cause que souvent ce n'est pas notre âme qui le fait telles qu'elles sont »[1]. Descartes avait aussi consacré l'article 19 spécifiquement aux perceptions pour expliquer que la passivité de l'âme ne signifie pas seulement une réceptivité à l'égard du corps, mais aussi à l'égard de l'âme elle-même, puisqu'on doit inclure aussi parmi les perceptions celles qui sont provoquées par l'âme quand elle veut ou imagine[2]. En ce sens, Clauberg arrive à comparer l'âme avec la cire, car toutes les deux sont caractérisées par la capacité de recevoir les impressions qui, pour l'âme, sont les perceptions et, pour la cire, les figures : « Or, l'esprit de l'homme doit se rapporter à ses perceptions comme la cire se rapporte aux différentes figures qu'elle reçoit »[3]. Mais si l'attitude de l'âme à l'égard des perceptions est celle d'une réceptivité, il ne faut pourtant pas en conclure qu'elles dérivent exclusivement de l'action des corps sur les organes des sens. Ainsi, comme Descartes l'avait déjà précisé, l'âme peut provoquer toute seule ses perceptions, comme dans le cas des rêves et des fantaisies de l'imagination. De même, l'âme peut prêter attention aux idées des réalités qui ne sont pas du tout matérielles, comme l'âme ou Dieu, ou aux idées des vérités éternelles[4]. La compréhension du fait que les perceptions ne portent pas seulement sur les réalités corporelles est une des tâches

1. AT XI 342; B Op I, p. 2350. Dans les *Principia* Descartes avait souligné la distinction entre les perceptions et les volitions, les unes et les autres étant des modes de la pensée. La *perceptio* était cependant considérée comme une opération de l'entendement et, donc, il était attribué à l'âme un rôle actif. Bien que cela ne soit pas nié dans les *Passions de l'âme*, Descartes souligne toutefois dans le texte de 1649 l'attitude essentiellement réceptive de l'esprit à l'égard des perceptions. En tout cas, dans les deux œuvres, les perceptions comprennent les mêmes modes de la pensée : « Nam sentire, imaginari, et pure intelligere, sunt tantum diversi modi percipiendi », *Principia*, I, § 32 : AT VIII-1 17; B Op I, p. 1732.

2. « Nos perceptions sont aussi de deux sortes, et les unes ont l'âme pour cause, les autres le corps. Celles qui ont l'âme pour cause, sont les perceptions de nos volontés, et de toutes les imaginations ou autres pensées qui en dépendent », AT XI 343; B Op I, p. 2350.

3. « Ad perceptiones autem suas ita habere mentem humanam, uti cera se habet ad varias, quas recipit, figuras », J. Clauberg, *Theoria corporum viventium*, chap. XXVII, § 655, *Opera Omnia Philosophica*, I, p. 190. La même image avait été employée par Descartes à l'égard des idées dans une lettre au Père Mesland : « Je ne mets autre difference entre l'ame et ses idées, que comme entre un morceau de cire et les diverses figures qu'il peut recevoir » (Descartes à Mesland, 2 mai 1644, AT IV 113; B 454, p. 1908).

4. « Quaecunque sub perceptionem nostram cadunt, vel tanquam res, rerumve affectiones quasdam, consideramus, vel tanquam aeternas veritates, nullam existentiam extra cogitationem nostra habentes », *Principia philosophiae*, I, § 48 : AT VIII-1 22; B Op I, p. 1742.

que Clauberg confie au premier commencement de la philosophie[1]. La distinction entre les perceptions conditionnées par le régime corporel et les perceptions qui ont leur origine dans l'intellect pur fonde la distinction opérée par Clauberg entre deux types de connaissance, la *cognitio sensualis* et la *cognitio intellectualis*: « J'appelle connaissance sensuelle celle des enfants qui se produit sans l'attention due ou, en tout cas, selon les préjugés de l'enfance; j'appelle intellectuelle celle qui se produit quand, à un âge déjà avancé, nous formons notre jugement à partir de certaines nouvelles choses qui se présentent à l'esprit »[2]. La différence entre *cognitio intellectualis* et *cognitio sensualis* n'est donc pas due à la différence entre les objets sur lesquels elles portent, mais sur une différence intrinsèque des actes perceptifs qui sous-tendent l'une et l'autre espèce de connaissance. Dans la troisième méditation Descartes avait éclairci ce point avec l'exemple du soleil[3], selon lequel nous pouvons avoir deux types d'idées du même objet, l'une constituée à partir de la représentation offerte par les sens, l'autre dérivant des idées innées que l'âme possède en elle-même. Le commentaire de Clauberg établit la différence entre les deux idées sur la base de l'hétérogénéité des perceptions qui les sous-tendent: « Ici la perception de l'entendement pur s'oppose à la perception qui est liée au mouvement de l'organe corporel, c'est-à-dire au sens. Ainsi, dans le même homme, la perception de la même chose peut être double : l'une confuse et obscure, l'autre distincte et claire »[4].

1. *Cf.* J. Clauberg, *Defensio cartesiana*, chap. XXXI, § 54, *Opera Omnia Philosophica*, II, p. 1055.

2. « Sensualem cognitionem voco, quando infantes absque debita consideratione, aut certe secundum infantiae praejudicia; intellectualem, quando provecta jam aetate ob novas aliquas animadversiones judicamus », J. Clauberg, *Defensio cartesiana*, chap. XXXI, § 53, *Opera Omnia Philosophica*, II, p. 1055. Le texte de Clauberg est ici presque une citation de AT VII 438, l. 4-10. Je remercie J. Agostini de cette indication.

3. « Duas diversas solis ideas apud me invenio, unam tanquam a sensibus haustam, et quae maxime inter illas quas adventitias existimo est recensenda, per quam mihi valde parvus apparet, aliam vero ex rationibus Astronomiae desumptam, hoc est ex notionibus quibusdam mihi innatis elicitam, vel quocumque alio modo a me factam, per quam aliquoties major quam terra exhibetur; utraque profecto similis eidem soli extra me existenti esse non potest, et ratio persuadet illam ei maxime esse dissimilem, quae quàm proxime ab ipso videtur emanasse », AT VII 39; B Op I, p. 732.

4. « Hic perceptio intellectus puri repugnat perceptioni cum organi corporei motu connexae, id est, sensui. Ita in eodem homine ejusdem rei gemina potest esse perceptio; altera confusa et obscura, altera distincta et clara », J. Clauberg, *Corporis et animae in homine coniunctio*, chap. 51, § 6, *Opera Omnia Philosophica*, I, p. 256.

En ce sens, la logique claubergienne se configure comme une discipline qui dirige l'entendement dans la formation des perceptions claires et distinctes, qui sont proprement les perceptions intellectuelles. Par conséquent, la logique ne concerne pas *in primis* le traitement des *themata*, de leurs définitions et de leurs divisions, mais elle s'occupe des conditions dans lesquelles peuvent se réaliser de telles perceptions.

Le traitement du *thema*, bien sûr, n'est pas absent de la *Logica vetus et nova*, et il se trouve dans le chapitre IV de la première partie, mais il n'est plus au premier plan. Ainsi Clauberg fait-il rentrer le vocabulaire cartésien de la *perceptio* dans le cadre de la logique enseignée dans les Universités, en modifiant non seulement la terminologie, mais encore la nature de la logique et de la théorie de la connaissance. La synthèse entre scolastique et philosophie cartésienne est confirmée aussi par l'expression *perceptio simplex*, qui reproduit, dans un cadre cartésien, les appellations *thema simplex* ou *apprehensio simplex*[1]. En ce sens, on peut aussi affirmer que l'opération de Clauberg consiste dans l'implantation de la théorie cartésienne du jugement, et donc de la perception, dans le cadre de la logique traditionnelle: le jugement doit, sur le plan des propositions philosophiques, se fonder sur une perception claire et distincte, celle-ci n'étant pas sujette (pour Clauberg) au doute[2].

La diminution de l'importance accordée au traitement de la définition témoigne également de cette nouvelle attitude de la logique de Clauberg. Si, dans les manuels précédant la *Logica vetus et nova*, le *thema* était l'objet principal de la première partie de la logique, la définition en était le complément nécessaire, car l'analyse du *thema* et de ses *affectiones* était liée à la *definitio* qui garantissait la correcte appréhension du *thema simplex*: « La définition montre à l'esprit l'essence des choses, la division produit la connaissance distincte »[3]. Dans la *Logica vetus et nova*, en revanche, la définition se trouve rapportée à l'*idea clara et distincta*, et ainsi, même si dans la logique claubergienne on peut relever l'emploi de la définition

1. « Differt utique simplex animi perceptio a judicio seu affirmatione et negatione, differt a voluntate bonum prosequente », J. Clauberg, *Corporis et animae in homine coniunctio*, chap. 14, § 3, *Opera Omnia Philosophica*, I, p. 219. Cette expression revient plusieurs fois dans les œuvres de Clauberg. Cf. *De cognitione Dei et nostri*, XI, § 9, *Opera Omnia Philosophica*, II, p. 613.

2. Cf. *supra*, chap. IV, p. 171-176.

3. « Definitio exhibet menti essentiam rerum, divisio efficit cognitionem distinctam », F. Burgersdijck, *Institutionum logicarum*, *op. cit.*, p. 193.

fondée sur le rapport genre/espèce[1], il est possible d'y remarquer aussi un concept plus « large » de définition, qui arrive à être conçue comme l'idée claire et distincte de la chose définie : « J'ajoute que la définition de la chose n'est rien d'autre que son idée claire et distincte »[2]. De cette manière, selon Clauberg, l'on arrive aussi à donner une définition de Dieu, qui coïncide avec l'idée claire et distincte que nous en avons[3].

Si la logique doit aider la *mens* dans la production de perceptions claires et distinctes, quel est donc le facteur qui favorise le plus ce type de pensées? Le chapitre III de la *Logica vetus et nova* fixe l'*attentio debita* comme le réquisit essentiel dont dépend la *perceptio clara et distincta* : « Qu'est-ce qui est requis en tout premier lieu, pour que l'âme puisse percevoir une chose clairement et distinctement? L'attention qui convient, et un délai soigneusement pesé dans la considération des choses »[4].

L'*attentio* fait ensuite l'objet d'une comparaison avec la vue; comme celui qui veut regarder correctement un objet doit fixer ses yeux sur lui, ainsi la *mens* doit se fixer, pour tout le temps nécessaire, sur l'objet qu'elle est en train de considérer : « Celui qui désire voir clairement et distinctement une chose ne lui jette pas un simple coup d'œil au passage, mais doit s'arrêter et l'examiner d'un regard posé »[5]. Il faut en outre que l'attention se porte sur une seule chose à la fois, sans que la *mens* se concentre sur une pluralité d'objets et il faut, en même temps, que la chose que nous considérons nous soit présentée comme *admirabilis* et *delectabilis*, afin qu'il soit plus facile d'y porter notre attention[6].

1. *Cf.* J. Clauberg, *Logica vetus et nova*, I, chap. VIII, § 98, *Opera Omnia Philosophica*, II, p. 796 (trad. cit., p. 84).

2. « Addo, quod definitio rei nihil aliud sit, quam clara et distincta rei idea », J. Clauberg, *De cognitione Dei et nostri*, V, § 19, *Opera Omnia Philosophica*, II, p. 604.

3. *Cf.* J. Clauberg, *De cognitione Dei et nostri*, XXXI, § 9, *Opera Omnia Philosophica*, II, p. 648-649.

4. « Quid omnium primum est, sine quo mens clare ac distincte rem percipere non potest? *Resp.* Attentio debita, et justa in rebus considerandis mora », J. Clauberg, *Logica vetus et nova*, I, chap. III, § 18, *Opera Omnia Philosophica*, II, p. 786 (trad. cit., p. 66). Les autres instruments traditionnels de la logique peuvent parfois, selon Clauberg, être remplacés par une perception suffisamment attentive : « Ejus dedum clara est perceptio, quam mens attendens quasi praesentem intuetur, et multa eo uno manifesta fiunt, quod attenduntur, ita ut alia instrumenta logica, v.g. definitionem, divisionem, syllogismum, adhibere non sit necesse », *ibid.*

5. « Quod autem quis clare ac distincte videre cupit, non in transcursu tantum adspicere, sed consistens fixis in illud oculis intueri debet », J. Clauberg, *Logica Vetus et Nova*, I, chap. III, § 20, *Opera Omnia Philosophica*, II, p. 787 (trad. cit., p. 67).

6. *Cf.* J. Clauberg, *Logica Vetus et Nova*, I, chap. III, § 21, *Opera Omnia Philosophica*, II, p. 787 (trad. cit., p. 67).

Or l'*attentio*, en raison de sa caractéristique principale, qui est celle de la durée du regard porté sur l'objet perçu, devient le remède principal contre la précipitation, qui avait été indiquée, tant par Clauberg que par Descartes, comme le premier obstacle que rencontre celui qui veut juger correctement des choses[1]. Contre la précipitation, l'*attentio* rétablit la condition de possibilité pour un *judicium* fondé sur la perception claire et distincte. La durée de l'attention, rendant persistant l'*intuitus* de la *mens*, est l'opposé de la *festinatio* qui produit le préjugé dans l'entendement. Le chapitre consacré par Clauberg au traitement de l'*attentio* constitue donc la soudure entre la section relative à la *perceptio* et celle concernant le *judicium*.

Mais il y a encore plus : conçue comme la prolongation chronologique du regard de l'entendement, dans un intervalle de temps qui sépare la perception du jugement, et qui provoque donc un coup d'arrêt avant ce dernier, l'*attentio* devient le facteur positif agissant dans la pratique du doute proposé dans la première *Méditation* :

> Or, le disciple de notre philosophie est graduellement préparé et disposé à toutes ces choses [la suspension du jugement, et donc le doute, à l'égard d'une perception qui n'est pas claire et distincte], puisqu'il n'y a pas de règle de logique qui lui soit si souvent inculquée comme celle de ne pas porter son jugement très précipitamment et à la légère, *mais de retenir l'élan de son esprit jusqu'à ce qu'il ait pesé la chose avec attention à la balance de la droite raison*[2].

Le doute pourrait alors être considéré comme le temps durant lequel l'entendement, avant de donner son jugement, s'arrête à considérer la chose en y portant son attention, ce qui confirme ultérieurement l'inclusion du doute métaphysique à l'intérieur de la logique, selon la perspective que nous avons évoquée dans le chapitre précédent[3].

Il faut enfin remarquer que, dans le chapitre que Clauberg consacre à l'attention, le lexique de l'intuition est exceptionnellement présent et la métaphore du regard, utilisée à maintes reprises pour expliquer la perception

1. Cf. *supra*, chap. III, p. 123-124.

2. « Et haec autem omnia sensim disponitur ac paratur Philosophiae nostrae discipulus, cum nulla Logicae regula toties ei in philosophando inculcetur, quam ne temere et praepropere judicium ferat, *sed cohibeat animi impetum, donec rem debita cum attentione ad rectae rationis trutinam ponderavit* », J. Clauberg, *Initiatio philosophi*, chap. 1, § 20, *Opera Omnia Philosophica*, II, p. 1136. Nous soulignons.

3. Cf. *supra*, chap. IV, p. 168-171.

attentive, rappelle plusieurs passages de la *Regula III*[1]. Mais l'absence de tout développement à propos du concept d'*intuitus* marque également la distance entre la *Logica vetus et nova* et les *Regulae*. Cela est d'autant plus évident au moment où Clauberg se propose d'établir un rapport, ou du moins une relation, entre l'attention et l'objet sur lequel elle est portée. Le chapitre IV affirme résolument : « Pour que l'attention soit durable, l'entendement demande un "thema" digne d'attention, qui soit simple ou complexe »[2]. Si le concept cartésien d'intuition a un complément dans la théorie des natures simples, qui redéfinit dans le cadre de la science cartésienne le concept de simplicité par rapport à l'acte de la *mens*, chez Clauberg la simplicité est encore déterminée par rapport à la chose en tant qu'elle est existante : « De combien de façons peut être envisagé un [*thema*] incomplexe ? On l'envisage soit comme quelque chose existant en soi, ou substance, soit comme attribut qui est inhérent à la chose »[3].

Nous nous trouvons donc dans une situation qui, d'une part, se présente comme « cartésienne » (et elle a été considérée ainsi dans la vulgate), mais qui, de l'autre, semble correspondre à une position d'autant plus anti-cartésienne que c'est Descartes lui-même qui l'a indiquée comme telle en opposition à la sienne propre. Dans la *Regula XII*, pour introduire le concept de nature simple, Descartes explique que la simplicité peut s'entendre d'une double manière : ou bien par rapport à la chose en tant qu'elle est réellement existante (la substance), ou bien par rapport à notre connaissance et, alors, est simple ce qui ne peut pas être ultérieurement divisé, du point de vue épistémique, par l'entendement[4]. Cela étant, si nous

1. *Cf.* par exemple les textes cités notes 4 et 5, p. 231 avec la définition d'*intuitus* donnée par Descartes : « Per intuitum intelligo [...] mentis purae et attentae tam facilem distinctumque conceptum, ut de eo, quod intelligimus, nulla prorsus dubitatio relinquatur ; seu, quod idem est, mentis purae et attentae non dubium conceptum, qui a sola rationis luce nascitur », AT X 368 ; B Op II, p. 694.

2. « Durabilis ut sit attentio, intellectus postulat Thema attentione dignum, quod simplex aut complexum », il s'agit du début du titre du chapitre IV, *Opera Omnia Philosophica*, II, p. 787.

3. « Incomplexum [thema] quot modis spectatur ? Resp. Spectatur vel ut Res aliqua per se existens seu Substantia, vel ut Attributum, quod rei inest », J. Clauberg, *Logica Vetus et Nova*, I, chap. IV, § 29, *Opera Omnia Philosophica*, vol. II, p. 788 (trad. cit., p. 69). Mais *cf.* aussi § 28 : « Ut mens attentionem conservet, simulque ad claros ac distinctos conceptus sensim provehatur, considerabit primo, an Thema, hoc est, id quod ad cognoscendum proponitur, sit simplex et unum quid, an vero conjunctum seu complexum », *ibid.*

4. « Dicimus [...] aliter spectandas esse res singulas in ordine ad cognitionem nostram, quam si de iisdem loquamur prout revera existunt. Nam si, ver. gr., consideremus aliquod corpus extensum et figuratum, fatebimur quidem illud, a parte rei, esse quid unum et simplex :

concevons un corps naturel, il est certes « simple » en tant qu'il est doté d'une unité propre du point de vue ontique, mais, selon Descartes, il est complexe du point de vue de la connaissance, car il est conçu comme composé d'extension, de figure, etc.[1]. Ainsi, quand Clauberg affirme que l'attention a comme correspondant, du point de vue de l'objet, la substance (et l'attribut) en tant que *thema attentione dignum*, il prend, sans probablement le savoir, une position tout à fait opposée à celle de l'épistémologie cartésienne telle qu'elle est proposée dans les *Regulae*. Cela ne signifie pas seulement l'abandon d'une partie essentielle de la science cartésienne, mais aussi le retour de Clauberg vers une épistémologie assez marquée par la référence aux choses mêmes, conçues à partir de leur statut ontique de substance, d'attribut ou d'accident. Clauberg se sentait certainement autorisé à cette interprétation par le parcours que Descartes avait suivi dans les *Meditationes*. Les préceptes de la *Logica vetus et nova* sont ainsi conformes à l'itinéraire métaphysique qui commence par la connaissance de soi en tant que substance pensante et qui continue, ensuite, par la connaissance de Dieu et de ses attributs pour, enfin, parvenir à la connaissance de l'essence des choses matérielles et de leur existence. Mais si, chez Descartes, l'ordre des raisons est déterminé et « mesuré » par la *mens* et par sa capacité[2], chez Clauberg ce même ordre se justifie en ayant en arrière-plan la référence, constante, à l'étantité et au concept d'*ens in quantum ens*.

Ainsi faut-il commencer par la connaissance des substances et, parmi les substances, par la connaissance de celles qui sont immatérielles, car elles sont plus dignes d'être connues[3]. Il faut en outre privilégier la connaissance des attributs absolus par rapport à celle des attributs relatifs[4], car les premiers consistent dans la connaissance de la chose même, tandis que les *attributa respectiva* consistent dans l'action de l'entendement qui

neque enim, hoc sensu, compositum dici posset ex natura corporis, extensione, et figura, quoniam hae partes nunquam unae ab aliis distinctae exstiterunt; respectu vero intellectus nostri, compositum quid ex illis tribus naturis appellamus, quia prius singulas separatim intelleximus, quam potuimus judicare, illas tres in uno et eodem subjecto simul inveniri », *Regulae ad directionem ingenii*, XII, AT X 418 (B Op II, p. 756).

1. *Cf.* à ce propos les analyses de J.-L. Marion dans *Sur l'ontologie grise de Descartes*, *op. cit.*, p. 131-136.

2. Cf. *Discours de la méthode*, AT VI 17 (B Op I, p. 42); *Regulae*, VIII, AT X 396-397 (B Op II, p. 728).

3. *Cf.* J. Clauberg, *Logica Vetus et Nova*, I, chap. IV, § 33-35, *Opera Omnia Philosophica*, II, p. 788 (trad. cit., p. 70).

4. *Cf.* J. Clauberg, *Logica Vetus et Nova*, I, chap. V, § 38, *Opera Omnia Philosophica*, vol. II, p. 789 (trad. cit., p. 71-72).

réfère une chose à une autre et, donc, nous font « moins » connaître la chose en elle-même[1]. Enfin, on connaît plus distinctement si l'on privilégie dans la perception les attributs propres par rapport aux attributs communs, car les propres nous permettent de mieux saisir la chose dans son individualité[2]. À ce propos, il faut remarquer que, en abordant la discussion des attributs communs, Clauberg renvoie directement à l'*Ontosophia* :

> Puisque la plupart des attributs communs des choses, et tout d'abord ceux qui sont respectifs, se présentent sans cesse à l'entendement humain, j'ai besoin, à des fins de perception claire et distincte, de quelques explications à leur sujet. Je réponds. Tu fais là une demande qui se rapporte proprement à la science de l'étant en tant que tel. Mais afin que tu ne sois pas complètement ignorant de cette dernière science, et dans la mesure où elle est utile à l'apprentissage de la Logique, je m'en vais te décrire à grands traits les attributs les plus communs des choses, ou du moins la plupart d'entre eux ; quant à un traitement plus complet, tu le trouveras dans l'Ontologie [3].

Le chapitre VI fournit un résumé de l'*Ontosophia* qui montre la toile[4] de fond sur laquelle s'appuie la logique : si d'une part le privilège de la perception claire et distincte marque de manière certainement cartésienne la *Logica vetus et nova*, de l'autre Clauberg ne suit pas Descartes dans le projet de faire de la *mens* le centre de la connaissance scientifique. En d'autres termes, si chez Descartes les natures simples sont des concepts

1. La distance qui sépare Clauberg de Descartes se remarque aussi dans les concepts de l'absolu et du relatif : si pour Descartes l'absolu est défini sur le plan épistémique comme ce qui contient la nature pure et simple dont il est question et le relatif comme ce qui dépend de l'absolu à l'intérieur d'une même série (cf. *Regula VI*, AT X 381-382 ; B Op II, p. 710), chez Clauberg les deux termes sont reconduits au concept de *Relatio* tel qu'il est présenté dans l'ontologie (cf. *Metaphysica de ente*, XII, *Opera Omnia Philosophica*, I, p. 318-320).

2. *Cf.* J. Clauberg, *Logica Vetus et Nova*, I, chap. V, § 39, *Opera Omnia Philosophica*, II, p. 789 (trad. cit. mod., p. 72).

3. « Quoniam communia rerum attributa, imprimis respectiva, plurima sunt intellectui humano passim occurrentia, clarae distinctaeque perceptionis causa quandam eorum explicationem requiro. Resp. Rem postulas, quae proprie ad scientiam entis quatenus ens est pertinet. Ne tamen huius, utpote ad Logicam discendam utilis, plane rudis maneas communissima rerum attributa, saltem pleraque, pinguiore Minerva tibi hic describam, quorum exquisitam tractationem in Ontologia invenies », J. Clauberg, *Logica Vetus et Nova*, I, chap. VI, § 43, *Opera Omnia Philosophica*, II, p. 790 (trad. cit. mod., p. 73-74).

4. « Ens est quasi primum et subtilissimum filum, cui paulatim alia atque alia crassiora addenda sunt, ut integram aliquam telam philosophicam pertexamus, quod facimus dum ab hoc generalissimo ad specialia descendimus, atque hoc et illud ens, ut Deum, Stellam, Animum, Corpus, &c. mente concipimus », J. Clauberg, *Metaphysica de ente*, II, § 11, *Opera Omnia Philosophica*, I, p. 284.

premiers et absolus exclusivement en raison de leur rapport à l'entendement et non à l'existence et si, pour cette raison, elles constituent « l'alphabet » de tout discours scientifique, il faut dire que pour Clauberg aussi existe un alphabet de concepts communs à tout discours philosophique, mais que cet alphabet renvoie non plus à la *mens* mais au concept d'*ens in quantum ens*. Ainsi, on retrouve aussi dans la logique la rencontre entre la dimension pratique et individuelle de la philosophie et l'exigence de fonder horizontalement l'unité de la science sur le plan de l'ontologie. Le dédoublement de la métaphysique qui porte l'ontologie à être apprise en dernier[1] comporte ici le fait que, puisque la logique suit la philosophie première mais précède l'ontologie, Clauberg soit obligé d'anticiper plusieurs thèses de l'ontologie. Du point de vue de la *Logica Vetus et Nova*, cela marque le rapport qu'elle entretient à la fois avec la philosophie première de Descartes, dont elle dérive, et avec l'ontologie qui en constitue le support ontique.

*Idea*

Que la *Logica vetus et nova* représente une synthèse philosophiquement intéressante, et qu'elle ouvre un espace théorique qui n'appartient pleinement ni à la scolastique ni au cartésianisme, cela nous est confirmé par les observations de Clauberg à l'égard de la différence entre perception intellectuelle et perception sensible :

> La perception de l'entendement pur se produit à travers les *signes formels*, qui représentent vraiment les choses, dans la mesure où ils sont des images d'elles peintes dans l'esprit. Le sens ou perception sensuelle se produit à travers les *signes matériels*, qui indiquent bien les choses, comme le lierre suspendu indique du vin à vendre, mais ils ne les représentent pas à l'instar de l'image[2].

La distinction entre ces deux types de perceptions est fondée par Clauberg sur une théorie du signe qui ne se trouve pas chez Descartes, et qui

1. Cf. *supra*, chap. IV, p. 192 *sq*.

2. « Puri intellectus perceptio fit per *signa formalia*, quae res vere repraesentant, quatenus earum sunt imagines mente pictae. Sensus sive sensualis perceptio fit per *signa materialia*, quae res quidem indicant, ut hedera suspensa monet vinum esse vendibile ; sed eas non repraesentant instar imaginis », J. Clauberg, *Corporis et animae in homine coniunctio*, chap. 38, § 14-15, *Opera Omnia Philosophica*, I, p. 243. *Cf.* aussi, à propos de la théorie de la perception chez Clauberg, L. Spruit, *« Species intelligibilis » : from perception to knowledge*, II, Leyde, Brill, 1995, p. 436-440 ; « Johannes Clauberg on perceptual knowledge », dans *Johannes Clauberg (1622-1665)*, *op. cit.*, p. 75-93.

reste, pour ainsi dire, étrangère à sa pensée[1]. Mais, avant d'aborder la théorie claubergienne du signe, il faut comprendre la liaison qui s'établit entre celui-ci et la perception. Dans le passage que nous venons de citer, la différence entre la perception sensible et la perception intellectuelle réside dans leur contenu objectif. Les perceptions intellectuelles ont, pour Clauberg, un contenu objectif du plus haut degré, car elles nous représentent vraiment des choses, tandis que les perceptions sensibles ont un contenu objectif beaucoup moins parfait, car elles ne nous représentent, à proprement parler, rien. Elles se réfèrent seulement à la réalité extérieure, sans la représenter, car elles ne sont pas des images de choses. En ce sens, les perceptions sensibles couvrent le champ de celles que Descartes appelle les idées matériellement fausses, dont il est question dans la *Meditatio III* et dans les *Quartae Objectiones* et *Responsiones*[2]. Clauberg, quant à lui, traite de la fausseté matérielle dans la partie de la *Metaphysica de ente* consacrée au traitement du vrai et du faux (*Verum et Falsum*) :

> Comme, de fait, une chose est parfois rapportée à une idée qui n'est pas la sienne propre par l'erreur des hommes, de même une idée obscure et

1. Descartes emploie rarement le terme *signum*, et, néanmoins, il l'utilise de manière appropriée, c'est-à-dire cohérente avec les acceptions les plus communes de la première moitié du XVII^e^ siècle. *Cf.* J.-R. Armogathe, « Sémantèse de signe/signum dans le corpus cartésien », dans M.L. Bianchi (éd.), *Signum. Atti del IX colloquio del Lessico internazionale europeo*, Florence, Olschki, 1999, p. 263-271. Voir, *infra*, note 2, p. 260.

2. La théorie des idées matériellement fausses a été l'objet de plusieurs analyses, *cf.* A. Kenny, *Descartes : A Study of His Philosophy*, New York, Random House, 1968, p. 117-25 ; J. Cottingham (éd.), *Descartes' Conversation with Burman*, Oxford, Oxford UP, 1976, p. 67 *sq.* ; M. Wilson, *Descartes*, Londres, Routledge & Kegan Paul, 1978, p. 102-119, et « Descartes on the Representationality of Sensation », dans J.A. Cover et M. Kulstad (éds.), *Central Themes in Early Modern Philosophy*, Indianapolis, Hackett Publ. Co., 1990, p. 1-22 ; N.J. Wells, « Material Falsity in Descartes, Arnauld, and Suarez », *Journal of the History of Philosophy*, 1984, XC, p. 25-50, et « Descartes and Suarez on secondary Qualities. A Tale of two Readings », *The Review of Metaphysics*, 1998, 51, p. 565-604 ; J.-M. Beyssade, « Descartes on Material Falsity », dans P.D. Cummins et G. Zoeller (éds.), *Minds, Ideas, and Objects*, Atacadero (Ca), Ridgeview Publishing Co., 1992, p. 5-20 ; R.W. Field, « Descartes on the Material Falsity of ideas », *The Philosophical Review*, 1993, 102, p. 308-333 ; M. Beyssade, « Sur la fausseté matérielle », dans J.-M. Beyssade et J.-L. Marion (éds.), *Descartes. Objecter et Répondre*, Paris, PUF, 1994, p. 231-246 ; P. Hoffman, « Descartes on Misrepresentation », *Journal of the History of Philosophy*, 1996, XXXIV, p. 357-381 ; M. E. Scribano, « Descartes et les fausses idées », *Archives de Philosophie*, 2001, 64, 2, p. 259-278 ; L. Alanen, *Descartes's concept of mind*, Cambridge (Mass.), Harvard UP, 2003, p. 156-164, et « Une certaine fausseté matérielle : Descartes et Arnauld sur l'origine de l'erreur dans la perception sensorielle », dans *Descartes. Objecter et Répondre*, *op. cit.*, p. 205-230 ; G. Olivo, *Descartes et l'essence de la vérité*, Paris, PUF, 2005, 343-346.

> confuse peut parfois être rapportée à ce dont elle n'est pas l'idée. Or, les idées de ce genre, puisqu'elles représentent ce qui n'est une chose comme si c'était quelque chose, ce qui n'est pas ainsi comme si c'était ainsi, et donc puisque elles nous offrent matière d'erreur, nous les appelons « idées matériellement fausses »[1].

En ce sens, une idée est matériellement fausse seulement parce qu'elle est rapportée à ce dont elle n'est pas l'idée (*ad id cujus idea non est*) et sa fausseté résiderait dans le jugement, qui fixe le rapport entre la représentation et l'objet qui est intentionné par elle.

Cette interprétation est bien celle qui est proposée dans les réponses aux *Quartae Objectiones*. Dans ses objections, Arnauld avait mis en évidence une difficulté à propos de la thèse de la fausseté matérielle proposée dans la *Meditatio III*: si l'on prend la notion de fausseté matérielle comme indiquant une idée qui représente comme réel et positif quelque chose qui n'est pas réel et positif[2], alors, selon Arnauld, cela est impossible, car, si l'on reprend l'exemple de l'idée du froid fait par Descartes, et si cette idée représente le froid tel qu'il est, alors il s'agit bien de l'idée du froid et il ne peut y avoir aucune fausseté; si par contre elle représente le froid tel qu'il n'est pas (comme c'est le cas envisagé par Descartes : *non rem tanquam rem*), alors l'on ne doit pas dire qu'elle est fausse en tant que représentation, mais qu'elle n'est pas l'idée du froid. Il est donc impossible qu'il y ait une idée qui, tout en représentant un objet, le représente faussement. Dans sa réponse à Arnauld, Descartes accepte, au fond, cette interprétation, en précisant que la fausseté matérielle ne signifie pas une fausse représentation, mais qu'elle consiste dans le fait que les idées obscures et confuses, ne permettant pas de décider quoi que ce soit sur leur objet, offrent « matière ou occasion d'erreur » :

1. « Quaemadmodum vero res aliquando errore hominum refertur ad ideam non suam, quo respectu falsa nominatur : ita vicissim contingit, ut idea quaedam obscura et confusa interdum referatur ad id cujus idea non est. Huiusmodi autem ideas, siquidem non rem tanquam rem, non talem ut talem repraesentant, adeoque materiam nobis errorem praebent, materialiter falsas dicimus », J. Clauberg, *Metaphysica de ente*, chap. IX, § 162, *Opera Omnia Philosophica*, I, p. 309.

2. « Quamvis enim falsitatem proprie dictam, sive formalem, nonnisi in judiciis posse reperiri paulo ante notaverim, est tamen profecto quaedam alia falsitas materialis in ideis, cum non rem tanquam rem repraesentant. [...] Et quia nullae ideae nisi tanquam rerum esse possunt, siquidem verum sit frigus nihil aliud esse quam privationem caloris, idea quae mihi illud tanquam reale quid et positivum repraesentat, non immerito falsa dicetur, et sic de caeteris », AT VII 43-44 ; B Op I, p. 738.

C'est pourquoi je ne pense pas qu'elles puissent être dites matériellement fausses, en un autre sens que celui que j'ai déjà expliqué : c'est à savoir, soit que le froid soit une chose positive, soit qu'il soit une privation, je n'ai pas pour cela une autre idée de lui, mais elle demeure en moi la même que j'ai toujours eue ; laquelle je dis me donner matière ou occasion d'erreur, s'il est vrai que le froid soit une privation, et qu'il n'ait pas autant de réalité que la chaleur, d'autant que, venant a considérer l'une et l'autre de ces idées, selon que je les ai reçues des sens, je ne puis reconnaître qu'il y ait plus de réalité qui me soit représentée par l'une que par l'autre [1].

L'interprétation que Descartes donne du texte de la *Meditatio III* fonde donc la fausseté matérielle sur l'impossibilité d'établir ce qui est représenté par l'idée confuse et obscure : l'idée est fausse non pas parce qu'elle représente le faux comme vrai, mais parce qu'elle échoue dans le fait de représenter quelque chose. C'est pour cette raison qu'elle est dite matériellement fausse, car sa « fausseté » ne se trouve pas du côté (formel) de la représentation, mais du côté (matériel) de l'idée en tant que pensée qui est « comme l'image de la chose » qu'elle représente [2]. L'explication fournie par Descartes dans les *Quartae Responsiones* affaiblit en partie les affirmations de la *Meditatio III* et elle présente une certaine « cohérence » avec la théorie de la représentation proposée par Suárez dans la *Disputatio* IX [3] – dont le texte est d'ailleurs cité par Descartes [4] – qui constitue sans doute l'arrière-plan de l'objection d'Arnauld.

Pour revenir à la position cartésienne et afin de mieux saisir ses différences par rapport à celle de Clauberg, l'on peut remarquer que, pour

1. « Nec ideo mihi videtur illas alio sensu materialiter falsas dici posse, quam eo quem jam explicui : nempe sive frigus sit res positiva, sive privatio, non aliam idcirco de ipso habeo ideam, sed manet in me eadem illa quam semper habui ; quamque ipsam dico mihi praebere materiam erroris, si verum sit frigus esse privationem et non habere tantum realitatis quam calor ; quia, utramque ideam caloris et frigoris considerando prout ambas a sensibus accepi, non possum advertere plus mihi realitatis per unam quam per alteram exhiberi », AT VII 232-233 ; B Op I, p. 992-994 (trad. cit., AT IX 180).

2. « Quaedam ex his [scil. cogitationes] tanquam rerum imagines sunt, quibus solis proprie convenit ideae nomen : ut cùm hominem, vel Chimaeram, vel Coelum, vel Angelum, vel Deum cogito », AT VII 37 ; B Op I, p. 728. Le texte français du duc de Luynes traduit : « Entre mes pensées, quelques-unes sont comme les images des choses, et c'est à celles-là seules que convient proprement le nom d'idée », AT IX, 29.

3. *Cf.* Fr. Suárez, *Disputationes Metaphysicae*, IX, 1, 14. Cette conformité de la position de Descartes (et d'Arnauld) à la théorie suarézienne a été montrée par N.J. Wells, « Material Falsity in Descartes, Arnauld, and Suarez », art. cit., et « Descartes and Suarez on secondary Qualities. A Tale of two Readings », art. cit.

4. *Cf.* AT VII 235 ; B Op I, p. 996.

Descartes, les idées matériellement fausses – au moins selon l'interprétation fournie par Descartes lui-même dans les réponses à Arnauld[1] – interdisent de passer de la représentation à la réalité de l'objet représenté, car, même si elles ont une réalité objective qui nous représente quelque chose[2], on ne peut pas en tout cas distinguer l'objet qu'elles nous présentent à travers cette réalité. C'est pourquoi ces idées sont pour nous « matière d'erreur » : nous pourrions alors dire que la situation des idées matériellement fausses est celle d'idées dont le statut représentatif est réduit au minimum et que, pour cette raison, elles ne sont quasiement pas, au sens propre[3], des idées[4]. Ainsi, la position de Descartes oscille entre l'affirmation que ces idées sont fausses[5] et l'affirmation qu'elles sont insignifiantes, car elles ne nous permettent de connaître aucune chose. Clauberg, par contre, insère la théorie de la perception à l'intérieur d'une théorie de la signification pour laquelle toute perception est, en tant que telle, significative et implique le rapport entre l'entendement, le signe et la chose signifiée. Dans le cas des perceptions qui se produisent par l'entremise des sens, bien qu'elles ne puissent pas être conçues comme des images

1. La cohérence de la position de Descartes entre la thèse de la fausseté matérielle proposée dans la *Meditatio III* et celle soutenue dans les *Quartae Responsiones* a fait l'objet d'une vaste discussion entre les interprètes : *cf.* à ce propos M. E. Scribano, « Descartes et les fausses idées », art. cit., en particulier p. 263-265.

2. Parmi les études consacrées à la *realitas objectiva* chez Descartes, il faut souligner à ce propos la position de N.J. Wells, qui soutient que ce qui représente dans l'idée ce n'est pas sa réalité objective, mais sa réalité formelle : *cf.* N.J. Wells, « Objective Reality of Ideas in Descartes, Caterus, and Suárez », art. cit., en particulier p. 33-39.

3. Il faut à ce propos remarquer que le concept cartésien d'idée subit une évolution des écrits de jeunesse jusqu'aux *Meditationes*. Dans les *Regulae* ou dans *l'Homme*, *idea* prend le sens de *figura* ou image matérielle, tandis qu'en 1641 ce terme indique, dans un sens plus large, toutes les *cogitationes* (*cf.* AT VII 35, l. 26 ; B Op I, p. 726). Mais, de ce sens général, Descartes distingue aussi un sens propre, qui est celui de l'idée en tant que *cogitatio* qui représente quelque chose et qui est « comme l'image de la chose ». Sur l'évolution du sens du terme *idée/idea*, *cf.* J.-R. Armogathe, « Sémantèse d'*idée/idea* chez Descartes », dans M. Fattori, M.L. Bianchi (éds.), *Idea. VI Colloquio del Lessico intellettuale europeo*, Rome, Edizioni dell'Ateneo, 1990, p. 187-205.

4. *Cf.* à ce sujet ce qui est affirmé dans l'*Entretien avec Burman* à propos de l'idée de néant : AT V 153 (B Op II, p. 1258). *Cf.*, en outre le commentaire de G. Olivo à cet égard, *Descartes et l'essence de la vérité*, *op. cit.*, p. 345-346.

5. C'est une des interprétations possibles de l'affirmation contenue dans *Meditatio III* selon laquelle ces idées représentent « non rem tatanquam rem ». Bien évidemment, dans ce cas, il faudrait admettre une palinodie de la part de Descartes dans les réponses à Arnauld.

de choses[1], elles sont quand même significatives, car elles « indiquent » quelque chose sans le représenter. Autrement dit, pour Descartes, l'idée est liée à son statut représentatif qui dépend du rapport entre sa réalité objective et la chose représentée par cette réalité. Le cas limite est, ainsi, celui des idées matériellement fausses qui, tout en ayant une réalité objective qui leur confère un statut représentatif, ne permettent pas de connaître quoi que ce soit et orientent la volonté vers un jugement faux. Pour Clauberg, au contraire, l'idée se trouve insérée dans le contexte plus ample d'une théorie de la signification dans laquelle l'idée « comme image de la chose » est un des cas possibles, l'autre cas étant celui de l'idée comme ce qui indique quelque chose sans le représenter. Dans ce cas, pour Clauberg, les idées matériellement fausses ne représentent pas un cas limite, mais rentrent dans cette deuxième catégorie :

> En toute idée (notion, concept) il faut considérer un double être (une double réalité ou perfection) : l'un formel ou *propre*, en tant qu'opération de l'esprit; l'autre objectif ou « vicaire », en tant qu'image de la chose pensée, ou comme ce qui est à la place de la chose. Ces deux choses doivent être soigneusement distinguées non seulement dans tout concept, mais aussi dans toute autre image et plus précisément dans tout signe [2].

Dans ce passage Clauberg se réfère expressément aux concepts, mais ce qu'il affirme concerne aussi toutes les perceptions, et également celles des qualités secondaires qui, comme nous l'avons vu, *indiquent* des *res*[3]. L'exemple qui suit le passage que nous venons de citer confirme l'attribution du statut de signe à toutes les perceptions, y compris celles des couleurs et des sons: « Les mots sont des sons quand ils sont proférés de vive voix; ils sont des figures et des couleurs quand ils sont écrits: j'appelle l'un et l'autre leur être propre; mais puisqu'une voix signifie une

1. L'affirmation claubergienne que nous avons citée plus haut selon laquelle les perceptions intellectuelles « sunt [rerum] imagines mente pictae » reprend évidemment la définition cartésienne des idées qui sont « tanquam rerum imagines ».

2. « In omni idea (notione, conceptu) duplex esse (duplex realitas seu perfectio) considerandum est: unum formale seu *proprium*, quatenus est operatio mentis; alterum obiectivum sive vicarium, quatenus est imago rei cogitatae, seu quatenus est vice illius. Et haec duo non tantum in omni conceptu, verum etiam in omnia alia imagine, imo in omni signo accurate sunt distinguenda », J. Clauberg, *De cognitione Dei et nostri*, VII, § 2, *Opera Omnia Philosophica*, II, p. 607.

3. « Sensus sive sensualis perceptio fit per *signa materialia*, quae res quidem indicant », J. Clauberg, *Corporis et animae in homine coniunctio*, chap. 38, § 14-15, *Opera Omnia Philosophica*, I, p. 243.

chose et une autre en signifie une autre et se pose à sa place, cela je l'appelle son être “vicaire” »[1].

Le décalage lexical par rapport aux textes cartésiens marque aussi une approche différente de la part de Clauberg : la distinction entre réalité formelle et réalité objective de l'idée est résumée dans la distinction entre l'*esse proprium* et l'*esse vicarium*, et Clauberg passe ainsi d'une théorie de la représentation à une théorie de la signification. Toutes les idées, dans le sens plus large de perceptions, sont donc des signes et leur être propre est indissociable de leur être « vicaire ». Que Clauberg fasse ici subir à la pensée de Descartes une « torsion » considérable est confirmé par le fait que la théorie claubergienne remonte aux années de sa formation à Brême et, en particulier, qu'elle est tirée de l'enseignement de son professeur, Konrad Berg[2]. Clauberg cite souvent Berg dans ses œuvres[3] et il se sert de plusieurs manuscrits[4] qui n'ont pas été publiés : dans ses citations et ses renvois, il insiste particulièrement sur la proximité entre la théorie cartésienne de l'idée et la théorie de l'idée de Berg, surtout en ce qui concerne la possibilité de tirer une démonstration de l'existence de Dieu à partir des idées que nous avons[5].

L'*Exercitatio* XXI du *de cognitione Dei et nostri* est intitulée « Clariss. Conradi Bergii, Theologi, de Ideis doctrina Cartesianae explicandae inservit » (« La doctrine des idées du très illustre théologien Konrad Berg sert à expliquer la doctrine cartésienne ») et Clauberg transcrit et résume dans ce texte plusieurs passages tirés des manuscrits de Berg[6]. Après avoir

1. « Vocabula sunt soni dum viva voce proferuntur; sunt figurae et colores, dum scribuntur; utrumque voco eorum esse *proprium* : at quod haec vox hanc rem, illa illam significat et pro illa re ponitur, id appello illius esse *vicarium* », J. Clauberg, *De cognitione Dei et nostri*, VII, § 3, *Opera Omnia Philosophica*, II, p. 607.

2. K. Berg (Bergius) nacquit à Szczecin (Stettin) en 1592. Il se forma ensuite à Dantzig, où il étudia la philosophie et la théologie. Il devint en 1624 professeur de théologie à Francfort-sur-l'Oder et, à Kostrzyn, enseignant de religion du futur Grande Électeur Frédéric Guillaume Ier de Brandebourg. En 1629 il devint pasteur à Brême et professeur au Gymnase Illustre de la même ville, où il mourut en 1642. Clauberg fréquenta le Gymnasium de Brême entre 1639 et 1644.

3. *Cf.* en particulier *Opera Omnia Philosophica*, I, p. 498 ; II, p. 593, 599, 605, 612, 619-622, 677, 1119.

4. Clauberg fait référence surtout à 2 manuscrits : les *Ennoelogiae Theologico-Philosophicae* et les *Principia Theologiae Theoreticae*. Nous n'avons pu repérer aucune édition, ancienne ou moderne, de ces textes : la connaissance que nous en avons est donc limitée aux citations faites par Clauberg.

5. Cf. *De Cognitione Dei et Nostri*, VI, § 20 *Opera Omnia Philosophica*, II, p. 605.

6. « Quoniam inter eos qui paucis ante Cartesium annis scripserunt, non vidi authorem, qui de ideis ad mentem Cartesii explicandam accomodatius egerit Conrado Bergio, ex quo

distingué l'étant absolu fini en intentionnel et réel, Berg affirme que l'idée a une double *ratio essendi*, l'une est celle de l'être formel, l'autre celle de l'être intentionnel : « Toute idée ou espèce a quasiment deux modes d'être : il a en effet, en premier lieu, un être propre et formel par lequel il est distingué de l'objet dont il est l'idée ; il a aussi en deuxième lieu un être "vicaire" ou intentionnel, par lequel il ne se distingue pas de l'objet mais il est pris pour lui »[1]. Tout ce qui existe, en outre, entretient un double rapport avec l'*idea* : d'une part, il entretient un rapport avec son *Archetypum*, c'est-à-dire l'idée (*exemplar*) à partir de laquelle il a été produit et qui précède donc son existence ; de l'autre il entretient un rapport avec son *Ectypum*, c'est-à-dire avec l'idée qui le représente dans la *mens* de celui qui le connaît, idée qui est successive (*subsequitur*) à l'existence. La vérité consiste alors dans l'union entre l'*ectypum* et l'*archetypum*, à savoir dans l'adéquation de l'idée de celui qui connaît non pas à la chose, mais à la cause exemplaire de la chose : « La vérité n'est rien d'autre que l'union de l'archétype avec l'éctype. [...] La vérité est donc originairement dans l'archétype et ensuite dans l'éctype »[2]. La position de Berg est donc marquée par un fort exemplarisme qui se trouve aussi, en partie, chez son disciple[3].

Dans les *Annotata* qu'il ajoute à la fin du texte de Berg, Clauberg souligne les apports décisifs de son maître à sa propre théorie de l'idée : 1) l'idée est comprise sous le genre de l'être réel et absolu, dont il est une espèce ; 2) la perfection de l'idée dépend de son *esse vicarium* ; 3) les idées sont quelque chose de vivant (*aliquid vivum*) ; 4) elles ont, en un certain sens, une perfection majeure de ce qui est représenté, car elles ont quelque

non pauca me didicisse grato animo agnosco, ideo praeter ea quae in superioribus protului, alia ex eodem nunc adducam cum libri isti, quod sciam, nondum sint publicae luci dati. De Ideis igitur sequentia omnia excerpo et probo, quatenus Cartesianis firmandis ac declarandis inserviunt », J. Clauberg, *De cognitione Dei et nostri*, XVI, § 1, *Opera Omnia Philosophica*, II, p. 619.

1. « In idea seu specie quavis esse quasi duas rationes essendi : primum enim habet esse quoddam *proprium et formale*, quo distinguitur ab objecto, cujus est idea. Secundum habet etiam esse quoddam *vicarium seu intentionale*, quo non distinguitur ab objecto, sed sumitur pro illo », J. Clauberg, *De cognitione Dei et nostri*, XVI, § 9, *Opera Omnia Philosophica*, II, p. 620.

2. « Veritas nihil aliud est quam unio archetypi cum ectypo. [...] Est igitur veritas originarie quidem in archetypo, consequenter in ectypo », J. Clauberg, *De cognitione Dei et nostri*, XVI, § 12, *Opera Omnia Philosophica*, II, p. 620.

3. L. Spruit a soutenu à ce propos que la théorie des idées de Clauberg peut être reconduite au néoplatonisme de la Renaissance, *cf.* L. Spruit, « Johannes Clauberg on perceptual knowledge », art. cit., p. 75-93.

chose de divin, de spirituel et d'incompréhensible. Enfin, l'*ens intentionale* n'exclut pas la *realitas* en général, mais il est plutôt comme une espèce de celle-ci[1]. On peut alors conclure que, à partir de l'enseignement de Berg, Clauberg élabore une théorie de la réalité de l'*esse vicarium* de l'idée qui, sous certains aspects, renforce et élargit la conception cartésienne de la réalité objective[2]. Cela porte Clauberg à inclure l'*esse objectivum*, en raison de sa consistance ontique[3], dans le cadre de l'ontologie et à l'insérer, dans la *Metaphysica de ente*, au même niveau que l'*ens latissime sumptum* :

1. « Realitatem et perfectionem idearum hinc clarius agnoscimus. Nam idea comprehenditur sub Ente reali et absoluto, ut species in genere, art. 2.16. Ideis perfectio competit secundum esse vicarium, art. 14. Ideae sunt aliquid vivum, art. 3.19. & majorem quodammodo perfectionem habent quam res ipsae repraesentatae, quatenus sunt aliquid divinius, spirituale et incomprehensibile, art. 4.7.20. Neque intentionale ens excludit realitatem in genere, ut ens rationis oppositum reali, sed in specie illam duntaxat, quae proprie fundamentalis dicitur et in rebus repraesentatis, quae simul non sunt repraesentantes, invenitur, art. 6 », J. Clauberg, *De cognitione Dei et nostri*, XVI, § 23, *Opera Omnia Philosophica*, II, p. 621-622.

2. Le concept cartésien de *realitas objectiva* a été l'objet d'une vaste littérature critique. Nous signalons ici : R. Dalbiez, « Les sources scolastiques de la théorie cartésienne de l'être objectif. À propos du Descartes de M. Gilson », *Revue d'Histoire de la Philosophie*, 1929, 3, p. 464-472 ; T.J. Cronin, *Objective being in Descartes and Suárez*, Rome, Gregorian UP, 1966 ; C. Normore, « Meaning and Objective Being : Descartes and His Sources », dans A. Oksenberg-Rorty (éd.), *Essays on Descartes'* Meditations, Berkeley-Los Angeles-Londres, University of California Press, 1986, p. 223-241 ; E.J. Ashworth, « Descartes' Theory of Objective Reality », *New scholasticism*, 1975, 49, 3, p. 331-340 ; N.J. Wells, « Objective Being : Descartes and his Sources », *Modern Schoolman*, 1967, 45, p. 49-61, « Objective reality of ideas in Descartes, Caterus, Suárez », *Journal of the History of Philosophy*, 1990, 28, 1, p. 33-61, et « Objective Reality of Ideas in Arnauld, Descartes, and Suárez », dans E.J. Kremer (éd.), *The Great Arnauld and Some of his Philosophical Correspondents*, Toronto-Buffalo-Londres, University of Toronto Press, 1994, p. 138-183 ; J.C. Doig, « Suárez, Descartes and the Objective Reality of Ideas », *New scholasticism*, 1977, 51, 3, p. 350-371 ; J.-F. Courtine, « La doctrine cartésienne de l'idée et ses sources scolastiques », dans O. Depré, D. Lories (éd.), *Lire Descartes aujourd'hui*, Louvain-Paris, Peeters, 1997, p. 1-20, Fr. Marrone, *« Res » e « Realitas » in Descartes. Gli antecedenti scolastici della nozione cartesiana di « realitas objectiva »*, Lecce, Conte, 2006, et « Descartes e la tradizione scotista. Gli antecedenti storici della nozione di *realitas objectiva* », *Quaestio. Annuario di metafisica*, 2008, 8, p. 279-302.

3. *Cf.* aussi l'argument avancé par Clauberg dans le *De cognitione Dei et nostri* : « De *posteriori idearum esse* [l'*esse objectivum*] laboratur et an reale sit disquiritur, quod nos quidem affirmare sequentia jubent argumenta. In mente esse, obiective esse, esse cognitum plus est quam omnino non esse, esse nihilum. Atqui vicarium idearum esse est quod res in mente sint, etc. », *Exercitatio* XV, § 3, *Opera Omnia Philosophica*, vol. II, p. 617. La confrontation avec le *nihil* est assez significative, car ce dernier rentre dans les divisions fondamentales de l'étant, opposé à l'*aliquid*, et inclus dans le genre plus ample de l'*intelligibile*. Mais l'argument rappelle aussi le texte de *Meditatio III* : « Quantumvis imperfectus sit iste essendi

> Cet être qui lui [à l'étant] est attribué en tant qu'il est objectivé par l'entendement et en tant qu'il est connu par lui est appelé « Être objectif » ou « être connu » de l'étant, dans lequel toutes les significations restantes de l'être – c'est-à-dire pouvoir être connu et pouvoir être dit – sont facilement comprises, au point qu'être, être pensé et être dit, dans la raison de cet étant, dont la signification est la plus large, ne diffèrent pas beaucoup [1].

L'*esse objectivum* réunit donc les trois significations les plus générales et abstraites de l'être (être, être pensable et être dicible), et la position de Clauberg se situe, de manière originale bien qu'en dépendance de Descartes, dans l'histoire de l'élaboration du concept de *realitas obiectiva*[2].

Deux remarques s'imposent ici.

1) Une conséquence non négligeable, qui témoigne de l'autonomie de l'*esse objectivum* par rapport à l'*esse reale*, c'est le fait que l'être objectif a une *latitudo* plus vaste que l'être réel. Cela nous est confirmé par le début du chapitre III de la *Metaphysica de Ente* :

> Si ce que nous pensons n'implique dans notre pensée aucune contradiction [...] au point que nous jugeons que cette chose existe dans la nature ou du moins qu'elle peut exister, alors nous lui attribuons non seulement l'être objectif, mais aussi l'être réel et nous l'appelons non seulement νοητὸν, intelligible, mais aussi ἐτὸν, quelque chose de réel et proprement le « quelque chose » [3].

modus, quo res est objective in intellectu per ideam, non tamen profecto plane nihil est, nec proinde a nihilo esse potest », AT VII 41, B Op I, p. 734.

1. « Hoc esse, quod ei [à l'*ens*] tribuitur, quatenus intellectui objjcitur et ab eo cognoscitur, vocatur *Esse objectivum* seu esse cognitum Entis, quo uno reliqua, videl. quod cogitari ac dici possit, facile comprehenduntur, adeo ut esse, cogitari ac dici ratione Entis hujus, quod est significationis latissimae, non magnopere differant », J. Clauberg, *Metaphysica de ente*, II, § 16, *Opera Omnia Philosophica*, I, 284.

2. Ce parcours se déroule essentiellement à l'intérieur de la tradition scotiste : *cf.* O. Boulnois, *Être et représentation*, Paris, PUF, 1999, en particulier le chap. VIII, p. 405-455. F. Marrone (*« Res » e « Realitas » in Descartes*, *op. cit.*, et « Descartes e la tradizione scotista », art. cit.) a repéré la première formulation du concept de réalité objective au XIVe siècle chez Jean Marbres (Johannes Canonicus) : *Super Octo libros Physicorum* (l'œuvre fut ensuite publiée à Venise en 1516).

3. « Si illud, de quo cogitamus, nullam involvit in cogitatione nostra repugnantiam [...] adeo ut judicemus id esse in rerum natura aut saltem esse posse, tunc ei non modo esse objectivum, verum etiam esse reale attribuimus, nec solum νοητὸν, intelligibile, sed etiam ἐτὸν, reale quid et proprie Aliquid, [...] appellamus » J. Clauberg, *Metaphysica de ente*, III, § 18, *Opera Omnia Philosophica*, I, 285.

En effet, non seulement l'être objectif a une consistance ontique propre, mais il couvre un domaine qui inclut l'être réel : cela ne veut pas dire que tout être réel a actuellement un être objectif, mais que tout être réel a en principe un être objectif, c'est-à-dire qu'il est pensable ou dicible. Dans les deux cas de l'*esse objectivum* et de l'*esse reale*, le mot *esse* a une *latitudo* différente, comme Clauberg l'explique dans le chapitre V de la *Metaphysica de ente* : « L'essence ou l'être de la chose ou bien est dit selon la signification la plus large – et ainsi il correspond à l'étant dans la première signification – […] ou bien signifie strictement l'attribut premier et principal de l'étant réel » [1]. Ainsi, l'*esse objectivum* n'indique pas le *modus essendi* de quelque chose, mais il assume en soi une consistance qui est sans aucun doute minimale, mais qui ne dépend pas dans sa positivité seulement de l'existence *extra mentem* :

> Aussi le concept même du néant est quelque chose dans notre esprit, car il est distinct des autres concepts et il montre l'absence de quelque chose, puisque certainement il n'y a rien qui soit conjoint à l'absent ou néant hors de notre esprit, mais dans l'esprit à la pensée négative du néant est conjointe la pensée positive de quelque chose (c'est-à-dire : la pensée de ce qui n'est rien ne se trouve jamais dans notre esprit sans qu'y soit conjointe l'intuition ou la pensée de l'étant) [2].

2) Clauberg indique comme signification première et plus générale de l'étant non seulement le *cogitabile seu intelligibile*, mais aussi le *dicibile*. Et cela, dès la première définition de l'étant dans la *Metaphysica de ente* : « L'étant est tout ce que, de quelque manière que ce soit, peut être pensé ou dit » [3]. Dans l'*Ontosophia* de 1647 aussi l'on trouve l'inclusion du *dicibile*, mais elle est « cachée » à l'intérieur de l'*intelligibile* qui marque, seul, l'*ens*

1. « *Essentia* vel *esse rei* aut dicitur latissime, ut enti in prima significatione respondeat […] aut stricte significat primum et praecipuum realis entis attributum », J. Clauberg, *Metaphysica de ente*, V, § 75, *Opera Omnia Philosophica*, I, p. 296.

2. « Ipse etiam nihili conceptus aliquid est in mente nostra, quod distinguitur ab aliis conceptibus, et exhibet absentiam alicujus, quod aliquid extra mentem quidem non jungitur absenti sive nihilo, sed tamen in mente cogitationi nihili negativae jungitur positiva alicujus (hoc est cogitatio de non-ente in mente nostra nunquam est sine intuitu sive cogitatione entis concurrente) », J. Clauberg, *De cognitione Dei et nostri*, XVII, § 16, *Opera Omnia Philosophica*, II, p. 625. *Cf.* aussi § 17 : « Hinc diligenter monent *Metaphysici*, *Ens rationis*, ut nihilum esse intelligatur, considerandum esse ut *quid* extra mentem, ut si concipias Cerberum tanquam in platea ambulantem, nam conceptus talis, prout in mente est, habet suum esse, tam proprium, quam vicarium, quorum neutrum in mente omnino nihil est », *ibid.*

3. « Ens est quicquid quovis modo est, cogitari ac dici potest », J. Clauberg, *Metaphysica de ente*, II, § 6, *Opera Omnia Philosophica*, I, 283.

dans sa signification la plus abstraite[1]. Cette inclusion du *dicibile* qui accompagne l'*intelligibile* marque aussi un développement par rapport à la position de Timpler, à laquelle on a souvent rattaché la position de Clauberg. Dans le *Metaphysicae Systema Methodicum*, Timpler avait le premier indiqué comme objet de la métaphysique l'*intelligibile*, sans cependant y inclure le *dicibile*[2].

Mais que signifie le « pouvoir être dit » ? Clauberg l'explique tout de suite après :

> Je dis que tout étant peut être dit, à savoir être nominé, énoncé de vive voix ou par écrit. [...] Tu dis souvent que quelque chose est ineffable ou inénarrable quand tu parles et que tu racontes de lui. Une certaine tunique de l'œil est appelée « innommée » par les anatomistes et beaucoup d'écrivains sont appelés *anonymes* pour le fait même qu'ils prétendent de ne pas avoir de nom[3].

Tout ce qui est, en tant qu'il est, peut être nommé, c'est-à-dire qu'il est susceptible d'être l'objet d'une relation de signification.

Si avec Timpler on peut parler d'une noétisation progressive de la métaphysique, il faut alors ajouter que, chez Clauberg, une telle noétisation s'accompagne d'une sémiotisation pour laquelle tout étant est signifiable. Ainsi la *latitudo* de l'étant est coextensive à la fois à la latitudo du pensable et à celle du dicible ou signifiable : la *Logica vetus et nova*, en associant la théorie cartésienne de la perception à une théorie plus générale de la signification et de l'interprétation, ne fera rien d'autre que de porter à l'évidence ce lien entre être, penser et dire. Les idées, pour Clauberg comme pour Descartes, représentent les choses, mais leur être représentatif n'est pas conçu d'après le modèle de l'*exemplar* et de l'*imago*[4], mais d'après celui, plus compréhensif, du *signum*.

1. Après avoir posé l'*intelligibile* comme objet *primus et generalissimus* de l'*ontosophia*, Clauberg précise : « Intelligibile est, quicquid quovis modo est, cogitari ac dici potest », J. Clauberg, *Ontosophia, Didactica*, § 2, p. 37.

2. Voici la définition de l'objet de la métaphysique fournie par Timpler : « Metaphysica est ars contemplativa, quae tractat de omni intelligibili », C. Timpler, *Metaphysicae systema methodicum*, *op. cit.*, liber I, c. 1, q. 1. La définition de l'*intelligibile* est donnée dans le chapitre II : « Intelligibile porro dicitur omne quod intellectu percipi ac comprehendi potest » (l. I, c. II, th. 3).

3. « Aio omne ens posse dici, hoc est, nominari, voce viva vel scripta enunciari. [...] Ineffabile et inenarrabile saepe quid dicis, cum de eo faris et narras. Tunica aliqua oculi Anatomicis innominata, et multi scriptores ἀνώνυμοι hoc ipso, quo nomen habere negantur, nominantur », J. Clauberg, *Metaphysica de ente*, II, § 7, *Opera Omnia Philosophica*, I, 283.

4. L'héritage médiéval du concept d'*idea* comme *exemplar* présent dans l'entendement divin est repris et renforcé par Suarez. C'est en effet dans les *Disputationes Metaphysicae* que

L'identité, au niveau de l'ontologie, entre *ens* (*latissime sumptum*), *intelligibile* et *dicibile* rend alors possible une sémiotique générale des perceptions. De cette façon, Clauberg peut interpréter aussi bien les *imagines* des choses que les perceptions des qualités secondaires comme des *signa*, dont les uns sont formels et les autres matériels. Les signes formels sont donc ceux qui représentent leurs *signata*, tandis que les signes matériels peuvent seulement les indiquer. Il faut désormais prendre en considération les éléments principaux de la théorie des signes que Clauberg présente dans la *Metaphysica de ente*, pour, ensuite, revenir sur la structure de la *Logica vetus et nova* et sur l'herméneutique.

### *Signum*

Toutes nos idées sont « signes » des choses, car elles les remplacent et en dépendent en ce qui concerne leur être objectif[1]. Mais, pour comprendre les implications de la théorie claubergienne, il faut saisir la différence qu'il y a entre l'idée comme *signum* et l'idée comme *exemplar*, et pour cela il faut revenir à la *Metaphysica de ente* publiée en 1664. Dans le chapitre XXI de l'œuvre, Clauberg traite du *Signum et Signatum*, tandis que le chapitre XXIII est consacré à l'*Exemplar* et à l'*Imago*. L'*exemplar* est défini ici, grâce au concept de signe, comme « le signifié correspondant à l'image »[2]. L'*exemplar* est donc l'original sur lequel est modelée l'image qui le représente, et il correspond au *signatum* dans la mesure où l'*imago* correspond au *signum*. Plus exactement il faut dire que l'*imago* et l'*exemplar* sont des cas particuliers du *signum* et du *signatum* : « Parmi les choses que nous avons dites à propos du signe formel et qui proprement

se trouve l'assimilation entre *idea* et *imago*, qui sera ensuite reprise par Descartes, bien sûr, mais aussi par plusieurs auteurs scolastiques : « Quod si respectu rei exemplatae exemplar vocatur forma [...] est [...] quia illud in se aliquo modo continet per modum imaginis, seu in esse repraesentativo », F. Suarez, *Disputationes Metaphysicae*, Disp. XXV, s. II, § 15, dans *Opera Omnia*, t. 25, p. 915. Pour les études critiques à ce sujet, cf. *supra*, chap. II, n. 2, p. 109.

1. « Per et propter quod cogitationes nostrae supponuntur pro rebus ipsis, rerum ipsarum vice et loco sunt, id nihil in cogitationibus esse non potest. Quomodo enim nihilum loco rei esse, quomodo vicem alicuius, a quo distat infinitum, praestare posset ? Propter quod signa ipsorum signatorum nomina sortiuntur, iis aequivalent tantumque saepe prestant quantum signata ipsa, id pro nihilo minime ducere oportet », J. Clauberg, *De cognitione Dei et nostri*, XV, § 4, *Opera Omnia Philosophica*, II, p. 617.

2. « Signatum imagini respondens », J. Clauberg, *Metaphysica de ente*, XXIII, § 342, *Opera Omnia Philosophica*, I, p. 338.

représente, [...] il est manifeste que sous le signe est contenue aussi l'image, comme l'espèce est contenue sous le genre »[1].

Le *signum* est compris, dans le cadre de la *Metaphysica de ente*, sous les concepts plus généraux du *Subiectum* et de l'*Adiunctum* (traités dans le chapitre XX), qui sont, de leur côté, des figures de la *Relatio*, l'attribut de l'étant qui regroupe l'ensemble des *attributa respectiva*[2]. Le *Subiectum* et l'*Adiunctum* sont alors les attributs respectifs de l'étant qui concernent le rapport entre l'essence d'une *res* et ce qui, tout en appartenant à la *res*, ne fait pas partie de son essence : « Par le nom d'essence nous n'entendons pas, bien évidemment, tout ce qui est compris dans une chose ou tout ce qui lui appartient, mais quelque chose qui est premier et principal en elle. [...] Et tout ce que, outre elle, nous considérons comme lui étant ajouté dans la chose, soit qu'il s'ajoute à elle soit qu'il soit un accident [...] nous l'appelons un *ajout* [adjunctum] »[3]. Par conséquent, ces attributs ne sont pas dans une relation de type paritaire, mais hiérarchique, dans laquelle le *Subiectum* a une position prééminente par rapport à l'*Adiunctum*[4].

Dans le chapitre XXI, Clauberg définit la relation entre le signe et la chose signifiée comme un cas de la relation entre le *Subiectum* et l'*Adiunctum* : « Le signe peut être considéré comme un ajout à la chose signifiée : ainsi, les paroles s'ajoutent aux choses, le nom s'impose à l'enfant. Par conséquent, les choses signifiées sont supérieures aux

1. « Ex iis quae de Signo proprie repraesentante et formali diximus [...] manifestum est sub Signo etiam contineri *Imaginem*, ut speciem sub genere », *ibid.*

2. Dans la structure de la *Metaphysica de ente* les attributs absolus de l'étant, qui appartiennent à chaque étant en tant que tel, sont distincts des attributs « respectifs », qui, sous l'attribut plus général de la *relatio*, concernent les étants dans leur rapport réciproque : « Quanquam nihil adeo absolutum est, quin soleat ab intellectu nostro variis modis cum aliis conferri [...] certa tamen ratione affirmari potest, ea quae hactenus in Ente consideravimus, Essentiam, Existentiam, Durationem, Unitatem, Veritatem, Bonitatem, Perfectionem, attributa magis *absoluta* esse, quoniam substantia unaquaque res existens, una vera, bona etc. dici potest, sine respectu ad aliam substantiam. [...] Ab his autem absolutis distinguuntur attributa *respectiva*, quae rei ad aliam relatae, non seorsum spectatae conveniunt », J. Clauberg, *Metaphysica de ente*, chap. 12, § 205-206, *Opera Omnia Philosophica*, I, p. 318.

3. « Nempe Essentiae nomine non intelligimus omnia quae rei insunt vel adsunt, sed primum et praecipuum aliquid in ea [...]. Et quicquid praeter illam in re consideramus ut additum ei, vel accedens vel accidens [...] *Adjunctum* vocamus », J. Clauberg, *Metaphysica de ente*, chap. 20, § 313, *Opera Omnia Philosophica*, I, p. 334-335.

4. « Subiectum in hac relatione consideratur ut aliquid *principale*, adiunctum ut aliquid *accessorium*, unde et relatio *accessionis nuncupatur* », J. Clauberg, *Metaphysica de ente*, chap. 20, § 315, *Opera Omnia Philosophica*, I, p. 335. La distinction entre le *principale* et *l'accessorium* est empruntée par Clauberg à la terminologie juridique. *Cf.* toujours le même article.

signes »[1]. Ce type de relation permet à Clauberg d'affirmer aussi une hiérarchie entre *signum* et *signatum*, selon laquelle le *signatum* a une position de prééminence par rapport au *signum*. La définition de *signum* se trouve tout de suite après : « Le signe est ce qui fait connaître ou indique quelque chose »[2].

Il faut d'abord remarquer la distance qui sépare cette définition de la définition augustinienne, qui constitue une des sources majeures de la réflexion médiévale et moderne autour du signe. Augustin avait traité du signe dans deux ouvrages en particulier, à savoir le *De doctrina chiristiana* et le *De dialectica* : « Le signe est une chose qui, outre la forme [*speciem*] qu'elle imprime dans le sens, fait qu'à partir d'elle quelque chose d'autre vient à la pensée »[3]. Selon Augustin, donc, la signification est une relation entre un objet sensible (l'espèce qui est saisie par les sens), le signifié auquel il renvoie et la pensée. Ainsi, la vue d'une trace dans le terrain conduit le chasseur vers l'animal qui l'a laissée, ou la fumée sortant d'une cheminée révèle la présence de quelqu'un à l'intérieur de la maison. Mais le cas le plus évident est celui du langage, où certains sons font connaître les pensées qui se trouvent dans l'âme[4]. Les éléments essentiels à la définition augustinienne sont donc : a) le caractère sensible du signe ; b) son caractère hétéroréferentiel (*aliud aliquid*). Ces caractères sont tous les deux absents de la définition de Clauberg, qui ne limite pas le signe à la sphère de la sensibilité et ne refuse pas la possibilité qu'il soit autoréférentiel. En outre, Clauberg distingue dans le signe une double manière de se rapporter à la chose signifiée, car le signifiant peut faire connaître le signifié ou seulement l'indiquer : « En outre, pas tous les signes représentent ou rendent présent proprement quelque chose, ce qui est beaucoup plus qu'"indiquer". Le lierre certes indique du vin à vendre, mais il ne représente pas le vin de même qu'une statue ou une peinture montre

1. « Signum spectari potest tanquam adiunctum rei signatae : sic voces adiunguntur rebus, nomen imponitur infanti. Itaque signata signis potiora sunt », J. Clauberg, *Metaphysica de ente*, chap. 21, § 323, *Opera Omnia Philosophica*, I, p. 336.

2. « *Signum* est quod aliquid notum facit vel indicat », J. Clauberg, *Metaphysica de ente*, chap. 21, § 325, *Opera Omnia Philosophica*, I, p. 336.

3. « Signum est enim res praeter speciem, quam ingerit sensibus, aliud aliquid ex se faciens in cogitationem venire », Augustin, *De doctrina christiana*, II, 1, 1 (trad. fr. M. Moreau, *La doctrine chrétienne*, Paris, Institut d'Études Augustiniennes, 1997, p. 137).

4. « Verbus est uniuscuiusque rei signum, quod ab audiente possit intelligi, a loquente prolatum », Augustin, *De Dialectica*, J. Pinborg, Dordrecht-Boston, Reidel, 1975, chap. 5, p. 86.

l'homme ou le concept du vin montre le vin même »[1]. La distance entre cette conception et celle augustinienne met Clauberg en relation avec le mouvement de réélaboration du concept de signe qui avait permis, à partir du XIIIe siècle, de dépasser la restriction du signe à la sphère de la sensibilité[2].

Le texte qui permit cette élaboration fut un passage du premier chapitre du *De Interpretatione* d'Aristote, dans lequel le Stagirite avait affirmé que les voix (*voces*) sont les symboles et les signes des passions de l'âme, et que ces dernières, à leur tour, sont des « ressemblances » (*similitudines*) des choses[3]. L'intégration de la définition augustinienne avec celle d'Aristote est attestée par Roger Bacon, qui fut l'auteur d'un traité expressément consacré à la théorie des signes :

> Le signe est ce qui, offert au sens ou à l'intellect, représente quelque chose à l'intellect même, car pas tous les signes s'offrent aux sens, comme le suppose la description commune du signe. Quelque signe s'offre par contre à l'intellect seulement, selon le témoignage d'Aristote, qui affirme que les passions de l'âme sont des signes des choses, que ces passions sont les dispositions mêmes et les espèces, auprès de l'intellect, des choses

1. « Praeterea nec omne signum proprie aliquid repraesentat seu praesens sistit, quod amplius quiddam est quam indicare. Nempe hedera quidem indicat vinum vendibile, at non repraesentat vinum, ut statua vel pictura hominem, et conceptus vini ipsum vinum exhibet », J. Clauberg, *Metaphysica de ente*, chap. 21, § 326, *Opera Omnia Philosophica*, I, p. 336.

2. Les études consacrées au développement de la théorie du signe entre le XIIIe et le XIVe siècles sont nombreuses. *Cf.* à ce propos, A. Maierù, « *Signum* negli scritti filosofici e teologici tra XIII e XIV secolo », dans *Signum*, *op. cit.*, p. 119-141 ; J. Biard, *Logique et théorie du signe au XIVe siècle*, Paris, Vrin, 1989 ; I. Rosier, *La parole comme acte. Sur la grammaire et la sémantique au XIIIe siècle*, Paris, Vrin, 1994 ; C. Panaccio, *Les mots, les concepts, les choses*, Montréal-Paris, Bellarmin-Vrin, 1991 ; O. Boulnois, *Être et représentation*, Paris, PUF, 1999, chap. I, p. 17-53.

3. La traduction latine du *De interpretatione* la plus connue au Moyen Âge fut celle de Boèce. Voici la traduction qu'il donne du passage qui nous intéresse : « Sunt ergo ea quae sunt in voce earum quae sunt in anima passionum notae, et ea quae scribuntur eorum quae sunt in voce. Et quemadmodum nec litterae omnibus eaedem, sic nec eaedem voces ; quorum autem hae primorum notae, eaedem omnibus passiones animae sunt, et quorum hae similitudines, res etiam eaedem », Aristote, *De interpretatione*, trad. Boethii, L. Minio-Paluello (éd.), Bruges-Paris, Desclée de Brouwer, 1965, p. 5. Sur l'emploi du mot « notae » pour la traduction aussi bien de σύμβολα que de σημεῖα, *cf.* A. Maierù, « *Signum* negli scritti filosofici e teologici tra XIII e XIV secolo », dans *Signum*, *op. cit.*, p. 123 *sq.* Sur la réception du *De interpretatione* au Moyen Âge, *cf.* J. Isaac, *Le « Peri Hermeneias » en Occident de Boèce à saint Thomas*, Paris, Vrin, 1953.

existantes et que, donc, elles sont offertes à l'intellect seulement de manière qu'elles lui représentent les choses mêmes qui sont dehors [1].

Ainsi, la restriction augustinienne du signe à la sphère de la sensibilité était dépassée et, sur la base du texte d'Aristote, était affirmée la possibilité de considérer les *passiones animae* comme des signes des choses.

La question fondamentale de la sémantique médiévale est celle du *signatum* auquel le *signum* renvoie, en particulier le signe linguistique : le signe renvoie-t-il à la chose ou bien au concept de la chose [2] ? Roger Bacon, à propos de cette question, avait affirmé que les signes renvoient aux choses et non aux concepts : le langage ne représente pas le concept pensé par celui qui parle, mais la *res* à laquelle il est lié. Un changement significatif, à cet égard, est représenté par Pierre Olieu (Olivi) qui aborde la question à partir de la cause qui provoque la formation du signe. Ainsi, les gémissements sont les signes de la douleur qui les provoque, et les paroles signifient les choses auxquelles elles ont été liées par l'institution de l'homme [3]. Duns Scot, dans la ligne d'Olieu, considère la question de la signification à partir de la causalité exercée par le signifié sur le signe. En ce sens, toutefois, il ne considère pas la relation de signification comme déterminée par deux seuls éléments, mais selon un schéma triadique dans lequel rentrent la chose, le concept et le phonème [4]. Ces trois éléments sont co-impliqués dans le processus de la signification, car, bien sûr, les paroles signifient les choses, mais cela seulement en vertu du concept qui les précède et qui, à son tour, est lié par une relation causale à la chose.

L'antériorité du concept à l'égard du phonème implique la dépendance de celui-ci par rapport au premier, même si la cause du signe linguistique

1. « Signum autem est illud quod oblatum sensui vel intellectui aliquid designat ipsi intellectui, quoniam non omne signum offertur sensui ut vulgata descriptio signi supponit, sed aliquod soli intellectui offertur, testante Aristotele, qui dicit passiones animae esse signa rerum, quae passiones sunt habitus ipsi et species rerum existentes apud intellectum, et ideo soli intellectui offeruntur, ita ut repraesentant intellectui ipsas res extra », R. Bacon, *De signis*, *op. cit.*, I, § 2. Le *De signis* fait partie de l'*Opus maius* de Bacon et il a été publié séparément par K.M. Fredborg, L. Nielsen, J. Pinborg, « An inedited part of Roger Bacon's *Opus maius* », *Traditio*, 34, 1978, p. 75-136 (la citation que nous rapportons se trouve p. 82). L'œuvre de Bacon fournit un traitement spécifique et complet de la théorie des signes, qui sont divisés – selon une classification qui restera canonique – en signes naturels et arbitraires, les premiers se divisant à leur tour en signes ayant une relation d'inférence, de ressemblance ou de causalité avec l'objet signifié. Les signes arbitraires se divisent par contre en signes établis par délibération de la volonté ou sans délibération de la volonté.

2. *Cf.* à ce propos O. Boulnois, *Être et représentation*, *op. cit.*, p. 35 *sq.*

3. *Cf.* P.J. Olieu, *Quaestiones logicales*, S. Brown (éd.), *Traditio*, 46, 1986, p. 335-388.

4. *Cf.* O. Boulnois, *Être et représentation*, *op. cit.*, p. 39-48.

est la chose. Le concept devient alors le premier signe de la chose, car elle en est la cause directe, en raison du fait que l'acte intellectif qui le produit dépend de la présence de l'objet à l'intellect, au moyen des espèces intelligibles. La fonction de signification exercée par le concept est donc liée à sa fonction représentative, en raison du fait qu'il dépend de l'espèce produite par l'objet dans l'intellect. Pour Scot, cependant, la fonction de signification assurée par le concept dérive non pas de sa capacité à représenter l'objet, mais de la dépendance causale de l'objet même. Autrement dit, signification et représentation sont séparées et elles se trouvent seulement occasionnellement unies, grâce à leur co-présence dans les espèces intelligibles[1].

La co-implication de la fonction sémantique et de la fonction représentative dans le concept, en raison du rôle de l'espèce, est également très marquée chez les auteurs réformés du XVIIe siècle. Dans son commentaire à la *Metaphysica* de Maccovius, par exemple, Heereboord distingue entre les signes matériels et les signes formels :

> Le signe est aussi très utilement divisé en signe matériel et signe formel : l'un signifie seulement, l'autre représente aussi la chose signifiée. Les mots sont les signes des choses, mais ils sont des signes matériels puisqu'ils les signifient seulement. Les concepts sont aussi les signes des choses, mais ils sont des signes formels, puisqu'ils signifient et ils représentent les choses conçues. Toutes les espèces sensibles et intelligibles sont des signes de ce genre[2].

1. « L'intuition de la représentation n'est pas l'intuition de son contenu, la connaissance de la chose représentante ne suffit pas à déterminer l'objet représenté. On ne peut pas passer directement de la représentation à la chose », O. Boulnois, *Être et représentation*, *op. cit.*, p. 42-43.

2. « Utilissime etiam dividitur signum in materiale et formale ; illud tantum significat, hoc etiam repraesentat rem signatam ; vocabula sunt signa rerum, sed materialia, quia res tantum significant ; at conceptus sunt signa quoque rerum conceptarum, sed formalia, quia res conceptas et significant et repraesentant, et talia signa sunt omnes species sensibiles et intelligibiles », A. Heereboord, note *d*, dans J. Maccovius, *Metaphysica ad usum quaestionum in Philosophia ac Theologia ... explicata, vindicata, et refutata per Adrainum Heereboord*, Lugduni Batavorum, ex officina Francisci Hackii, 1658. Cette édition de la *Metaphysica* présente une série d'annotations d'Heereboord. Dans le cas du passage que nous avons cité, Heereboord élargit la définition restrictive de signe donnée par Maccovius. Ce dernier en effet, en adoptant la définition d'Augustin, avait exclu les concepts de l'ensemble des signes. Parmi les auteurs qui avaient accueilli la distinction entre signe matériel et signe formel se trouvent Clemens Timpler (*Metaphysicae systema methodicum*, *op. cit.*, p. 298 *sq.*) et Franco Burgersdijck (*Insititutionum Metaphysicarum libri duo*, Lugduni Batavorum, apud H. de Vogel, 1640, p. 201).

Goclenius, à son tour, tout en proposant une définition du signe assez proche de celle d'Augustin[1], présente une distinction des signes en *instrumentales* et *formales*. Les premiers concernent les *voces* et les paroles écrites, qui représentent les choses génériquement, tandis que les signes formels sont les *species* imprimées dans la puissance cognitive : « Les signes sont : instrumentaux, comme les mots, qui sont des signes et presque les "vicaires" des concepts et des affections de l'âme ; formels, comme les espèces impresses dans les puissances. En effet elles rendent présents au plus haut degré les objets qu'elles expriment »[2]. Par rapport à la tradition scotiste, cependant, les *voces* sont les signes non pas des choses, mais des concepts et des affections de l'âme, et ils sont les « signes » dans un sens moins fort que les espèces intentionnelles. Celles-ci, au contraire, sont « signes » dans l'acception la plus marquée et constituent une vraie représentation des choses. Ce en quoi consiste le *proprium* du signe est désormais son aptitude à représenter la chose, à la différence de ce qui était affirmé par Scot. Or, il faut remarquer le fait que Goclenius fait dépendre la nature du *signum* de son aptitude à représenter, se situant ainsi expressément dans la ligne de Scot : « Certains scolastiques disent que pour être un signe il suffit de l'aptitude à représenter. Ils posent une double genre de représentation : aptitudinale et actuelle. Scot »[3].

De la même façon, Clauberg fixe le *proprium* du signe dans la capacité de représenter, et, en accentuant le lien entre le signe et la représentation (nous prenons ici le sens de « représenter » dans un sens plus large, en y incluant aussi « indiquer »), il arrive à attribuer le statut de signe aux choses en tant qu'appréhensibles par l'intellect, c'est-à-dire à leur *esse objectivum*[4]. Le rapport entre la réalité signifiée et le signe consiste seulement

1. « [Signum est] quod seipsum sensui et praeter se aliquid animo repraesentat » (*Lexicon philosophicum*, *op. cit.*, p. 1045).

2. « Signa sunt Instrumentalia, ut voces, signa et quasi vicarii conceptuum et affectionum animi. Formalia, ut species potentiis impressae. Ea enim maxime praesentia faciunt obiecta quae exprimunt », R. Goclenius, *Lexicon philosophicum*, *op. cit.*, p. 1046.

3. « Scholastici quidam dicunt ad rationem signi sufficere aptitudinem ad repraesentandum ; qui faciunt duplicem repraesentationem, aptitudinalem et actualem : Scotus », R. Goclenius, *Lexicon philosophicum*, *op. cit.*, p. 1045.

4. « Cum vero indicari vel notum fieri aliquid non possit nisi menti, patet signa non ad res mere corporeas, sed ad intellectus preditas pertinere », J. Clauberg, *Metaphysica de ente*, chap. 21, § 326, *Opera Omnia Philosophica*, I, p. 336. Tout de suite après, Clauberg déclare son accord avec la définition donnée par Goclenius (« [Signum est] indicium quod potentiae cognoscenti aliquid a se distinctum repraesentat ») : « Cumque alii dicunt, Signum esse, quod *potentiae cognoscentis aliquid repraesentat*, nomine potentiae cognoscentis idem, sed minus latine, obscurius et prolixius exprimunt, quod nos brevis et clarius voce mentis » (p. 336). Il faut

dans le fait de rendre présente à l'entendement la chose signifiée : « En effet, au-delà de cette manière objective de saisie, entre la chose dotée d'intelligence et les choses qui sont en dehors d'elle il n'y a pas d'autre mode de présence ou de conjonction »[1]. Le décalage par rapport à Scot apparaît ici clairement, tout comme le lien que Clauberg entretient avec la tradition scotiste : le rapport entre le signifiant et le signifié n'est plus désormais conçu selon la causalité, mais il rentre complètement à l'intérieur de l'être objectif des idées. Autrement dit, les idées sont des *signa* parce qu'elles représentent ou indiquent les choses auxquelles elles se réfèrent.

Ce qui, dans la tradition précédente, était encore séparé (représentation et signification), est, pour Clauberg, désormais réuni, car la signification ne fait qu'un avec la représentation (au sens plus large d'indiquer et montrer). De cette manière se présente une théorie du signe assez originale, qui distingue dans le signe une double réalité, l'*esse materiale* ou *proprium* et l'*esse formale* ou *vicarium* : « Dans le signe on considère un être double : l'un matériel et propre, par lequel il est distinct du signifié et existe hors de l'esprit connaissant ; l'autre formel et vicaire, par lequel il est posé pour le signifié et se trouve dans l'esprit de celui qui connaît. Le premier est appelé aussi "être réel", le deuxième "être intentionnel et objectif" »[2].

Cette conclusion dépend à la fois de la constitution cartésienne de l'*esse objectivum* comme une véritable *realitas* et de la position du *dicibile* comme surtranscendantal au même niveau que l'*intelligibile seu cogitabile*. D'ailleurs, cette conclusion est aussi renforcée par le refus cartésien des espèces intentionnelles provenant de l'objet. Si chez Goclenius le *proprium* du signe est aussi la capacité de représenter, mais cela seulement en vertu des *species* qui représentent l'objet et qui sont causées par lui, avec Clauberg (à la suite de Descartes) le dernier fil qui unissait la signification

en outre souligner que cette définition était celle que Clauberg avait donnée dans l'*Ontosophia* en 1647 : « *Signum* [id est] quod potentiae cognoscenti h.e. sensui vel intellectui aliquid repraesentat » (J. Clauberg, *Ontosophia*, *Didactica*, § 216, p. 83). L'explication offerte par Clauberg à propos de la puissance cognitive (« h.e. sensui vel intellectui ») confirme davantage que sa source était Goclenius, car dans le *Lexicon* se trouve cette même explication : « Cognoscens hic est sensus vel intellectus », R. Goclenius, *Lexicon philosophicum*, *op. cit.*, p. 1045.

1. « Nam praeter istum attingendi modum objectivum inter rem intelligentia praeditam et res quae extra eam sunt, nulla alia praesentiae vel coniunctionis ratio invenitur », J. Clauberg, *Metaphysica de ente*, chap. 21, § 328, *Opera Omnia Philosophica*, I, p. 336.

2. « In signo duplex esse spectatur, alterum materiale et proprium, quo distinguitur a signato et extra mentem cognoscentem existit ; alterum formale et vicarium, quo ponitur pro signato et in mente cognoscentis est. Illud etiam reale esse, hoc intentionale et obiectivum appellatur », J. Clauberg, *Metaphysica de ente*, chap. 21, § 329, *Opera Omnia Philosophica*, I, p. 336-337.

à la causalité en vertu de l'espèce est rompu. Le fait que désormais la signification est entièrement du côté de l'*esse objectivum* et que celui-ci jouit d'une réalité propre par rapport à l'idée en tant qu'opération de l'entendement (l'*esse formale* de l'idée) est confirmé aussi par le fait que la double réalité de l'idée/signe implique une double causalité :

> Puisque la réalité du signe est double [...] il est convenable que nous considérions aussi sa double cause : l'une qui produit son être propre, l'autre qui produit son être vicaire. [...] L'esprit qui pense Dieu est la cause de l'idée ou notion, puisqu'opérant intérieurement elle se représente Dieu. Mais Dieu est la cause exemplaire de cette idée et l'objet de son opération [1].

Ainsi, la signification du concept n'a plus rien à voir avec le rapport que sa réalité matérielle (ou formelle au sens cartésien) entretient avec l'objet signifié. La réalité matérielle du signe ne concerne pas son signifié, et elle a son être indépendamment de la relation de signification et de la *mens* qui la pense : ainsi, les paroles prononcées sont de vrais sons qui se transmettent par l'air. La réalité formelle du signe est par contre son *esse obiectivum*, qui n'existe que dans la *mens* : *in mente cognoscenti est*. La signification du signe est donc une réalité purement mentale, qui s'ajoute (*adiunctum*) à une réalité qui peut être ou mentale (par exemple la pensée comme opération de la *mens*) ou extramentale (la *vox*) sans qu'entre ces deux réalités il y ait une seule et même relation causale. Il s'en suit, selon Clauberg, que le signe a aussi une double vérité, qui correspond à sa double réalité. Il y a la vérité transcendantale du signe, consistant dans la vérité de son être matériel, et il y a la *veritas signi* proprement dite, correspondant à la conformité du signe avec son signifié :

> Selon son être matériel, au signe est attribuée la vérité transcendantale : ainsi, le pain et le vin dans la Cène sont des vraies choses matérielles, les mots sont des vrais sons et des vrais mouvements. Selon son être formel, lui est propre la vérité dite « du signe », sous laquelle sont comprises et la vérité de la connaissance, qui est dans l'esprit qui se représente l'objet, et la vérité de l'oraison, qui est dans l'esprit de celui qui prononce le discours [2].

1. « Quoniam duplex est signi realitas [...] congruum erit, ut etiam *duplicem ejus causam* consideremus : alteram quae producit esse proprium, alterma quae efficit esse vicarium. [...] Mens de Deo cogitans est causa ideae seu notionis, quatenus intus operando Deum sibi repraesentat : atqui Deus est causa exemplaris illius ideae et objectum illius operationis », J. Clauberg, *Metaphysica de ente*, chap. 21, § 331, *Opera Omnia Philosophica*, I, p. 337.

2. « Secundum esse materiale signo tribuitur veritas trascendentalis, ita panis et vinum in S. Coena verae sunt res materiales, vocabula veri soni vel motus sunt : secundum esse formale competit ei *veritas signi* quae dicitur, sub qua comprehenditur veritas et cognitionis, quae in

La *veritas orationis*, de son côté, se divise en *veritas ethica* et *veritas logica*, qui consistent, respectivement, dans la conformité du discours écrit ou parlé avec la pensée et dans sa conformité avec la chose : « Celle-ci [la vérité de l'oraison] est derechef ou bien "éthique", quand le discours est en accord avec l'esprit, à laquelle s'oppose le mensonge ; ou bien "logique", quand le discours est en accord avec la chose, à laquelle s'oppose l'énonciation fausse »[1].

Le discours parlé instaure donc une double relation : d'une part avec la pensée de celui qui le prononce, de l'autre avec la chose qu'il indique. C'est pourquoi la parole est un type tout particulier de signe, car elle renvoie en même temps à deux termes différents : la pensée de celui qui l'a prononcée et la chose à laquelle elle se réfère. De là dérive la double vérité du discours, dont l'interprétation doit tenir compte du fait qu'il signifie à la fois la pensée de l'auteur et la chose dont il parle. Ces deux niveaux de vérité doivent être distingués et considérés séparément, car il est possible d'exprimer parfaitement sa pensée sans que celle-ci corresponde à la vérité de la chose. En ce sens, par exemple, on peut être sincèrement convaincu d'une chose qu'on affirme et qui est manifestement fausse : notre discours aura alors une vérité éthique, mais non une vérité logique.

L'affirmation de cette duplicité interne au discours avait été déjà mise en évidence à propos de la distinction entre les signes instrumentaux et les signes formels, et elle s'affirme à partir des débats qui se développèrent autour de l'école occamiste[2]. Au XVII^e^ siècle elle est communément acquise et, comme nous l'avons vu, elle se trouvait aussi chez Goclenius, dont Clauberg reprend parfois le lexique[3] : l'auteur du *Lexicon*, en effet, avait affirmé que les signes instrumentaux, identifiés avec les phonèmes,

mente objectum sibi repraesentante est, et orationis, quae est in mente interprete sermone », J. Clauberg, *Metaphysica de ente*, chap. 21, §. 330, *Opera Omnia Philosophica*, I, p. 337.

1. « Haec iterum est vel *Ethica*, cum sermo convenit cum mente, cui opponitur mendacium ; vel *Logica*, cum sermo convenit cum re, cui opponitur enunciatio falsa », *ibid.*

2. *Cf.* à ce propos J. Biard, *Logique et théorie du signe*, *op. cit.*, p. 205-211.

3. Dans le *Corporis et animae in homine coniunctio* (chap. 38, § 14-15, *Opera Omnia Philosophica*, I, p. 243) Clauberg distingue entre signes matériels et formels. Dans le chapitre que nous sommes en train d'examiner, par contre, il présente la même distinction en employant une terminologie différente, car dans ce cas il parle de signes formels et « instrumentaux » (« instrumentales ») : « Formale signum appellatur imago rei in mente vel omne signum, quod proprie repraesentat. [...] Ita conceptus rei signum est. Instrumentale signum dicitur quod tantum indicat [...] vel externum duntaxat cognoscendi adminiculum est. Ita nomen rei signum est », J. Clauberg, *Metaphysica de ente*, chap. 21, § 336, *Opera Omnia Philosophica*, I, p. 337.

signifient aussi bien les *res* que les *concepta*, et établissent une relation aussi bien avec les uns qu'avec les autres[1].

Chez Clauberg, la double relation entretenue par le discours parlé (ou écrit) fonde la division des deux dernières parties de la logique. À la double vérité de l'*oratio* Clauberg fait correspondre les deux parties de l'*Analytica* :

> L'analytique dirige l'esprit dans la résolution de ce qui est complexe, en premier lieu pour que nous le comprenions ou bien encore pour connaître le sens vrai du discours externe ; ensuite pour que nous percevions si c'est tel que cela doit être, c'est-à-dire pour distinguer le sens vrai du faux, le conséquent de l'inconséquent etc., dans le discours interne[2].

### *L'*Hermeneutica

Les deux branches de l'*Analytica* correspondent donc parfaitement aux deux acceptions de la vérité du discours : la compréhension de la pensée de l'auteur et la correspondance de celle-ci avec la chose à laquelle il se réfère[3]. Le rapport qui lie la *Metaphysica de ente* à la *Logica* nous fournit alors une série d'éléments pour la compréhension de la logique claubergienne : à partir de ce que Clauberg dit à propos de la *veritas logica* nous pouvons conclure que la dernière partie de la *Logica vetus et nova* est fondée sur la théorie du signe que nous avons décrite, car la compréhension de la correspondance entre l'idée et la chose représentée se joue

1. « Significant instrumentalia per sui cognitionem ut voces quae significant conceptus [vel] res ipsas. Vocabula rerum quae finguntur etsi rem veram non significant, designant tamen obiectum confictum per modum veri. Nurus qui vice verborum sunt huc pertinent, significant et conceptus et res », R. Goclenius, *Lexicon philosphicum*, *op. cit.*, p. 1047. Ce statut particulier des *voces* se trouve déjà établi par la tradition occamiste, qui affirme cependant que les phonèmes signifient en premier lieu les *res* et en second lieu les concepts : « Termini ad placitum instituti [...] significant principaliter res extra et per consequens significant similitudines earum in anima secundario et ex consequenti », Albert de Saxe, *Quaestiones in artem veterem, Peri Hermeneias, Prooemium*, quaestio unica de terminis ad placitum, § 737, cité dans J. Biard, *Logique et théorie du signe*, *op. cit.*, p. 210.

2. « Analytica dirigit mentem in resolutione eorum, quae composita sunt, primo, ut intelligamus, quaenam illa sint, sive, ut verum sensum cognoscamus externis sermonis : deinde, ut percipiamus, an talia sint, qualia esse debent, sive, ut verum a falso, consequens ab inconsequente, etc. in sermone interno dignoscamus », J. Clauberg, *Logica vetus et nova*, *Prolegomena*, chap. VI, § 120, *Opera Omnia Philosophica*, II, p. 781 (trad. cit., p. 56).

3. Sur ce sujet, voir aussi X. Kieft, « Clauberg : le sens que les choses doivent avoir », dans P. Hummel, F. Gabriel (éds.), *Les débris du sens. Études sur les dérives de la perception et du sens*, Paris, Philologicum, 2008, p. 83-93 ; J. Lagrée, « Sens et vérité chez Clauberg et Spinoza », *Philosophiques*, 2002, 29, 1, p. 121-138.

entièrement dans le renvoi du représentant au représenté, ou, plus généralement, du *signum* au *signatum*.

Cela n'exclut pas l'analyse des syllogismes, de la typologie des propositions et de leur extension, mais les inclut, en les comprenant sous la figure essentielle de la *cogitatio*, c'est-à-dire la *perceptio*. Le chapitre cinq de la quatrième partie montre de manière significative l'articulation et l'implication réciproque de perception, représentation et *esse objectivum*. Dans ce chapitre Clauberg traite de l'erreur, dont l'origine[1] se trouve toujours dans l'accueil acritique de sa propre perception comme mesure des choses : « La principale source des erreurs se manifeste en ceci : les hommes conçoivent quelque chose dans les choses pensées et extérieures avec la qualité et quantité qui se trouve en eux-mêmes qui pensent et dans les choses qui les concernent »[2]. Clauberg entend montrer par là qu'il y a à la fois une distinction et un rapport entre la perception et l'objet perçu : ainsi, une des causes premières de l'erreur est l'attribution acritique ou inconsciente du contenu de nos perceptions aux choses. Par exemple, quand quelqu'un perçoit confusément les paroles de son interlocuteur et qu'il attribue cette confusion au discours même, cela arrive parce que l'interprète ne distingue pas entre le sens des paroles (qui correspond à la pensée de celui qui les prononce) et le contenu (l'*esse obiectivum*) de ses propres perceptions. De la même façon que dans la logique génétique, celui qui interprète le sens du discours d'autrui doit considérer si ce discours est conforme aux règles qui permettent de bien percevoir et de bien juger[3].

La logique de Clauberg s'organise donc sur l'interprétation correcte des perceptions et sur la formation des jugements à partir de ces dernières. Comme nous l'avons vu, toute la logique se fonde sur la norme cartésienne de la *perceptio clara et distincta*, mais cette norme est insérée dans le cadre d'une sémiotisation générale des perceptions, de sorte que Clauberg croit pouvoir légitimement compléter la logique cartésienne avec la deuxième partie de la *Genetica* et l'ensemble de l'*Analytica*. Cela est possible en raison du fait que Clauberg attribue aussi un sens aux perceptions des qualités secondaires, comme les sons ou les couleurs, parce qu'elles

1. Clauberg aborde ici le problème de l'erreur du point de vue « formel », et non du point de vue historique de l'origine des causes qui rendent problématique la formulation des jugements vrais, comme c'était le cas dans les *Prolegomena*.

2. « Fons errorum praecipuus ostenditur in eo, quod homines aliquid tale ac tantum concipiunt in rebus cogitatis atque alienis, quale et quantum est in ipsis cogitantibus, et rebus ad se pertinentibus », J. Clauberg, *Logica vetus et nova*, IV, titre du chap. 5, *Opera Omnia Philosophica*, II, p. 872 (trad. cit., p. 246).

3. C'est précisément l'objet de la quatrième partie de la *Logica vetus et nova*.

sont dotées d'une *realitas obiectiva* ou *esse objectivum* qui les rend intrinsèquement significatives.

Nous pouvons désormais voir la différence avec la conception cartésienne du langage et du signe. Si, en effet, Descartes n'a pas proposé un développement exhaustif de sa propre théorie du langage, plusieurs textes[1] nous permettent cependant de reconstruire sa réflexion autour du langage et de la parole. En revanche, une réflexion spécifiquement consacrée à la théorie du signe apparaît presque absente, et, dans les passages où Descartes se sert du concept de signe, il se conforme soit à la définition augustinienne soit à la définition thomiste[2]. Les recherches concernant la théorie cartésienne du langage ont mis en évidence la nature arbitraire du rapport entre langage et pensée[3], la fonction exemplaire du phénomène

1. Les passages dans lesquels Descartes se réfère au langage ont été publiés dans une anthologie éditée par Claudia Stancati (*Cartesio. Segno e linguaggio*, C. Stancati (éd.), Rome, Editori Riuniti, 2000). L'ensemble de ces textes montre que la réflexion de Descartes à ce sujet se déroule à partir des fragments de jeunesse jusqu'aux *Passions de l'âme*. La plupart de ces textes se trouvent dans la correspondance.

2. *Cf.* J.-R. Armogathe, « Sémantèse de *signe/signum* dans le corpus cartésien », art. cit., qui étudie les occurrences de *signe/signum* dans le corpus cartésien en les comparant avec les définitions de « signe » fournies par Thomas et Augustin. La définition de Thomas se trouve dans le *Commentaire des Sentences* (4, dist. 1, q. 1 ad 5) : « Signum quantum est in se, importat aliquid manifestum, quoad nos, quo manuducimur in cognitionem alicuius occulti ». Selon Armogathe, cette acception de *signum* se trouve dans les *Météores* (discours VIII : AT VI 343; B Op I, p. 456), dans quelques lettres (Descartes à Reneri per Pollot, avril ou mai 1638 : AT II 40 l. 4; B 164, p. 646; Descartes à Elisabeth, mai 1645 : AT IV 201 l. 9, B 494, p. 2008), dans les *Passions de l'âme* (1^re^ partie, art. 112, AT XI 411; B Op I, p. 2432) et aussi dans les *Secundae Responsiones* (« signum distinctionis realis », AT VII 132 ll. 10 et 14; B Op I, p. 856). La définition augustinienne, dont nous avons déjà parlé, influence par contre la considération cartésienne du langage. *Cf.* par exemple le *Discours de la méthode* (AT VI 56 l. 22; B Op I, p. 90) et la lettre à Newcastle du 23 novembre 1646 (AT IV 569; B 587, p. 2346).

3. Le rapport arbitraire entre les mots et les choses est clairement affirmé dans le premier chapitre du *Monde* : « Vous savez bien que les paroles, n'ayant aucune ressemblance avec les choses qu'elles signifient, ne laissent pas de nous les faire concevoir, et souvent même sans que nous prenions garde au sons des mots, ni à leurs syllabes; en sorte qu'il peut arriver qu'après avoir ouï un discours, dont nous aurons fort bien compris le sens, nous ne pourrons pas dire en quelle langue il aura été prononcé. Or, si des mots, qui ne signifient rien que par l'institution des hommes, suffisent pour nous faire concevoir des choses avec lesquelles ils n'ont aucune ressemblance : pourquoi la Nature ne pourra-t-elle pas aussi avoir établi certain signe, qui nous fasse avoir le sentiment de la Lumière, bien que ce signe n'ait rien en soi, qui soit semblable à ce sentiment? », AT XI 4; B Op II, p. 214-216. Ce thème est repris par Descartes dans les *Principia* (I, § 74). Pour un commentaire de ce passage du *Monde*, *cf.* J.-P. Cavaillé, *Descartes. La fable du monde*, *op. cit.*, p. 80-83.

linguistique pour décrire les rapports entre l'âme et le corps [1], et l'intérêt de Descartes pour le langage considéré comme le signe par excellence qui démontre la différence entre l'homme et l'animal [2]. Dans tous ces différents contextes, pour Descartes le rapport entre le phonème et son signifié reste arbitraire, et le langage est l'exemple par excellence d'un système de signes arbitraires, institués par la volonté. La nature du rapport entre les paroles et les idées est prise en considération par Descartes dans la lettre à Mersenne du 20 novembre 1629, dans laquelle il aborde la question de la langue universelle [3] : à cette occasion, il expose sa conception de la langue comme un ensemble de signes « neutres », mis en relation par un ensemble de règles, et auxquels correspond, artificiellement, une signification mentale. En ce sens, la compréhension d'un texte dépend exclusivement du dictionnaire et de la grammaire : la traduction d'un texte chinois, par exemple, ne poserait pas de problème si on avait un bon dictionnaire et si on connaissait les règles grammaticales. La seule difficulté est celle qui tient à la complexité des règles grammaticales et à la quantité de mots employés [4]. Dictionnaire et grammaire : la compréhension d'un discours se produit, selon Descartes, par le même mécanisme que celui qui opère dans le déchiffrage d'un code, c'est-à-dire à travers la substitution du symbole par

1. Nous renvoyons à ce propos à l'étude de G. Cantelli, *La parola come similitudine dell'uomo. Una interpretazione del rapporto mente-corpo in Cartesio*, Naples, Morano, 1992. Pour Cantelli, le sens proprement philosophique attribué par Descartes au phénomène linguistique se trouve dans l'analogie qu'il y a entre celui-ci et le rapport âme-corps : comme le signe (matériel) se rapporte au signifié (mental) par une correspondance entre deux réalités ayant une nature différente, ainsi le corps est uni à l'âme en vertu d'une relation instituée par la volonté divine. *Cf.* aussi un autre essai de Cantelli, « La terza nozione primitiva e l'analisi dei sensi esterni e interni svolta nei *Principia*, IV, 188-189 », dans *Descartes : Principia philosophiae (1644-1994)*, *op. cit.*, p. 67-104.

2. Ce thème est abordé par Descartes à plusieurs reprises, et en particulier dans la cinquième partie du *Discours* : *cf.* AT VI, p. 55-60. Le thème du rapport entre langage et animaux-machines est l'objet de l'étude de J.-P. Séris, *Machine et langage à l'âge classique*, Paris, Hachette, 1995.

3. Descartes à Mersenne, 20 novembre 1629, AT I 76-82 ; B 24, p. 92-96.

4. « Ce qui empêche que tout le monde ne le pourrait pas faire [traduire une langue étrangère, en ayant le dictionnaire et un exemple], c'est la difficulté de la grammaire ; et je devine que c'est tout le secret de votre homme. Mais ce n'est rien qui ne soit très aisé ; car faisant une langue, où il n'y ait qu'une façon de conjuguer, de décliner, et de construire les mots, qu'il n'y en ait point de défectifs ni d'irréguliers, qui sont toutes choses venues de la corruption de l'usage, et même que l'inflexion des noms ou des verbes et la construction se fassent par affixes, ou devant ou après les mots primitifs, lesquelles affixes soient tous spécifiés dans le dictionnaire, ce ne sera pas merveille que les esprits vulgaires apprennent en moins de six heures à composer en cette langue », AT I 77 ; B 24, p. 92.

son signifié et à travers la compréhension des rapports existant entre les symboles. Descartes reviendra encore sur ce sujet dans l'article final des *Principia*, dans lequel il décrit le processus de compréhension d'un texte chiffré, dont le sens est révélé par la substitution des lettres chiffrées par celles qui sont cachées[1]. Le langage idéal, donc, est celui qui est le plus formalisé, dont les termes sont les plus précis et exacts, et qui procède par substitutions et par équivalences. Ce type de langage, loin de correspondre aux langues habituellement parlées, est celui utilisé dans les mathématiques, et auquel Descartes avait confié, dans le projet d'une *mathesis universalis*, la tâche d'exprimer les rapports et les proportions qui existent entre les différents objets.

Contrairement à Descartes qui ne propose dans ses œuvres que de rares considérations sur le langage, Clauberg offre une théorie complexe de l'interprétation qu'il expose dans la troisième partie de la *Logica vetus et nova*. Dans cette section, Clauberg fixe, comme tâche de la première partie de l'*Analytica*, la perception de la pensée de son propre interlocuteur : « Comme il est interdit de juger de ce qu'on n'a pas perçu, la première chose à faire, à moins de ne pas vouloir s'éloigner du seuil, c'est de percevoir quelles sont les pensées de celui qui nous parle, ou bien quelle est la signification authentique des propos et écrits, conforme à la pensée du locuteur, et quel est le sens réel des mots »[2].

Cette partie correspond donc à la deuxième partie de la *Genetica*, qui fournit les règles nécessaires à la communication de ses propres perceptions. Ces deux parties – la dernière partie de la *Genetica* et la première partie de l'*Analytica* – constituent l'ensemble de l'herméneutique de Clauberg, et il en résulte une théorie de l'interprétation plus complexe que celle qui se trouve dans les œuvres de Descartes. La finalité de l'herméneutique claubergienne, en son double sens – faire comprendre aux autres ses propres pensées (*Hermeneutica Genetica*) et comprendre la

1. « Si quis legere velit epistolam, latinis quidem literis, sed non in vera significatione positis, scriptam et conjicens, ubicunque in ea est A, legendum esse B, ubi B legendum C, atque ita pro unaquaque liter proxime sequentem esse substituendam, inveniat hoc pacto latina quaedam verba ex iis componi : non dubitabit quin illius epistolae verus sensus in istis verbis contineatur », *Principia*, IV, § 205, AT VIII-1 327-328 ; B Op I, p. 2208.

2. « Cum nefas sit judicare de eo, quod non perceperis, ante omnia id agendum, nisi velis ab ipsa janua aberrare, ut percipiatur, quaenam sint cogitationes illius, qui nobis loquitur, sive auae dictorum scriptorumve germana et mentis dicentis congrua significatio sit, quis sensus verborum genuinus », J. Clauberg, *Logica vetus et nova*, III, chap. 1, § 3, *Opera Omnia Philosophica*, II, p. 843 (trad. cit., p. 182).

pensée des autres (*Hermeneutica Analytica*) – consiste dans la répétition de la perception de l'auteur du *discursus* de la part de son interprète :

> Pour cela, le plus grand artifice de l'Herméneutique est, comme on l'a appris de la première partie de la Logique, de renvoyer à la manière d'apprendre par soi-même : ainsi, en examinant tout par sa perception propre et en offrant spontanément l'assentiment à ce qu'il a perçu, il ne semble pas tant recevoir la science d'un autre que la trouver par son propre travail [1].

Le but de la communication et de l'enseignement est de *transplantare*, selon l'expression de Clauberg, la science du maître dans le disciple : « Personne ne doit se hâter de transplanter la science dans l'esprit d'autrui avant d'avoir estimé que ses racines aient poussé et mûri dans le sien » [2].

Ainsi, l'auteur de la *Logica vetus et nova* fond le principe herméneutique selon lequel chaque auteur est *sui ipsius interpres* avec la théorie cartésienne de la *perceptio* [3] : l'objectif de la troisième partie de la *Logica vetus et nova* est de reproduire ou d'engendrer chez l'auditeur la même perception que celle de l'auteur du texte parlé ou écrit. De là s'ensuit l'articulation des normes finalisées à la transmission des perceptions en fonction du destinataire final, qui est justement l'interlocuteur. Le premier chapitre de l'*Analytica* explique quels sont les éléments nécessaires pour comprendre le vrai sens (*verum sensum*) du discours : il faut non seulement connaître le sens des mots, mais, puisque le sens consiste dans la conformité du discours avec, à la fois, les choses signifiées et la pensée de l'auteur, il faut aussi prendre en considération l'auteur même du discours, son intention, l'objet dont il parle et les circonstances dans lesquelles le

1. « Adhaec *summum Hermeneuticae artificium* est, discentem ad Logicae primam partem, sive ad modum ex semetipso discendi revocare, ut sua perceptione cuncta explorando, sua sponte perceptis praebendo non tam ab alio accipere scientiam, quam proprio labore invenire videatur », J. Clauberg, *Logica Vetus et Nova*, II, chap. 2, § 2, *Opera Omnia Philosophica*, II, p. 819 (trad. cit., p. 131-132).

2. « Nemo festinare [debet] ad scientiam in aliorum animos transplantandam, nisi in suo radices egisse ac maturuisse senserit », J. Clauberg, *Logica vetus et nova*, II, chap. 1, § 8, *Opera Omnia Philosophica*, II, p. 818 (trad. cit., p. 129).

3. Voir à ce propos, M. Savini, *Johannes Clauberg et la lecture de Descartes d'après l'herméneutique du texte d'Aristote*, *op. cit.*, en particulier p. 263 *sq.* La conception claubergienne de l'interprétation comme reproduction ou « répétition » de la pensée de l'auteur se rapproche pour plusieurs aspects de celle proposée par M. Piccart dans son *Oratio de ratione interpretandi* publiée en *Appendice* à l'*Isagoge in lectionem Aristotelis*, *op. cit.* (1605). Sur l'importance de ce texte par rapport à l'histoire de l'herméneutique, *cf.* L. Bianchi, « "Interpretare Aristotele con Aristotele" », art. cit.

discours est formulé [1]. Les règles interprétatives exposées dans la troisième partie de l'ouvrage ne sont pas nouvelles et, pour l'essentiel, elles reprennent les *media interpretationis* de la tradition précédente.

Mais, en proposant une herméneutique générale, Clauberg se rattache, comme nous l'avons vu [2], au tout dernier développement de l'herméneutique qui, avec Dannhauer, se constitue à la fois comme une discipline autonome et comme une partie de la logique. Chez Dannhauer l'*hermeneutica* ne s'occupe pas de la vérité du discours (ce qui reste encore la tâche de la logique traditionnelle), mais du vrai sens (*sensus verus*) de celui-ci. Ainsi, la distinction entre le vrai sens et la vérité dont s'occupe la logique traditionnelle [3] préfigure la distinction entre la *veritas orationis* et la *veritas logica* proposée par Clauberg. Et pourtant, celui-ci fonde le rapport réciproque entre les deux types de vérité sur la théorie du signe que nous avons reconstruite, tandis que Dannhauer souligne seulement l'analogie entre elles, en distinguant profondément la sphère de la vérité logique de la sphère de la vérité relative à l'interprétation. Pour Dannhauer, qui, à ce propos, se conforme aux commentateurs modernes du *De Interpretatione* d'Aristote, l'objet de l'*hermeneutica* est constitué par les signes matériels et les signes doctrinaux. Ceux-ci, toutefois, ne rentrent dans l'*hermeneutica* que dans la mesure où ils sont obscurs et confus :

> Pas tous les signes sont objets de l'herméneutique d'Aristote, mais les signes volontaires et doctrinaux. [...] Ces signes en tant qu'obscurs sont objets de l'herméneutique : ainsi, le signe volontaire ou doctrinal en est l'objet matériel, en tant qu'obscur il en est l'objet formel. Pour le dire brièvement, tout discours prononcé extérieurement en tant qu'il est obscur et qu'il peut être exposé est l'objet de ce traité [4].

1. « Cum sermo externus constet ex vocabulis, ut *sensus* ejus percipiatur, prius *vocabulorum* significatio indaganda ; et qua significatio et sensus consistunt in sermonis et verborum cum rebus significatis et cum mente authoris congruentia, spectandus quoque est author ipse, et scopus loquentis, et res de qua loquitur, aliaeque sermonis circumstantiae », J. Clauberg, *Logica vetus et nova*, III, chap. I, § 5, *Opera Omnia Philosophica*, II, p. 844 (trad. cit., p. 183).

2. *Cf.* le début de ce chapitre, *supra*, p. 202-206. Sur Dannhauer, *cf.* entre autres, H. E. Hasso Jaeger, « Studien zur Frügeschichte », art. cit., p. 35-84 ; W. Alexander, *Hermeneutica generalis*, *op. cit.*, p. 46-122 ; R. Sdzuj, *Historische Studien zur Interpretationsmethodologie*, *op. cit.*, p. 112-124 ; P. Bühler, « L'herméneutique de Johann Conrad Dannhauer », dans *La logique herméneutique*, *op. cit.*, p. 69-91.

3. Cf. *supra*, p. 205-206.

4. « Sunt autem objecta Hermeneuticae Aristotelicae, non quaevis signa, sed *voluntaria et doctrinalia* [...]. Haec signa quatenus sunt obscura, sunt objectum Hermeneuticae, ut ita signum voluntarium ac doctrinale, sit materiale ; quatenus obscurum, formale. Paucis, omnis

Dannhauer reprend ici l'œuvre de Francisco Murcia de Llana qui avait défini le *terminus* comme « un mot [*vox*] qui est un signe doctrinal »[1]. En se rattachant au *De doctrina christiana* d'Augustin, Murcia de la Llana avait ensuite défini le *signum doctrinale* comme *vox significativa*, c'est-à-dire comme un son auquel correspond une signification mentale précise. En ce sens, par exemple, un cri est certes le signe de la présence d'un être humain, mais, cependant, il n'a pas à proprement parler de « signification ». Dannhauer est donc influencé par la tradition augustinienne lorsqu'il limite le domaine de l'herméneutique à la considération des discours parlés ou écrits, dont le sens est obscur mais déterminable (*exponibilis*). L'objet formel de l'*hermeneutica* est donc l'obscurité du texte, et Dannhauer structure le traitement de cette discipline sur l'analogie entre les difficultés de l'interprétation et les maladies qui affligent le corps. C'est pourquoi il divise l'*Idea Boni interpretis et malitiosi calumniatoris*, selon une tripartition s'inspirant des traités médicaux[2], en une physiologie (φυσιολογική), une pathologie (παθολογική) et une thérapeutique (θεραπευτική).

L'influence de Dannhauer sur la logique claubergienne est donc incontestable, et l'auteur de la *Logica vetus et nova* le cite à plusieurs reprises[3]. Cependant, les différences entre eux sont assez marquées : tandis que Dannhauer adopte la définition augustinienne du signe, Clauberg élabore ultérieurement la définition tardo-médiévale, qui comprend désormais les idées et, plus généralement, les perceptions. En outre, pour Dannhauer, le rapport entre l'analyse herméneutique et celle qui est proprement logique est fondé seulement sur une analogie de méthode, et les deux disciplines doivent être distinguées. Pour Clauberg, au contraire, la *veritas orationis* et la *veritas logica* forment un tout unitaire, qui constitue l'ensemble de l'*Analytica* claubergienne. De plus, pour lui, l'herméneutique analytique représente le moment qui doit précéder l'analytique proprement

oratio foras prolata quatenus obscura sed exponibilis est huius tractatus objectum », J. C. Dannhauer, *Idea boni interpretis*, *op. cit.*, p. 25.

1. « Terminus secundum Aristotelem debet esse vox, quae sit signum doctrinale, sed voces nihil significantes non sunt signa doctrinalia », F. Murcia de Llana, *Selecta de ratione terminorum*, Madrid, 1616, p. 7 (cité dans H.-E. Hasso Jaeger, « Studien zur Frügeschichte der Hermeneutik », art. cit., p. 54). Sur Murcia de Llana, *cf.* W. Risse, *Die Logik der Neuzeit*, *op. cit.*, I, p. 402 *sq.*

2. À propos de l'influence de Galien sur Dannhauer, *cf.* H.-E. Hasso Jaeger, « Studien zur Frühgeschichte », art. cit., p. 45 *sq.*

3. *Cf.* en particulier la *Defensio cartesiana*, chap. III, § 21 ; chap. X, § 11 (à cet endroit Clauberg cite un long passage de l'*Idea boni disputatoris et Malitiosi sophistae*, publiée par Dannhauer à Strasbourg en 1629) ; chap. XVII, § 8 (respectivement *Opera Omnia Philosophica*, II, p. 951, 975, 998).

dite (celle qui examine la *veritas logica*), et toutes deux fonctionnent comme un seul processus qui, du discours parlé ou écrit, conduit à la vérité. Autrement dit, l'*hermeneutica* devient le moment initial de l'appréhension de la vérité qui se propose à travers le dialogue ou la lecture, tandis que pour Dannhauer la logique traditionnelle et l'*hermeneutica* suivent deux voies distinctes et parallèles[1]. Les interprètes qui ont reconstruit la genèse de l'herméneutique[2] ont mis en évidence le rapport qui lie Clauberg à Dannhauer, en soutenant l'existence d'une continuité entre la *Logica vetus et nova* et l'*Idea boni interpretis*. Comme nous l'avons dit, ce lien est incontestable, toutefois il nous semble nécessaire de remarquer la distance qui sépare l'*Hermeneutica* de Dannhauer de celle de Clauberg : tandis que l'une se réalise dans l'interprétation des textes (parlés ou écrits) et dans l'élimination de l'*obscuritas* du discours, l'autre se situe dans un processus de sémiotisation générale des perceptions, qui motive le phénomène de l'interprétation non pas à cause d'une condition pathologique de la raison, mais à partir de l'assimilation entre perception, idée et signe[3]. En raison de cette assimilation, l'herméneutique devient un *moment* essentiel du processus appréhensif et cognitif.

La IVe partie de la *Logica vetus et nova* concerne l'examen de la véridicité des propositions. Après avoir compris le sens du discours, il est nécessaire d'en juger la correspondance au vrai, c'est-à-dire la conformité avec les règles énoncées dans la première partie de la *Genetica* : « Il nous faut rechercher si les pensées du rédacteur, qui nous explique le discours externe, grâce aux règles prescrites par la Logique génétique, non seulement sur la façon de percevoir, de juger et de mémoriser, mais encore de transmettre, sont ou non de même forme et pour quelle raison elles le sont

1. Une conception plus proche de celle de Clauberg est celle de Timpler : « Quia interpretatio thematis obscuri non debet simpliciter pendere ex libero arbitrio, sed certis regulis dirigi, ut sit recta et legitima. Eiusmodi autem regulas sola doctrina bene interpretandi tradit. Ideoque necessaria est et utilis, quia recta interpretatio plurimum adiumenti adfert ad bene intelligendum tum verba, quibus res experiuntur et explicantur : tum etiam verum ipsarum rerum sensum percipiendum, unde non immerito clavis intelligentiae dicitur », *Logicae systema methodicum*, *op. cit.*, p. 804.

2. À partir de H.-E. Hasso Jaeger, « Studien zur Frügeschichte », art. cit., p. 75.

3. La différence entre la position de Dannhauer et celle de Clauberg a été soulignée par W. Alexander (*Hermeneutica generalis*, *op. cit.*, p. 66-67) : « Anders als Dannhauer aber gewinnt er [Clauberg] die Auslegungsregeln nicht ex negativo aus einer Analyse der Ursachen, welche die Realisatio dieses Ziels verhindern, sondern positiv aus einer Zergliederung der Zielsetzung in ihre verursachenden Prinzipien ».

dans l'esprit du locuteur »[1]. Comme nous l'avons vu, la source principale de l'erreur consiste dans le manque de distinction entre la perception de l'entendement et l'objet perçu, de sorte que l'on attribue souvent aux choses ce qui concerne seulement sa propre perception. Il arrive ainsi que l'homme produise ses propres pensées et qu'il institue le langage en créant une équivoque à propos des choses et de ses idées obscures et confuses.

Cette dernière partie de la *Logica vetus et nova* prescrit donc les normes nécessaires pour évaluer en quelle mesure la pensée qui nous est communiquée est affectée par cette confusion. À ce propos, Clauberg suit le même ordre que dans la première partie de la *Genetica*, en préconisant l'analyse des définitions et des termes qui composent le discours, ainsi que l'examen des divisions et de la concaténation des propositions. À la formation de ses propres pensées dans la *Genetica* correspond, symétriquement, la résolution de celles d'autrui, qui sont devenues, suite à l'interprétation guidée par l'*hermeneutica*, objets de notre propre perception. En ce sens, après la première partie de l'*Analytica*, il n'y a plus de différence entre nos pensées et celles que nous avons reçues d'autrui, car désormais elles font toutes partie du *sermo internus*.

Tout comme la *Genetica*, cette section de la *Logica* se fonde sur l'examen de la clarté et de la distinction des éléments du discours et des définitions qui les sous-tendent :

> Après avoir examiné si une définition apportée par un auteur était bien nécessaire à la saisie du mot ou de la chose, que faut-il encore rechercher ? Il faut voir si elle a été bien construite, c'est-à-dire si elle satisfait aux lois de la bonne définition dans les deux parties de la logique génétique dont la principale est qu'elle soit *claire et évidente* ; c'est ce qu'exige *Log.* I § 98 ; II, § 45 et à double titre : 1. en général, parce que tout le premier degré de la logique vise à l'obtention d'une perception claire et distincte ; 2. en particulier, parce qu'on ne propose de définition que pour cette seule raison : élucider quelque chose d'obscur ; il est donc nécessaire qu'elle soit non seulement aussi claire mais encore absolument plus claire que la chose définie ; sinon on la proposerait en vain[2].

1. « Inquirendum est an cogitationes scriptoris, externo sermone nobis explicatae, regulis illis, quas non solum de percipiendi, judicandi et recordandi, verum etiam de tradendi modo praescripsit Logica Genetica, sint conformes, nec ne, et qua de causa tales in animo dicentis exstiterint », J. Clauberg, *Logica vetus et nova*, IV, chap. 1, § 1, *Opera Omnia Philosophica*, II, p. 866 (trad. cit., p. 233).

2. « Postquam examinatum fuit, an definitio ab authore quopiam allata intuitu rei aut vocis necessaria fuerit, nec ne, quid amplius inquirendum ? Resp. Videndum est, an recte sit constructa, sive an legibus bonae definitionis in utraque Logicae Gen. parte satisfaciat,

Comme pour la *Genetica*, Clauberg maintient les instruments traditionnels de la logique, tels que la définition, la division, le syllogisme, mais il les subordonne à la norme fondamentale de *sa* logique, selon laquelle le jugement doit être précédé de la perception claire et distincte.

En ce sens, la *methodus* suivie par Descartes dans la formation de ses propres pensées contient, *in nuce*, l'essence de la logique développée par Clauberg. Mais l'achèvement de la première logique cartésienne n'aurait pas été possible sans l'apport de la réflexion, qui relie Clauberg à la tradition scolastique, autour de la réalité objective de l'idée et de son insertion dans la figure du *signum*. Si chez Scot, mais aussi chez Goclenius et Timpler, l'idée est « signe » en raison du régime causal qui lie le concept à l'objet représenté par l'entremise des espèces intentionnelles, avec Clauberg c'est la réalité objective de l'idée qui, d'elle-même, est significative. La réflexion cartésienne, qui, à travers la critique des espèces intentionnelles, rompt le lien causal direct entre pensée et objet, fournit ainsi un cadre privilégié pour concevoir la signification comme un processus entièrement interne à la *cogitatio*. De la *perceptio* au *signum* et, enfin, à l'*hermeneutica*, la logique de Clauberg se présente comme la synthèse réussie d'un double mouvement de pensée, qui revient d'une part à la scolastique postsuarezienne et de l'autre à Descartes lui-même. Autrement dit, ni à l'intérieur de l'œuvre de Descartes, ni à l'intérieur de la réflexion scolastique nous ne trouvons les éléments suffisants pour expliquer l'ensemble de la logique claubergienne. C'est seulement en évaluant leur interaction réciproque qu'apparaît l'originalité de la *Logica vetus et nova*.

Enfin, pour conclure, le décalage que nous pouvons désormais enregistrer entre Clauberg et Descartes ne doit pas être considéré comme une trahison ou, pire, une mauvaise compréhension de la philosophie cartésienne. Ce décalage nous semble plutôt le réel développement de la *methodus cartesiana*.

quarum potissima est, ut sit clara et perspicua, hoc enim exigit Log I. 98. II. 45. ac duplici iure exigit. 1. Generali quoniam totus primus Logicae gradus eo spectat, ut clara ac distincta perceptio habeatur. 2. Speciali, quia definitio hac sola de causa adhibetur, ut idi quod obscurum est declaretur; unde necessum est, non solum aeque claram, sed omnino clariorem esse illa re, quae definitur : nam frustra alias adhibetur », J. Clauberg, *Logica vetus et nova*, IV, chap. VII, § 55, *Opera Omnia Philosophica*, II, p. 880 (trad. cit., p. 262).

APPENDICE

# LA *METHODUS CARTESIANA* À TRAVERS LA GÉOMÉTRIE

Dans le cadre du débat autour de la *methodus cartesiana* dans les Provinces-Unies se situe aussi l'édition latine de la *Géométrie*, publiée par Franz van Schooten jr [1] à Leyde en 1649 [2]. Van Schooten, qui, entre autres, était l'auteur des planches qui illustraient la *Dioptrique*, les *Météores* et les *Principia*, enseignait à l'Université de Leyde depuis 1645, où il avait succédé à son père à la chaire de mathématique [3]. Éditeur des *Opera mathematica* de François Viète, publiées en 1646, van Schooten utilisa la *Géométrie* dans son enseignement dès 1645-46, alors qu'il avait comme

1. R. Descartes, *Geometria... nunc autem cum notis Florimondi de Beaune ... in linguam latinam versa et commentariis illustrata opera atque studio Francisci a Schooten*, Lugduni Batavorum, ex officina Joannis Maire, 1649. Sur van Schooten et ses rapports avec Descartes, *cf.* la fiche biobibliographique, dans B, p. 2949-2950.

2. C. Borghero a abordé dans ses recherches le débat autour de la *Géométrie* comme texte de référence principal de la *methodus cartesiana* : « "Méthode" e "Géométrie" : interpretazioni seicentesche della logica cartesiana », *Rivista di Filosofia*, LXXIX, 1, 1988, p. 25-58, et « La *Méthode* senza la *Géométrie* : Poisson e la diffusione del metodo cartesiano », dans *Descartes : il metodo e i* Saggi, *op. cit.*, vol. II, p. 587-595. C.L. Thijssen-Schoute a aussi traité de la diffusion de la *Géométrie* dans les Provinces-Unies, cf. *Nederlands cartesianisme*, *op. cit.*, p. 79-94. Voir aussi P. Costabel : « La réception de la *Géométrie* et les disciples d'Utrecht », dans H. Mechoulan (éd.), *Problématique et réception du Discours de la Méthode et des Essais*, Paris, Vrin, 1988, p. 59-63.

3. Une lettre de la princesse Élisabeth à Descartes (27 décembre 1645, AT IV 339-340; B 532, p. 2122-2124) nous révèle les difficultés rencontrées par van Schooten pour obtenir la chaire occupée par son père. Les Curateurs de l'Université avaient l'intention d'abolir la chaire de van Schooten père, puisqu'il y avait déjà une deuxième chaire de mathématique, qui était occupée par Jacob Gool. Van Schooten demanda donc à Descartes d'écrire à la princesse Élisabeth pour être recommandé auprès des Curateurs.

étudiant Christian Huygens[1]. Le projet d'une édition latine de la *Géométrie* remonte à la fin des années 30, et fut avancé par Descartes lui-même dans une lettre à Mersenne du 24 décembre 1639 :

> Je n'ai point dessein ni occasion de faire imprimer les Notes que M. de Beaune a pris la peine de faire sur ma Géométrie[2]; mais s'il les veut faire imprimer lui-même, il a tout pouvoir; seulement aimerais-je mieux qu'elles fussent en latin, et ma Géométrie aussi, en laquelle j'ai dessein de changer quasi tout le second livre, en y mettant l'Analyse des lieux, et y éclaircissant la façon de trouver les tangentes; ou plutôt [...], s'il lui plaît d'ajouter cela en ses Notes, je m'offre de lui aider en tout ce qui sera de mon pouvoir[3].

Il faut souligner ici que la forme éditoriale indiquée par Descartes, consistant dans le texte latin accompagné d'une série de notes pour le commenter, sera enfin celle effectivement adoptée par van Schooten. En 1644 fut publiée la traduction latine, préparée par Étienne de Courcelles et revue par Descartes, du *Discours*, de la *Dioptrique* et des *Météores*, mais pas de la *Géométrie* qui fut détachée du reste de l'œuvre. C'est ainsi que commence l'histoire particulière de la *Géométrie*, « à part » des autres *Essais*[4]. Dans sa *Vie de Monsieur Descartes*, Adrien Baillet fournit quelques hypothèses vraisemblables pour expliquer le choix d'Étienne de Courcelles de ne pas traduire le troisième *Essai* : « Il [Étienne de

1. Le témoignage de Christian Huygens, étudiant à Leyde entre mai 1645 et novembre 1646 (« J'avois estudié la géométrie et l'analyse de M. Descartes sous Schooten pendant un an à Leyden », publié par V. Cousin dans *Fragments Philosophiques*, 3^e^ éd., Paris, Ladrange, 1838, t. II, p. 156), confirme donc la diffusion de la *Géométrie* et le rôle joué à cet effet par van Schooten.

2. Les *Notae breves* de Florimond Debeaune ont été publiées par van Schooten dans le cadre de l'édition latine de la *Géométrie*. Il s'agit du premier commentaire à la *Géométrie* : pour cette raison, ce texte a eu une importance non négligeable dans la réception du troisième essai. Sur Florimond Debeaune *cf.* P. Costabel, *Florimond de Beaune (1601-1652), Doctrine de l'angle solide* et *Inventaire de sa bibliothèque*, Paris, Vrin, 1975, et « Florimond de Beaune, érudit et savant de Blois », *Revue d'histoire des sciences*, 1974, 27, 1, p. 73-74; T. Lenoir, « Descartes and the Geometrization of Thought : The Methodological Background of Descartes' *Géométrie* », *Historia Mathematica*, 1979, 6, 4, p. 355-379.

3. Descartes à Mersenne, 25 décembre 1639, AT II 638-639; B 235, p. 1114. Sur le rôle de van Schooten dans la diffusion de la *Géométrie* à travers son enseignement et sur le rôle de ses élèves (en particulier Jan Hudde), *cf.* C.C. Bissell, « Cartesian geometry : The Dutch contribution », *The Mathematical Intelligencer*, 1987, 9(4), p. 38-44.

4. *Cf.* C. Borghero, « "Méthode" e "Géométrie" : interpretazioni seicentesche della logica cartesiana », art. cit.; R. Descartes, *Specimina philosophiae*, introd. et éd. critique C.L. Vermeulen, *op. cit.*, p. 14-18.

Courcelles] mit en Latin le *Discours de la Méthode*, la *Dioptrique* et le traité des *Météores*. Mais il ne toucha point à la *Géométrie*, soit qu'il la jugeât au-dessus de sa portée, soit qu'il eut avis que M. Schooten se fût chargé de la traduire »[1].

On ne peut pas exclure totalement le fait que van Schooten ait déjà été à l'œuvre en 1639 ou en 1644 pour traduire la *Géométrie*, toutefois plusieurs indices tirés de la correspondance[2] suggèrent que van Schooten travaillait à la traduction en 1648. En outre, en 1644, il était occupé à l'édition des *Opera mathematica* de Viète. Descartes reparlera de la traduction latine de son *Essai* dans une lettre à Mersenne du 4 avril 1648. S'il reconnaît la difficulté du texte, il déclare aussi l'avoir conçu ainsi afin de gêner des lecteurs malveillants comme Roberval :

> Ma Géométrie est comme elle doit être pour empêcher que le Rob. [Roberval] et ses semblables n'en puissent médire sans que cela tourne à leur confusion; car ils ne sont pas capables de l'entendre, et je l'ai composée ainsi tout à dessein, en y omettant ce qui était le plus facile, et n'y mettant que les choses qui en valaient plus la peine[3].

L'attitude du philosophe est alors tout à fait différente : aussi bien par rapport à la fin des années 1630 (quand il pensait faire préparer une version latine corrigée de la *Géométrie*), que par rapport à l'édition des *Specimina* (quand il avait personnellement revu et corrigé le texte d'Étienne de Courcelles). Dans la lettre à Mersenne que nous venons de citer, Descartes déclare ouvertement être en mesure de rendre plus clair le texte de la *Géométrie*, mais de ne vouloir d'aucune manière intervenir sur celui préparé par van Schooten, boycottant ainsi *de facto* l'édition qui était en train de se préparer :

> Je vous avoue que, sans la considération de ces esprits malins, je l'aurais [la *Géométrie*] écrite autrement que je n'y ai fait, et l'aurais rendue beaucoup plus claire; ce que je ferais peut-être encore quelque jour, si je voie que ces monstres soient assez vaincus abaissez. Ce qui est cause que je n'ai point voulu voir la version de Schooten, encore qu'il l'ait désiré; car, si j'eusse

1. A. Baillet, *La vie de Monsieur Descartes*, *op. cit.*, vol. II, p. 214.

2. S. Maronne (« Sur une lettre de Descartes à Schooten qu'on dit de 1639 », *Revue d'Histoire des Mathématiques*, 2006, 12, 2, p. 199-248) a avancé plusieurs arguments pour déplacer de septembre 1639 à 1648 (après mars ou avril) la date de la lettre de Descartes à van Schooten que nous avons citée plus haut (cf. *supra*, n. 3, p. 270). Voir aussi à ce propos les considérations de C.L. Vermeulen dans l'*Introduction* à son édition des *Specimina*, *op. cit.*, p. 15-16.

3. Descartes à Mersenne, 4 avril 1648, AT V 142; B 653, p. 2542.

commencé à la corriger, je n'eusse pû m'empêcher de la rendre plus claire qu'elle n'est, ce que je ne désire point. Et parce que Schooten n'est pas savant en latin, je m'assure que sa version sera bien obscure, et qu'il y aura peut-être des équivoques, qui donneront des prétextes de cavillation à ceux qui en cherchent; mais on ne pourra me les attribuer, à cause que son latin n'est point du tout semblable au mien [1].

Le jugement sévère porté par Descartes sur van Schooten n'était pas une nouveauté [2], cependant l'hostilité à l'égard de cette opération éditoriale ne l'empêcha pas d'obtenir un succès remarquable. En effet, il faut rappeler ici non seulement que la traduction établie par le mathématicien de Leyde connut quatre éditions [3], mais encore qu'elle fut l'objet de commentaires et d'approfondissements avec lesquels elle forma un *corpus* complet. Si la première édition latine de la *Géométrie* (1649) contient, outre le texte cartésien, « seulement » les *Notae Breves* de Florimond Debeaune et les *Commentarii* de van Schooten, l'édition suivante comprend deux volumes qui contiennent, en plus des écrits présents dans la première édition, un bon nombre de textes [4] qui témoignent non seulement de l'intérêt pour la *Géométrie*, mais surtout de l'adhésion à un programme de recherche dont van Schooten était à la fois l'animateur et le point de référence.

Les commentaires et les approfondissements préparés par van Schooten et par les autres auteurs qui collaborèrent à ces éditions visaient, d'une part, à donner du poids à la *Géométrie* dans le cadre des *Essais* – mais aussi, comme nous le verrons, dans le cadre de l'ensemble de la philosophie

1. Descartes à Mersenne, 4 avril 1648, AT V 142-143; B 653, p. 2542-2544.

2. *Cf.* Descartes à Mersenne, septembre 1641, AT III 437; B 325, p. 1530.

3. Respectivement: 1659-1661 (en deux volumes: Amstelaedami, apud Ludovicum et Danielem Elzevirios); 1683 (en deux volumes: Amstelodami, ex typographia Blaviana); 1695 (en deux volumes, avec le *Compendium Musicae*, Francofurti ad Moenum, sumptibus Friderici Knochii).

4. L'édition publiée en 1659 est composée de deux volumes (le second publié en 1661). Voici la liste des essais qui, outre ceux qui ont déjà été mentionnés et qui étaient présents dans la première édition, constituent le *corpus* des écrits liés à la *Géométrie*. Dans le premier volume: F. van Schooten, « Appendix [aux Commentarii] de Cubicarum Aequationum Resolutione », « Additamentum, in quo continetur solutio artificiosissima difficilis cujusdam problematis », « Generalis Regula de extrahendis quibuscunque Radicibus Binomiis »; J. Hudden, « Epistolae duae, quarum altera de Aequationum Reductione, altera de Maximis et Minimis agit »; H. van Heuret, « Epistola, de Curvarum Linearum in Rectas transmutatione ». Dans le deuxième volume: F. Debeaune, « Duo tractatus posthumi. Alter de Natura et Constitutione, alter de Limitibus Aequationum »; J. De Witt, « De Elementiis Curvarum Linearum libri duo »; F. van Schooten, « Tractatus de concinnandis Demonstrationibus Geometricis ex Calculo Algebraico ».

cartésienne – et, de l'autre, à en faire un ouvrage qui traçait les traits essentiels d'un programme scientifique à développer.

## La méthode cartésienne dans l'interprétation de Franz van Schooten le jeune

Le commentaire de van Schooten, qui suit le texte latin de la *Géométrie* et les *Notae breves* de Florimond Debeaune, pose dès le début le lien entre l'œuvre cartésienne et la méthode de Descartes. Le premier livre de la *Géométrie* est alors présenté, sans aucune mention du *Discours de la méthode*, comme une introduction à la méthode employée dans la résolution des problèmes [1] : « Dans le premier livre, l'auteur [Descartes] expose ce qui concerne l'introduction à la méthode qu'on emploie dans la résolution et dans la construction des problèmes de géométrie » [2].

Ainsi, la *Géométrie* révèle une méthode qui n'a plus besoin du support extrinsèque du *Discours* et le rapport entre les deux textes se trouve effacé. L'édition et la traduction de van Schooten confirment ce qui avait commencé avec la traduction des *Specimina* en 1644 : la séparation de la *Géométrie* et sa circulation comme texte autonome par rapport aux autres *Essais*. Il ne faut donc pas être surpris si, parmi les textes qui accompagnent la *Geometria*, il n'y a pas le *Discours* (qui pourtant était l'introduction à la *Géométrie* !), mais seulement les commentaires et les notes rédigées par van Schooten et Debeaune (en 1649) et par les savants qui faisaient partie

1. Sur le rapport entre *Géométrie* et méthode chez Descartes *cf.* E.R. Grosholz, *Cartesian method and the problem of reduction*, Oxford, Clarendon Press, 1991, et « Cartesian method and the geometry », dans G. Moyal (éd.) *René Descartes. Critical Assessments*, New York-Londres, Routledge, 1991, I, p. 80-93 ; N. Guicciardini, *Isaac Newton on Mathematical Certainty and Method*, Cambridge (Mass.), MIT Press, 2009 (chap. 3, « Descartes on Method and Certainty in the *Géométrie* », p. 31-57). Plus généralement sur la *Géométrie cf.* V. Jullien, *Descartes. La « Géométrie » de 1637*, Paris, PUF, 1996 ; H. J. M. Bos, « The structure of Descartes' *Géométrie* », dans *Descartes. Il Metodo e i Saggi*, *op. cit.*, vol. II, p. 349-370, et *Redefining Geometrical Exactness : Descartes' Transformation of the Early Modern Concept of Construction*, New York-Berlin-Heidelberg, Springer Verlag, 2001 ; E. Giusti, « Numeri, grandezze e *Géométrie* », dans *Descartes. Il Metodo e i Saggi*, *op. cit.*, vol. II, p. 419-439 ; Ch. Sasaki, *Descartes's mathematical thought*, Dordrecht-Boston-Londres, Kluwer, 2003, p. 205-280.

2. « Primo libro Autor [Descartes] ea exponit, quae spectant ad introductionem Methodi, qua in resolvendis & construendis Geometriae Problematis utitur », F. van Schooten, *In Geometriam Renati Descartes Commentarii*, dans R. Descartes, *Geometria*, *op. cit.*, p. 163.

du cercle de van Schooten (dès l'édition de 1659). La *methodus* de Descartes consiste, selon le mathématicien néerlandais – qui d'ailleurs suit assez littéralement le texte cartésien –, dans la réduction des difficultés, relatives à la solution d'un problème, à la détermination de quelques lignes droites qui soient les racines d'une équation connue :

> Cette méthode consiste, grâce à certaines notes ou certains caractères par lesquels l'on désigne aussi bien les lignes données que les lignes recherchées, à réduire à certains termes toutes les difficultés qu'on doit expliquer dans les mêmes problèmes de façon à ce qu'ensuite, pour leur construction, il faille seulement rechercher la longueur de certaines lignes droites. [...] Et puisque cette méthode dans la résolution des problèmes de géométrie requiert que toutes les difficultés à expliquer soient réduites à un seul genre de problèmes, de manière qu'il faille rechercher seulement la valeur de certaines lignes droites qui soient les racines de quelque équation : pour cela, cette méthode enseigne comment un certain problème peut-être reconduit à une équation, en le supposant comme déjà résolu [1].

Un tel procédé est donc conditionné par le développement d'une équation, à travers laquelle il devient possible de déterminer la valeur de l'inconnue par rapport aux paramètres du problème dont il est question. Ce passage, du reste, ne fait que paraphraser le début du premier livre de la *Géométrie*, dans lequel Descartes explique comment on arrive à déterminer les équations qui résolvent le problème [2]. Le procédé décrit montre bien son lien avec l'analyse des mathématiciens anciens : le précepte qui consiste

1. « Quae [methodus] est, ut certarum notarum sive characterum beneficio, quibus tum datae tum quaesitae lineae designantur, difficultates omnes, quae in iisdem Problematis enodandae veniunt, ad ejusmodi terminos reducantur, ut deinde ad illorum constructionem non nisi rectarum quarundam linearum longitudinem quaerere sit opus. [...] Et quia haec Methodus in resolvendis Geometriae problematis requirit, ut difficultates omnes, quae in illis evolvendae occurrunt, ad unum genus Problematum reducantur, nempe, ut quaeratur tantummodo valor quarundam linearum rectarum, quae alicujus aequationis sint radices : idicirco docet, quo pacto Problema aliquod propositum perducatur ad aequationem, supponendo illud ipsum, ut jam factum », *ibid.*, p. 163-164.

2. « Ainsi, voulant résoudre quelque problème, on doit d'abord le considérer comme déjà fait, et donner des noms à toutes les lignes qui semblent nécessaires pour le construire, aussi bien à celles qui sont inconnues qu'aux autres. Puis, sans considérer aucune différence entre ces lignes connues et inconnues, on doit parcourir la difficulté selon l'ordre qui montre, le plus naturellement de tous, en quelle sorte elles dépendent mutuellement les unes des autres, jusqu'à ce qu'on ait trouvé moyen d'exprimer une même quantité en deux façons : ce qui se nomme une Équation, car les termes de l'une de ces deux façons sont égaux à ceux de l'autre », *Géométrie*, I, AT VI 372 ; B Op I, p. 496.

à demander de considérer le problème comme déjà résolu, et le développement des interdépendances réciproques entre quantités connues et inconnues sont les traits caractéristiques des définitions de l'analyse que nous trouvons dans les textes de Pappus[1], Diophante, Euclide[2] et dans ceux de leurs commentateurs modernes comme, par exemple, Viète[3].

Le procédé cartésien est, cependant, innovateur en ce qu'il perfectionne l'analyse des anciens en employant la notation symbolique qu'il avait améliorée par rapport à Viète[4]. En outre, selon van Schooten, la méthode de Descartes avait l'avantage de ne pas être limitée à une seule typologie de questions, et donc de pouvoir être appliquée à tous les problèmes concernant la quantité en général. La notation et le calcul proposés dans la *Géométrie* peuvent, en effet, s'appliquer aux proportions prises abstraitement et, donc, à tous les types de grandeurs :

> Mais puisque cette méthode n'est bornée par aucune limite des problèmes, et puisqu'elle peut être appliquée [...] non seulement aux problèmes dans lesquels il est question de rechercher certaines lignes droites ou aussi des plans ou des solides, mais qu'elle s'étend aussi aux problèmes dans lesquels certains angles sont donnés ou dans lesquels il faut comparer

1. « Resolutio igitur est via a quaesito tanquam concesso per ea, quae deinceps consequuntur ad aliquod concessum in compositione : in resolutione enim id quod quaeritur tanquam factum ponentes, quid ex hoc contingat, consideramus : et rursus illius antecedens, quousque ita progredientes incidamus in aliquod iam cognitum, vel quod sit e numero principiorum. Et huiusmodi processum resolutionem appellamus, veluti ex contrario facta solutionem » (Pappus d'Alexandrie, *Mathematicae collectiones a Federico Commandino urbinate in latinum conversae et commentariis illustratae*, Pisauri, apud H. Concordiam, 1588). Pour une édition moderne des *Collectiones*, cf. *Pappi Alexandrini Collectiones quae supersunt* instruxit F. Hultsch, Berolini, 1875-1878, II, p. 635.

2. « Analysis est adsertio eius, quod quaeritur, qua per consequentias ad aliquid pervenitur quod verum esse conceditur. Synthesis est adsertio concessi, qua per consequentias ad aliquid pervenitur quod verum conceditur », Euclide, *Opera Omnia*, J. L. Heiberg et H. Menge (éds.), *Euclidis Elementa*, I.L. Heiberg (éd.), Lipsiae, in aedibus B.P. Teubneri, 1885, IV, p. 365-367 (ap. l. XIII).

3. « Est Veritatis inquirendae via quaedam in Mathematicis, quam Plato primus invenisse dicitur, a Theone nominata Analysis, et ab eodem definita Adsumptio quaesiti tanquam concessi per consequentia ad verum concessum », F. Viète, *In Artem Analyticen Isagoge*, dans *Opera mathematica in unum volumen congesta ac recognita. Opera atque studio Francisci a Schooten Leydensis*, Lugduni Batavorum, ex Officina Bonaventurae et Abrahami Elzeviriorum, 1646, chap. I, p. 1.

4. *Cf.* M. Serfati, « Descartes et la constitution de l'écriture symbolique mathématique », *Revue d'histoire des sciences*, 1998, 51, 2-3, p. 237-290; M. Tamborini, « Tematiche algebriche vietiane nelle *Regulae* e nel libro primo della *Géométrie* di Descartes », dans *Miscellanea secentesca. Saggi su Descartes, Fabri, White*, Milan, Quaderni di ACME, 1987, p. 51-84.

> certains angles entre eux et puisqu'elle s'étend aussi aux problèmes dans lesquels sont donnés certains points ou certaines lignes et qu'il faut trouver d'autres points [...] : pour tout cela, dis-je, il résulte facilement qu'elle ne comprend pas seulement l'analyse des anciens et l'algèbre des modernes, mais elle peut être appliquée à tout ce dans lequel on recherche l'égalité ou la proportion des quantités et elle est tellement générale qu'elle montre dans la mathesis toute entière des échantillons de son art [1].

Au cœur de la méthode de Descartes se trouve donc la mise en équation des rapports entre les différents éléments du problème. L'analyse permet de rechercher les implications qui lient l'inconnue avec les données dudit problème, et ainsi il est possible de déterminer des égalités et des proportions qui expriment la solution recherchée. La conviction de van Schooten, comme du groupe de mathématiciens qui commençaient à se réunir autour de lui, était que Descartes avait réussi à unifier les avantages de l'analyse des anciens avec l'algèbre des modernes, en perfectionnant la notation symbolique de Viète. L'innovation apportée par l'*Isagoge*, consistant dans le passage d'une *logistica numerosa* à une *logistica speciosa*, paraît s'accomplir avec Descartes : la notation adoptée dans la *Géométrie*, unie à l'interprétation des cinq opérations qui y étaient exposées, étaient pour van Schooten les fondements d'une *methodus* à même de traiter universellement les différents types de grandeurs. Une science générale, donc, qui s'écartait des sciences particulières relatives aux différentes espèces des quantités, et qui permettait d'inaugurer une réforme de la *mathesis*. Celle-ci ne devait plus se distinguer en *pura* et *mixta* ou *abstracta* et *concreta*, mais se trouvait unifiée dans le cadre d'une *mathesis universalis*[2]. C'est justement cette expression que l'on rencontre dans le titre d'un ouvrage

1. « Cum autem haec Methodus nullis Problematum finibus coërceatur, ipsaque, non tantum ad Problemata, in quibus de inveniendis quibusdam rectis lineis, aut etiam planis solidisve quaestio est [...] adplicari possit ; sed etiam ad Problemata, in quibus certi anguli dantur, vel angulorum inter sese comparatio facienda est ; atque ad Problemata in quibus certa puncta aut lineae datae sunt, et alia puncta inveniri debent, se extendat [...] : facile constat illam non modo Veterum Analysin atque Recentiorum Algebram comprehendere ; sed etiam ad id omne, ubi de quantitatum aequalitate vel proportione inquiritur, adhiberi posse, atque adeo tam generalem esse, ut nullum non suae artis per universam Mathesin specimen edat », F. van Schooten, *In Geometriam Renati Descartes Commentarii*, *op. cit.*, p. 164.

2. La question d'une science mathématique générale, concernant la quantité en tant que telle, se pose entre la fin du XVIe et le début du XVIIe siècle, quand, de façon concomitante à la redécouverte et à la diffusion des œuvres des mathématiciens anciens, commence la discussion autour de l'application de l'arithmétique à la géométrie et vice-versa. *Cf.* à ce propos la reconstruction historique de Giovanni Crapulli sur la naissance du concept de *mathesis*

édité par Erasme Bartholin et qui s'inspire de l'enseignement de van Schooten. Il s'agit des *Principia Matheseos Universalis, seu introductio ad Geometriae methodum Renati Descartes*[1]. Ce texte propose une mise au point approfondie de la *logistica* exprimant des quantités indiquées abstraitement par les lettres de l'alphabet. Dans la *Praefatio*, Bartholin explique l'avantage obtenu par les « modernes » à travers l'invention de la *logistica speciosa*, et il reconnaît à Descartes le mérite d'avoir simplifié le traitement des quantités au point d'avoir rendu possible la solution de toutes les difficultés qui se présenteraient à l'avenir :

> Mais après que cette méthode a été longuement cachée, enveloppée par les mots, avec lesquels il fallait lutter avant de pouvoir espérer quelque fruit, très opportunément le très noble Monsieur Descartes, homme [...] d'un esprit incomparable, l'a pour nous ramenée à une telle facilité que ce qui reste de difficulté peut être vaincue sans autre moyen que par l'application et l'attention[2].

La *Géométrie*, cependant, ne dévoile pas complètement les principes de la *methodus* qu'elle propose, et cela constitue une difficulté qui a découragé certains et les a portés à décider de ne pas profiter des nouvelles découvertes contenues dans la *Géométrie* et dans les *Essais*[3]. Selon Bartholin, ni Descartes ni ses premiers commentateurs ne s'étaient appliqués dans l'explication de la méthode cartésienne[4], et lui-même ne l'aurait pas comprise s'il n'avait pas été aidé par le *celeberrimus* et *doctissimus* professeur de Leyde, Franz van Schooten. Pour cette raison, Bartholin avait

*universalis*, G. Crapulli, Mathesis Universalis. *Genesi di un'idea nel* XVI *secolo*, Rome, Edizioni dell'Ateneo, 1969. Le développement du concept de *mathesis universalis* des auteurs anciens jusqu'à Descartes est l'objet de l'étude de D. Rabouin, *Mathesis Universalis. L'idée de « mathématique universelle » d'Aristote à Descartes*, Paris, PUF, 2009.

1. F. van Schooten, *Principia Matheseos Universalis, seu introductio ad Geometriae methodum Renati Descartes edita ab Er. Bartholino*, Lugduni Batavorum, Ex Officina Elseviriorum, 1651.

2. « Postquam autem Methodus illa diu latuit, tecta verborum involucris, cum quibus prius luctandum erat quam fructus ullus sperari poterat; opportune nobis Nobilissimus D. Des-Cartes, insuperabilis ingenii Vir [...] eam ad hanc facilitatem perduxit, ut, quod difficultatis reliquum est, non alia ratione quam studio et diligentia evinci possit », E. Bartholin, *Praefatio*, dans *Principia Matheseos Universalis*, *op. cit.*

3. « Cum antehac non edita sint ulla principia, quae ad adyta huius Methodi ducerent; quid mirum? si multi in ipso limite haesitaverint, pluresque, quos, re inexperta, desperatio in fugam avertit », *ibid.*

4. « Nec huius Methodi Auctor, nec Doctissimis ejus Commentatores a semetipsis impetrare potuerunt, ut bonas horas, quas subtilioribus inventis dicaverant, in edendis, quae viam ad hanc Methodum sternerent, impenderent », *ibid.*

pris la décision de publier les notes qu'il avait prises au cours qu'il avait suivi à l'Université de Leyde. La narration des difficultés personnelles de Bartholin dans la compréhension de la méthode cartésienne montre en effet quel était le sentiment des cartésiens à l'égard de la *Géométrie* : la *methodus* qu'elle contient n'est pas présentée clairement, et celui qui entend se l'approprier doit y être convenablement initié.

L'enseignement de van Schooten avait le mérite de développer, de manière didactique et avec un grand nombre d'exemples, ce qui avait été présenté par Descartes au début de la *Géométrie* sur le calcul des quantités et l'expression des rapports entre les quantités. Addition, soustraction, multiplication, division et extraction de racines étaient appliquées aux monômes, aux polynômes, aux fractions et aux nombres irrationnels, et la logistique cartésienne était présentée dans toute sa puissance expressive[1]. Cela permettait ensuite de construire les équations qui fournissaient le matériel pour la solution des problèmes. Bartholin se conforme à cette lecture et rend hommage à cette analyse en la distinguant de celle qui procède *per resolutionem* et *per compositionem*. Cette dernière est plus un exercice des facultés naturelles de l'intellect qu'un véritable *ars* muni de règles et de préceptes :

> Puisque pour les [les *incognita*] rechercher, ils [les *majores nostros*] se sont servis seulement de la voie [...] qui procède par composition et résolution et qui mérite d'être dite faculté ou application de l'esprit, obtenue par l'usage et l'exercice, plutôt qu'art restreinte à des lois et des préceptes, pour tout cela, dis-je, les modernes ont inventé un certain art, qu'ils appellent « Art analytique », dont les principes sont traités dans cet opuscule. Ces principes, après les avoir connus, se montrèrent beaucoup plus nombreux et beaucoup plus grands que ceux qui nous sont restés de l'antiquité[2].

Bartholin revendiquait ainsi la spécificité et la supériorité de la vraie analyse par rapport à celle employée par les auteurs scolastiques, qui, dans

1. Le besoin d'une introduction ou explication à l'égard du « calcul » de la *Géométrie* est attesté aussi par la circulation du manuscrit intitulé *Calcul de M. Descartes*, *cf.* à ce propos l'introduction de F. de Buzon au texte du *Calcul* publié dans B Op II : B Op II, p. 1465-1469.

2. « Ad quae invenienda cum non alia via, [...] quam quae per compositionem et resolutionem procedit, uterentur, quaeque naturalis potius ingenii facultas aut industria, usu atque et exercitatione potita, quam ars certis legibus & praeceptis contenta, dici meretur ; Recentiores artem quandam excogitarunt, quam vocant Analyticam, cujus principia tradit hoc opusculum. Quae postquam innotuit, longe plura & majora, quam ab Antiquitate nobis relicta sunt, in lucem prodiere », E. Bartholin, *Epistola Dedicatoria*, dans *Principia Matheseos Universalis*, *op. cit.*

les traités de logique, avaient souvent oublié l'analyse des mathématiciens ou l'avaient confondue avec le procédé résolutif[1]. L'élève de van Schooten, de son côté, ne se limitait pas à opposer la *resolutio* pratiquée par les scolastiques à l'*analysis* des modernes, mais il attribuait à ces derniers l'invention de la méthode analytique, en passant sous silence la dette que Viète autant que Descartes avaient envers Pappus et Diophante. En outre, il considérait le précepte cartésien de l'*abducere mentem a sensibus* comme le principe inspirateur de l'analyse et de la *logistica speciosa* : ces dernières opéraient non seulement dans le domaine de l'Arithmétique ou de la Géométrie, mais encore en mécanique, en optique et en musique. La loi de la réfraction, selon la perspective de Bartholin, était le fruit de l'application de l'analyse au phénomène de la vue, qui avait été jusque-là considéré sous l'influence trompeuse des sens :

> Le temps et les règles de la bonne écriture m'empêchent de rappeler combien d'avantages sont dérivés de cet art [l'analyse], non seulement pour l'arithmétique, la géométrie, la mécanique, mais aussi pour l'optique et pour les autres sciences. Auparavant, nous ne connaissions rien de sensé sur la vue, puisqu'ici – comme dans les autres arts – toutes les choses plongées dans la matière, n'étant pas séparées des sens et portées à la direction de l'esprit, étaient traînées ça et là dans les disputations. Maintenant toutes ces choses sont déterminées et munies de démonstrations. Ceux qui ne sont pas complètement étrangers à l'optique, savent suffisamment combien était incertain et défectueux ce que nous connaissions auparavant des lois de la réfraction et combien était fausse cette détermination de la figure des verres dont il est question dans la dioptrique et que, maintenant, nous ne pouvons espérer plus parfaite ou plus certaine [2].

1. Sur la différence entre la *resolutio* des aristotéliciens et l'*analysis* pratiquée par les mathématiciens, *cf.* E. Berti, « Differenza tra il metodo risolutivo degli aristotelici e la "*resolutio*" dei matematici », dans L. Olivieri (éd.), *Aristotelismo veneto e scienza moderna*, Padoue, Antenore, 1983, 2 vol., p. 435-457.

2. « Non patitur tempus et lex scribendi, ut commemorem, quanta ex hac arte [l'*ars Analytica*], non tantum ad Arithmeticam, Geometriam, Mechanicam, sed etiam Opticam aliasque scientias manaverint emolumenta. Nihil enim sani antehac de visu novimus, cum omnia hic, sicut in aliis artibus, quae materiae immersae, non abstrahuntur a sensibus, ad directionem mentis, disputationibus huc illuc trahebantur; jam omnia determinata, omnia demonstrationibus munita. Qui enim in Opticis non plane hospites sunt, sat sciunt, quam incerta, quamque defectuosa fuerint ea quae de Refractionum legibus antea novimus, & quam falsa illa determinatio figurae vitrorum, (de quibus Dioptrica agit) qua nihil jam nobis optari potest perfectius, nihil certius », E. Bartholin, *Epistola Dedicatoria*, dans *Principia Matheseos Universalis*, *op. cit.*

Cette méthode était donc la même que celle qui avait été utilisée pour découvrir la loi de la réfraction exposée dans la *Dioptrique* : la *Géométrie* était ainsi considérée comme la clef pour comprendre la *methodus* présentée par les *Essais*. La généralité et l'universalité que Debeaune et van Schooten reconnaissaient à la méthode de la *Géométrie* étaient accentuées au point de reconnaître en elle la vraie méthode employée par Descartes en physique. La perspective adoptée dans la *Praefatio* de Bartholin – c'est-à-dire l'extension de la méthode de la *Géométrie* aux autres parties de la philosophie cartésienne – fait émerger en effet un problème commun à ceux qui soutenaient que la *Géométrie* était le texte par excellence de la *methodus cartesiana*. Ce problème est celui du rapport entre le troisième *Essai* et le reste de l'œuvre de Descartes ou, mieux, celui du rapport entre la méthode employée dans la *Géométrie* et celle utilisée en métaphysique et en physique. Bartholin affirmait qu'il y avait un rapport très étroit entre la *Géométrie* et la *Dioptrique*[1] et il les rapprochait des autres parties de la philosophie de Descartes. Le cartésianisme était ainsi caractérisé par un programme de réforme des sciences, et sa méthode était représentée par la devise *Abducere mentem a sensibus*, ce qui permettait à Bartholin d'établir une certaine unité entre les différentes parties de la pensée de Descartes. Ce problème était, au fond, lié à l'évaluation de la *Géométrie* : la considérer comme un instrument opératoire pour la résolution des problèmes relatifs aux rapports entre toutes les espèces de quantités, revenait à affirmer que la physique cartésienne adoptait *sic et simpliciter* la méthode présentée dans le dernier *Essai*. En suivant jusqu'au bout cette interprétation, on pouvait aussi transposer cette méthode en métaphysique. Une telle lecture fut avancée, mais d'une manière assez maladroite, par Jacob Revius et Ciriacus Lentulus[2]. La question portait finalement sur le rapport entre les différentes œuvres de Descartes, et sur la détermination, en elles, de la méthode de la *Géométrie*. À une telle (et difficile) question, l'opération éditoriale entreprise par van Schooten n'offrait aucun apport, car elle constituait une extension de la méthode de la *Géométrie*, mais toujours à l'intérieur des mathématiques !

1. Descartes avait inséré dans la deuxième partie de la *Géométrie* l'étude des quatre ovales en relation avec leur emploi en optique. *Cf.* AT VI 424-440; B Op I, p. 568-590. Puisque, selon Bartholin, la *Géométrie* indiquait une méthode pour l'étude de la réfraction, il était nécessaire de situer le troisième essai par rapport à l'ensemble de la physique et de la métaphysique.

2. *Cf.* chap. II, *supra*, p. 110-116.

Par contre, un élève de van Schooten à Leyde, Daniel Lipstorp, aborda, dans la première partie de ses *Specimina philosophiae cartesianae*, le problème que nous venons d'évoquer. Cette partie s'intitule « De certitudine philosophiae cartesianae ». Lipstorp y traite la question de l'extension de la méthode mathématique[1]. L'œuvre de Lipstorp parut en 1653, après les attaques de Revius et Lentulus et les réponses de Clauberg et Andreae. Les *Specimina* de Lipstorp, cependant, gardent une certaine indépendance théorique à l'égard de la *Defensio* de Clauberg et de l'*Assertio* d'Andreae, car ils se rapportent explicitement à la *Géométrie* et au commentaire de van Schooten.

## LES *SPECIMINA PHILOSOPHIAE CARTESIANAE* DE DANIEL LIPSTORP

Les *Specimina philosophiae cartesianae* furent publiés à Leyde en 1653. Le volume se divise en trois parties, auxquelles il faut ajouter l'essai conclusif en forme de défense de la théorie copernicienne : le *Copernicus redivivus*[2]. Les trois parties qui composent les *Specimina* contiennent, respectivement, une justification de la méthode mathématique suivie par Descartes, une exposition des règles du mouvement *more geometrico demonstratas*, et, enfin, un traité sur l'air.

Comme on peut le voir aussi bien par son titre[3] que par sa structure, l'œuvre de Lipstorp s'inspire directement du *Discours* et des *Essais* : une introduction sur la méthode est suivie de traités spécifiques montrant la validité de cette méthode. Pour cette raison, les thèmes de philosophie naturelle abordés par Lipstorp défendent l'interprétation de la méthode cartésienne comme méthode mathématique, selon l'orientation de la

1. Ce problème est abordé par Lipstorp à travers une question qu'il pose au début du traité : « An in rebus naturalibus semper sit demonstrationis Mathematicae necessitas exigenda ? » (D. Lipstorp, *Specimina Philosophiae Cartesianae*, Lugduni Batavorum, apud Johannem et Danielem Elsevier, 1653, p. 1).

2. Sur ce texte, *cf.* Th. McGahagan, *Cartesianism in the Nederlands (1639-1676)*, *op. cit.*, p. 277-279 ; A. Del Prete, « Appunti sulla diffusione della filosofia di Bruno nell'Olanda secentesca », *Bruniana e Campanelliana*, 1998, IV/2, p. 273-300.

3. Nous rappelons que la traduction latine du titre des *Essais* était précisément : *Specimina*.

première partie, et leur intérêt consiste, plus que dans le contenu, dans le fait qu'ils réélaborent *more geometrico* les doctrines cartésiennes[1].

Dans la *Praefatio*, Lipstorp retrace l'itinéraire philosophique qui l'a amené à embrasser le copernicanisme et le cartésianisme. Initié à la philosophie aristotélicienne dès ses premières études, il n'y avait pas trouvé de quoi étancher la soif de connaissance qui l'animait[2] : le récit de Lipstorp rappelle celui du *Discours*, qui devient ainsi une autobiographie idéale et un modèle littéraire, au point que les difficultés rencontrées et le travail de la recherche sont décrits à travers des métaphores et des images empruntées à l'œuvre cartésienne. Par exemple, une des limites des philosophies étudiées par Lipstorp (parmi les auteurs qu'il cite se trouvent aussi Galilée, Basson, Gassendi, Burgersdijck) était la diversité des principes qu'elles adoptaient; l'obstacle principal dans la construction du savoir était représenté par les préjugés de l'enfance et les erreurs des sens, etc.[3].

Lipstorp fut initié à la philosophie cartésienne par Johannes Adolphus Tassius, professeur de mathématiques à Hambourg, qui lui présenta la *Géométrie* et l'*analysis speciosa* qui y était pratiquée. Il perfectionna ensuite sa préparation à Leyde en suivant les cours de van Schooten, qui l'aida à approfondir l'analyse et la méthode cartésiennes. Cela lui permit (« illa [methodus] adminiculante ») d'aborder l'étude de la *Dioptrique* et des *Principia*, dans lesquels il trouva l'explication de la réfraction (« a nemine ante Cartesium perspectam ») et du mouvement des planètes[4].

1. Une critique précise à Lipstorp et à cette interprétation de la *methodus cartesiana* fut avancée par Joachim Jungius dans son *Epistola de Cartesii Philosophia* du 23 mars 1655, *cf.* le texte dans W. Risse (éd.), *Joachimi Jungii Logicae Hamburgensis Additamenta*, Göttingen, Vandenhoeck & Ruprecht, 1977, p. 217-219. Nous avons analysé la critique de Jungius à Lipstorp dans M. Savini, « L'*Epistola de Cartesii Philosophia* di Joachim Jungius », dans F. Marrone (éd.), *desCartes et desLettres. Epistolari e filosofia nell'età cartesiana*, Florence, Le Monnier, 2008, p. 213-233.

2. « Etenim non dissimulabo, me ab eo usque tempore, quo primum studiis philosophicis animum consecravi, non potuisse reperire in Philosophia Peripatetica, quantacunque etiam diligentia ipsam a Praeceptoribus acceperim et hauserim, in quo animo veri cupidus acquiesceret », D. Lipstorp, *Specimina philosophiae cartesianae*, *op. cit.*, *Praefatio*.

3. « Interea tamen me excruciabat diversitas principiorum, […] vexabant me infantiae prejudicia, et sensuum fallaciae, a quibus me haut immunem esse videbam », D. Lipstorp, *Specimina philosophiae cartesianae*, *op. cit.*, *Praefatio*.

4. « Inprimis illud de motu proprio et philosophice sic dicto, commodissime et uno quasi ictu per hypothesin cartesianam tolli, et aboleri continua gyratione materiae coelestis, et uniuscujusque vorticis in ea contenti : ubi in primis illud observari meretur, quod nulli planetarum motus fiant in perfectis circulis, sed in peripheriis a figura circulari in Ellipticam degenerantibus, idque ob causas manifestissimas, quas colligere licebit in tertia parte principiorum philos. », D. Lipstorp, *Specimina philosophiae cartesianae*, *op. cit.*, *Praefatio*.

Le récit de Lipstorp, qui met en évidence le rapport entre la *methodus mathematica* et la philosophie naturelle de Descartes, nous donne une confirmation du lien qui, après la traduction de la *Géométrie* et les commentaires de Debeaune et de van Schooten, s'était établi entre les *Principia* et le troisième essai.

Si la méthode de Descartes se trouvait principalement dans la *Géométrie*, son application la plus développée se trouvait dans les *Principia*, et ces derniers étaient sans doute le texte cartésien le plus lu et commenté à Leyde au début des années 1650. En effet, après les polémiques qui suivirent les disputes soutenues sous la direction de Revius en 1647[1], les Curateurs de l'Université avaient décidé, par un décret signé le 20 mai 1647, d'interdire toute référence à Descartes à l'intérieur des cours. Après la discussion entre Heereboord d'un côté et Revius et Stuart de l'autre, les Curateurs, sur proposition du recteur de l'année précédente, Friderick Spanheim, décidèrent, en février 1648, d'interdire l'enseignement de la métaphysique[2]. Cela favorisa le succès des *Principia*, qui, outre le fait de présenter un traité de philosophie naturelle, étaient particulièrement indiqués pour l'enseignement universitaire, car ils se présentaient sous la forme des manuels scolastiques[3].

Ce n'est pas un hasard si la *Praefatio* de l'œuvre de Lipstorp donne, comme exemple des *inventa* fruits de la méthode cartésienne, des explications de phénomènes naturels qui se trouvent dans les *Principia*, à savoir les comètes, le feu et l'aimant[4]. La préface des *Specimina* présente ensuite la narration (qui se trouve déjà dans les commentaires de van Schooten) de la redécouverte de l'analyse et souligne le mérite de Descartes, qui avait tiré d'elle une méthode applicable à tous les types de rapports et aussi aux recherches de philosophie naturelle.

1. *Cf.* chap. II, *supra*, p. 103 *sq.*
2. *Cf.* Th. Verbeek, *Descartes and the Dutch*, *op. cit.*, p. 61-70.
3. Sur l'utilisation des *Principia* à Leyde, *cf.* Th. Verbeek, « Les *Principia* dans la culture néerlandaise du XVII^e^ siècle », dans *Descartes* : Principia Philosophiae *(1644-1994)*, *op. cit.*, p. 701-712.
4. « Et, quod primo loco censeri debet, stupebam, animo revolvens paucissima illa principia, et simplicissimam illam veritatum catenam, per quam cometarum, ignis, magnetis, et aliarum infinitarum rerum natura et essentia tam solide, erudite, et methodice erat explicata », D. Lipstorp, *Specimina philosophiae cartesianae*, *op. cit.*, *Praefatio*. Les phénomènes tels que les comètes, le feu et l'aimant font l'objet d'articles spécifiques dans les *Principia*, et, respectivement, de l'art. 129 de la III^e^ partie (« Horum [référence à *cometarum*] phaenomenon explicatio » AT VIII-1 179-180 ; B Op I, p. 1978-1980), des art. 80 (« De natura ignis, ejusque ab aëre diversitate » AT VIII-1 249-250 ; B Op I, p. 2084) et 139 de la IV^e^ partie (« Quae sit natura magnetis », AT VIII-1 279-280 ; B Op I, p. 2130-2132).

Il importe de saisir ici l'horizon problématique dans lequel est placée la question posée par Lipstorp dans la première partie des *Specimina* (« Est-ce que dans les choses naturelles il faut toujours exiger la nécessité de la démonstration mathématique ? » – « An in rebus naturalibus semper sit demonstrationis Mathematicae necessitas exigenda ? »). Il paraît clair que cette question se situe aussi dans le contexte de la discussion qui s'était alors développée [1] autour du copernicianisme des cartésiens. Mais, si l'on ne tient pas compte de la clef de lecture de la méthode cartésienne offerte dans l'édition latine de la *Géométrie*, il n'est pas possible de comprendre l'insistance de Lipstorp sur l'importance des mathématiques pour la philosophie naturelle.

En quoi consiste donc la *methodus mathematica* que, selon Lipstorp, il convient d'appliquer à la physique ? L'auteur des *Specimina* définit la *demonstratio mathematica* comme celle qui part de ce qui est clair et évident pour connaître ce qui est encore inconnu, par une série ininterrompue de raisons, dans lesquelles il ne doit rien y avoir d'obscur et de confus :

> Quelqu'un demandera peut-être : en quoi consiste cette démonstration mathématique qu'il faut appliquer en physique ? Je réponds. En ceci : que tu ne poses rien à l'avance qui ne soit clair et évident et qui, considéré séparément, ne soit très facile à connaître et qu'ensuite tu tires, à partir de ceci, par une série continue et par un ordre ininterrompu, ce qui auparavant était ignoré [2].

Les caractères de la démonstration mathématique sont donc l'*ordo* et la nature des propositions [3], qui permettent que les propositions complexes dérivent de la composition des simples [4]. Mais comment s'établit un tel

1. *Cf.* à cet égard, P. Dibon, « Connaissance révélée et connaissance rationnelle : aperçu sur les points forts d'un débat épineux », dans *Regards sur la Hollande du siècle d'or*, *op. cit.*, p. 693-719.

2. « Quaeret forsan nonnemo : *In quo consistat illa Demonstratio mathematica in Physicis adhibenda ?* Respondeo. In eo, ut nihil premittas, nisi quod sit valde clarum et evidens, et quod seorsim spectatum sit cognitu facillimum, ex quo postea continua serie, et non interrupto ordine id quod antea ignorabatur, educas », D. Lipstorp, *Specimina philosophiae cartesianae*, pars prima (« De certitudine philosophiae cartesianae »), *op. cit.*, p. 2.

3. « Omnia examinare potius, quam aliquid supponere malumus, non alium ordinem in ulla veritate admittenda sequendum rati, quam illum, qui est apud Geometras usitatus, ut nempe omnia premittantur, ex quibus quaesita veritas dependet, antequam de ipsa quicquam concludatur », *ibid.*

4. « Haec enim est vis Mathematicarum Demonstrationum, ut ea, quae sunt maximi ponderis atque momenti, ex principiis in vulgus notis et cognitu facillimis, continuo ordine tanquam per simplicium veritatum catenam eliciant », *ibid.*

ordre ? Lipstorp introduit ici le doute comme instrument apte à « tester » les hypothèses et à les ranger en fonction de leur certitude :

> De cette manière, nous obtenons de ne pas douter davantage des choses que nous apprendrons ensuite être vraies, puisque nous aurons vu qu'elles sont immunes à ces doutes. Et pour cette raison, ceux-ci laissent cette connaissance plus certaine selon que les doutes avancés sur leur vérité et fausseté ont été plus obstinés et généraux [1].

Le doute devient ainsi un instrument fonctionnel pour l'établissement de l'ordre dans les démonstrations mathématiques, car il permet d'évaluer la solidité d'une conception dans la chaîne des raisons qui organise l'*ordo*. À la différence de Clauberg [2], Lipstorp propose le doute non comme un moment initial et provisoire, utile pour déraciner les préjugés de l'enfance, mais comme un instrument épistémique ordinaire, fonctionnel pour établir des démonstrations mathématiques. Les principes qu'il faut admettre pour qu'il y ait ce genre de démonstrations sont de trois types : les définitions, les postulats et les notions communes. Lipstorp décrit ici la nature des démonstrations mathématiques en ayant comme modèle les *Élements* d'Éuclide, et non la géométrie publiée par Descartes. Influencé par les règles de la méthode énoncées dans la deuxième partie du *Discours* [3] et par les observations sur la *ratio demonstrandi synthetica* qui se trouvent dans les réponses aux *Objectiones* [4], Lipstorp avait revendiqué la possibilité d'employer la méthode mathématique en physique en raison de la coïncidence existant entre l'objet propre de la géométrie, à savoir l'étendue prise dans ses trois dimensions, et l'essence propre des corps naturels. Pour ce faire, il s'appuyait sur l'article 4 de la II^e partie des *Principia*, qu'il transcrivait sans le citer, et dans lequel Descartes avait identifié la substance étendue, déjà mentionnée dans l'article 53 de la première partie [5], avec la matière.

1. « Ea ratione efficiemus, ut de iis, quae vera esse postea comperiemus, non amplius dubitare possimus, quia haec immunia esse videbimus ab iis dubitationibus ; atque ob id certiorem relinquunt illam notitiam, quanto magis pertinaces et generales fuerint premissae dubitationes de earum veritate et falsitate », *ibid.*

2. Cf. *supra*, chap. IV, p. 164 *sq.*

3. AT VI 18-19 ; B Op I 44.

4. AT VII 156 ; B Op I 884-886.

5. « Nempe extensio in longum, latum et profundum, substantiae corporeae naturam constituit », *Principia Philosophiae*, I, 53, AT VIII-1 25 ; B Op I, p. 1746. Bien que l'article 4 de la partie II reprenne cette définition, puisqu'il succède à la démonstration de l'existence des corps, il sert à démontrer l'identification de l'étendue avec l'essence des corps réellement existants. Sur l'importance de la démonstration de l'existence des corps dans la II^e partie des

L'identification de la nature des corps avec la quantité continue amenait ensuite Lipstorp à la conclusion selon laquelle « il ne faut chercher d'autres principes en physique qu'en géométrie ou mathématique abstraite, et donc on peut donner les démonstrations des conclusions physiques ainsi que de celles mathématiques »[1]. Cette affirmation reprend elle aussi presque littéralement le texte des *Principia*, et précisément l'article 64, dans lequel, en concluant la deuxième partie de son œuvre, Descartes introduisait l'application des principes qu'il venait de formuler (*De principiis rerum materialium* est le titre de la partie II des *Principia*) à l'explication de ce qui apparaît (*De mundo adspectabili* est le titre de la troisième partie). En s'appuyant sur ce texte – capital pour l'application des principes de la physique à l'explication des phénomènes naturels[2] – Lipstorp fournissait à la fois une interprétation de la méthode cartésienne et de la méthode de la *Géométrie* en essayant de montrer une continuité entre le troisième essai et les *Principia*.

Ainsi, la *Géométrie* était considérée dans un cadre général relatif au mathématisme cartésien, lui-même ramené à l'exigence de structurer le savoir à partir des notions simples, par l'emploi d'une déduction capable de saisir les phénomènes complexes comme le point d'achèvement d'une chaîne ininterrompue de raisons. L'essai de 1637, cependant, ne perdait pas l'importance qui lui avait été accordée par van Schooten, car il était présenté par Lipstorp comme la vraie logique de Descartes, à cause de la force inventive du procédé analytique qu'il employait :

> Pour aborder en un ou deux mots ses [de Descartes] mérites très illustres dans la République des lettres, bon Dieu !, qui ne reste étonné de sa géométrie, qui est la clé de tous les arts libéraux et des sciences ? Ou mieux : sans qu'aucune autre discipline ne soit donnée à l'avance parmi celles qui concernent la mathématique, la mécanique et la philosophie elle-même aussi, non seulement elle juge très heureusement, mais encore, en pesant à la pierre de touche les inventions des autres, elle enseigne et expose comment ils les ont trouvées, ce qu'ils se sont laissé échapper en elles, et aussi ce qui leur manque pour parvenir au plus haut degré de perfection et

*Principia*, *cf.* V. Carraud, « L'esistenza dei corpi è un principio della fisica cartesiana ? », dans *Descartes. Principia Philosophiae (1644-1994)*, *op. cit.*, p. 153-177.

1. « Non alia principia in Physica, quam in Geometria vel in Mathesi abstracta esse quaerenda, ac proinde conclusionum Physicarum aeque ac Mathematicarum demonstrationes dari posse », D. Lipstorp, *Specimina philosophiae cartesianae*, pars prima, *op. cit.*, p. 5.

2. *Cf.* F. de Buzon, « La mathesis des *Principia* : remarques sur II, 64 », dans *Descartes. Principia Philosophiae (1644-1994)*, *op. cit.*, p. 303-320 ; et aussi F. de Buzon, V. Carraud, *Descartes et les « Principia » II. Corps et mouvement*, Paris, PUF, 1994, p. 121-126.

> comment ces inventions suivent d'elle. À cause de cela, puisqu'elle mérite d'être dite à bon droit « art d'inventer », on pourra l'appeler avec l'auteur « la vraie logique » [1].

Lipstorp s'appuyait, pour ce faire, sur les *ipsissima verba* du Descartes de la IIᵉ partie du *Discours*, qui soulignait la nécessité de réaliser une logique vraiment inventive en unissant l'algèbre des modernes à l'analyse des anciens :

> J'avais un peu étudié, étant plus jeune, entre les parties de la philosophie, à la logique, et, entre les mathématiques, à l'analyse des géomètres et à l'algèbre, trois arts ou sciences qui semblaient devoir contribuer quelque chose à mon dessein. Mais, en les examinant, je pris garde que, pour la logique, ses syllogismes et la plupart de ses autres instructions servent plutôt à expliquer à autrui les choses qu'on sait, ou même, comme l'art de Lulle, à parler sans jugement de celles qu'on ignore, qu'à les apprendre. [...] Ce qui fut cause que je pensais qu'il fallait chercher quelque autre méthode, qui, comprenant les avantages de ces trois, fût exempte de leurs défauts [2].

La solution du problème de Pappus, rappelée par Lipstorp, démontrait, selon l'auteur des *Specimina philosophiae cartesianae*, la force de la logique cartésienne, qui avait réussi à résoudre une question qui résistait depuis l'antiquité à toute tentative de solution. La *Géométrie* est présentée ici comme le lieu dans lequel la méthode cartésienne a donné ses fruits les plus féconds, et Lipstorp voyait une continuité ininterrompue entre les règles données dans la IIᵉ partie du *Discours* et le troisième essai. Le mathématisme de Descartes rendait ensuite possible la généralisation de la méthode de la *Géométrie* en l'appliquant à toutes les parties de la philosophie. Cela était réalisable grâce à la notion d'*ordo* présentée dans le *Discours* ainsi que dans la *Lettre-préface* à la traduction française des *Principia* [3].

1. « Ut ejus [scil. Descartes] praeclara in Rempubl. literariam merita verbo uno atque altero attingamus, bone Deus ! quis non stupet ejus Geometriam, quae clavis est omnium liberalium artium et scientiarum : imo, quae non praemissa ulla alia disciplina de omnibus ad Mathesin, Mechanicam, imo ipsam quoque Philosophiam spectantibus, non tantum felicissime judicat, sed et inventa aliorum ad Lydium lapidem appendens, quo pacto ea adinvenerint, quid in iis omiserint, quid item ad summam eorum perfectionem illis desit, et quo pacto eam optime consequantur, docet atque exponit. Quo nomine cum ars inventrix optimo jure dici mereatur, ipsam veram logicam cum Authore vocare licebit », D. Lipstorp, *Specimina philosophiae cartesianae*, pars prima, *op. cit.*, p. 8.
2. AT VI 17-18 ; B Op I, p. 42.
3. *Cf.* AT IX-2 13 *sq.* ; B Op I, p. 2228.

Une conséquence inévitable de cette lecture résidait dans l'affaiblissement des caractères les plus originaux et authentiques de la méthode suivie dans la *Géométrie*, caractères qui sont relatifs au calcul des rapports et des proportions quantifiables à partir d'une unité de mesure donnée. En effet, dans les *Specimina philosophiae cartesianae*, comme d'ailleurs dans les *Principia* de Descartes, nous ne trouvons ni des formules mathématiques ni l'application de l'*ars analytica* que Lipstorp avait célébrée comme le trésor des géomètres anciens.

La *methodus* de Descartes inspirée des mathématiques devenait ainsi susceptible d'être employée dans toutes les disciplines, y compris la métaphysique, sans pourtant s'exposer aux critiques avancées par Revius et Lentulus. C'est à ces derniers, d'ailleurs, que Lipstorp faisait référence en soulignant l'utilité et l'« innocuité » de la méthode cartésienne. À côté de la *Géométrie*, enfin, Lipstorp dénombrait la *Dioptrique* [1], les *Météores* [2], et les *Meditationes* [3], en rétablissant un ordre général de la philosophie cartésienne dans lequel trouvaient place, sans solution de continuité, les essais scientifiques et la métaphysique, l'explication de l'arc-en-ciel et le *cogito*. Pour ce qui concerne les essais scientifiques, Lipstorp soulignait le rapport qui les liait à la *Géométrie*, et l'apport de celle-ci dans le traitement des

1. « Primum in genere inventionis est dioptrica immane quantum! ab aliis, quibus antehac usi sumus, discedens, praesertim quod Naturam luminis, Visionis, et refractionis concernit, quam mira brevitate et subtilitate ita exornavit, ut quaecunque de reflexionibus, refractionibus, caeterisque rebus ad perfectionem visus pertinentibus intelligi possunt, persecutus sit, et quae de refractionibus legibus ante fuerunt desiderata, plane perfecerit », D. Lipstorp, *Specimina philosophiae cartesianae*, pars prima, *op. cit.*, p. 16. La *Dioptrique* apparaissait à Lipstorp comme le fruit direct de la *Géométrie*, en raison des passages qu'on y trouvait concernant les ellipses, les ovales et les hyperboles, dont la connaissance était nécessaire pour la taille des verres employés dans les expériences : *cf.* à ce propos le deuxième livre de la *Géométrie* (AT VI 429 *sq.* ; B Op I, p. 574 *sq.*).

2. « Has secundo loco Metereologica excipiunt. Quid autem haec cum Mathesi abstracta, uti vocant, Geometria nempe commune habeant, tum ex innumeris aliis, tum in primis ex elegantissima doctrina iridum satis constare arbitror; cujus tam mira est natura, et tam curiose a multis egregiis Viris investigata, licet parum cognita, ut vel nullam aptiorem materiam Philosophus noster potuerit, ad ostendendum, ope Methodi, qua utebatur, posse perveniri ad illarum scientiam, quam ii, quorum scripta orbem literarium hactenus illustrarunt, non habuerunt », D. Lipstorp, *Specimina philosophiae cartesianae*, pars prima, *op. cit.*, p. 26.

3. « Ab his progrediamur ad simplicissimas istas Metaphysicas veritates, quas Meditationes potius, quam, ut Philosophi, disputationes; vel, ut Geometrae, Theoremata et Problemata appellare ipsi placuit; nempe ut hoc ipso prima fronte Lectori autem vellicaret, contestatus, nullum sibi esse negotium, nisi cum iis, qui secum rem attente considerare ac meditare non recusaverint », *ibid.*, p. 18.

problèmes qui demeuraient encore non résolus : la *Dioptrique* était débitrice envers la *Géométrie* pour l'étude des Ellipses, des Ovales et des Hyperboles, dont la connaissance était nécessaire pour tailler les lunettes ; les *Météores*, de leur côté, représentaient une application de la *mathesis abstracta* aux phénomènes naturels comme celui de l'arc-en-ciel[1].

À l'égard de la métaphysique, l'auteur des *Specimina philosophiae cartesianae* justifiait la préférence accordée au genre littéraire de la méditation en raison des préjugés qui troublent l'esprit, et qui empêchent que les premières vérités puissent être saisies clairement. À propos de la structure des *Meditationes*[2], Lipstorp cite largement le passage des *Réponses* aux *Secondes Objectiones*, dans lequel Descartes avait distingué entre le « style » analytique et le « style » synthétique : « Puisque la manière de démontrer est double, l'une par l'analyse, l'autre par la synthèse, [...] il ne sera pas sans intérêt de montrer quelles sont ces manières et comment notre philosophe s'est servi d'elles dans ses écrits. J'expliquerai l'une et l'autre à travers les mots de l'auteur même à la page 42 des *Réponses aux deuxièmes objections aux Méditations* »[3].

Sur ce point, Lipstorp ne distingue pas entre l'analyse pratiquée dans la *Géométrie* (et dont il est déjà question dans les textes des géomètres anciens), et le procédé démonstratif adopté dans les *Meditationes*. Il ne distingue pas non plus entre la fonction essentiellement inventive que les anciens attribuaient à l'*ars analytica* et celle plus proprement démonstrative et explicative qui appartient à la *synthesis*. Le texte cartésien qui se

1. Outre l'explication de l'arc-en-ciel, Lipstorp renvoie aussi aux pages 288-291 de l'œuvre, pour montrer le succès obtenu par Descartes dans la connaissance des phénomènes qu'on n'arrivait pas encore à expliquer. Les pages auxquelles il fait référence concernent, pour l'édition française, l'explication des parhélies observés à Rome par Christoph Scheiner en 1629 ; dans la traduction latine des *Météores* ces pages correspondent aux derniers paragraphes du discours VII, relatifs à la différence entre la foudre et les autres feux qui se produisent en l'air. Il est plus vraisemblable que Lipstorp renvoie ici au texte français et qu'il fasse référence aux parhélies, qui avaient été discutés aussi par Gassendi, Peiresc, Beeckman, et Reneri. Cela montre que Lipstorp utilisait aussi une copie française du *Discours* et des *Essais*. Quoi qu'il en soit, lorsqu'il cite directement le *Discours* il se sert de l'édition latine.

2. Le choix de la forme de la méditation pour traiter de la métaphysique avait été attaqué par Schoock dans l'*Admiranda methodus* : « Mentis autem intrinsecum colloquium meditatio est, quae ubi sana non est, etiamsi animi integritatem laedere non affectet, eam tamen collutulat, & nescio quid latentis vitiis affricat », AM IV, 1, p. 251 (*Querelle*, p. 309).

3. « Cum demonstrandi ratio duplex sit, alia scilicet per analysin, alia per synthesin [...] non abs re erit, si quid illae proprie sint, et qua harum usus sit noster Philosophus in suis scriptis, ostendamus. Utrumque ego expediam verbis ipsius authoris. Meditat. p. 42. Respons. ad Sec. Objectiones », D. Lipstorp, *Specimina philosophiae cartesianae*, prima pars, *op. cit.*, p. 21-22.

trouve dans les réponses aux *Secundae Objectiones*, et qui, en effet, comporte des problèmes interprétatifs non négligeables[1], était lu par Lipstorp en postulant une cohérence interne du *corpus* cartésien. Ainsi, la métaphysique de 1641 et les *Essais* publiés en 1637 représentaient des « applications » d'une logique plus générale, qui était repérée dans la *Géométrie*. S'il est vrai, en effet, que la position de Lipstorp se distingue de celles de Clauberg et d'Andreae pour l'importance accordée à la *Géométrie*, il est également clair que, par rapport à la métaphysique et en particulier aux *Principia*, l'auteur des *Specimina philosophiae cartesianae* s'aligne sur eux, en affirmant une continuité entre le *Discours*, les *Essais*, les *Meditationes* et les *Principia* et en identifiant le mathématisme cartésien avec les règles génériques de la deuxième partie du *Discours*. La lecture « atténuée » avancée par Lipstorp est confirmée par les indications qu'il présente, à la fin de l'essai, sur la manière dont il faut suivre Descartes. Aussi bien Schoock que Revius et Lentulus avaient dénoncé le risque de l'*imitatio Cartesii* comme facteur de désordre à l'intérieur des Universités : la décision d'abandonner les livres et les enseignements des précepteurs représentait, si elle était prise à la lettre, une invitation à la désobéissance civile. Pour se défendre de cette accusation, Lipstorp indiquait trois manières possibles de suivre Descartes. La première était de suivre littéralement le chemin de l'auteur du *Discours*, en renonçant à toutes les opinions acquises pour rechercher, *tam in mundi volumine, quam in se ipso*, un principe absolument certain[2]. La deuxième était de suivre le chemin

1. Parmi les nombreuses études qui ont traité le problème de la définition de l'analyse et de la synthèse donnée dans les passages en question, *cf.* E.M. Curley, « Analysis in the Meditations : the Quest for Clear and Distinct Ideas », dans A. Oksenberg-Rorty (éd.), *Essays on Descartes' Meditations*, Berkeley-Los Angeles-Londres, University of California Press, 1986, p. 153-176 ; D. Garber, « A Point of Order : Analysis, Synthesis and Descartes' Principles », *Archiv für Geschichte der Philosophie*, 1982, 64, 2, p. 136-147 ; J.-M. Beyssade, « *Scientia perfectissima*. Analyse et synthèse dans les Principia », dans *Descartes : Principia philosophiae (1644-1994)*, *op. cit.*, p. 5-36 ; B. Timmermans, « L'analyse cartésienne et la construction de l'ordre des raisons », *Revue Philosophique de Louvain*, 1996, 94, 2, p. 205-215 ; O. Dubouclez, *L'invention de l'analyse, généalogie d'un concept d'Aristote à Descartes*, Thèse de doctorat, Université Paris IV-Sorbonne (2008).

2. « Primus est quo quis institutum ejus quoad omnia sequi velit secundum lineas in methodo ductas : eorum nempe curatiori habita ratione, quae, postquam e Praeceptorum custodia exiverat, et Illustri Collegio Flexiensi [...] valedixerat, proprio Marte agressus est tam in mundi volumine, quam in se ipso, et quidem juxta normam generalissimi decreti, ut omnes simul ac semel opiniones e mente sua deleret, ut deinde alias meliores, vel certe easdem, sed postquam maturae rationis examen subiissent, admitteret, atque etiam ex praescripto regularum istius methodi, omniumque quae postea egit », D. Lipstorp, *Specimina philosophiae cartesianae*, prima pars, *op. cit.*, p. 26.

cartésien en respectant l'ordre des raisons qui se trouve dans les écrits[1] de Descartes. La troisième était de ne pas procéder, comme Descartes l'avait fait, de manière absolument rigoureuse à l'examen des opinions (« en renonçant à quelque chose de la rigueur de cette purification nécessaire au commencement » – « nonnihil remittendo de severitate expurgationis illius initio necessariae »), mais en acceptant seulement de revoir quelques croyances acquises depuis l'enfance[2].

Des trois hypothèses, Lipstorp refusait catégoriquement la première, se prononçait avec beaucoup de réserves sur la deuxième et indiquait seulement la troisième comme praticable par tous ceux qui commencent leurs études :

> Celles-ci sont les trois manières d'imiter Descartes : la première est tout à fait impossible et inutile. La deuxième est ardue et difficile et, peut-être, pas salutaire pour ceux qui s'appliquent aux études académiques et aspirent à quelque Faculté. La dernière enfin est la meilleure et elle ne doit pas du tout être négligée par ceux qui s'efforcent de faire des progrès dignes de louange dans l'étude de la vérité[3].

Le cartésianisme proposé par Lipstorp marque la convergence des positions originales des commentateurs de la *Géométrie* sur des thèses bien plus atténuées et qu'il est souvent assez difficile de distinguer de celles des cartésiens les plus éclectiques comme Clauberg ou De Raey. C'est d'ailleurs ce dernier que Lipstorp cite pour indiquer un cartésianisme parfaitement intégré dans les structures académiques, presque un modèle qui synthétisait les admirables *inventa* de la nouvelle philosophie avec la tradition scolastique. La préoccupation de Lipstorp de promouvoir un cartésianisme non radical est, à notre avis, l'indice d'une ligne de pensée

1. « Secundus est, quo non quidem omnia Cartesii facta imitamur, sed per easdem vias cogitationes nostra ducimus, quae in scriptis ejus expressae sunt », *ibid.*

2. « Tertius denique modus eum imitandi est is, quo quis veram philosophiam, ejusque veritates detectas, sive audiendo, sive continue legendo et examinando, addiscit, idque minori cum severitate et ἀκριβείᾳ, quam illius philosophemata prae se ferunt, nempe nonnihil remittendo de severitate expurgationis illius initio necessariae : quod sit imaginando sibi, et more Mathematicorum supponendo, opiniones, quas antea sive a nobismetipsis, sive a parentibus nostri hauseramus, non omnes ejusdem census esse atque valoris, sed quaslibet suspectae fidei », *ibid.*

3. « Hi sunt tres modi imitandi Cartesium : quorum primus impossibilis omnino et supervacaneus est. Alter arduus et difficilis et iis forsan non salutaris, qui studiis Academicis operam dant, et ad aliquam Facultatem aspirant. Ultimum denique optimus est, et minime negligendus ab iis, qui in veritatis studio laudabiles progressus facere allaborant », *ibid.*, p. 26-27.

commune aux cartésiens néerlandais, consistant dans la recherche d'un équilibre entre l'innovation du savoir et le maintien des institutions déléguées à la formation des classes les plus élevées de la société. Un deuxième facteur caractérisant fortement l'interprétation de Lipstorp est l'exigence d'une lecture systématique de l'œuvre cartésienne, dans laquelle logique, mathématique, physique et métaphysique s'harmonisent pour former un ensemble complet et unitaire. Si cela est, sans doute, motivé par les critiques portées à la *methodus cartesiana*, on doit reconnaître par ailleurs le privilège accordé aux *Principia* dans l'enseignement universitaire. La *methodus cartesiana* trouvait sa propre logique dans la *Géométrie* et son application dans les *Principia*, mais cela comportait une atténuation des caractères les plus originaux de la géométrie cartésienne et la définition d'une forme plus mitigée de cartésianisme.

# CONCLUSION

Entre 1647 et 1665, la réflexion de Clauberg se développe en métaphysique et en logique de manière unitaire et cohérente, tout en traversant des traditions et des problématiques différentes.

Nous avons essayé ainsi de dégager la spécificité de la position de Clauberg dans le cadre de la métaphysique qui s'approche de l'ontologie et, à partir des problèmes et des questions abordées dans l'*Ontosophia* de 1647, nous avons montré quel a été l'apport de la philosophie de Descartes à la situation problématique de l'ontologie claubergienne. Nous avons pu ensuite reconsidérer le cartésianisme de Clauberg et, de cette manière, présenter l'opération interprétative qu'il conduit à l'égard des textes cartésiens. Ainsi, l'interaction entre la *methodus cartesiana* et l'*ontologia* porte Clauberg à des résultats originaux, tant en ce qui concerne l'ontologie qu'il garde à côté de la métaphysique cartésienne, qu'en ce qui concerne la logique et, en particulier, l'herméneutique.

Nous désirons maintenant, en conclusion, développer quelques remarques qui portent sur les résultats de notre recherche.

1) En ce qui concerne l'histoire de l'ontologie.

Les problèmes soulevés par Clauberg en 1647 à propos du rapport entre la logique et la métaphysique et à propos de l'initiation à la philosophie montrent, selon une certaine perspective, un aspect important lié à la naissance des premières ontologies. Si, en effet, l'ontologie procède de la distinction entre la métaphysique générale et la métaphysique spéciale et assume la première en l'organisant autour du concept d'étant pris selon la plus haute abstraction, il faut tout de même souligner qu'elle se rattache à un processus de redéfinition de l'encyclopédie du savoir qu'elle a la tâche de régir et de gouverner. Si donc la naissance de l'ontologie est déterminée par la possibilité de saisir par voie d'abstraction un concept univoque, neutre et indéterminé d'étant qui prend bientôt le nom et la forme de l'*intelligibile*, elle doit aussi garantir l'unité et l'architecture de la science en général. Ces deux aspects, bien évidemment, ne font qu'un, mais chacun d'eux ouvre à des traditions et à des influences qui ne sont pas toujours les mêmes. Si l'on peut suivre l'histoire de la constitution d'une métaphysique générale ayant pour objet l'*intelligibile* à travers les œuvres de Pereira, Suarez, Goclenius, Timpler, etc., il est également possible de situer l'ontologie par rapport aux discussions concernant l'architecture et l'unité de la science : ainsi, nous pouvons considérer l'ontologie selon la perspective des œuvres de Comenius, Alsted, Keckermann etc. et des phénomènes tels que la reprise du lullisme ou l'encyclopédisme de la première moitié du XVII$^{e}$ siècle. Le rôle de la *noologia* et de la *gnostologia* chez Gutke et Calov, ainsi que le rôle des *Praecognita* chez Alsted, de la *Pansophia* chez Comenius ou des *Systemata* chez Keckermann, par exemple, répond à l'exigence de plus en plus marquée de garantir l'unité et l'économie du savoir. Chez Clauberg, et après lui, cette exigence sera prise en charge par l'ontologie, en raison de son statut formellement hégémonique et universel à l'égard des autres disciplines.

En outre, il faut souligner que si en 1647 Clauberg est encore marqué par la thèse de Timpler en ce qui concerne l'identification de l'*ens* avec l'*intelligibile*, il apparaît assez original dans l'exigence qu'il a de vouloir structurer de manière radicale la fondation que l'ontologie doit garantir aux autres disciplines. L'*Ontosophia* est fortement conditionnée par le problème du rapport entre la métaphysique et la logique, et cela s'explique par la primauté que la seconde a toujours gardé dans l'ordre de l'enseignement et qui est cause, selon Clauberg, du conditionnement que la logique a opéré à l'égard de la métaphysique. En cela, l'ontologie de Clauberg est marquée par la recherche d'un ordre entre les disciplines qui doit être respecté non seulement sur le plan architectonique et formel, mais aussi et surtout sur le plan pratique de la didactique et de l'enseignement. Cela entraîne, en 1647, une situation problématique que Clauberg n'est pas à même de résoudre, car entre l'ontologie et la logique il se produit un cercle vicieux en raison duquel la première doit fonder la seconde mais en même temps doit être régie par elle du point de vue pratique. Cette problématique rapproche la réflexion claubergienne de la philosophie de Descartes et cela nous permet de revenir sur un point que nous avons évoqué dans l'*Introduction*. S'il est vrai que la philosophie cartésienne est inassimilable à l'ontologie en raison de la distance qui la sépare d'une métaphysique structurée autour du concept d'*ens in quantum ens*, il n'en reste pas moins que, en ce qui concerne la recherche d'une fondation unitaire et organique de la science, elle partage une exigence essentielle de l'ontologie ou, du moins, d'une des traditions dont elle est constituée. Ce n'est pas un hasard que Descartes ait été invité, avec insistance, à rencontrer Comenius : les organisateurs et promoteurs de la rencontre sentaient une affinité entre les deux projets philosophiques et, même si cela n'a pas profité aux deux savants, l'initiative a été en tout cas extrêmement significative en ce qui concerne la diffusion et l'acceptation de la philosophie cartésienne.

2) En ce qui concerne l'histoire du cartésianisme.

Le statut problématique de la théorie de la méthode chez Descartes a été évident dès la première diffusion du cartésianisme. Ce qui, aujourd'hui, est un acquis des études cartésiennes de ces dernières années était sous les yeux des lecteurs dès le début des années 40 du XVII^e^ siècle. Les principales polémiques qui se développèrent à Utrecht et à Leyde ont toutes relevé aussi bien l'absence d'une théorie de la méthode que celle d'une logique dans la pensée cartésienne. La réponse de Clauberg et d'Andreae, consistant dans la reconstruction de la méthode cartésienne à partir des œuvres de Descartes, admettait implicitement le fait que l'auteur du *Discours* avait laissé un vide à combler dans le cadre des disciplines : le manque d'une théorie de la méthode et, donc, d'une logique capable de guider la recherche philosophique, exposait le cartésianisme à l'accusation de subjectivisme et d'enthousiasme. La stratégie adoptée fut alors celle de proposer une interprétation de la *methodus cartesiana* qui s'accompagnait d'une reconstruction d'ensemble de la philosophie cartésienne : dans les commentaires aux textes cartésiens qui commencèrent à se faire jour on assiste aussi à une « mise en perspective » de la production de Descartes, parfois, comme chez Clauberg, sur le modèle de l'exégèse des textes d'Aristote.

Le cas le plus évident est celui du *Discours*, qui est présenté par Clauberg comme une œuvre populaire et exotérique, dont la fonction était de proposer au plus large public les mêmes contenus que ceux que Descartes avait présenté ensuite de manière plus précise et plus claire dans les *Meditationes*. Cette opération a, à notre avis, deux implications importantes : d'une part celle de concevoir en unité systématique l'entière philosophie de Descartes. Ce qui signifie que, entre le *Discours* et les *Meditationes*, il y a une unité et une continuité qui permettent de concevoir les deuxièmes comme clef de lecture du premier et, dans certains cas, d'interpréter rétrospectivement les textes (même si, parfois, il arrive le contraire, comme dans le cas du doute sur le Dieu trompeur). Autrement dit, les projets philosophiques du *Discours* et des *Meditationes* coïncideraient et la différence entre les deux ouvrages serait seulement une différence de forme ou de « style ». L'autre implication, paradoxalement, consiste dans la mise en valeur du *Discours* en ce qui concerne les règles de la méthode cartésienne : aux yeux de Clauberg et d'Andreae, la brève introduction de 1637 était le texte qui, mieux que tout autre, pouvait offrir les règles de la méthode cartésienne. Le succès de la lecture claubergienne marqua également l'abandon d'autres solutions possibles, par exemple celle qui voyait dans la *Géométrie* la clé de la *methodus cartesiana*. Ainsi, tout en étant considéré comme un écrit de circonstance, le *Discours* se proposait aussi comme le texte pouvant fournir la meilleure introduction à la philosophie cartésienne en raison des quatre règles qui synthétisaient la méthode et la logique de Descartes. Un effet de cette lecture fut que le *Discours* commença à être lu indépendamment des *Essais* : l'opération de séparation commencée par Étienne de Courcelles avec la traduction latine des *Essais* sans la *Géométrie*, se trouva renforcée par la lecture de Clauberg. Après la *Defensio cartesiana* la philosophie de Descartes était munie de sa propre méthode et pouvait être présentée de manière systématique comme un cours complet de philosophie. L'affirmation du P. Poisson selon laquelle il était légitime de placer la méthode de Descartes avant toutes les œuvres du philosophe montre bien le développement de la ligne interprétative claubergienne :

> On s'étonnera peut-être, que j'aye détaché la méthode de M. Descartes du lieu où il l'avait placée lui-même, pour la mettre à la teste de toutes ses œuvres sur lesquelles j'ay dessein d'écrire. Mais si on considère que la plupart des Vérités qu'il a fait voir, dépendent d'un certain enchainement de Principe que cette méthode a fait découvrir, on avouera que je n'ay fait que suivre ce qu'il s'était proposé, lors qu'il donna au public les traitez des *Météores*, de la *Dioptrique* et de la *Géométrie* et que, comme il les avait fait précéder d'un *Discours* qui enseignait la méthode qui lui avait servi de guide dans ses études, je ne pouvais mieux faire que de mettre la même méthode au commencement de ses Principes [1].

3) En ce qui concerne le cartésianisme de Clauberg.

L'adhésion de Clauberg au cartésianisme est marquée par deux aspects en particulier : la considération de la métaphysique cartésienne comme philosophie première qui donne accès à la philosophie; la constitution d'une théorie de la méthode et d'une logique (cartésiennes) à partir des quatre préceptes de la deuxième partie du *Discours*. En ce qui concerne la philosophie première, celle-ci est conçue en référence au cadre de

1. N.J. Poisson, *Commentaire ou Remarques sur la Méthode de M. Descartes*, Paris, chez la veuve de C. Thiboust et P. Esclassan, 2e éd., 1671, p. 1-2.

l'enseignement offert dans les universités : en déplaçant le problème de l'instauration de la philosophie de l'ontologie à la philosophie première de Descartes, Clauberg conçoit cette dernière comme un parcours didactique dans lequel les vérités métaphysiques fondamentales ainsi que le fondement de la logique sont donnés. Le doute de la *Première Méditation*, en particulier, se présente comme une procédure guidée qui, en accord avec la méthode et la logique, mais sans dépendre d'elles, permet l'initiation à la métaphysique et, partant, à la philosophie en général. Ainsi, la *methodus cartesiana* tirée du *Discours* gouverne l'ensemble de la philosophie cartésienne de manière cohérente et unitaire. Si d'une part l'interprétation de Clauberg entraîne l'effacement du statut problématique de la méthode chez Descartes, de l'autre elle est à l'origine de l'interprétation du doute comme « doute méthodique », fondée sur le rapport entre la *dubitatio* et les préceptes de la méthode. Ainsi, la *Defensio cartesiana* et l'*Initiatio philosophi* fournissaient les éléments essentiels d'un cartésianisme apte à se proposer dans le cadre de l'enseignement scolaire et universitaire : il s'agissait cependant d'un cartésianisme affaibli et dont la méthodologie était plus pauvre par rapport à la complexité qui ressort des œuvres de Descartes. Dans son examen de l'exposition que Johann Eberhard Schweling avait offert de la méthode cartésienne, réduite aux quatre préceptes du *Discours*, Leibniz ne manquait pas de souligner la banalité et la platitude de la *methodus cartesiana* : « Les quatre règles de la méthode cartésienne [...] je ne vois pas ce qui qu'elles ont de proprement cartésien [*Cartesio proprium*]. Et peu s'en faut que je ne les déclare semblables au précepte de je ne sais quel chimiste : prends ce qu'il faut, opère ce qu'il faut et tu obtiendras ce que tu souhaites »[1].

Il faut aussi remarquer que l'interprétation claubergienne de la méthode cartésienne était adaptée non seulement à la lecture de la philosophie première de Descartes, mais aussi à l'ontologie qui est gardée à côté de la métaphysique cartésienne. Cela n'est pas sans importance, car le maintien de l'ontologie apparaît incompatible avec au moins l'une des thèses

1. « Quatuor cartesianæ methodi Regulæ [...] non video quid habeant Cartesio proprium. Et parum abest ut dicam similes præcepto Chemici nescio cuius : Sume quod debes et operare quod debes, et habebis quod optas », G.W. Leibniz, *Die philosphischen Schriften*, C.I. Gerhardt (éd.), Berlin, Weidmann, 1875-1899, 7 vol. (réimp. Hildesheim-New York, Olms, 1978), vol. 4, p. 329. La remarque est contenue parmi les observations de Leibniz sur le livre de Johann Eberhard Schweling contre la *Censura* de Pierre Daniel Huet, *Exercitationes cathedrariae in Petri Danielis Huetii Censuram Philosophiae cartesianae*, Bremae, typis Hermanni Braueri, 1690. Les *Exercitationes* de Schweling reprennent la lecture claubergienne de la *methodus cartesiana*, *cf.* en particulier p. 97-114.

épistémologiques majeures de Descartes, celle des natures simples. Si la science cartésienne définit la simplicité à partir de l'évidence à l'égard de la *mens*, en résolvant les idées complexes dans les éléments épistémiquement simples qui le composent, chez Clauberg les idées les plus communes impliquées dans toute représentation sont les concepts répertoriés dans l'ontologie. En d'autres termes, la philosophie claubergienne est toujours mesurée par la référence à l'étantité et ainsi elle n'arrive pas à saisir la différence, capitale pour l'épistémologie cartésienne, entre la considération des choses en tant qu'existantes et la considération des choses en tant que soumises au regard de la *mens*. Ainsi, chez Clauberg, la question du rapport entre évidence et vérité n'est jamais vraiment abordée et le doute métaphysique perd toute sa radicalité sans mettre en question le statut de la rationalité finie.

Il est alors possible de remarquer que, paradoxalement, la théorie des natures simples avait perdu sa place et son droit à orienter la compréhension de la méthode cartésienne déjà avant la parution des *Regulae*. Un passage de la *Vie de Monsieur Descartes* témoigne bien de cette « substitution » et du rôle de Clauberg :

> Aprés une recherche éxacte qui s'est faite de cette Logique prétenduë parmi ses papiers [ceux de Descartes] il ne s'est rien trouvé [...] qui puisse passer pour Logique, si l'on excepte ses *Regles pour la direction de l'Esprit dans la Recherche de la Vérité*, qui peuvent servir de modèle pour une excellente Logique [...]. Mais tant que cet ouvrage *demeurera ensevelie dans les tenebres* il ne reste que regarder le *Discours* comme sa vraie Logique. Ce *Discours* ne pouvant être qu'une *ébauche d'une Dialectique* [...]. Mais ce que M. Descartes s'étoit contenté d'ébaucher, a été depuis porté à sa perfection par ses disciples; et aprés ce que Clauberg [...] et principalement l'Auteur de l'*Art de penser* en France ont publié sur ce sujet, il n'est plus permis de se plaindre que la Philosophie de M. Descartes soit destituée d'une Logique régulière et méthodique [1].

Une reconstruction de la postérité claubergienne reste encore à faire, mais le poids de Clauberg sur l'absence des *Regulae* dans tout débat autour de la méthode et de la logique cartésienne pourrait être difficilement sous-évalué[2].

1. A. Baillet, *Vie de Monsieur Descartes*, *op. cit.*, I, p. 282-283.

2. On pourrait remarquer que les *Regulae* n'ont pas été publiées avant 1684 (en néerlandais) et 1701 (en latin) : mais, sans rappeler la circulation manuscrite du texte, la question est justement celle de l'absence de toute urgence en ce qui concerne la publication du

4) En ce qui concerne le développement de la métaphysique claubergienne.

La réflexion claubergienne subit un développement considérable entre 1647 et 1664 : au moment de la publication de l'*Ontosophia*, Clauberg essaye de fonder une ontologie qui prétend affirmer son autonomie complète à l'égard de la logique. Comme nous venons de le dire, cela posait le problème de l'initiation à la philosophie et, en particulier, du premier accès aux vérités métaphysiques. Après l'adhésion au cartésianisme nous pouvons remarquer un dédoublement de la métaphysique : l'ontologie perd le titre de *philosophia prima* qui lui avait été attribué en 1647 au profit de la métaphysique cartésienne. La philosophie première de Clauberg, cependant, jouit d'une primauté qui, à la différence des acceptions scolastiques, n'est due ni à son universalité, ni à l'excellence de son objet, mais à sa priorité dans l'ordre de la connaissance. En même temps, la philosophie première de Clauberg se différencie aussi de celle de Descartes, car elle n'est pas exhaustive, mais représente seulement la première partie de la métaphysique, qui s'accomplit avec l'ontologie. En outre, en ce qui concerne le rapport entre la métaphysique spéciale et la métaphysique générale, la position de Clauberg est aussi assez originale, car ce qu'on pourrait appeler la métaphysique spéciale (consistant dans la connaissance de l'âme et de Dieu) précède la métaphysique générale (l'ontologie) qui vient en dernier dans le cadre des disciplines philosophiques. Ce renversement serait incompréhensible si l'on ne tenait pas compte de l'exigence initiale de l'ontologie claubergienne : c'est en effet parce qu'il faut maintenir l'indépendance de la métaphysique à l'égard de la logique et des autres disciplines que la philosophie première garde la priorité. Une fois que la métaphysique se voit cette prérogative garantie, alors elle peut, comme ontologie, reprendre sa place traditionnelle à la fin du cours des études.

Du point de vue du développement interne à l'ontologie, on peut remarquer qu'après son adhésion au cartésianisme Clauberg renforce encore ce qu'il avait seulement ébauché en 1647, c'est-à-dire l'équivalence entre l'*ens* pris dans sa plus haute abstraction, l'*intelligibile* et le *dicibile*. Dans l'*Ontosophia nova* (1660) et dans la *Metaphysica de ente* (1664), Clauberg reconnaît la consistance non seulement de l'*intelligibile*, mais aussi celle du *dicibile* à partir de l'*esse objectivum* et il arrive à fonder une relation de correspondance entre être, penser et dire ou signifier. Cela ouvre

texte cartésien le plus riche à l'égard de la *methodus*. Que la reconstruction de Clauberg ait privé d'intérêt les *Regulae*, c'est aussi ce qu'il faudrait vérifier.

à une sémiotisation de tout ce qui est pensable et permet de fonder la théorie de la représentation sur la théorie du signe, en ouvrant aussi à l'insertion de l'herméneutique à l'intérieur de la logique.

5) En ce qui concerne l'herméneutique.

La théorie de l'interprétation développée par Clauberg dans la *Logica vetus et nova* a été considérée dans l'histoire de l'herméneutique à la fois par rapport aux thèses de Dannhauer et par rapport à l'anthropologie et à la théorie de la connaissance cartésienne. Si cela a eu certes de l'importance, il n'en reste pas moins qu'il faut tenir compte davantage du rapport entre l'ontologie, qui fonde le lien *ens-intelligibile-dicibile*, et la théorie de l'idée : la considération du couple *esse formale*/*esse objectivum* sous le modèle de l'*esse proprium*/*esse vicarium* oriente la théorie claubergienne de l'idée vers une sémiotique universelle qui anticipe sur certains développements de l'herméneutique de l'*Aufklärung* (Wolff, Meier). Puisque tout ce qui est *intelligibile* et *dicibile* possède un *esse objectivum* qui est en soi significatif, alors la relation de signification d'une part appartient à tout être (l'*ens in quantum ens*) et de l'autre se trouve instaurée déjà à l'intérieur de l'idée même. L'herméneutique claubergienne se trouve donc être beaucoup plus consistante et riche que celle de Dannhauer, expressément limitée à l'explication des textes dont le sens est obscur. Mais, en même temps, la position de Clauberg est beaucoup plus complexe que celle de Descartes, qui n'arrive pas à insérer sa propre théorie de la représentation à l'intérieur d'une théorie de la signification. Clauberg reconnaît explicitement, à ce propos, sa dette à l'égard de son maître Konrad Berg, dont les textes sont souvent évoqués pour expliquer et commenter les thèses cartésiennes (surtout en ce qui concerne la théorie des idées). Ainsi, le rapport entre l'ontologie (qui fonde la théorie de la signification) et la *methodus cartesiana* (qui fonde la première partie de la logique) se concrétise de manière tout à fait originale dans l'herméneutique. La distance entre les présupposés de l'herméneutique claubergienne et ceux de la réflexion de Dannhauer montrent que les deux premières herméneutiques générales ont mûri dans des contextes assez différents.

Loin d'être réductible à l'insertion du cartésianisme dans la scolastique réformée, la philosophie de Clauberg se propose ainsi comme une réflexion originale à partir de traditions différentes que le philosophe de Solingen a réussi non seulement à garder ensemble, mais aussi à développer de manière significative.

# BIBLIOGRAPHIE

### *Instruments*

ARMOGATHE J.-R., CARRAUD V., *Bibliographie Cartésienne (1960-1996)*, avec la collaboration de M. Devaux et M. Savini, Lecce, Conte, 2003.

*Bulletin cartésien*, publié annuellement depuis 1972 dans les *Archives de Philosophies* par le Centre d'Études Cartésiennes (Paris IV-Sorbonne) et par le Centro Interdipartimentale di Studi su Descartes e il Seicento (Università del Salento, Lecce). Les derniers numéros sont aussi disponibles sur le site www.cartesius.net

SEBBA G., *Bibliographia cartesiana. A critical guide to the Descartes literature 1800-1960*, The Hague, M. Nijhoff, 1964.

VAN OTEGEM M., *A Bibliography of the Works of Descartes (1637-1704)*, Utrecht, Zeno Institute for Philosophy, 2002, 2 vol.

### *Sources*

D'ABRA DE RACONIS Ch.-Fr., *Totius Philosophiae, hoc est, logicae, moralis, physicae et metaphysicae brevis... tractatio*, Parisiis, sumptibus D. de La Noüe, 1622.

ALSTED J.H., *Philosophiae digne restituta*, Herbornae Nassoviorum, Corvinus, 1612.

– *Logicae systema harmonicum*, Herbornae, typis G. Corvini, 1614.

– *Cursus philosophici encyclopaedia libris XXVII complectens universae philosophiae methodum, serie praeceptorum, regularum et commentariorum perpetua*, Herborn, Corvinus, 1620.

– *Encyclopaedia septem tomis distincta*, Herbornae Nassoviorum, typis G. Corvini, 1630; réimp. fac-similé, W. Schmidt-Biggemann (éd.), Stuttgart-Bad Cannstatt, Fromann-Holzboog, 1989.

ANDREAE T., *Assertio methodi cartesianae*, Groningae, typis Ioannis Colleni, 2 vol., 1653-1654.

ARISTOTE, *De interpretatione*, trad. Boethii, L. Minio-Paluello (éd.), Bruges-Paris, Desclée de Brouwer, 1965.

– *Métaphysique*, trad. fr. et notes J. Tricot, Paris, Vrin, 1991, 2 vol.

– *Metaphysica*, texte grec avec trad. latine W. Jaeger, Oxford, Clarendon, 1992.

– *Metafisica*, texte grec avec trad. ital. et commentaire G. Reale, Milan, Vita e Pensiero, 1993, 3 vol.

– *Organon*, trad. fr. et notes J. Tricot, Paris, Vrin, 1983-1990, 5 vol.

AUGUSTIN, *De Dialectica*, J. Pinborg (éd.), Dordrecht-Boston, Reidel, 1975.

BACON F., *The Works of Francis Bacon*, J. Spedding, R.L. Ellis et D.D. Heath (éds.), Londres, Longman, 1859-1874; rééd. Stuttgart-Bad Cannstatt, Frommann-Holzboog, 1989.

BAILLET A., *La vie de Monsieur Descartes*, Paris, O. Horthemels, 1691, 2 vol.; rééd. Hildesheim, Olms, 1972; New York, Garland, 1987.

BERTIUS P., *Logicae peripateticae libri sex*, Lugduni Batavorum, ex officina Iohannis Patii, 1604.

BEURHAUS (Beurhusius) P., *P. Rami Dialecticae libris duobus, et Philippi Melan. Dialecticae libris quatuor descriptae, comparatio*, Francofordiae, ex Officina Paltheniana, sumtibus Petri Fischeri, 1585.

– *Ad P. Rami Dialecticae praxin generalis introductio et specialis illustrium exemplorum, naturali artis progressu, inductio*, Coloniae, Cholinus, 1596.

BRAWEN J., *Commonefactio logica, pro usu nativo logicae: tam analysin interpretativam & criticam, quam universam & privam synthesin, per praecepta exhibens*, Rostochii, impensis Johannis Hallervordii, Typis Nicolai Kilii, 1643.

BURGERSDIJCK F., *Institutionum Metaphysicarum libri duo*, Lugduni Batavorum, apud H. de Vogel, 1640.

– *Institutionum logicarum libri duo. Editio nova, prioribus longe correctior*, Lugduni Batavorum, ex officina A. Commelini, 1645.

CALOV A., *Scripta philosophica. I. Gnostologia, II. Noologia seu habitus intelligentiae, III. Metaphysicae divinae pars generalis, IV. Metaphysicae divinae pars specialis, V. Encyclopaedia mathematica, VI. Methodologia, VII. Ideae Encyclopaedias disciplinarum realium*, Lubecae, Wilde, 1651.

CARAMUEL Y LOBCKOVITZ J., *Rationalis et realis philosophia*, Lovanii, typis E. de Witte, 1642.

CLAUBERG J., *Disputatio theologico practica de conscientia*, Groningae, Essiens, 1646.

– *Tessarakas thesium philosophicarum, de logicae ab aliis disciplinis quibus cum vulgo confundi assolet distinctione*, Groningen, J. Nicolai, 1646.

– *Elementa Philosophiae Sive Ontosophia, Scientia prima, de iis quae Deo Creaturisque suo modo communiter attribuuntur, distincta partibus quatuor*, Groningen, Johannes Nicolai, 1647.

– *Defensio cartesiana*, Amstelodami, apud Ludovicum Elzevirum, 1652.

– *Logica vetus et nova, quadripartita, modum inveniendae ac tradendae veritatis, in Genesi simul et Analysi, facili methodo exhibens*, Amstelodami, apud L. Elzevirium, 1654.

– *Initiatio Philosophi, sive dubitatio cartesiana, ad metaphysicam certitudinem viam aperiens*, Lugduni Batavorum, ex officina A. Wyngaerden, 1655.

– *De cognitione Dei et nostri exercitationes centum*, Duisburgi, ex officina Adriani Wyngaerden, 1656.

– *Redenkonst het menschelijk verstand in de dingen te beghrijpen, oordeelen, en onthouden, stierende*, t'Amsterdam, by Jan Rieuwertsz, 1657.

– *Logica vetus et nova, quadripartita, modum inveniendae ac tradendae veritatis, in Genesi simul et analysi, facili methodo exhibens*, Amstelaedami, ex officina Elzeviriana, 1658 ; *Logique ancienne et nouvelle*, présentation, trad. fr. et notes G. Coqui et J. Lagrée, Paris, Vrin, 2007.

– *Ontosophia nova, quae vulgo Metaphysica, Theologiae, Jurisprudentiae et Philologiae, praesertim Germanicae, studiosis accomodata. Accedit Logica Contracta, et, quae ex ea demonstratur, Orthographia Germanica*, Duisburgi ad Rhenum, typis Adriani Wyngaerden, 1660.

– *Metaphysica de ente*, Amstelodami, apud D. Elzevirium, 1664.

– *Opera Omnia Philosophica*, Amstelodami, ex typographia P. et I. Blaev, 1691 ; rééd. Hildesheim, Olms, 1968.

COMENIUS J.A., *Opera didactia omnia*, Amsterdami, impensis Laurentii de Geer, excuderunt Christophorus Cunradus, & Gabriel a Roy, 1657.

– *Opera Omnia*, Prague, Academia scientiarum Bohemoslovaca, 1969-.

– *Pforte der Dinge*, E. Schadel (éd.), Hambourg, Felix Meiner, 1989.

COSMOPOLITA M., *Pentalogos in Libro cujusdam Gallico idiomate evulgati quatuor discursuum, De la Methode ; Dioptrique ; Meteorique ; et Geometrique : Partem quae de Meteoris peregrinam quandam doctrinam exhibet, rationi et naturae repugnantem, Academiarum et Universitarum Scholas omnes contemnantem, ut pote errorum nutricolas*, La Haye, F. van der Spruyt, 1640.

CRELLIUS H., *Institutio de usu Organi Aristotelici in disciplini omnibus*, Helmaestadii, sumptibus J. Mülleri, 1666.

DANNHAUER J.C., *Idea boni interpretis et malitiosi calumniatoris*, Argentorati, typis Wilhelmi Christiani Glaseri, 1630 ; éd. 1652, rééd. Hildesheim-Zurich-New York, Olms-Weidmann, 2004.

– *Hermeneutica sacra*, Argentorati, sumpt. J. Staedelii, 1654.

DESCARTES R., *Specimina Philosophiae seu : Dissertatio de Methodo recte regendae rationis, et veritatis in scientiis investigandae : Dioptrice, et*

*Meteora. Ex gallico translata et ab auctore perlecta, variisque in locis emendata*, Amstelodami, apud Ludovicum Elzevirium, 1644; rééd. anast. Lecce, Conte, 1998.

– *Geometria* [...] *Opera atque studio Francisci a Schooten*, Amsterdam, apud Ludovicum et Danielem Elsevirios, 1659-1661, 2 vol.

– *Geometria... nunc autem cum notis Florimondi de Beaune ... in linguam latinam versa et commentariis illustrata opera atque studio Francisci a Schooten*, Lugduni Batavorum, ex officina Joannis Maire, 1649.

– *Œuvres*, Ch. Adam et P. Tannery (éds.), nouvelle présentation B. Rochot et P. Costabel, Paris, Vrin, 1964-1974, 11 vol.

– *Regulae ad directionem ingenii*, texte critique G. Crapulli, avec version hollandaise du XVII^e siècle, La Haye, Nijhoff, 1966.

– *Règles utiles et claires pour la direction de l'esprit en la recherche de la vérité*, trad. fr. selon lexique cartésien et annotation conceptuelle par J.-L. Marion, notes mathématiques de P. Costabel, La Haye, Nijhoff, 1977.

– *Descartes. L'entretien avec Burman*, J.-M. Beyssade (éd.), Paris, PUF, 1981.

– *Gespräch mit Burman*, übersetz und herausgegeben von H.W. Arndt, Hambourg, Felix Meiner, 1982.

– *Discours de la méthode*, texte et commentaire Ét. Gilson, 6^e éd., Paris, Vrin, 1987.

– *The correspondence of René Descartes. 1643*, Th. Verbeek, E.J. Bos et J. Van de Ven (éds.), Utrecht, Zeno Institute for Philosophy, 2003.

– *Specimina philosophiae*, introd. and critical ed. C.L. Vermeulen, Utrecht, Zeno Institute for Philosophy, 2007.

– *La recherche de la vérité par la lumière naturelle*, E. Lojacono et M. Savini (éds.), Paris, PUF, 2009.

– *Tutte le lettere*, G. Belgioioso (éd.) avec la collaboration de I. Agostini, F. Marrone, M. Savini et J.-R. Armogathe, Milan, Bompiani, 2005, 2^e éd. revue et corrigée, 2009.

– *Opere (1637-1649)*, G. Belgioioso (éd.) avec la collaboration de I. Agostini, F. Marrone, M. Savini, Milan, Bompiani, 2009.

– *Opere postume (1650-2009)*, G. Belgioioso (éd.) avec la collaboration de I. Agostini, F. Marrone, M. Savini, Milan, Bompiani, 2009.

EUSTACHE DE SAINT PAUL, *Summa Philosophiae quadripartita*, Parisiis, Chastellain, 1609.

FLACYUS ILLYRICUS M., *Clavis Scripturae Sacrae seu de Sermone sacrarum literarum*, Basileae, per S. Henricpetri, 1617.

FONSECA P., *Commentarii in libros Metaphysicorum Aristotelis*, Coloniae, sumptibus Lazari Zetzneri, 1615-1629 ; réimp. Hildesheim, Olms, 1964.

FROMME V., *Gnostologia*, Wittembergae, 1631.

GASSENDI P., *Disquisitio Metaphysica*, dans *Opera Omnia in sex tomos divisa*, 6 vol., Lugduni, Sumptibus Laurentii Anisson, & Ioan. Bapt. Devenet, 1658, vol. III; réimp. anast., Stuttgart-Bad Cannstatt, Fromann-Holzboog, 1964.

GOCLENIUS R., *Isagoge in Organum Aristotelis*, Francofurti, apud M. Palthenium, 1598.

– *Isagoge in peripateticorum et scholasticorum primam philosophiam, quae dici consuevit Metaphysica*, Francofurti, prostat in Officina Zachariae Palthenij, 1598; rééd. Hildesheim, Olms, 1976.

– *Institutionum logicarum libri III*, Marpurgi, 1601.

– *Controversiae logicae et philosophicae*, Marpurgi, typis Pauli Egenolphi, 1609.

– *Lexicon philosophicum, quo tanquam clave philosophiae fores aperiuntur*, Francofurti, typis viduae Matthiae Beckeri, impensis Petri Musculi et Ruperti Pistorij, 1613; rééd. Hildesheim, Olms, 1980.

GUTKE G., *Logicae divinae seu peripateticae libri duo*, Coloniae ad Spream, sumptibus Martinii Guthii, 1631.

– *Habitus primorum principiorum seu intelligentiae. Annexae sunt, appendicis loco, disputationes super eodem habitu, tum in Academia witenbergensi, tum in gymnasio berlinensi, ob eodem ventilatae, itemque ex Dn. D. Abrahamo Calovio desumtae exercitationes, hac methodo confectae hactenus in berlinensi gymnasio declaratae*, opera M.J. Heizschemanni, editio secunda, Berolini, sumptibus R. Volkers, 1666.

HEEREBOORD A., *Selectarum ex Philosophia Disputationum*, Lugduni Batavorum, apud F. Moiardum, 1650.

– *Meletemata philosophica*, Lugduni Batavorum, ex officina Francisci Moyardi, 1654.

HOBBES Th., *Leviathan*, dans *The English Works of Thomas Hobbes*, W. Molesworth (éd.), vol. III, Londres, Bohn, 1839.

HOMMIUS F., *LXX Disputationes theologicae adversus pontificios*, Lugduni Batavorum, apud Johannem Orlers, And. Cloucq et Ioannem Maire, 1614.

HUND M., *Oratio funebris in obitum … Johanni Claubergii… habita die VI febr. a. C. MDCLXV*, Duisburgi ad Rhenum, apud Franconem Sas, Academ. typographum, 1665.

ISENDOORN G. von, *Cursus logicus systematicus et agonisticus*, Hardevici, J. Tollius, 1654.

JUNGIUS J., *Joachimi Jungii Logicae Hamburgensis Additamenta*, W. Risse (éd.), Göttingen, Vandenhoeck & Ruprecht, 1977.

KECKERMANN B., *Gymnasium Logicum*, Hanoviae, apud G. Antonium, 1605 (éd. utilisée : s.l., s.éd., 1606).

– *Praecognitorum philosophicorum libri duo; naturam philosophiae explicantes, et rationem eius tum docendae, tum discendae demonstrantes*, Hanoviae, apud haeredes Guilelmi Antonii, 1612.

– *Systema logicae majus*, dans *Systema systematum*, I, Hanoviae, apud haeredes Guilielmi Antonii, 1613.

LA RAMÉE P. de, *Animadversionum aristotelicarum libri XX*, Parisiis, apud Andream Wechelum, 1556.

– *Scholarum Metaphysicarum libri XIV*, Francofurti, apud haeredes A. Wecheli, 1583.

LEIBNIZ G.W., *Philosophischen Schriften*, C.I. Gerhardt (éd.), 7 vol., Berlin, 1875-1890 ; rééd. Hildesheim-New York, Olms, 1978.

LENTULUS C., *Nova Renati Descartes Sapientia faciliori quam antehac methodo detecta*, Herbornae Nassoviorum, 1651.

LORHARD J., *Ogdoas Scholastica, continens Diagraphen Typicam artium : Grammatices (Latinae, Graecae), Logices, Rhetorices, Astronomices, Ethices, Physices, Metaphysices, seu Ontologiae*, Sangalli, apud Georgium Straub, 1606.

MACCOVIUS J., *Metaphysica ad usum quaestionum in Philosophia ac Theologia* […] *explicata, vindicata, et refutata per Adrianum Heereboord*, Lugduni Batavorum, ex officina Francisci Hackii, 1658.

MEISNER B., *Philosophia sobria, hoc est Pia consideratio quaestionum philosophicarum in controversiis theologicis, quas calviniani moverunt orthodoxis subinde occurrentium*, Ienae, typis J. Nisii et G. Sengenwaldi, sumptibus W. Jun. et J.A. Endterorum, bibliop. Norimbergae, 1655.

MERSENNE M., *Correspondance du P. M. Mersenne*, C. de Waard, Mme Paul Tannery, B. Rochot et A. Beaulieu (éds.), Paris, CNRS, 1932-1988, 17 vol.

NELDEL J., *Opuscula posthuma duo. I. Synopsis in Post. Analytic. II. De ordine doctrinae disputatio*, Lipsiae, excudebat V. Am Ende, 1613.

– *Institutio de usu Organi Aristotelici in disciplinis omnibus*, Helmaestadii, sumptibus J. Mülleri, 1666.

NEUFVILLE G. de, *Physiologia seu Physica Generalis de rerum naturalium, atque etiam substantiae corporeae, communi natura, primis principiis & causis communissimisque affectionibus*, Bremae, De Villiers, 1645.

NIZOLIUS M., *De veriis principiis et vera ratione philosophandi contra pseudophilosophos*, Francofurti, apud Hermannum a Sande, 1670.

PAPPUS D'ALEXANDRIE, *Mathematicae collectiones a Federico Commandino urbinate in latinum conversae et commentariis illustratae*, Pisauri, apud H. Concordiam, 1588.

PEREIRA B., *De communibus omnium rerum naturalium principiis et affectionibus libri quindecim*, Romae, apud F. Zanettum et B. Tosium, 1576.

PICCART M., *Isagoge in lectionem Aristotelis, hoc est hypotyposis totius philosophiae Aristotelis* […] *nunc iis partibus, quibus deficiebat, aucta, et notis plurimis altera vice illustrata, atque ad usum in Theolog. applicata a Joh. Conrado Dürrio*, Altdorffi, typis et sumptibus Georgi Hagen, 1665.

PICCART M., SCHERB Ph., SONER E., *Philosophia Altdorfina, hoc est Celeberrimorum quorundam, in incluta [sic] Universitate Altdorphina professorum, nominatim Philippi Scherbi, Ernesti Soneri, Michaelis Piccarti, Disputationes Philosophicae, in unum fasciculum collectae, et ab interitu vindicatae a M. Johanne Paulo Felwinger*, Noribergae, sumptibus Michaelis Külsneri, typis Michaelis Endteri, anno 1644.

POISSON N., *Commentaire ou remarques sur la Méthode de M. Descartes*, Paris, chez la veuve de C. Thiboust et P. Esclassan, 1670.

POLANUS A POLANSDORF A., *De ratione legendi cum fructu autores, in primis sacros et dignoscendi in illis proposita, themata et argumenta tractatus cui adjuncta est Analysis logica et Exegesis theologica psalmorum tredecim*, Basileae, typis C. Waldkirchii, 1603.

REGIUS H., *Physiologia, sive Cognitio sanitatis. Tribus disputationibus in Academia Ultrajectina publice proposita*, Ultrajecti, ex officina Aegidii Roman, 1641.

REVIUS J., *Suarez Repurgatus, Sive Syllabus Disputationum Metaphysicarum Francisci Suarez* [...] *cum notis Iacobi Revii* [...] *quibus quae ab auctore illo recte tradita sunt, ubi opus est, illustrantur aut defenduntur, quae vero in Philosophiam, ac praecipue Theologiam peccavit, indicantur ac refelluntur*, Lugduni Batavorum, apud Franciscum Hegerum, 1643.

– *Abstersio macularum quae ab anonymo quodam, calumniosae praefactionis in Notas Cartesianas auctore, ipsi aspersae sunt*, Lugduni Batavorum, apud J. N. Van Dorp, 1648.

– *Methodi Cartesianae consideratio theologica*, Lugduni Batavorum, apud H. de Vogel, 1648.

– *Statera philosophiae cartesianae, qua principiorum eius falsitas et dogmatum impuritas expenditur ac castigantur, et ad virulentam epistolam, praefixam selectarum disputationum Adriani Heereboordi volumini primo, respondetur auctore Jacobo Revio*, Lugd. Batavorum, Leffen, s.d. (1650).

– *Thekel, hoc est levitas defensionis cartesianae quam Johannes Claubergius Considerationi et Staterae Iacobi Revii opposuit*, Brielae, Excudebat Michael Feermans, 1653.

– *A theological examination of Cartesian philosophy: early criticisms (1647)*, A. Goudriaan (éd.), Leiden, Brill, 2002.

RICHARDSON A., *The Logicians School-Master: Or a comment upon Ramus Logicke*, London, printed for John Bellamie at the three golden Lyons in Cornhill, 1629.

RIVET A., *Isagoge, seu introductio generalis, ad Scripturam Sacram Veteris et Novi Testamenti*, Lugduni Batavorum, in Bibliopolo Isaaci Comellini, 1627.

SCHERB Ph., *Clavis Philosophiae peripateticae, sive disputationum philosophicarum quibus universa doctrina Logica, Physica, Ethica et Politica artificiosissima methodo proponitur et declaratur*, Francofurti, Sumptibus Ioann Schmidlin, 1625.

SCHOOCK M., *Philosophia cartesiana sive Admiranda methodus novae philosophiae Renati Descartes*, Ultrajecti, Waesbergae, 1643.

SCHOOTEN F. van, *Principia Matheseos Universalis, seu introductio ad Geometriae methodum Renati Descartes edita ab Er. Bartholino*, Lugduni Batavorum, Ex Officina Elseviriorum, 1651.

SUAREZ F., *Disputationes Metaphysicae*, dans *Opera Omnia*, t. XXV-XXVI, C. Berton (éd.), Paris, Vivès, 1866 ; rééd. Hildesheim, Olms, 1998.

TIMPLER C., *Metaphysicae Systema Methodicum*, Steinfurti, apud Th. Caesar, 1604.

VEDEL N., *Rationale theologicum, seu de Necessitate et vero usu principiorum rationis ac philosophiae in controversiis theologicis*, Genevae, apud J. Chouët, 1628.

VÉRON F., *Abrégé de l'art et méthode nouvelle de bailloner les ministres de France et réduire les devoyez à la religion catholique, ou Bref et facile moyen par lequel tout catholique peut faire paroiste évidemment que tous les ministres sont trompeurs en l'exercice de leur charges et tous les religionnaires sont abusez en tous et un chacun des poincts de leur prétendue réformation*, Rouen, N. le Prévost, 1618.

– *Methodus Veroniana, sive Brevis et perfacilis modus, quo quilibet catholicus etiam scholis theologicis non exercitatus, potest solis Bibliis sive Genevensia illa sint, sive alia, et confessione fidei religionis praetente ministrum evidenter mutum reddere, et religionario cuicunque, quod in omnibus et singulis praetentae reformationis suae punctis errare teneatur, demonstrare*, Coloniae Agrippinae, excudebat J. Christophori, 1619.

– *Abbrégé des méthodes de traicters des controverses de religion, enseignées et prattiquées par S. Augustin et par les autres SS. Pères*, Paris, L. Boulenger, 1645.

VIÈTE F., *In Artem Analyticen Isagoge*, dans *Opera mathematica in unum volumen congesta ac recognita. Opera atque studio Francisci a Schooten Leydensis*, Lugduni Batavorum, ex Officina Bonaventurae et Abrahami Elzeviriorum, 1646.

VOETIUS G., *Selectarum disputationum theologicarum pars prima*, Ultajecti, apud Johannem Waesbergae, 1648.

WALAEUS A., *De S. Scripturae perspicuitate et interpretatione*, dans I. Polyanderus, A. Rivet, A. Walaeus, A. Thysius, *Synopsis purioris theologiae, disputationibus quinquaginta duabus comprehensa*, Lugduni Batavorum, ex officina Elzeviriana, 1632.

WITTICH Ch., *Annotationes ad Renati Descartes Meditationes*, Dordrecht, ex officina viduae Caspari et Theodori Goris, 1688.

ZABARELLA G., *Opera Logica*, Coloniae, sumptibus Lazari Zetzneri, 1597; rééd. W. Risse, Hildesheim, Olms, 1966; trad. fr. partielle D. Bouillon, *La nature de la logique*, Paris, Vrin, 2009.

### *Études*

AALDERINK M J. H., *Philosophy, Scientific Knowledge and Concept Formation in Geulincx and Descartes*, Utrecht, Zeno Institute for Philosophy, 2009.

AGOSTINI I., *L'infinità di Dio. Il dibattito da Suárez a Caterus (1597-1641)*, Rome, Editori Riuniti, 2008.

ALANEN L., « Une certaine fausseté matérielle : Descartes et Arnauld sur l'origine de l'erreur dans la perception sensorielle », dans J.-M. Beyssade et J.-L. Marion (éds.), *Descartes. Objecter et Répondre*, Paris, PUF, 1994, p. 205-230.

– *Descartes' concept of mind*, Cambridge (Mass.), Harvard UP, 2003.

ALEXANDER W., *Hermeneutica generalis. Zur Konzeption und Entwicklung der allgemeinen Verstehenslehre im 17. und 18. Jahrundert*, Stuttgart, M&P, 1993.

ARIEW R., « Descartes, les premiers cartésiens et la logique », *Revue de Métaphysique et de Morale*, 2006, 49, I, p. 55-71.

ARMOGATHE J.-R., « Contribution à la sémantèse d'*ordre*/*ordo* chez Descartes », dans M. Fattori (éd.), *Ordo. II° Colloquio del Lessico intellettuale europeo*, Rome, Edizioni dell'Ateneo, 1980, p. 279-328.

– (éd.), *Le Grand Siècle et la Bible*, Paris, Beauchesne, 1989.

– « Sémantèse d'*idée*/*idea* chez Descartes », dans M. Fattori, M. L. Bianchi (éds.), *Idea. VI Colloquio del Lessico intellettuale europeo*, Rome, Edizioni dell'Ateneo, 1990, p. 187-205.

– « La *Correspondance* de Descartes comme laboratoire intellectuel », dans J.-R. Armogathe, G. Belgioioso, C. Vinti (éds.), *La biografia intellettuale di Descartes attraverso la* Correspondance, Naples, Vivarium, 1998, p. 5-22.

– « Sémantèse de *signe*/*signum* dans le corpus cartésien », dans M. L. Bianchi (éd.), *Signum. Atti del IX colloquio del Lessico internazionale europeo*, Florence, Olschki, 1999, p. 263-271.

ASHWORTH E.J., *Language and logic in the post-medieval period*, Dordrecht, Reidel, 1974.

– « Descartes' Theory of Objective Reality », *New scholasticism*, 1975, 49, 3, p. 331-340.

BARDOUT J.-C., « Johannes Clauberg », dans S. Nadler (éd.), *A Companion to Early Modern Philosophy*, Oxford, Blackwell, 2002, p. 129-139.

— et BOULNOIS O. (éds.), *Sur la science divine*, Paris, PUF, 2002.

BECK A. J., *Gisbertus Voetius (1589-1676) : sein Theologieverständnis und seine Gotteslehre*, Göttingen, Vandenhoeck & Ruprecht, 2007.

BECK L., *The method of Descartes*, Oxford, Clarendon Press, 1952.

BELAVAL Y., « Coménius critique de Descartes », dans Y. Belaval, *Lectures leibniziennes*, Paris, Beauchesne, 1995, p. 253-295.

BELGIOIOSO G., « Descartes e gli artigiani », dans G. Belgioioso, J.-R. Armogathe, C. Vinti (éds.), *La biografia intellettuale di René Descartes attraverso la* Correspondance, Naples, Vivarium, 1998, p. 113-165.

– « L'année Descartes 1996. Un bilan historiographique », dans J.-R. Armogathe, V. Carraud avec la collaboration de M. Devaux et M. Savini, *Bibliographie cartésienne (1960-1996)*, Lecce, Conte, 2003, p. 21-47.

—, CIMINO G., COSTABEL P. et PAPULI G. (éds.), *Descartes : il Metodo e i Saggi*, Rome, Istituto della Enciclopedia Italiana, 1990, 2 vol.

BERTI E., « Differenza tra il metodo risolutivo degli aristotelici e la "*resolutio*" dei matematici », dans L. Olivieri (éd.), *Aristotelismo veneto e scienza moderna*, Padova, Antenore, 1983, 2 vol., vol. 1, p. 435-457.

BEYSSADE J.-M., « Descartes on Material Falsity », dans P.D. Cummins et G. Zoeller (éds.), *Minds, Ideas, and Objects*, Atacadero (Ca), Ridgeview Publishing Co., 1992, p. 5-20.

– « *Scientia perfectissima*. Analyse et synthèse dans les *Principia* », dans J.-R. Armogathe, G. Belgioioso (éds.), *Descartes : Principia Philosophiae (1644-1994)*, Naples, Vivarium, 1996, p. 5-36.

– « Sur la fausseté matérielle », dans J.-M. Beyssade et J.-L. Marion (éds.), *Descartes. Objecter et Répondre*, Paris, PUF, 1994, p. 231-246.

BIANCHI L., « "Interpretare Aristotele con Aristotele" : percorsi dell'ermeneutica filosofica nel Rinascimento », dans L. Bianchi, *Studi sull'Aristotele del Rinascimento*, Padoue, Il Poligrafo, 2003, p. 185-208.

BIARD J., *Logique et théorie du signe au* XIVe *siècle*, Paris, Vrin, 1989.

BISSELL C. C., « Cartesian geometry : The Dutch contribution », *The Mathematical Intelligencer*, 1987, 9(4), p. 38-44.

BITBOL-HESPÉRIÈS A., « Descartes et Regius : leur pensée médicale », dans *Descartes et Regius, Autour de L'Explication de l'esprit humain*, Th. Verbeek (éd.), Amsterdam-Atlanta, Rodopi, 1993, p. 47-68.

BIZER E., « Orthodox reformation and cartesianism », *Journal for Theology and the Church*, 1965, 2, p. 20-82.

BLEKASTAD M., *Comenius : versuch eines Umrisses von Leben, Werk und Schiksal des Jan Amos Komenski*, Oslo, Universitetsforlaget, 1969.

BLUM P. R., « Benedictus Pererius : Renaissance Culture at the Origins of Jesuit Science », *Science & Education*, 2006, 15, p. 279-304.

BOHATEC J., *Die cartesianische Scholastik in der Philosophie und reformierten Dogmatik des 17 Jahrhunderts*, Leipzig, Deichert, 1912 ; rééd. Hildesheim, Olms, 1966.

BONICALZI F., « Sensi, infanzia e il sapere del corpo », dans J.-R. Armogathe, G. Belgioioso (éds.), *Descartes : Principia philosophiae (1644-1994)*, Naples, Vivarium, 1996, p. 53-66.

– *A tempo e luogo. L'infanzia e l'inconscio in Descartes*, Milan, Jaca Book, 1998.

BORDOLI R., *Ragione e Scrittura tra Descartes e Spinoza. Saggio sulla « Philosophiae Sacrae Scripturae Interpres » di Lodewijk Meyer e sulla sua ricezione*, Milan, Angeli, 2 vol., 1997-2001.

BORGHERO C., « "Méthode" e "Géométrie" : interpretazioni seicentesche della logica cartesiana », *Rivista di Filosofia*, LXXIX, 1, 1988.

– « La *Méthode* senza la *Géométrie* : Poisson e la diffusione del metodo cartesiano », dans G. Belgioioso, G. Cimino, P. Constabel et G. Papuli (éds.), *Descartes : il Metodo e i Saggi*, Rome, Istituto dell'Enciclopedia Italiana, 1990, vol. II, p. 587-595.

– « Discussioni sullo scetticismo di Descartes », *Giornale critico della filosofia italiana*, LXXVII, 1, 1998, p. 1-25.

BORTOLOTTI A., « I manoscritti di Descartes nella seconda metà del '600 », *Rivista di Storia della Filosofia*, 1987, 4, p. 675-695.

BOS E.-J., *The Correspondence between Descartes and Henricus Regius*, Utrecht-Zeno, The Leiden-Utrecht Research Institute of Philosophy, 2002.

— et VAN DE VEN J., « *Se nihil daturum* – Descartes's unpublished judgment of Comenius's *Pansophiae Prodromus* (1639) », *British Journal for the History of Philosophy*, XII, 2004, p. 369-386.

BOS E. P. et KROP H. A. (éds.), *Franco Burgersdijk (1590-1635) : Neo-Aristotelianism in Leiden*, Amsterdam, Rodopi, 1993.

BOS H. J. M., « The structure of Descartes' *Géométrie* », dans *Descartes. Il Metodo e i Saggi*, G. Belgioioso, G. Cimino, P. Costabel et G. Papuli (éds.), Rome, Istituto dell'Enciclopedia Italiana, 1990, 2 vol., vol. 2, p. 349-370.

– *Redefining Geometrical Exactness : Descartes' Transformation of the Early Modern Concept of Construction*, New York-Berlin-Heidelberg, Springer Verlag, 2001.

BOSCH L., *Petrus Bertius 1565-1629*, Phd. Diss, Nimègue, 1979.

BOUILLER F., *Histoire de la philosophie cartésienne*, Paris, Delagrave, 1868.

BOULNOIS O., *Être et représentation*, Paris, PUF, 1999.

BROSCH P., *Die Ontologie des Johannes Clauberg*, dissertation, Greifswald, Hartmann, 1926.

BROUGHTON J., *Descartes method of doubt*, Princeton, Princeton UP, 2002.

BRUYÈRE N., *Méthode et dialectique dans l'œuvre de La Ramée*, Paris, Vrin, 1984.

BUCCOLINI C., « Mersenne lettore delle *Rationes more geometrico dispositae* di Descartes », dans F. A. Sulpizio (éd.), *Studi cartesiani*, Lecce, Milella, 2000, p. 89-212.

BÜHLER A. (éd.), *Unzeitgemässe Hermeneutik. Verstehen und Interpretation im Denken der Aufklärung*, Francfort-sur-le-Main, Klostermann, 1994.

BUZON F. de, « La *mathesis* des *Principia* : remarques sur II, 64 », dans J.-R. Armogathe, G. Belgioioso (éd.), *Descartes : Principia Philosophiae (1644-1994)*, Naples, Vivarium, 1996, p. 303-320.

– « Mathématiques et dialectique : Descartes ramiste », *Les Études Philosophiques*, 2005, 75, 4, p. 455-467.

— et CARRAUD V., *Descartes et les « Principia » II. Corps et mouvement*, Paris, PUF, 1994.

CAHNÉ P.-A., *Un autre Descartes. Le philosophe et son langage*, Paris, Vrin, 1980.

CANTELLI G., *La parola come similitudine dell'uomo. Una interpretazione del rapporto mente-corpo in Cartesio*, Naples, Morano, 1992.

– « La terza nozione primitiva e l'analisi dei sensi esterni e interni svolta nei *Principia*, IV, 188-189 », dans J.-R. Armogathe, G. Belgioioso (éds.), *Descartes : Principia philosophiae (1644-1994)*, Naples, Vivarium, 1996, p. 67-104.

CARRAUD V., « L'esistenza dei corpi è un principio della fisica cartesiana ? », dans J.-R. Armogathe, G. Belgioioso (éd.), *Descartes. Principia Philosophiae (1644-1994)*, Naples, Vivarium, 1996, p. 153-177.

– « Descartes appartient-il à l'histoire de la métaphysique ? », dans O. Depré, D. Lories (éds.), *Lire Descartes aujourd'hui*, Louvain-Paris, Peeters, 1997, p. 153-171.

– « L'ontologie peut-elle être cartésienne ? », dans Th. Verbeek (éd.), *Johannes Clauberg (1622-1665) and the Cartesian Philosophy in the Seventeenth Century*, Dordrecht-Boston-Londres, Kluwer, 1999, p. 13-38.

CAVAILLÉ J.-P., *Descartes. La fable du monde*, Paris, EHESS-Vrin, 1991.

– « *Simulatio/dissimulatio*, notes sur feinte et occultation, XVIe-XVIIe siècle », dans M. Fattori (éd.), *Il vocabolario della République des Lettres*, Florence, Olschki, 1997, p. 115-131.

– *Dis-simulations. Jules-César Vanini, François La Mothe Le Vayer, Gabriel Naudé, Louis Machon et Torquato Accetto : religion, morale et politique au XVIIe siècle*, Paris, H. Champion, 2002.

CHARRAK A., « La critique du syllogisme dans Bacon et Descartes », *Les Études Philosophiques*, 2005, 75, 4, p. 469-484.

CLUCAS St., « In search of "The True Logick" : methodological eclectism among the "Baconian reformers" », dans M. Greengrass, H. Leslie, T. Raylor (éds.), *Samuel Hertlib and universal reformation : studies in intellectual communication*, Cambridge, Cambridge UP, 1994, p. 51-74.

COSTABEL P., « Florimond de Beaune, érudit et savant de Blois », *Revue d'histoire des sciences*, 1974, 27, 1, p. 73-74.

– *Florimond de Beaune (1601-1652), Doctrine de l'angle solide et Inventaire de sa bibliothèque*, Paris, Vrin, 1975.

– « La réception de la *Géométrie* et les disciples d'Utrecht », dans H. Méchoulan (éd.), *Problématique et réception du* Discours de la Méthode *et des* Essais, Paris, Vrin, 1988, p. 59-63.

COURTINE J.-F., *Suarez et le système de la métaphysique*, Paris, PUF, 1990.

– « La doctrine cartésienne de l'idée et ses sources scolastiques », dans O. Depré, D. Lories (éds.), *Lire Descartes aujourd'hui*, Louvain-Paris, Peeters, 1997, p. 1-20.

CRAPULLI G., Mathesis Universalis. *Genesi di un'idea nel XVI secolo*, Rome, Edizioni dell'Ateneo, 1969.

CRONIN T.J., *Objective being in Descartes and Suárez*, Rome, Gregorian UP, 1966.

CURLEY E.M., « Analysis in the *Meditations*: the Quest for Clear and Distinct Ideas », dans A. Oksenberg-Rorty (éd.), *Essays on Descartes' Meditations*, Berkeley-Los Angeles-Londres, University of California Press, 1986, p. 153-176.

DALBIEZ R., « Les sources scolastiques de la théorie cartésienne de l'être objectif. À propos du Descartes de M. Gilson », *Revue d'Histoire de la Philosophie*, 1929, 3, p. 464-472.

DAMBSKA I., « Sur certains principes méthodologiques dans les *Principia* de Descartes », *Revue de Métaphysique et de Morale*, 1957, p. 55-66.

DANNEBERG L., « Die Auslegungslehre des Christian Thomasius in der Tradition von Logik und Hermeneutik », dans Fr. Vollhardt (éd.), *Christian Thomasius (1655-1728). Neue Forschungen im Kontext der Frühaufklärung*, Tübingen, Niemeyer, 1997, p. 253-316.

– « Logik und Hermeneutik: die *Analysis Logica* in den ramistischen Dialektiken », dans U. Scheffler, K. Wuttich (éds.), *Terminigebrauch und Folgebeziehung*, Berlin, Logos Verlag, 1998, p. 129-157.

– « Logik und Hermeneutik im 17. Jahrhundert », dans J. Schröder (éd.), *Theorie der Interpretation vom Humanismus bis zur Romantik*, Stuttgart, Franz Steiner Verlag, 2001, p. 75-131.

DEAR P., « Method and the Study of Nature », dans M. Ayers, D. Garber (éds.), *The Cambridge History of Seventeenth-Century Philosophy*, Cambridge, Cambridge UP, 1998, vol. I, p. 147-177.

DEL PRETE A., « Appunti sulla diffusione della filosofia di Bruno nell'Olanda secentesca », *Bruniana e Campanelliana*, 1998, IV/2, p. 273-300.

DEVAUX M., *L'avancement de la métaphysique réelle selon G.W. Leibniz. Nomenclature et réalité de la métaphysique leibnizienne après l'*iter italicum, Thèse, Université de Paris IV-Sorbonne, 2004.

DEVILLAIRS L., *Descartes et la connaissance de Dieu*, Paris, Vrin, 2004.

DIBON P., *La philosophie néerlandaise au siècle d'or. I. L'enseignement philosophique dans les Universités à l'époque précartésienne*, Paris-Amsterdam-Londres-New York, Elsevier Publishing Company, 1954.

– « Sur la réception de l'œuvre de F. Bacon en Hollande dans la première moitié du XVIIe siècle », dans M. Fattori (éd.), *Francis Bacon. Terminologia e fortuna nel XVII secolo. Seminario internazionale (Roma 11-13 marzo 1984)*, Rome, Edizioni dell'Ateneo, 1984, p. 91-115.

– « Connaissance révélée et connaissance rationnelle : aperçu sur les points forts d'un débat épineux », dans P. Dibon, *Regards sur la Hollande du siècle d'or*, Naples, Vivarium, 1990, p. 693-719.

– « La réception du *Discours de la Méthode* dans les Provinces-Unies », dans G. Belgioioso, G. Cimino, P. Costabel, G. Papuli (éds.), *Descartes : il metodo e i saggi*, Rome, Istituto della Enciclopedia Italiana, 1990, vol. 2, p. 635-650.

DIJKSTERHUIS E., *The Mechanization of World Picture*, Oxford, Oxford UP, 1961.

DOIG J.C., « Suárez, Descartes and the Objective Reality of Ideas », *New scholasticism*, 1977, 51, 3, p. 350-371.

DUBOUCLEZ O., *L'invention de l'analyse, généalogie d'un concept d'Aristote à Descartes*, Thèse doctorale, Université Paris IV-Sorbonne, 2008.

ELENA A., « Baconianism in the seventeenth-century Nederlands : a preliminary survey », *Nuncius*, 6, 1, 1991, p. 33-47.

ESCHWEILER K., « Die Philosophie der spanischen Spatscholastik auf den deutschen Universitaten des siebzehnten Jahrhunderts », *Spanische Forschung der Görresgesellschaft*, Erste Reihe, Bd. I, Gesammelte Aufslitze zut Kulturgeschichte Spaniens, 1928, p. 251-283.

FATTORI M., « La *Préface* aux *Passions de l'âme* : remarques sur Descartes et Bacon », *Archives de Philosophie*, 1998, 61, 1, *Liminaire du Bulletin Cartésien XXV*, p. 1-13.

FERRATER MORA J., « On the early history of "Ontology" », *Philosophy and phenomenological research*, XXIV, 1963-1964, p. 36-47.

FIELD R.W., « Descartes on the Material Falsity of ideas », *The Philosophical Review*, 1993, 102, p. 308-333.

FLOSS P., « Comenius und Descartes », *Zeitschrift für philosophische Forschung*, 1972, 26, 2, p. 231-253.

FRANKFURT H., *Demons, dreamers and madmen : the defense of reason in Descartes'* Meditations, Indianapolis, Bobbs-Merrill Company, 1970.

FREDBORG K.M., NIELSEN L. et PINBORG J., « An inedited part of Roger Bacon's *Opus maius* », *Traditio*, 1978, 34, p. 75-136.

FREEDMAN J.S., *Deutsche Schulphilosophie im Reformationszeitalter (1500-1650) : ein Handbuch für den Hochschulunterricht*, Münster, MAKS, 1984.

– « Philosophy Instruction within the Institutional Framework of Central European Schools and Universities during the Reformation Era », *History of Universities*, V, 1985, p. 117-166.

– *European Academic Philosophy in the Late Sixteenth and Early Seventeenth Centuries. The Life, Significance, and Philosophy of Clemens Timpler*, Hildesheim-Zurich-New York, Olms, 1988, 2 vol.

– « The Diffusion of the Writings of Petrus Ramus in Central Europe, c. 1570-c. 1630 », *Renaissance Quarterly*, 1993, 46, 1, p. 98-152.

– *Philosophy and the Arts in Central Europe, 1500-1700 – Teaching and Texts at Schools and Universities*, Aldershot, Ashgate, 1999.

FUMAROLI M., *L'âge de l'éloquence*, Genève, Droz, 1980.

GABBEY A., « Explanatory structures and Models in Descartes' Physics », dans G. Belgioioso, G. Cimino, P. Costabel, G. Papuli (éds.), *Descartes : il Metodo e i Saggi*, Rome, Istituto della Enciclopedia Italiana, 1990, 2 vol., vol. I, p. 273-286.

GALISON P., « Descartes' Comparisons. From the Invisible to the Visible », *Isis*, 1984, 75, 2, p. 311-326.

GARBER D., « Science and Certainty in Descartes », dans M.K. Hooker (éd.), *Descartes : Critical and Interpretive Essays*, Baltimore, Johns Hopkins UP, 1978, p. 114-151.

– « A Point of Order : Analysis, Synthesis and Descartes' Principles », *Archiv für Geschichte der Philosophie*, 1982, 64, 2, p. 136-147.

– « La méthode du *Discours* », dans J.-L. Marion, N. Grimaldi (éds.), *Le Discours et sa méthode*, Paris, PUF, 1987, p. 65-87.

– « Descartes et la Méthode en 1637 », dans N. Grimaldi, J.-L. Marion (éds.), *Le Discours et sa méthode*, Paris, PUF, 1987, p. 65-87.

– *Descartes' metaphysical Physics*, Chicago, Chicago UP, 1992.

– « Descartes and Experiment in the *Discourse* and *Essays* », dans S. Voss (éd.), *Essays on the Philosophy and Science of René Descartes*, New York-Oxford, Oxford UP, 1993, p. 288-310.

– « J.-B. Morin and the *Second Objections* », dans R. Ariew et M. Grene (éds.), *Descartes and His Contemporaries : Meditations, Objections, and Replies*, Chicago, University of Chicago Press, 1995, p. 63-82.

– « Descartes on Knowledge and Certainty », dans J.-R. Armogathe, G. Belgioioso (éds.), *Descartes* : Principia Philosophiae *(1644-1994)*, Naples, Vivarium, 1996, p. 341-363.

– *Descartes embodied Reading Cartesian Philosophy through Cartesian Science*, Oxford, Cambridge UP, 2001.

GARIN E., *L'éducation de l'homme moderne, 1400-1600*, Paris, Fayard, 1968.

GAUKROGER S., *Cartesian logic : an Essay on Descartes' theory of Inference*, Oxford, Clarendon Press, 1989.

GENEST J.-F., *Prédétermination et liberté créée à Oxford au* XIVe *siècle. Buckingam contre Bradwardine*, Paris, Vrin, 1989.

GENS J.-Cl. (éd.), *La logique herméneutique du* XVIIe *siècle*, Paris, Le Cercle Herméneutique, 2006.

GIBSON B., « The *Regulae* of Descartes », *Mind*, 1898, 7, p. 145-158 et 332-363.

GILBERT N.W., *Renaissance concept of method*, New York-Londres, Columbia UP, 1960.

GILSON É., *L'être et l'essence*, Paris, Vrin, 1962, 2 e éd.

GIUSTI E., « Numeri, grandezze e *Géométrie* », dans *Descartes. Il Metodo e i Saggi*, G. Belgioioso, G. Cimino, P. Costabel et G. Papuli (éds.), Rome, Istituto dell'Enciclopedia Italiana, 1990, 2 vol., vol. 2, p. 419-439.

GOUDRIAAN A., *Philosophisce Gotteserkenntnis bei Descartes und Suarez*, Leyden-Boston-Köln, Brill, 1999.

GOUHIER H., *La pensée métaphysique de Descartes*, Paris, Vrin, 1987, 4 e éd.

GREENGRASS M., LESLIE M. et RAYLOR T. (éds.), *Samuel Hartlib and universal reformation : studies in intellectual communication*, Cambridge, Cambridge UP, 1994.

GREGORY T., « Dio ingannatore e genio maligno. Nota in margine alle *Méditations* di Descartes », *Giornale critico della filosofia italiana*, 1974, IV, p. 477-516.

– *Génèse de la raison classique*, Paris, PUF, 2000.

GROSHOLZ E.R., « Cartesian method and the geometry », dans G. Moyal (éd.), *René Descartes. Critical Assessments*, New York-Londres, Routledge, 1991, vol. 1, p. 80-93.

– *Cartesian method and the problem of reduction*, Oxford, Clarendon Press, 1991.

GUEROULT M., *Descartes selon l'ordre des raisons*, Paris, Aubier, 1968.

GUICCIARDINI N., *Isaac Newton on Mathematical Certainty and Method*, Cambridge (Mass.), MIT Press, 2009.

HAMELIN O., *Le système de Descartes*, Paris, Alcan, 1911.

HAMMACHER K., « Evidence, Truth and Understanding in Clauberg's Logic », *Studia Leibnitiana*, 1979, 9, p. 36-43.

HASSO JAEGER H. E., « Studien zur Frügeschichte der Hermeneutik », *Archiv für Begriffsgeschichte*, 1974, 18, p. 35-84.

HOFFMAN P., « Descartes on Misrepresentation », *Journal of the History of Philosophy*, 1996, XXXIV, p. 357-381.

HONNEFELDER L., *Scientia trascendens. Die formale Bestimmung des Seiendheit und Realität in der Metaphysik des Mittelalter und der Neuzeit (Duns Scotus-Suárez-Wolff-Kant-Peirce)*, Hambourg, Meiner, 1990.

HOTSON H., *Commonplace learning. Ramism and its german ramifications (1543-1630)*, Oxford, Oxford UP, 2007.

ISAAC J., *Le « Peri Hermeneias » en Occident de Boèce à saint Thomas*, Paris, Vrin, 1953.

JARDINE L., *Francis Bacon : discovery and the art of discourse*, Cambridge, Cambridge UP, 1974.

JULLIEN V., *Descartes. La « Géométrie » de 1637*, Paris, PUF, 1996.

KENNY A., *Descartes : A Study of His Philosophy*, New York, Random House, 1968.

KIEFT X., « Clauberg : le sens que les choses doivent avoir », dans P. Hummel, F. Gabriel (éds.), *Les débris du sens. Études sur les dérives de la perception et du sens*, Paris, Philologicum, 2008, p. 83-93.

KNEBEL S.K., « "Metaphysikkritik"? Historisches zur Abgrenzung von Logik und Metaphysik », *Medioevo*, 2009, 34, p. 399-424.

KNOX R.A., *Enthusiasm. A chapter in the history of religion*, Oxford, Clarendon Press, 1950.

KOLAKOWSKY L., *Chrétiens sans église*, Paris, Gallimard, 1969.

KREMER-MARIETTI A., « *Philosophia Prima* et *Scala Intellectus*. Concepts en devenir chez Bacon et chez Comte », dans M. Malherbe et J.-M. Pousseur (éds.), *Francis Bacon. Science et Méthode*, Paris, Vrin, 1985, p. 179-199.

KRETZMANN N., KENNY A. et PINBORG J. (éds.), *The Cambridge History of later Medieval Philosophy*, Cambridge, Cambridge UP, 1982.

KUNNA U., *Das « Krebsgeschwür der Philosophie ». Komenskys Auseinandersetzung mit dem Cartesianismus*, Sankt Augustin, Academia-Verlag, 1991.

KUSUKAWA S., « Bacon's classification of knowledge », dans M. Peltonen (éd.), *The Cambridge Companion to Bacon*, Cambridge, Cambridge UP, 1996, p. 47-74.

LAGRÉE J., « Clauberg et Spinoza, De la logique novantique à la puissance de l'idée vraie », dans *Méthode et Métaphysique*, Paris, Presses Universitaires de la Sorbonne, 1989, p. 19-45.

– « Sens et vérité chez Clauberg et Spinoza », *Philosophiques*, 2002, 29, 1, p. 121-138.

LAMANNA M., « Sulla prima occorrenza del termine "Ontologia". Una nota bibliografica », *Quaestio*, 2006 (6), p. 557-570.

– *La nascita dell'ontologia. L'opera metafisica di Rudolph Göckel (1547-1628)*, Thèse de Doctorat, Université de Bari, 2008.

– « *De eo enim Metaphysicus agit logice.* Un confronto tra Pererius e Goclenius », *Medioevo*, 2009, 34, p. 315-360.

LAPORTE J., *Le rationalisme de Descartes*, Paris, PUF, 1945.

LARMORE Ch., « Descartes' Empirical Epistemology », dans S. Gaukroger (éd.), *Descartes : Philosophy, Mathematics and Physics*, Brighton, Harvester Press, 1980, p. 6-22.

LEINSLE U., *Das Ding und die Methode*, Augsburg, Maro Verlag, 1985, 2 vol.

– *Reformversuche protestantischer Metaphysik im Zeitalter des Rationalismus*, Augsburg, Maro Verlag, 1988.

– « Comenius in der Metaphysik des jungen Clauberg », dans Th. Verbeek (éd.), *Johannes Clauberg (1622-1665) and Cartesian Philosophy in the Seventeenth Century*, Dordrecht-Boston-Londres, Kluwer Academic Publisher, 1999, p. 1-12.

LENOIR T., « Descartes and the Geometrization of Thought : The Methodological Background of Descartes' *Géométrie* », *Historia Mathematica*, 1979, 6, 4, p. 355-379.

LEWALTER E., *Spanisch Jesuitische und deutschlutherische Metaphysik des 17. Jahrhunderts*, Hambourg, Ibero-amerikanische Studien Institut, 1935.

LOJACONO E., « Descartes e la logica : considerazioni storiografiche », *Anazeteis. Quaderni di ricerca*, 1984, 4, p. 41-84.

– « Epistémologie, méthode et procédés méthodiques dans la pensée de R. Descartes », *Nouvelles de la République des Lettres*, 1996, I, p. 39-105.

– « L'attitude scientifique de Descartes dans les *Principia* », dans J.-R. Armogathe, G. Belgioioso (éds.), *Descartes* : Principia Philosophiae *(1644-1994)*, Naples, Vivarium, 1996, p. 409-433.

– « Su un *hapax* delle *Regulae* : "Analysis". Alcune osservazioni sul suo significato e sulle sue interpretazioni », dans M. Fattori (éd.), *Il vocabolario della République des Lettres. Terminologia filosofica e storia della filosofia. Problemi di metodo*, Florence, Olschki, 1998, p. 171-190.

– « Le point extrême de la transgression cartésienne : la logique "introuvable" », *Les Études Philosophiques*, 2005, 75, 4, p. 503-519.

MACLEAN I., *Interpretation and Meaning in the Renaissance. The Case of Law*, Cambridge, Cambridge UP, 1992.

– « Mediations of Zabarella in northern Germany », dans G. Piaia (éd.), *La presenza dell'aristotelismo padovano nella filosofia della prima modernità*, Rome-Padoue, Antenore, 2002, p. 173-198.

MAIERÙ A., « *Signum* negli scritti filosofici e teologici tra XIII e XIV secolo », dans M.L. Bianchi (éd.), *Signum. Atti del IX colloquio del Lessico internazionale europeo*, Florence, Olschki, 1999, p. 119-141.

MANCINI I., « L'*Ontosofia* di Joh. Clauberg e i primi tentativi di sostituzione cartesiana », *Festschrift H.J. De Vleeschauwer*, Communications of the University of South Africa, ser. c, sup. 1, 1960, p. 63-83.

MARION J.-L., *Sur l'ontologie grise de Descartes*, Paris, Vrin, 1975.

– *Sur la théologie blanche de Descartes* (1981), Paris, PUF, 1991.

– *Sur le prisme métaphysique de Descartes*, Paris, PUF, 1986.

– *Questions cartésiennes. Méthode et métaphysique*, Paris, PUF, 1991.

MARRONE Fr., *« Res » e « Realitas » in Descartes. Gli antecedenti scolastici della nozione cartesiana di « realitas objectiva »*, Lecce, Conte, 2006.

– « Descartes e la tradizione scotista. Gli antecedenti storici della nozione di *realitas objectiva* », *Quaestio. Annuario di metafisica*, 2008, 8, p. 279-302.

MARONNE S., « Sur une lettre de Descartes à Schooten qu'on dit de 1639 », *Revue d'Histoire des Mathématiques*, 2006, 12(2), p. 199-248.

MARTINEAU E., « L'ontologie de l'ordre », *Les Études Philosophiques*, 1976, 4, p. 475-494.

MARTINET M., « Science et hypothèses chez Descartes », *Archives internationales d'histoire des sciences*, 1974, 24, 95, p. 319-339.

MCGAHAGAN Th., *Cartesianism in the Netherlands (1639-1676). The new science and the calvinist counter-reformation*, Thèse, University of Pennsylvania, 1976.

McRAE R., *The Problem of the Unity of the Sciences : Bacon to Kant*, Toronto, Toronto UP, 1961.

MEHL É., « Descartes critique de la logique pure », *Les Études Philosophiques*, 2005, 75, 4, p. 485-500.

– « La question du premier principe dans *La Recherche de la Vérité* », *Nouvelles de la République des lettres*, 1999-I, p. 77-97.

MESCHINI F.A., *Neurofisiologia cartesiana*, Florence, Olschki, 1998.

MIKKELI H., *An aristotelian response to Renaissance humanism : Jacopo Zabarella on the nature of arts and sciences*, Helsinki, SHS, 1992.

MOREAU P.-F., « Wolff et Goclenius », *Archives de Philosophie*, 2002, 65, 1, p. 7-14.

MORRISON J.C., « Philosophy and History in Bacon », *Journal of the History of Ideas*, 1977, 38, 4, p. 585-606.

MULSOW M. « Die wahre peripatetische Philosophie in Deutschland. Melchior Goldast, Philipp Scherb und die akroamatische Tradition der Alten », dans H. Schmidt-Glintzer (éd.), *Fördern un Bewahren. Studien zur Europäeischen Kulturgeschichte der frühen Neuzeit*, Wiesbaden, Harrassowitz, 1996, p. 49-77.

NORMORE C., « Meaning and Objective Being : Descartes and His Sources », dans A. Oksenberg-Rorty (éd.), *Essays on Descartes'* Meditations, Berkeley-Los Angeles-Londres, University of California Press, 1986, p. 223-241.

NUCHELMANS G., *Late scholastic and humanistic theories of the proposition*, Amsterdam-Oxford-New York, North Holland Publishing Company, 1980.

ØHRSTRØM P., UCKELMAN S.L. et SCHÄRFE H., « Historical and Conceptual Foundations of Diagrammatical Ontology », dans S. Polovina, R. Hill, U. Priss (éds.), *Conceptual Structures : Knowledge Architectures for Smart Applications*, Dordrecht, Springer, 2007, p. 374-386.

OLIVO G., *Descartes et l'essence de la vérité*, Paris, PUF, 2005.

PANACCIO C., *Les mots, les concepts, les choses*, Montréal-Paris, Bellarmin-Vrin, 1991.

PENROSE S.B., *The Reputation and Influence of Francis Bacon in the Seventeenth Century*, Thèse Doctorale, New York, Columbia University, 1934.

PETERSEN P., *Geschichte der aristotelische Philosophie im protestantischen Deutschland*, Leipzig, Meiner, 1921.

PETRUS K., *Genese und Analyse : Logik, Rhetorik und Hermeneutik im 17. und 18. Jahrhundert*, Berlin, de Gruyter, 1997.

PLATT J., *Reformed thought and scholasticism : the arguments for the existence of God in Dutch Theology : 1575-1650*, Leyde, Brill, 1992.

POPKIN R., *The history of skepticism from Erasmus to Spinoza*, Berkeley, University of California Press, 1979.

POPPI A., *La dottrina della scienza in Giacomo Zabarella*, Padoue, Antenore, 1974.

POSTHUMUS MEYJES E. J. W., *Jacobus Revius, zijn leven en werken*, Amsterdam, Ten Brink & De Vries, 1895.

POZZO R., « Logic and Metaphysics in German Philosophy from Melanchton to Hegel », dans W. Sweet (éd.), *Approaches to Metaphysics*, Dordrecht, Kluwer 2004, p. 57-66.

RABOUIN D., *Mathesis Universalis. L'idée de « mathématique universelle » d'Aristote à Descartes*, Paris, PUF, 2009.

REYEN J.B.M. van, « Burgersdijk, Logician or textbook writer ? », dans E.P. Bos, H.A. Krop (éd.), *Franco Burgersdijk (1590-1635) : neo-aristotelianism in Leiden*, Amsterdam, Rodopi, 1993, p. 9-28.

RISSE W., *Die logik der Neuzeit. I Band (1500-1640)*, Stuttgart-Bad Cannstatt, Fromann, 1964.

RODIS-LEWIS G., *L'anthropologie cartésienne*, Paris, PUF, 1990.

ROMPE E., *Die Trennung von Ontologie und Metaphysik. Der Ablösungsprozess und seine Motivierung bei Benedictus Pererius und anderen Denkern des 16. und 17. Jahrhunderts*, Phil. Diss., Rheinische Friedrich-Wilhelms-Universität, Bonn, 1968.

ROOD W., *Comenius and the Low Countries*, Amsterdam-Prague-New York, Van Gendt & Co, 1970.

ROSIER I., *La parole comme acte. Sur la grammaire et la sémantique au XIII^e siècle*, Paris, Vrin, 1994.

RUESTOW E.G., *Physics at seventeenth and eighteenth century Leiden*, La Haye, Nijhoff, 1973.

SASAKI Ch., *Descartes's mathematical thought*, Dordrecht-Boston-Londres, Kluwer, 2003.

SAVINI M, « *Methodus cartesiana* o *Methodus vaniniana*? Fonti e significato teorico del parallelo tra René Descartes e Giulio Cesare Vanini nell' *Admiranda Methodus* di Marten Schoock », dans F.M. Crasta, M.T. Marcialis (éds.), *Descartes e l'eredità cartesiana nell'Europa Sei-Settecentesca*, Lecce, Milella, 2001, p. 109-126.

– « L'insertion du cartésianisme en logique : la *Logica vetus et nova* de Johannes Clauberg », *Revue de Métaphysique et de Morale*, 2006-I, p. 73-88.

– « *Comparatio vel ratiocinatio*. Statuto e funzione del concetto di comparatio/ comparaison nel pensiero di R. Descartes », dans F. Marrone (éd.), *desCartes et desLettres Epistolari e filosofia nell'età cartesiana*, Florence, Le Monnier, 2008, p. 132-169.

– « L'Epistola de Cartesii Philosophia di Joachim Jungius », dans F. Marrone (éd.), *desCartes et desLettres. Epistolari e filosofia nell'età cartesiana*, Florence, Le Monnier, 2008, p. 213-233.

– « Johannes Clauberg et la lecture de Descartes d'après l'herméneutique du texte d'Aristote », dans P. Hummel, F. Gabriel (éds.), *Vérité(s) philologique(s)*, Paris, Philologicum, 2008, p. 257-270.

– « Una metafisica sotto tutela : *gnostologia*, *noologia* e *ontologia* nel pensiero di Abraham Calov », *Medioevo*, 2009, XXXIV, p. 361-380.

SBROZI M., « Metodo matematico e pensiero teologico nel *De Causa Dei* », *Studi Medievali*, t. 31, 1990, p. 143-191.

SCHERBAUM M., *Der Metaphysikbegriff des Johann Amos Comenius*, Oberheid, Utopica, 2008.

SCHOLZ O.R., « *Ius*, *Hermeneutica iuris und Hermeneutica generalis* – Verbindungen zwischen allgemeiner Hermeneutik und Methodenlehre des Rechts im 17. und 18. Jahrhundert », dans J. von Schröder (éd.), *Entwicklung der Methodenlehre in Rechtswissenschaft und Philosophie vom 16. bis zum 18. Jahrhundert*, Stuttgart, Steiner, 1998, p. 85-99.

– *Verstehen und Rationalität. Untersuchungen zu den Grundlagen von Hermeneutik und Sprachphilosophie*, Francfort-sur-le-Main, Klostermann, 1999.

SCHÖNERT J. et VOLLHARDT F. (éds.), *Geschichte der Hermeneutik und die Methodik der textinterpretierenden Disziplinen*, Berlin, de Gruyter, 2005.

SCRIBANO E., *Da Descartes a Spinoza. Percorsi della teologia razionale nel Seicento*, Milan, Franco Angeli, 1988.

– « L'inganno divino nelle *Meditazioni* di Descartes », *Rivista di filosofia*, 1999, 2, p. 219-251.

– « Descartes et les fausses idées », *Archives de Philosophie*, 2001, 64, 2, p. 259-278.

SDZUJ R., *Historische Studien zur Interpretationsmethodologie der frühen Neuzeit*, Würzburg, Königshausen & Neumann, 1997.

SERFATI M., « Descartes et la constitution de l'écriture symbolique mathématique », *Revue d'histoire des sciences*, 1998, 51, 2-3, p. 237-290.

SÉRIS J.-P., *Machine et langage à l'âge classique*, Paris, Hachette, 1995.

SIRVEN J., *Les années d'apprentissage de Descartes*, Paris, Vrin, 1928.

SPRUIT L., *« Species intelligibilis » : from perception to knowledge*, vol. II, Leyde, Brill, 1995.

– « Johannes Clauberg on perceptual knowledge », dans Th Verbeek (éd.), *Johannes Clauberg (1622-1665) and the Cartesian Philosophy in the Seventeenth Century*, Dordrecht-Boston-Londres, Kluwer, 1999, p. 75-93.

STANCATI C. (éd.), *Cartesio. Segno e linguaggio*, Rome, Editori Riuniti, 2000.

TAMBORINI M., « Tematiche algebriche vietiane nelle *Regulae* e nel libro primo della *Géométrie* di Descartes », dans *Miscellanea secentesca. Saggi su Descartes, Fabri, White*, Milan, Quaderni di ACME, 1987, p. 51-84.

THIJSSEN-SCHOUTE C.L., *Nederlands Cartesianisme*, Utrecht, HES Uitgevers BV, 1989 (rééd. avec bibliographie par Th. Verbeek).

TIMMERMANS B., « L'analyse cartésienne et la construction de l'ordre des raisons », *Revue Philosophique de Louvain*, 1996, 94, 2, p. 205-215.

TREVISANI F., « Un corrispondente di Cartesio : alcune note su Lazare Meyssonnier (1611/1612-1673), medico e astrologo lionese e sulla sua *Belle magie*(1669) », *History and Philosophy of the Life Sciences*, 1979, 1, p. 285-308.

– *Descartes in Germania*, Milan, Franco Angeli, 1992.

– « Johannes Clauberg e l'Aristotele riformato », dans G. Canziani, Y.-Ch. Zarka (éds.) *L'interpretazione nei secoli XVI e XVII*, Milan, Franco Angeli, 1993, p. 103-126.

VASOLI C., *La dialettica e la retorica dell'Umanesimo. « Invenzione » e « Metodo » nella cultura del XV e XVI secolo*, Milan, Feltrinelli, 1968.

– « Bartholomaeus Keckermann e la storia della logica », dans N. Badaloni (éd.), *La storia della filosofia come sapere critico*, Milan, Franco Angeli, 1984, p. 241-259.

VERBEEK Th. (éd.), *La querelle d'Utrecht*, Paris, Les impressions nouvelles, 1990.

– *Descartes and the Dutch. Early Reactions to Cartesian Philosophy (1637-1650)*, Carbonsdale-Edwardsville, Southern Illinois UP, 1992.

– (éd.), *Descartes et Regius. Autour de L'Explication de l'esprit humain*, Amsterdam-Atlanta, Rodopi, 1993.

– « Les *Principia* dans la culture néerlandaise du XVII^e siècle », dans J.-R. Armogathe, G. Belgioioso (éds.), *Descartes* : Principia Philosophiae *(1644-1994)*, Naples, Vivarium, 1996, p. 701-712.

– (éd.), *Johannes Clauberg (1622-1665) and the Cartesian Philosophy in the Seventeenth Century*, Dordrecht-Boston-Londres, Kluwer, 1999.

– « Johannes Clauberg : a bio-bibliographical sketch », dans Th. Verbeek (éd.), *Johannes Clauberg (1622-1665) and Cartesian Philosophy in the Seventeenth Century*, Dordrecht-Boston-Londres, Kluwer Academic Publisher, 1999, p. 181-199.

– « Probleme der Bibelinterpretation : Voetius, Clauberg, Meyer, Spinoza », dans J. Schönert, F. Vollhardt (éd.), *Geschichte der Hermeneutik und die Methodik der textinterpreti erenden Disziplinen*, Berlin, de Gruyter, 2005, p. 187-201.

VIOLA E., « Scolastica e cartesianesimo nel pensiero di J. Clauberg », *Rivista di filosofia neoscolastica*, 1975, 67, p. 247-266.

VLEESCHAUWER H.J. de, *More seu ordine geometrico demonstratum*, Pretoria, Communications of the University of South Africa, 1961.

VOLLRATH E., « Die Gliederung der Metaphysik in eine *Metaphysica generalis* und eine *Metaphysica Specialis* », *Zeitschrift für philosophische Forschung*, 1962, 16, p. 258-284.

WEBER J.-P., *La constitution du texte des* Regulae, Paris, Sedes, 1964.

WEIER W., *Die Stellung des Johannes Clauberg in der Philosophie*, Thèse, Universität Mainz, 1960.

– « Cartesianischer Aristotelismus im 17. Jahrhundert », *Salzurger Jahrbuch für Philosophie*, 1970, XIV, p. 35-65.

WELLS N.J., « Objective Being : Descartes and his Sources », *Modern Schoolman*, 1967, 45, p. 49-61.

– « Material Falsity in Descartes, Arnauld, and Suarez », *Journal of the History of Philosophy*, 1984, XC, p. 25-50.

– « Objective reality of ideas in Descartes, Caterus, Suárez », *Journal of the History of Philosophy*, 1990, 28, 1, p. 33-61.

– « Descartes' idea and its sources », *American Catholic Philosophical Quarterly*, 1993, 67, 4, p. 513-535.

– « Objective Reality of Ideas in Arnauld, Descartes, and Suárez », dans E.J. Kremer (éd.), *The Great Arnauld and Some of his Philosophical Correspondents*, Toronto-Buffalo-Londres, University of Toronto Press, 1994, p. 138-183.

– « Descartes and Suarez on secondary Qualities. A Tale of two Readings », *The Review of Metaphysics*, 1998, 51, p. 565-604.

WILSON M., *Descartes*, Londres, Routledge & Kegan Paul, 1978.

– « Descartes on the Representationality of Sensation », dans J.A. Cover et M. Kulstad (éds.), *Central Themes in Early Modern Philosophy*, Indianapolis, Hackett Publ. Co., 1990, p. 1-22.

WOLLGAST S., *Philosophie in Deutschland*, 2 Auflage, Berlin, Akademie Verlag, 1993.

WUNDT M., *Die deutsche Schulmetaphysik des 17. Jahrhunderts*, Tübingen, Mohr, 1939 ; rééd. Hildesheim, Olms, 1992.

ZIMMERMANN A., *Ontologie oder Metaphysik ? Die Diskussion uber den gegenstand der Metaphysik im 13. und 14. Jahrhundert*, Leyde, Brill, 1965.

## INDEX NOMINUM

# TABLE DES MATIÈRES

ACHEVÉ D'IMPRIMER
EN JUILLET 2011
PAR L'IMPRIMERIE
DE LA MANUTENTION
A MAYENNE
FRANCE
N° 701785R

Dépôt légal : 3e trimestre 2011